KB172312

칸트전집

Immanuel Kant

Vorkritische Schriften Ⅲ (1763~1777)

비판기 이전 저작 Ⅲ
(1763~1777)

칸트전집 3

임마누엘 칸트

한국칸트학회 기획

박진·김광명·김화성·강병호·임승필·김상현·김상봉·홍우람 옮김

한길사

『칸트전집』을 발간하면서

칸트는 인류의 학문과 사상 발전에 지대한 영향을 미쳤으며, 지금도 그 영향력이 큰 철학자다. 칸트철학은 여전히 전 세계적으로 가장 많이 논의되며, 국내에서도 많은 학자가 전문적으로 연구하고 있다. 이를 반영하듯 영미언어권에서는 1990년대부터 새롭게 칸트의 저서를 번역하기 시작하여 『케임브리지판 임마누엘 칸트전집』(*The Cambridge Edition of the Works of Immanuel Kant*, 1992~2012) 15권을 완간했다. 일본 이와나미(岩波書店) 출판사에서도 현대 언어에 맞게 새롭게 번역한 『칸트전집』 22권을 출간했다. 국내에서는 칸트를 연구한 지 이미 100년이 훨씬 넘었는데도 우리말로 번역된 칸트전집을 선보이지 못하고 있었다.

물론 국내에서도 칸트 생전에 출간된 주요 저작들은 몇몇을 제외하고는 여러 연구자가 번역해서 출간했다. 특히 칸트의 주저 중 하나인 『순수이성비판』은 번역서가 16종이나 나와 있다. 그럼에도 칸트 생전에 출간된 저작 중 '비판' 이전 시기의 대다수 저작이나, 칸트철학을 이해하는 데 많은 도움을 줄 수 있는 서한집(Briefwechsel), 유작(Opus postumum), 강의(Vorlesungen)는 아직 우리말로 번역되지 않았다. 게다가 이미 출간된 번역서 중 상당수는 관련 분야에 대한 전문성이 부족해 번역이 정확하지 못하거나 원문을 글자대로만 번역해 가독성이 낮아 독자들이 원문의 의미를 제대로 이해하기가 쉽지 않다. 번역자가 전문성을 갖추었다 해도 각기 다른 번역용어를 사용해 학문 내에서 원활하게 논의하고 소통하는 데 장애가 되고 있다. 이 때문에 칸트를 연구하는 학문 후속세대들은 많은 어려움에 빠져 혼란을 겪고 있다. 이런 상황에서 '한국칸트학회'는 학회에 소속된 학자들이 공동으로 작업해 온전한 우리말 칸트전집을 간행할 수 있기를 오랫동안 고대해왔으며, 마침내 그 일부분을 이루게 되었다.

『칸트전집』 번역 사업은 2013년 9월 한국연구재단의 토대연구 분야 총서학 지원 사업에 선정되어 '『칸트전집』 간행사업단'이 출범하면서 본격적으로 시작되었다. 이 사업은 영남대학교 '인문과학연구소' 주관으로 '한국칸트학회'에 소속된 전문 연구자 34명이 공동으로 참여해 2016년 8월 31일까지 진행되었으며, 수정과 보완작업을 거쳐 지금의 모습으로 결실을 맺게 되었다. 이 전집은 칸트 생전에 출간된 저작 중 『자연지리학』(*Physische Geographie*)을 비롯해 몇몇 서평(Rezension)이나 논문을 제외하고는 거의 모든 저작을 포함하며, 아직까지 국내에 번역되지 않은 서한집이나 윤리학 강의(Vorlesung über die Ethik)도 수록했다. 『칸트전집』이 명실상부한 전집이 되려면 유작, 강의, 단편집(Handschriftliche Nachlass) 등도 포함해야 하지만, 여러 제한적인 상황으로 지금의 모습으로 출간하게 되었다. 아쉽지만 지금의 전집에 실리지 못한 저작들을 포함한 완벽한 『칸트전집』이 후속 사업으로 머지않은 기간 내에 출간되길 기대한다.

『칸트전집』을 간행하면서 간행사업단이 세운 목표는 1) 기존의 축적된 연구를 토대로 전문성을 갖춰 정확히 번역할 것, 2) 가독성을 최대한 높일 것, 3) 번역용어를 통일할 것, 4) 전문적인 주석과 해제를 작성할 것이었다. 이를 위해 간행사업단은 먼저 용어통일 작업에 만전을 기하고자 '용어조정위원회'를 구성했다. 위원회는 오랜 조정 작업 끝에 칸트철학의 주요한 전문 학술용어를 통일된 우리말 용어로 번역하기 위해 「번역용어집」을 만들고 칸트의 주요 용어를 필수 용어와 제안 용어로 구분했다. 필수 용어는 번역자가 반드시 따라야 할 기본 용어다. 제안 용어는 번역자가 그대로 수용하거나 문맥에 따라 다른 용어를 사용할 수 있는 용어다. 다른 용어를 사용할 경우에는 번역자가 다른 용어를 사용한 이유를 옮긴이주에서 밝혀 독자의 이해를 돕도록 했다. 사업단이 작성한 「번역용어집」은 '한국칸트학회' 홈페이지에서 확인할 수 있다.

번역용어와 관련해서 그동안 칸트철학 연구자뿐 아니라 다른 분야 연구자와 학문 후속세대를 큰 혼란에 빠뜨렸던 용어가 바로 칸트철학의 기본 용어인 transzendental과 a priori였다. 번역자나 학자마다 transzendental을 '선험적', '초월적', '선험론적', '초월론적' 등으로, a priori를 '선천적', '선험적' 등으로 다양하게 번역해왔다. 이 때문에 일어나는 문제는 참으로 심각했다. 이를테면 칸트 관련 글에서 '선험적'이라는 용어가 나오면 독자는 이것이 transzendental의 번역어인지 a priori의 번역어인지 알 수 없어 큰 혼란을 겪을 수밖에 없었다. 이런 문제점을 해소하기 위해 간행사업단에서는 transzendental과 a priori의 번역용어를 어떻게 구분해야 하는지를 중요한 선결과제로 삼고, 두 차례 학술대회를 개최해 격렬하고도 심도 있는 논의를 진행했다. 하지만 a priori를 '선천적'으로, transzendental을 '선험적'으로 번역해야 한다는 쪽과 a priori를 '선험적'으로, transzendental을 '선험론적'으로 번역해야 한다는 쪽의 의견이 팽팽히 맞서면서 모든 연구자가 만족할 수 있는 통일된 번역용어를 확정하는 일은 거의 불가능한 것처럼 보였다. 이런 상황에서 '용어조정위원회'는 각 의견의 문제점에 대한 다양한 비판을 최대한 수용하는 방식으로 합의를 이끌어내기 위해 오랜 시간 조정 작업을 계속했다. 그 결과 a priori는 '아프리오리'로, transzendental은 '선험적'으로 번역하기로 결정했다. 물론 이 확정안에 모든 연구자가 선뜻 동의한 것은 아니었으며, '아프리오리'처럼 원어를 음역하는 방식이 과연 좋은 번역 방법인지 등은 여전히 숙제로 남아 있다. 그럼에도 이 안을 확정할 수 있도록 번역에 참가한 연구자들이 기꺼이 자기 의견을 양보해주었음을 밝혀둔다. 앞으로 이 용어가 사용되기 시작하면 이와 관련한 논의가 많아지겠지만, 어떤 경우든 번역용어를 통일해서 사용하는 방향으로 진행되길 기대한다.

간행사업단은 전문적인 주석과 해제작업을 위해 '해제와 옮긴이주위원회'를 구성하여 전집 전반에 걸쳐 균일한 수준의 해제와 전문적인 주석 작업을 할 수 있도록 '해제와 옮긴이주 작성 원칙'을 마련했다. 이 원칙의 구체적인 내용도 '한국칸트학회' 홈페이지에서 확인할 수 있다. 번역자들은 원문의 오역을 가능한 한 줄이면서도 학술저서를 번역할 때 허용하는 범위 내에서 가독성을 높일 수 있도록 번역하려고 많은 노력을 경주했다. 이를 위해 번역자들이 번역 원고를 수차례 상호 검토하는 작업을 거쳤다. 물론 '번역은 반역'이라는 말이 있듯이 완벽한 번역이란 실제로 불가능하며, 개별 번역자의 견해와 신념에 따라 번역 방식도 차이가 날 수밖에 없다. 따라서 번역의 완성도에 대해서는 전적으로 독자의 판단에 맡기겠다. 독자들의 비판을 거치면서 좀더 나은 번역으로 거듭날 수 있는 기회가 있기를 바랄 뿐이다.

『칸트전집』 간행사업단은 앞에서 밝힌 목적을 달성하려고 오랜 기간 공동 작업을 해왔으며 이제 그 결실을 눈앞에 두고 있다. 수많은 전문 학자가 참여하여 5년 이상 공동 작업을 수행한다는 것은 우리 학계에서 그동안 경험해보지 못한 전대미문의 도전이었다. 이런 이유로 간행사업단은 여러 가지 시행착오와 문제점에 봉착했으며, 그것을 해결하는 일은 결코 쉽지 않았다. 그럼에도 이견을 조정하고 문제점을 해결해나가면서 길고 긴 공동 작업을 무사히 완수할 수 있었던 것은 『칸트전집』 간행을 성공적으로 마무리하여 학문 후속세대에게 좀더 정확한 번역본을 제공하고, 우리 학계의 학문연구 수준을 한 단계 끌어올려야겠다는 '한국칸트학회' 회원들의 단결된 의지 덕분이었다. 이번에 출간하는 『칸트전집』이 설정한 목표를 완수했다면, 부정확한 번역에서 비롯되는 칸트 원전에 대한 오해를 개선하고, 기존의 번역서 사이에서 발생하는 용어 혼란을 시정하며, 나아가 기존의 칸트 원전 번역이 안고 있는 비전문성을 극복하여 독자가 좀더 정확하게 칸트의 작품을 이해하게 될 것이다. 물론 『칸트전집』이 이러한 목표를 달성했는지는 독자의 판단에 달려 있으며, 이제 간행사업단과 '한국칸트학회'는 독자의 준엄한 평가와 비판에 겸허히 귀를 기울일 것이다.

끝으로 『칸트전집』을 성공적으로 간행하기 위해 노력과 시간을 아끼지 않고 참여해주신 번역자 선생님 모두에게 진심으로 감사하는 마음을 드린다. 간행사업단의 다양한 요구와 재촉을 견뎌야 했음에도 선생님들은 이 모든 과정을 이해해주었으며, 각자 소임을 다했다. 『칸트전집』은 실로 번역에 참여한 선생님들의 땀과 노력의 결실이라 할 수 있다. 또 한국연구재단의 지원 아래 『칸트전집』 간행사업을 진행할 수 있도록 큰 도움을 주신 '한국칸트학회' 고문 강영안, 이엽, 최인숙, 문성학, 김진 선생님께도 감사의 말씀을 전한다. 『칸트전집』 간행 사업을 원활하게 진행할 수 있었던 것은 무엇보다도 공동연구원 아홉 분이 활약한 덕분이다. 김석수, 김수배, 김정주, 김종국, 김화성, 이엽, 이충진, 윤삼석, 정성관 선생님은 번역 이외에도 용어 조정 작업, 해제와 옮긴이주 원칙 작성 작업, 번역 검토 기준 마련 등 과중한 업무를 효율적이고도 성실하게 수행해주었다. 특히 처음부터 끝까지 번역작업의 모든 과정을 꼼꼼히 관리하고 조정해주신 김화성 선생님께는 진정한 감사와 동지애를 전한다. 사업을 진행하기 위해 여러 업무와 많은 허드렛일을 처리하며 군말 없이 자리를 지켜준 김세욱, 정제기 간사에게는 그저 고마울 따름이다. 그뿐만 아니라 열악한 출판계 현실에도 학문 발전을 위한 소명 의식으로 기꺼이 『칸트전집』 출판을 맡아주신 한길사 김언호 사장님과 꼼꼼하게 편집해주신 한길사 편집부에도 심심한 감사의 말씀을 드린다.

2018년 4월
『칸트전집』 간행사업단 책임연구자
최소인

『칸트전집』 일러두기

1. 기본적으로 칸트의 원전 판본을 사용하고 학술원판(Akademie-Ausgabe)과 바이셰델판(Weischedel-Ausgabe)을 참조했다.

2. 각주에서 칸트 자신이 단 주석은 *로 표시했고, 재판이나 삼판 등에서 칸트가 직접 수정한 부분 중 원문의 의미 전달과 상당한 관련이 있는 내용은 알파벳으로 표시했다. 옮긴이주는 미주로 넣었다.

3. 본문에서 [ ] 속의 내용은 독자의 이해를 돕기 위해 옮긴이가 넣었다.

4. 본문에 표기된 'A 100'은 원전의 초판 쪽수, 'B 100'은 재판 쪽수다. 'Ⅲ 100'는 학술원판의 권수와 쪽수다.

5. 원문에서 칸트가 이탤릭체나 자간 늘리기로 강조 표시한 부분은 본문에서 고딕체로 표시했다.

6. 원문에서 독일어와 같이 쓴 괄호 속 외래어(주로 라틴어)는 그 의미가 독일어와 다르거나 칸트의 의도를 파악하는 데 도움이 될 경우에만 우리말로 옮겼다.

7. 칸트철학의 주요 용어에 대한 우리말 번역어는 「번역용어집」(한국칸트학회 홈페이지 kantgesellschaft.co.kr 참조할 것)을 기준으로 삼았지만 문맥을 고려해 다른 용어를 택한 경우에는 이를 옮긴이주에서 밝혔다.

차례

『칸트전집』을 발간하면서 ······ 6
『칸트전집』 일러두기 ······ 13

부정량 개념을 철학에 도입하는 시도 ······ 17
아름다움과 숭고의 감정에 관한 고찰 ······ 65
자연신학의 원칙과 도덕 원칙의 명확성에 관한 연구 ······ 131
1765~1766 겨울학기 강의 개설 공고 ······ 173
형이상학의 꿈으로 해명한 영을 보는 사람의 꿈 ······ 187
공간에서 방향의 제1 구분 근거 ······ 267
감성계와 지성계의 형식과 원리 ······ 279
인간의 상이한 종 ······ 345
박애학교에 관한 논문들 ······ 367

해제 ········· 377

『부정량 개념을 철학에 도입하는 시도』· 박진

『아름다움과 숭고의 감정에 관한 고찰』· 김화성

『자연신학의 원칙과 도덕 원칙의 명확성에 관한 연구』· 강병호

『1765~1766 겨울학기 강의 개설 공고』· 강병호

『형이상학의 꿈으로 해명한 영을 보는 사람의 꿈』· 임승필

『공간에서 방향의 제1 구분 근거』· 김상현

『감성계와 지성계의 형식과 원리』· 김상봉

『인간의 상이한 종』· 김상현

『박애학교에 관한 논문들』· 홍우람

옮긴이주 ········· 469

찾아보기 ········· 503

부정량 개념을 철학에 도입하는 시도

박진 옮김

일러두기

1. 『부정량 개념을 철학에 도입하는 시도』(*Versuch den Begriff der negativen Größen in die Weltweißheit einzuführen*) 번역은 1763년 발표된 원전을 대본으로 사용했고 학술원판(*Vorkritische Schriften II 1757-1777*, in *Kant's gesammelte Schriften* Bd. Ⅱ, pp.165-204, hrsg. von der Königlich Preußischen Akademie der Wissenschaften, Berlin, 1905)과 바이셰델판(*Vorkritische Schriften bis 1768*, in *Immanuel Kant. Werke in Zehn Bäden*, hrsg. von Wilhelm Weischedel, Bd. II, pp.775~819, hrsg. von Wilhelm Weischedel, Darmstadt, 1983)을 참조했다.

머리말

A I; Ⅱ 167

철학에서 수학을 사용할 수 있는 방식은 두 가지다. 즉 수학의 방법을 모방하거나 수학의 명제들을 철학의 대상들에 실제로 적용하는 것이다. 첫째 사용방식인 수학의 방법을 모방하는 것은 처음 기대했던 만큼의 성과를 현재까지 거두지 못하고 있다. 기하학과 경쟁해서 철학의 명제에 부여하고자 했던 의미심장하고 명예로운 이름의 허세는 점차 벗겨져 버렸다. 왜냐하면 보통 상황에서 교만하게 행동하는 것은 적절하지 않고, 이런 모든 과시에도 결국 진위불명(또는 A Ⅱ
재판 불능: 분쟁에 적용되어야 할 일반적으로 승인된 법규의 결여 또는 불명료함 때문에 재판할 수 없는 상태를 뜻함)[1)]인 어려운 일을 결코 피할 수 없다는 사실을 사람들이 겸손하게 통찰했기 때문이다.

이에 반해 수학의 가르침을 실제로 철학에 적용하는 둘째 방식은 그것이 관계하는 철학 분야에 더욱더 유익하게 되었다. 즉 철학은 수학의 가르침을 이용함으로써 예전에는 결코 권리주장을 할 수 없었던 수준까지 고양되었다. 그러나 이러한 사태는 오직 자연학[자연철학]에만 속하는 통찰이다. 아마 우연적 사례들에 관한 기대의 논리학[확률론] 역시 이런 철학의 분야[자연철학]로 간주해야 할 것이다. 그러나 형이상학에 대해 말하자면, 이 학문[형이상학]은 수학의 일부 개념이나 정리들을 유익하게 사용하는 대신 오히려 종종 그것에 대립하여 전투태세를 갖추어왔다. 그래서 형이상학이 자신의 고찰들을 근거 짓기 위해 어쩌면 확실한 기초를 차용할 수 있었을 곳에서도, 형이상학은 수학자의 개념들을 수학의 영역 밖에서는 거의 진리 자체를 지니지 못하는 정교한 고안물에 지나지 않는 것으로 만드는 데만 전력을 다하고 있음을 보게 된다. 이 두 학문[수학과 형이상학]
A Ⅲ; Ⅱ 168 의 투쟁에서 어느 쪽이 유익한지는 쉽게 추측할 수 있다. 전자[수학]가 확실성과 명석성에서 모든 것을 통틀어 능가하는 데 반해, 후자[형이상학]는 그에 도달하고자 비로소 노력하기 시작했기 때문이다.

예컨대 형이상학이 공간의 본성과 그것에서 공간의 가능성이 이해되는 최상의 근거를 발견하고자 하는 경우를 살펴보자. 이를 위해서는 자신의 고찰에 근거를 마련하려고 어디에선가 확실히 증명된 자료를 차용하는 것보다 더 도움이 되는 것은 없을 것이다. 기하학은 공간의 가장 보편적 성질에 관한 일련의 자료를 제공한다. 예컨대 '공간은 결코 단순한 부분들로 성립하지 않는다'는 명제를 제공한다.[2)] 그러나 사람들은 공간을 아주 추상적으로 생각함으로써 이런 기학학의 명제를 무시하고 오직 공간 개념의 애매한 의식에 대한 자신의 신념에만 기초를 둔다. 이런 절차에 따라 사변이 수학의 명제들과 일치하지 않을 때, 사람들은 이 학문[수학]에 대해 비난을 가함으로써 자신이 고안한 개념을 구해내고자 시도한다. 즉 사람들은 마치 수학이 근거에 둔 개념은 공간의 참된 본성에서 이끌어낸 것이 아니
A Ⅳ 라 자의적으로 꾸며낸 것처럼 이 학문[수학]을 비난한다. 공간의 인식과 관련한 운동의 수학적 고찰은 시간의 형이상학적 고찰을 진리의 궤도로 유지하기 위해 필요한 동등한 형태의 자료를 많이 제공해준다. 유명한 오일러[3)]는 다른 이들 가운데서도 이를 위한 일련의 유인동기를 제공했던 사람이다.* 그러나 사람들은 이성적으로 명백한

통찰에만 관여하는 학문에 종사하기보다는 애매하고 검증하기 어려
운 추상에 머무르는 쪽이 훨씬 더 마음에 든다고 여긴다.

사람들은 우선 자신이 무한소 개념에 관해 판단하기에 충분할 만
큼 이를 이해했는지 추측해보는 대신에, 수학이 자주 다루는 무한소
개념도 허구의 소산이라고 뻔뻔하게 부인한다. 그럼에도 자연은 스
스로 무한소 개념이 매우 참되다는 명백한 증거를 제공하는 것처럼
보인다. 왜냐하면 외관상 중력이 그렇듯이, 운동을 산출하기 위해서 A V
일정한 시간을 관통해 지속적으로 작용하는 힘이 있다면, 시작하는
순간 또는 정지 상태에서 운동을 수행하는 힘은 일정한 시간 속에서
운동을 전달하는 힘에 비하면 무한소여야만 하기 때문이다. 무한소
개념의 본질을 파고 들어가는 것은 나도 인정하듯이 어려운 일이다.
그러나 이 어려움은 고작 단지 불확실한 추측을 신중히 하라고 말하 II 169
는 것일 뿐이며 불가능성의 결정적 선언을 정당화하는 것은 아니다.

나는 지금 수학에서는 잘 알려져 있지만 철학에서는 여전히 매우
낯선 하나의 개념을 철학과 관련지어 고찰해보려고 한다. 내가 제시
하려는 이 고찰은 아주 작은 시작에 불과하다. 이는 새로운 전망을
열려는 시도에서 일반적으로 일어나는 일이다. 그러나 이 고찰은 아
마도 큰 성과를 가져오게 될 것이다. 이 개념, 즉 부정량 개념을 소홀
히 했기 때문에 철학에서 오류나 타인과 의견을 나눌 때 오해가 많
이 생긴다. 예를 들면 만일 유명한 크루지우스[4]가 수학자들이 사용
하는 이 개념의 의미를 잘 알았다면, 아마도 그는 뉴턴이 행한 다음 A VI
과 같은 비교를 실수라고 오해하지는 않았을 것이다.* 뉴턴은 먼 거
리에 있는 두 물체 사이에서 작용하는 인력이 이 두 물체가 서로 접

---

* 『과학과 문예에 관한 왕립 학술원의 역사』, 1748.

* 크루지우스, 『자연론』 제2부, § 295.

근함에 따라 서서히 척력[배척력]으로 변하는 것을 수열에서 긍정양[양수]이 끝났을 때 부정량[음수][5]이 시작되는 것과 비교했다. 부정량과 양의 부정은 표현이 비슷하지만, 부정량은 양의 부정이 아니며, 오히려 그 자체가 참으로 긍정적인[적극적인][6] 어떤 것이고 오직 다른 긍정의 양과 대립하는 양에 불과하기 때문이다. 따라서 부정적 인력은 크루지우스가 생각하듯이 정지가 아니며, 오히려 참된 척력[배척력]일 뿐이다.

어쨌든 이제 본론으로 들어가 도대체 부정량 개념이 철학에 어떻게 적용되는지 살펴보자.

A 1; II 170 수학에서는 부정량 개념이 오랫동안 사용되어왔고 또한 바로 이곳에서 가장 두드러지게 중요시되어왔다. 그렇지만 부정량 개념에 대해 대다수가 고안하여 제시한 표상과 그들이 제시한 해명은 기묘하고 서로 모순적이다. 그럼에도 그 적용에서 아무런 부정확성이 생겨나지 않았던 것은 특수한 규칙이 정의의 자리를 대신하여 그 사용을 보증했기 때문이다. 그러나 이 추상적 개념의 본성에 관한 판단에서 어떤 실수가 있더라도 소홀히 남겨둔 채 후속조치는 없었다. 이 부정량 개념에서 사람들이 표상해야 할 내용을 그 누구보다도 가장 명료하게 규정하여 제시한 사람은 케스트너* 교수다.[7] 그의 손으로
A 2 모든 것이 정확하게 파악되고 적합하게 되었다.

이 기회에 케스트너 교수가 철저히 추상적인 철학자의 분할시도에 제기한 질책은 그곳에서 표현된 것보다 훨씬 더 일반적인 것이다.[8] 즉 그의 질책은 많은 사상가의 자칭 명민한 사고의 힘을, 그 개념의 정확성이 이미 수학에서 보증된, 참되고 유익한 개념과 관련하

---

* 『산술의 기초』(1758), 59-62.

여 시험하고, 그 개념의 성질을 철학적으로 확정하기 위한 요구로서 간주될 수 있다. 거짓된 형이상학은 이런 시도를 수용하고 싶어 하지 않는다. 왜냐하면 이럴 경우 다른 곳에서처럼 무의미한 것을 현학적으로 꾸며 근본적인 듯하게 보이려는 기만을 그렇게 쉽게 행할 수 없기 때문이다. 나는 철학에서 극히 중요한데도 지금 사용되지 않는 개념을 확보하려고 노력하고 있다. 이런 일을 떠맡고자 하므로, 나는 이 일을 유발한 그 논문의 저자[수학자 케스트너]와 같이 일반적인 통찰력을 지닌 인물을 심판자로 삼고 싶다. 완전한 통찰을 지닌 [것처럼 자부하는] 형이상학적 지식인의 경우 사람들이 그 지혜에 어떤 것을 더할 수 있거나 그 미망에서 어떤 것을 뺄 수 있다고 상상한다면, 그는 매우 미숙한 사람임이 틀림없을 테니 말이다.

A 3; II 171

제1절
부정량 일반의 개념 해명

서로 대립한다 함은 그중 한쪽이 정립한 것을 다른 쪽이 지양[폐기]하는 것을 말한다. 이러한 대립에는 두 종류가 있다. 모순을 통한 논리적 대립이거나 모순 없는 실재적 대립이다.

사람들은 지금까지 첫째 대립, 즉 논리적 반대에 유일하게 주목해왔다. 이는 다음과 같은 점에서 성립한다. 즉 동일한 것에 관해 어떤 것이 긍정됨과 동시에 부정되는 경우다. 이런 논리적 결합의 결과는 전적으로 무(표상 불가능한, 단적인 무)이며, 이는 모순율이 말하는 바와 같다. 운동하는 물체도 어떤 것이고 운동하지 않는 물체도 어떤 것(생각 가능한)이다. 그러나 한 물체가 동일한 관점에서 운동함과 동시에 운동하지 않는다는 것은 전적으로 무다.

둘째 대립, 즉 실재적 대립은 다음과 같은 것이다. 여기서는 한 사
A 4 물의 두 술어가 대립적으로 정립되며, 모순율을 통한 반대가 아니다. 여기서도 또한 하나가 다른 것을 통해 정립된 것을 지양한다. 그러나 결과는 어떤 것(생각 가능한)이다. 한 물체를 한 방향으로 움직이는 운동력과 같은 물체를 반대 방향으로 같은 강도로 움직이게 하는 운동력은 서로 모순이 아니다. 이 두 힘은 동시에 한 물체의 술어가 될 수 있다. 그리고 그 결과는 정지이며, 이는 어떤 것(표상 가능한)이다.

그럼에도 이는 참된 대립이다. 즉 한 경향이 단독으로 존재한다고 가
정할 때, 이 경향이 정립한 것을 다른 경향이 지양하고, 이 두 경향은
그것들이 동시에 귀속하는 하나의 동일한 사물의 참된 술어들이기
때문이다. 그것의 결과는 역시 무이지만, 모순과는 달리 이해된 관점 Ⅱ 172
에서 무다(표상 가능한, 결여적인 [또는 박탈적인] 무). 우리는 이런 무
를 제로(0)라고 부르려고 한다. 그것의 의미는 철학에서 사용하는 부
정, 결여, 부재의 의미와 같은 종류이지만, 단지 더 자세한 규정은 이
하에서 더 다룰 것이다.

논리적 상충에서는 한 사물의 술어들이 모순으로 그리고 그들의 A 5
결과를 지양[폐기]하는 관계에만 주목한다. 그리고 이때 두 술어 중
어느 것이 진정한 긍정(실재성)이고 진정한 부정(부정성)인지는 전
혀 고려되지 않는다. 예를 들면 동일한 의미에서 어두움과 어둡지
않음이 동일한 주어에 동시에 있다는 것은 모순이다. 형이상학적 관
점에서는 첫째 술어가 부정이라고 하더라도, 논리적 관점에서는 첫
째 술어는 긍정이고 둘째 술어는 부정이다. 실재적 상충도 동일한
사물에서 두 술어의 상호관계에 기초를 둔다. 그러나 이 상충은 논
리적 상충과는 전혀 달라서 한쪽이 긍정하는 것을 다른 쪽이 부정하
는 것이 아닌데, 이는 불가능하기 때문이다. 오히려 실재적 상충에서
두 술어 A와 B는 모두 긍정적인 것이다. 여기에서 두 술어에서 특히
결과 a와 b가 있다면, 이 둘이 함께할 때 한 주어에 전자도 후자도 아
닌 것이 되며, 따라서 그 결과는 제로다. 예컨대 어떤 사람이 다른 사
람에게 능동적 채무[자산] 100탈러를 갖고 있다면, 이 사실은 액수
그만큼을 수입 처리할 근거가 된다. 그러나 동일한 사람이 수동적 A 6
채무 100탈러를 갖고 있다면, 액수 그만큼을 지출 처리할 근거가 된
다. 이 두 가지 채무가 함께 합쳐져 제로로 처리할 근거가 된다. 다시
말해 이 상황은 돈을 낼 수도 받을 수도 없는 근거가 된다. 사람들은

이 제로가 관계적 무라는 것을 쉽게 통찰할 수 있다. 말하자면 단지 어떤 일정한 결과도 존재하지 않으며, 이 경우에는 일정한 금액의 재산이 존재하지 않는다는 것이다. 또 앞서 서술한 경우에서는 일정한 운동이 존재하지 않는다는 것이다. 이에 반해 모순에 따른 지양에서는 단적으로 무만 있을 뿐이다. 그러므로 이런 부정적 무는 제로(0)로 표현될 수 없다. 제로는 결코 모순을 포함하지 않기 때문이다. 하나의 일정한 운동이 존재하지 않는다고 생각할 수 있지만, 그런 운동이 존재함과 동시에 존재하지 않는다는 것은 전혀 생각할 수조차 없다.

수학자는 이 실재적 대립의 개념을 수학에서 양적 크기와 관련해
사용하며, 이를 표시하려고 양을 +[플러스]와 -[마이너스] 기호로
표기한다. 이런 대립은 모두 상호적이므로 한쪽이 다른 쪽을 전면적
II 173 으로 또는 부분적으로 지양하지만 +를 붙이는 양과 -를 붙이는 양
사이에 어떤 차이도 성립하지 않는다는 점을 사람들은 쉽게 통찰할
A 7 수 있다. 범선 한 척이 포르투갈에서 브라질로 항해한다고 하자. 동
풍으로 전진한 거리만큼 +를 붙이고, 서풍으로 되돌아간 거리만큼 -
를 붙이고, 거리 단위는 마일로 하자. 그렇게 하면 일주일간 항해 일
정은 +12+7-3-5+8=19마일이고 그만큼 이 범선은 동풍에 따라 서
쪽으로 전진한 것이다. -를 붙인 양이 +를 붙인 양과 함께 취해질 수
있는 한에서만 이 -부호는 대립의 기호가 된다. 그러나 -를 붙인 양
이 -를 붙인 다른 양과 결합된다면, 여기서는 어떤 대립도 발생하지
않는다. 대립 관계는 +와 - 사이에서만 마주칠 수 있는 관계이기 때
문이다. 그리고 감산은 대립된 양들이 함께 취해질 때 생기는 지양이
므로 고유하게 -는 통상적으로 표상되듯이 감산 기호일 수 없다는
점이 명백하다. 오히려 +와 -가 동시에 취해질 때 비로소 빼기가 표
기된다. 그렇기 때문에 -4-5=-9는 결코 감산이 아니라 실질적 가산

이며 같은 종류의 양들을 합산한 것이다. 그러나 +9-5=4는 빼기를 A 8
의미하며, 여기서 대립을 나타내는 기호는 한쪽이 자신과 같은 만큼
을 다른 쪽에서 지양하는 것을 의미한다. 마찬가지로 + 기호도 고유
하게 그것만으로는 더하기를 의미하지 않는다. +를 붙인 양이 그 앞
에 +를 붙인, 또는 그렇게 생각되는 다른 것과 결합되는 한에서 비로
소 더하기를 의미하게 된다. 그러나 +를 붙인 양이 -를 붙인 양과 동
시에 취해진다면 양자에서는 대립을 매개로 관계가 성립하고 +기호
도 - 기호와 같이 감산을 의미하게 된다. 즉 -9+4=5처럼 한쪽이 다
른 쪽에서 자기와 같은 양만큼을 지양한다. 따라서 -9-4=-13에서
기호 -는 감산을 의미하지 않으며, 오히려 +9+4=+13에서 기호 +와
마찬가지로 더하기를 의미한다. 일반적으로 기호가 같은 종류일 때
이런 기호로 표기한 사태는 단적으로 합산되지만, 기호가 다를 때는
단지 대립으로, 다시 말해 감산으로만 함께 취해질 수 있다. 그러므
로 이 두 기호가 양의 학문인 수학에서 사용되는 기능은 서로 대립하 A 9
는 양, 즉 결합에서 서로 전부 또는 일부를 지양하는 양을 구별하려
는 것이다. 이로써 사람들은 첫째, 이런 대립관계를 인식하고 둘째,
하나의 양을 감산되어야 할 다른 양에서 뺀 뒤 그 결과로 총계가 +인 II 174
지 -인지 알 수 있다. 따라서 위에서 고찰한 예에서, 만일 범선이 동
풍으로 전진하는 것을 -로, 서풍으로 항해하는 것을 +로 표기하더라
도 사람들은 동일한 결과에 도달할 것이다. 단지 그 총계가 그때는 -
로 표기될 뿐이다.

여기에서 부정량의 수학적 개념이 생겨난다. 한쪽 양이 다른 쪽 양과 관련하여 단지 대립이라는 관계로만 함께 취해질 때, 말하자면 한쪽이 다른 쪽에서 자기와 같은 양만큼 지양할 때, 한쪽 양은 다른 쪽 양과 관련해서 부정적이다. 이는 물론 하나의 대립관계다. 이렇게 서로 대립되게 정립된 양은 서로서로 동일한 것을 지양한다. 따라서 사

람들은 고유하게 어떤 양도 단적으로 부정적이라고 말할 수 없으며,
A 10 +a와 -a는 하나가 다른 하나의 부정량이라고 말하지 않으면 안 된다.
그러나 이런 사태를 항상 의미 깊게 덧붙여 생각할 수 있기에, 수학
자는 그 앞에 - 기호를 붙인 양을 부정량이라고 부르는 관례를 허용
해왔다. 그럼에도 여기서 주의해야 할 것은 부정이란 말은 내적 성질
에 따른 특수한 종류의 사물을 표시하는 것이 아니라, 오히려 +를 붙
인 다른 것과 대립에서 함께 취해지는 그런 대립 관계를 가리킨다는
점이다.

우리는 이 부정량 개념에서 고유하게 철학이 대상으로 하는 문제
를 골라내기 위해서 양의 문제에 대한 특수한 고찰은 생략하고, 먼
저 부정량 개념에 위에서 우리가 실재적 대립이라고 한 대립이 포함
되어 있다는 점에 주목해보자. 예컨대 +8을 재산으로 하고 −8을 수
동적 채무로 해보자. 동일한 사람이 이 두 가지를 갖는다는 것은 모
순이 아니다. 그러나 한쪽은 다른 쪽이 정립한 동일한 것을 지양하는
것이고 그 결과는 제로다. 그래서 나는 채무를 부정적 재산이라고 하
겠다. 그러나 여기서 나는 채무를 재산의 부정 또는 순전한 부인이라
A 11 고 이해하는 것은 아니다. 만약 채무가 재산의 부정이라면 그것은 0
이라는 기호로 표기되어야 하고, 자기가 소유한 재산과 채무를 합해
8+0=8을 소유하게 될 테지만, 이는 거짓이기 때문이다. 오히려 채무
는 재산을 줄일 수 있는 적극적 근거다. 그런데 부정적인 것이라는
명칭은 항상 일정한 사물들의 상호관계를 표시하는 것이고 이 관계
II 175 를 배제하면 부정적인 것의 개념은 지양[폐기]되고 만다. 그래서 특
별한 유형의 사물들을 생각하고 그것을 부정적 사물이라고 부르는
것은 불합리한 일일 것이다. 따라서 수학자가 사용하는 부정량이라
는 표현조차 충분히 정확하다고 말할 수는 없다. 왜냐하면 부정적 사
물이라는 말은 일반적으로 부인(또는 부정)을 의미하지만, 이는 결코

우리가 확정하고자 하는 개념은 아니기 때문이다. 오히려 우리가 확
정하고자 하는 부정적인 것의 개념을 이해하려면 우리가 앞에서 이
미 해명했던 대립관계로 충분하다. 이것이 부정적인 것의 온전한 개
념을 이루며, 이는 실재적 대립에서 성립한다. 이 표현에서 즉시 알
수 있는 것은 대립하는 관계에서 하나는 다른 것에 모순 대당이 아니
라는 점이다. 그리고 이것이 어떤 적극적인 것이라면 한쪽이 다른 쪽
을 단지 부인하는 것만이 아니고, 우리가 곧 보게 되겠지만 어떤 적 A 12
극적인 것으로서 다른 쪽에 대립하는 것이다. 이것을 알기 위해서 우
리는 수학자의 방법을 모방하여 하산을 부정적인 등산, 낙하를 부정
적인 상승, 퇴각을 부정적인 전진이라고 명명해보자. 이러한 표현을
사용함으로써 예컨대 낙하는 non a와 a의 차이처럼 상승과 구별될
뿐만 아니라 상승과 같이 적극적인 것이며, 오직 상승과 결합해야만
비로소 부정의 근거를 포함한다는 점이 뚜렷해질 수 있다. 여기에서
는 오직 [상호]대립 관계만이 문제되기 때문에, 하산을 부정적 등산
이라고 말하는 대신 등산을 부정적 하산이라고 해도 좋다는 것은 물
론 분명하다. 마찬가지로 채무를 부정적 재산이라고 말하는 대신 재
산을 부정적 채무라고 말해도 좋다. 그러나 실재적 대립을 표현하려
고 한다면 이 의도가 모든 경우에 우선 향해지는 것에 **부정적** 이름을
붙이는 것이 더 적절할 것이다. 예컨대 채무를 부정적 재산이라고 말
하는 쪽이 그 반대보다 더 적당하다고 말할 수 있다. 이 경우 [상호]
대립 관계 자체에서는 어느 쪽도 좋은 것이지만 이 관계의 결과를 다 A 13
른 목적을 위해 이용하게 된다면 이야기가 달라진다. 나는 앞으로 때
때로 어떤 것이 다른 것의 **부정적인** 것이라는 표현을 사용할 텐데, 그
것에 관해서 한마디 해두고 싶다. 예컨대 상승의 부정적인 것은 하
강이지만 그것은 다른 것의 부정을 의미하는 것이 아니라 다른 것과
실재적 대립의 관계에 있는 것을 의미하는 것이라고 이해해주기 바

란다.

이 실재적 대립에서 다음 명제가 근본 규칙으로 기록되지 않으면
안 된다. 실재적 상충은 적극적 근거로 인정되는 두 사물 중 한쪽이
다른 쪽의 결과를 폐기할 때 성립한다. 운동력을 적극적 근거라고 한
다면 실재적 상충이 생길 수 있는 것은 또 한쪽의 운동력이 이 운동
II 176 력과 결합하여 서로 결과를 폐기할 때인 것이다. 이것을 일반적으로
증명하려고 한다면 다음과 같이 된다. (1) 첫째, 상충하는 규정은 동
일한 주어 속에서 발견되지 않으면 안 된다. 왜냐하면 한 규정이 어
떤 사물에, 그리고 다른 규정이 다른 사물에 있다면, 여기에서는 아
A 14 무런 현실적 대립도 생기지 않기 때문이다.* (2) 둘째, 실재적 대립 관
계에 있는 반대적 규정은 서로 다른 것의 모순 대당이 아니다. 왜냐
하면 그렇다면 상충은 논리적 차원의 것이 되고 상술한 바와 같이 불
가능한 것이 되기 때문이다. (3) 셋째, 한쪽 규정은 다른 쪽 규정이 정
립한 것밖에 부정할 수 없다. 왜냐하면 다른 쪽 규정이 정립한 것 이
외의 것을 부정해도 대립은 생기지 않기 때문이다. (4) 넷째, 규정이
상충하는 한, 양쪽 다 부정적이라는 것은 있을 수 없다. 왜냐하면 양
쪽이 다 부정적이라면 한쪽이 정립한 것을 다른 쪽이 폐기한다는 것
이 불가능하게 되기 때문이다. 따라서 어떤 실재적 반대에서도 술어
는 양쪽 다 적극적이고 긍정적이지 않으면 안 된다. 다만, 그 경우 양
쪽이 결합했을 때에는 양자의 결과들이 동일한 주어에서 서로 폐기
한다. 이러한 방식에서 하나가 다른 하나의 부정적인 것으로 고찰되
는 그런 사물들은 양자 모두 적극적이고 긍정적인 양으로 고찰되며,
다만 그것들이 같은 주어 속에서 동시에 결합되었을 때에는 그 결과
가 제로가 된다. 서쪽으로 항해하는 것도 동쪽으로 항해하는 것도 모

* 나중에 가능적 대립에 관해서도 언급할 것이다.

두 긍정적이고 적극적인 운동이다. 다만 그 항해를 동일한 배로 할 때 그 배가 퇴각한 항로가 전부 또는 일부분 상쇄되게 된다.

이 상호 실재적 대립을 이루는 것은 그밖에도 많은 부정적 관계 A 15
를 자신 안에 포함하고 있다고 생각하지 않으면 안 된다. 즉, 서쪽으
로 나아가는 범선은 동쪽으로 나아가는 것도 아니고 남쪽으로 나아
가는 것도 아니며 그밖의 방향으로 나아가는 것도 아니다. 또 그것은
물론 모든 장소를 동시에 점유하는 것도 아니다. 이러한 갖가지 부정
이 이 범선의 운동에 부착해 있다. 그러나 이러한 갖가지 부정이 있
기는 하지만 상호 실재적으로 상충할 수 있고 제로라는 결과를 산출
하는 것은 동쪽으로 향하는 운동에도 서쪽으로 향하는 운동에도 여
전히 존재하는 적극적·긍정적인 것과 다름없다.

상술한 것을 일반적 기호를 사용하여 다음과 같이 설명할 수 있다.
가능한 모든 참된 부정(한 주어에 정립된 것을 동시에 부정하는 것은
불가능하기 때문에)은 모두 제로(0)로 나타내고, 긍정은 모두 적극적
인 긍정 기호로 표현할 수 있다. 그러나 동일 주어에서 결합은 + 또는 II 177
-로 나타낼 것이다. 그렇다면 A+0=A, A-0=A, 0+0=0, 0-0=0*은 모 A 16
두 대립이 아니며 그 어느 것에서도 정립된 것이 폐기되지 않았음이
인정될 것이다. 마찬가지로 A+A도 폐기가 아니며, 따라서 최후에 남
게 되는 것은 단지 A-A=0뿐이다. 이 식이 말해주는 것은 다음과 같
다. 한쪽이 다른 쪽을 부정하는 두 사물이 있고, 이 둘은 모두 A라서

* 사람들은 0-A라는 경우가 간과되었다고 말할지도 모른다. 그러나 이 경우는 철학적으로 불가능하다. 무에서는 어떠한 실재적인 것도 결코 제거할 수 없기 때문이다. 0-A라는 표현이 수학에서는 정당하다는 것은 제로에 다른 양을 덧붙여도, 제로에서 다른 양을 감하더라도 그들 양에는 아무런 변화도 생기지 않게 되기 때문에 그렇다. 예컨대 A+0-A는 A-A와 같은 것이고, 따라서 제로는 전혀 필요하지 않다. 그렇기 때문에 마치 부정량이 무보다 작다고 생각하는 것은 무의미하고 불합리하다.

참된 의미에서 적극적[긍정적]인 것을 의미한다. 그러나 이 둘은 한 쪽이 정립한 것을 다른 쪽이 폐기하는 방식으로 적극적이다. 이 관계가 - 기호로 나타나 있다.

제2의 규칙은 실은 제1의 규칙[근본규칙]의 역으로 다음과 같다. 하나의 적극적 근거가 있고 그럼에도 그 결과가 제로일 때는 언제나 실재적 대립이 존재한다. 즉, 이 근거는 이것의 부정적인 것인 또 하
A 17 나의 적극적 근거와 결합하고 있다. 범선이 바깥 바다에서 실제로 동풍에 밀리고 있는데도 조금도 나아가지 않고 또는 적어도 그 근거가 되는 바람에 밀린 만큼 나아가지 않는다면, 조류가 방해했다고 생각하지 않을 수 없다. 이것을 좀더 일반적인 관점에서 보면, 하나의 적극적 근거의 결과를 폐기하는 데에는 또 하나의 적극적 근거가 늘 필요하다고 표현할 수 있다. b라는 결과를 초래할 임의의 근거가 있다고 하자. 그런데 그 결과가 0이 되는 경우에는 b와 반대의 −b라는, 그 자체로 참된 적극적·긍정적인 양을 초래할 다른 근거가 반드시 존재할 것이다. 그리고 이것은 b-b=0로 표현할 수 있다. [예를 들면] 어떤 사람이 1만 달러분의 유산을 받았음에도 상속한 금액은 6,000달러에 불과하다면 그것은 10,000-4,000=6,000일 테고, 4,000달러의 채무 또는 비용을 동반하는 것이다. 다음에 언급하는 내용도 위의 두 원칙의 설명에 크게 기여할 것이다.

이 장의 끝으로 다음과 같은 주의를 부가하고자 한다. 나는 실재적
A 18 대립의 결과인 부정을 박탈이라고 하려 한다. 그러나 이러한 유형의
Ⅱ 178 상충에서 생긴 것이 아닌 부정은 결여라고 해야 할 것이다. 후자는 아무런 적극적 근거를 요구하는 것이 아니며 오히려 단지 그런 근거의 결여에 불과하다. 그러나 전자는 정립을 위한 참된 근거와 이와 같은 양의 대립하는 근거를 지닌 것이다. 물체가 정지하고 있는 이유는 단순한 결여 때문이거나 박탈 때문이다. 전자는 아무런 운동력도 존재

하지 않는다는 의미에서 운동의 부정이고, 후자는 운동력은 존재하지만 그 결과인 운동이 대립하는 힘에 폐기되고 있다.

A 19; Ⅱ 179

제2절
부정량 개념이 철학에 인용된 사례들

1. 각각의 물체는 불가입성으로 자신이 차지하는 공간에 침입하려는 다른 물체의 운동력을 거부한다. 그러나 각 물체는 다른 물체의 운동력에서도 자기 정지의 근거이므로 다음과 같은 사실이 나온다. 즉 불가입성은 물체의 각 부분이 서로 모여 하나의 공간을 차지하는 것을 가능하게 하는 하나의 참된 힘의 존재를 전제한다. 동시에 이 힘은 항상 또 다른 물체가 이 공간에 침입하려고 노력하는 힘일 수 있다.[9)]

이를 해명하기 위해 서로 대립하는 방향으로 나아가려는 두 용수철을 상상해보자. 이 두 용수철이 정지해 있는 것이 크기가 같은 두 힘에 따른 것임은 의심할 여지없이 틀림없다. 이 두 용수철 사이에 탄성력이 같은 용수철을 하나 삽입하면 이 용수철은 두 용수철에 같
A 20 은 작용을 미치고 작용과 반작용은 서로 같다는 법칙에 따라 두 용수철을 정지하게 할 것이다. 이 용수철 대신 임의의 고체를 그것들 사이에 가져와도 같은 일이 일어나 두 용수철은 저 고체의 불가입성 때문에 정지될 것이다. 따라서 불가입성이라는 이 원인은 본래 참된 힘임을 알 수 있다. 불가입성은 용수철이 갖는 진정한 힘과 같은 작용을 하기 때문이다. 이제 하나의 물체가 다른 물체에 그것이 차지하는

공간을 향해 압박을 가하기도 하고 운동을 일으키기도 하는, 사실 그것이 무엇일지 모를 원인을 **인력**이라고 한다면(그러나 여기서는 단지 이 인력을 생각하는 것으로 충분하겠지만) 불가입성은 **부정적 인력**이라고 말할 수 있다.

이는 불가입성이 자연 안의 다른 운동력과 같이 하나의 적극적 근 Ⅱ 180
거임을 의미한다. 그리고 부정적 인력은 원래 참된 척력[배척력]이기 때문에, 각각의 물체는 그것이 이러한 관계에서 지닌 힘에 따라 공간을 차지한다. 그러나 서로 대립하는 두 힘의 충돌로 이 공간 자체를 제한하는 한계를 정립한다. 그래서 이 물체들의 힘에는 다양한 해명으로 유인하는 동기가 제공되고 있고, 이런 해명들 속에서 분명 A 21
하고 신뢰할 만한 인식에 도달할 수 있으리라고 나는 확신한다. 그러나 이 점을 나는 다른 논문에서 다루려고 한다.

2. 이제 심리학에서 하나의 예를 취하려고 한다. 그것은 다음과 같은 질문이다. 불쾌는 단지 쾌의 결여인가? 아니면 불쾌는 쾌를 박탈하는 근거인가? 따라서 그것은 그 자체가 말하자면 적극적인 어떤 것이며, 단지 쾌의 모순 대당이 아니라 쾌와 실재적 의미에서 대립하는 것이어서, 또한 불쾌는 **부정적** 쾌라고도 불릴 수 있는가?

그런데 바로 처음부터 내적 감각이 다음 사실을 가르쳐준다. 즉 불 A 22
쾌는 단순한 부정 이상의 것이라는 점이다. 왜냐하면 어떤 쾌를 누군가 소유한다고 해도 우리가 유한한 존재자로 남아 있는 한, 약간 다른 가능한 쾌를 결여하기 때문이다. 마치 증류수와 같은 전혀 맛이 없는 약을 먹는 사람은 아마 건강을 기대하여 쾌감을 느낄 테지만 이 미각에는 어떠한 쾌감도 없다. 그러나 이 쾌감의 결여는 여전히 불쾌는 아니다. 그 사람에게 이제는 쑥향이 나는 약을 준다면 그 감각은 매우 적극적이다. 그것은 이제 쾌의 단순한 결여가 아니고 불쾌라고 부르는 감정의 참된 근거다.

그러나 상술한 설명에서 우리는 불쾌가 단적으로 결여가 아니고 적극적 감각이라는 사실만을 알 수 있을 뿐이다. 그러나 불쾌가 적극적임과 동시에 또 쾌와 실재적 대립 관계에 있다는 것은 다음과 같은 방식의 사례를 고려할 때 가장 명백하게 될 것이다. 한 스파르타인의 어머니에게 그녀 자식이 조국을 위해 영웅적 전투 태도를 보였다는 보고가 전해졌다고 가정해보자. 쾌의 편안한 감정이 어머니 마음을 차지한다. 그러나 자식이 명예롭게 전사했다는 보고가 덧붙여졌을 때 최초의 쾌감은 심하게 줄어들고 그 정도가 저하한다. 최초의 쾌 정도를 4a라고 하고 불쾌를 단지 부정, 즉 0라고 한다면 이 둘이
II 181 합해졌을 때 즐거움의 값은 4a+0=4a가 되고, 전사를 보고한 뒤에도
감소하지 않았겠지만 이것은 옳지 않다. 따라서 자식이 보여준 용감함에 따른 쾌를 4a라 하고 전사에 의한 불쾌가 작용한 뒤 남겨진 것을 3a라고 한다면, 불쾌는 a가 된다. 그리고 이 불쾌는 쾌를 부정하는 것, 즉 -a라서 4a-a=3a라는 계산이 된다.

A 23 불쾌가 단순한 부정이고 제로와 같다고 생각한다면, 불쾌와 뒤섞인 상태에서 쾌의 총량을 평가할 때 매우 불합리한 일이 일어날 것이다. 어떤 사람이 연수입이 2,000달러인 토지를 구입했다고 하자. 이 수입에 따른 쾌의 정도는 장애가 생기지 않는다면 그대로 2,000달러라고 말할 수 있다. 그러나 수입을 모두 다 향유할 수 없게 일부를 할애하지 않으면 안 된다면, 그것은 불쾌의 근거가 된다. 연지출을 토지 세금 200달러, 인건비 100달러, 개보수비 150달러라고 가정해보자. 만약, 불쾌가 단순한 부정, 요컨대 제로라면 그 토지를 구입하여 얻는 쾌는 총계해보면 2,000+0+0+0=2,000이 된다. 이것은 할애 없이 전액을 향유할 수 있는 경우와 같은 금액이다. 그런데 이것은 이제 더는 가능하지 않으며, 수입에 따른 그의 쾌는 지출을 뺀 잔액임

이 명백하고 만족의 정도는 2,000-200-100-150=1,550이 된다. 그래서 불쾌는 쾌의 단순한 결여가 아니라 하나의 적극적 근거이고 다른 근거에서 생기는 쾌를 전부 또는 일부 폐기하는 것이다. 그래서 나는 이러한 이유에서 불쾌를 **부정적 쾌**라고 한다. 쾌와 불쾌의 결여 A 24
가 그 근거의 결여에서 생길 때, 그것은 **무관심**이다. 쾌와 불쾌의 결여가 서로 양이 같은 두 근거가 맺고 있는 실재적 대립의 결과라고 생각되는 경우, 그것은 **평정**이다. 이 두 가지가 다 제로이지만 전자는 단적인 부정, 후자는 박탈이다. 동등하지 않은 쾌와 불쾌의 대립에서 이 두 감각들 중 한쪽이 일부분을 남긴 마음 상태는 쾌 또는 불쾌의 **우세**다. 이와 같은 개념에 따라 모페르튀[10]는 도덕철학 연구에서 인생의 행복 총량을 계산하려고 시도했다. 총량이 달리 계산될 수야 없겠지만, 이렇게 행복을 양으로 계산하려는 과제는 인간의 문제에 관해서는 해결할 수 없다. 왜냐하면 단지 종류가 같은 감각만이 합해질 수 있겠지만, 복잡한 인간의 삶에서 받는 감동은 실로 갖가지고 그것에 따라 감정도 다종다양하기 때문이다. 이 학식 있는 사람의 계산 II 182
결과는 부정적인 것이 되었고, 이러한 점에서 나는 그를 찬성할 수 없다.

상술한 이유에서 우리는 **혐오를 부정적 열망, 증오를 부정적 애정**, 추 A 25
를 **부정적 미**, 비난을 **부정적 명성**이라고 할 수 있다. 어떤 사람들은 이것을 언어의 유희라고 할지도 모른다. 그러나 그렇게 말하는 이들은 그 이익을 알지 못하는 자들일 뿐이다. 적어도 수학을 아는 자라면 이러한 표현방식이 이미 알고 있는 개념들과 관계를 동시에 알려준다는 점을 간파할 것이다. 이 점을 놓친 채 많은 철학자가 오류에 빠진 것은 명확하다. 그들은 대개 악을 단순한 부정으로만 생각하지만, 우리가 설명한 대로 결여의 악과 박탈의 악 두 가지가 존재한다. 전자는 그것과 마주하는 정립에 맞설 만한 근거가 없는 부정이지만,

후자는 충분히 적극적인 근거를 전제하고 있고, 실제로 다른 근거에
서 생긴 선을 폐기하는 것이어서 부정적 선이라고 명명할 수 있을 것
A 26 이다. 악으로는 후자 쪽이 전자보다 훨씬 강대하다. 무언가가 필요한
사람과 관계에서 아무것도 주지 않는다는 것은 하나의 악이다. 그러
나 빼앗고 강탈하고 훔친다는 것은 그 사람과 관련해서 더욱 중대한
악이다. 그래서 강탈은 부정적 증여다. 논리학에서도 사정은 마찬가
지다. 오류는 부정적 진리(이것을 부정 명제의 진리와 혼동해서는 안
된다)이고, 반박은 부정적 입증이다. 여기에서 나는 이 이상 더 상세
하게 언급할 필요가 없다고 생각한다. 내 의도는 단지 이 개념을 제
시하는 것이며, 이 개념을 사용한다면 유용하다는 점을 알 것이라고
생각한다. 또 제3절에서 이에 관해 전망을 약간 제시할 것이다.

3. 이 실재적 대립이라는 개념은 실천철학에 응용할 때에도 유익
하다. 악덕은 단순한 [덕의] 부정이 아니고 부정적 덕이다. 왜냐하면
악덕이 생기게 되는 것은 [인간을 비롯한 정신적인] 어떤 존재자 속
에 하나의 내적 법칙이 있고(이것은 단순히 양심이거나 적극적 법칙의
의식이다), 그 법칙을 [어기고] 대립된 행위를 했을 때에만 발생하기
때문이다. 이 마음속 법칙은 선한 행위의 적극적 근거이므로 법칙의
A 27 의식에서 생기는 이 행위가 폐기되면 그 결과는 제로가 된다.
II 183 그렇기 때문에 이것은 박탈, 즉 실재적 반대이지 단순한 결여는 아
니다. 이것을 단순한 과실의 오류[11)]라든가 태만의 오류라고 상상해서
는 안 된다. 이성이 없는 짐승은 덕을 행할 수 없다. 그러나 이것은 태
만이지 악덕은 아니다. 마음속 법칙을 어긴 것은 아니기 때문이다.
이 제로, 즉 태만은 [마음속에] 존재하는 내적 도덕감에 따라 선한 행
위로 촉구되고, 뒤이어 그것에 거역하는 것으로나 반대 힘이 작용한
결과 생긴 것은 아니다. 여기에서 생긴 결과는 적극적 근거의 결여에

서 온 부정이지 결코 박탈은 아니다. 이에 반해 타인의 궁핍을 목격하고 그것을 구제하는 힘을 갖지만 구제하지 않는 사람을 생각해보자. 이 인간의 마음속에도 만인의 마음속에서와 마찬가지로 이웃 사랑을 행하게 하는 적극적 법칙이 있다. 그리고 이것이 억눌려 있다. 이는 태만을 일으키는 내적 행위동인이 마음속에서 현실적으로 작 A 28
용하는 것이다. 따라서 이 제로는 실재적 반대의 결과다. 마음속에서 선의 적극적 충동을 느끼지만 그것을 행하지 않으려면 실제로 처음 얼마 동안 상당한 [아픈] 노력을 대가로 치러야 한다. 그러나 습관은 모든 것을 쉽게 마비시키고, 마침내 마음속의 이러한 아픔을 거의 느끼지 않게 해버린다. 따라서 과실죄와 태만죄의 차이는 **도덕적** 견지에서 보면 **종류**의 차이가 아니라 **크기**의 차이일 뿐이다. 그리고 물론 **물리적** 관점, 즉 외부에 나타난 결과를 보면 또한 **종류** 차이도 있는 듯하다. 말하자면 사람이 어떤 것을 얻지 못해 괴로워하는 경우 그것은 결여의 악이고, 빼앗겨서 괴로워하는 경우 그것은 박탈의 악이다. 그렇지만 나태의 죄를 범한 인간의 도덕적 상태를 생각해보면, 이 인간에게서 나태의 죄가 과실의 죄로 이행하는 데에는 오직 행위의 크기 정도가 증가하는 것이 요구될 뿐이다. 이것은 지렛대의 평행상태가 짐을 정지상태로 유지하기 위해 참된 힘을 사용하고 그것[짐][12]을 다른 쪽으로 움직이려면 힘을 조금 더하는 게 필요한 것과 같은 상황이다. 그와 마찬가지로 빌린 돈을 갚지 않는 사람은 기회만 있으면 이익을 얻기 위해 속이려 하는 사람이고, 도울 힘이 있는데도 돕지 않는 사람은 마음 내키면 타인을 해치우려고 생각하는 사람이다. A 29
사랑한다는 것과 사랑하지 않는다는 것은 서로 모순 대당이다. **사랑하지 않는다는** 것은 거짓 없는 진정한 부정이다. 하지만 사랑하지 않으면 안 된다는 구속성[책무]을 느낄 때는 이 부정은 실재적 대립으로만, 따라서 박탈로만 가능하다. 그리고 이 경우 **사랑하지 않는다는** II 184

것과 증오한다는 것은 단지 정도 차에 불과하다. 이에 반해 더 큰 도덕
적 완전성을 결여하고는 있지만 죄로까지는 가지 않는 모든 나태는
어떤 덕의 단순한 부정에 불과하지 박탈이나 악덕은 아니다. 성자들
이나 고귀한 혼의 소지자가 가질 수 있는 결점이나 단점이 이와 같은
종류다. 완전성의 더 큰 근거를 결여할 뿐 결코 반대의 힘이 작용함
으로써 이 결함이 생긴 것은 아니다.

상술한 개념의 실천철학 문제에 대한 응용은 좀더 확장할 수 있다.
금지는 부정적 명령, 징벌은 부정적 칭찬 등이 바로 그것이다. 그러나
A 30 지금은 오직 이 개념의 사용방법만이라도 알고 있다면 나는 만족한
다. 지금까지 설명한 것이 교양 있는 독자에게는 필요 이상으로 장황
했던 것은 나도 충분히 인정한다. 그러나 다른 한편으로 역시 일군의
깨우치지 못한 자가 있으며 이 무리는 일생에 책을 단 한 권밖에 읽
지 못하고 거기에 쓰인 것 외에는 어떤 것도 이해할 수 없는 상태에
있다. 이러한 것에 생각이 미치면 이 극단적인 장황함까지도 쓸데없
는 것은 아니라고 양해해줄 것이라고 생각한다.

4. 나는 자연과학에서 사례를 좀더 빌려오고 싶다. 자연에는 두 작
용하는 원인이 갈등하여 실재적 대립에 따라 한쪽이 다른 쪽의 결과
를 폐기하는 박탈의 예가 수없이 많다. 그러나 그것이 적극적인 근거
를 갖지 못하는, 이른바 결여라는 의미의 부정인지, 아니면 참된 힘
들이 대립한 결과로 생겼는지는 종종 확실하지 않다. 예컨대 정지는
운동의 원인이 없기 때문에 생긴다고 생각할 수도 있고, 서로 저항
하는 운동력이 투쟁한 결과라고 생각할 수도 있다. 또 예를 들면 차
가움이 적극적 원인을 필요로 하는지, 열의 원인을 단지 결여한 것에
A 31 불과한지는 유명한 문제다. 나는 잠시 이 문제를 이 논문의 목적 범
위에서 생각해보고 싶다. 물론 의심할 여지없이 차가움 자체는 열을

부정하는 것이다. 그리고 그것이 적극적인 근거를 갖지 않더라도 그
자체로 존재할 수는 있다. 그러나 차가움은 또 적극적 근거에서 생
길 수도 있고, 열의 기원에 관해 어떠한 설을 채용하든 그것에 관계
없이 현실적으로 적극적 근거에서 생겨난다. 자연에는 절대적 차가
움은 존재하지 않고, 만약 차가움을 이야기한다면 비교적으로만 취
급할 수 있을 뿐이다. 그런데 경험과 이성적 근거 모두 다음과 같은 Ⅱ 185
유명한 **무셴브뢰크**[13]의 생각과 조화되며 그의 생각을 입증한다. 온도
상승은 물체 내부의 진동에 따른 것이 아니고, 불의 원소가 하나의
사물에서 다른 사물로 이동하는 데서 기인한 것이다. 아마 이 자극
된 진동은 물체에서 불의 원소 유출을 돕는 것이라고 생각된다. 그리
하여 만약 어떤 일정한 공간 안의 물체들 사이에 불의 원소가 평형상
태에 있다면, 이들 물체는 상대적으로 말해 뜨겁지도 차갑지도 않다.
이러한 평형상태를 갖지 않고, 불의 원소가 A에서 B로[14] 이동하는 A 32
것은 A가 B에 비해 **뜨겁고** B가 A에 비해 **차가울** 때다. 그래서 이렇게
이행할 때, A는 냉각되고 B는 가열되어 최후의 평형상태에 도달한다.

그런데 이 사실은 물체들 사이에서 발생하는 인력이 이렇게 미세
하고 탄성적인 유체[15]를 움직이게 해서 물체의 질량을 채우며 도처
에 평형상태로 도달하게 하는 것이라고 해석한다면 가장 자연스러
울 것이다. 그렇다면 B가 A에 접촉하여 그것을 차갑게 하는 것은 분
명히 A를 채우고 있는 열의 원소를 참된 힘(인력)이 빼앗는 것이 된
다. 그리고 B의 차가움은 **부정적 열**이라고 해도 좋다. 이때 뜨거운 A
에 덧붙여진 부정은 박탈이기 때문이다. 그러나 이러한 명칭을 도입
하는 것은 일종의 언어의 유희이고 여기에서는 크게 의미가 없다. 내 A 33
가 진정으로 말하려는 것은 다음과 같은 것이다.

자기를 띤 물체는 서로 대립하는 두 끝을 가지며 그것은 극이라고
명명된다. 그리고 같은 종류의 극은 서로 배척하고 다른 종류의 극은

서로 끌어당긴다는 것은 이전부터 알려져 있다. 전기와 자기의 유사함을 술회한 에피누스[16] 교수의 논문에 따르면, 어떤 의미에서는 전기를 띤 물체도 똑같이 두 극을 갖는다. 그는 그 각각을 **긍정**의 극과 **부정**의 극이라고 명명했다. 그리고 그는 한쪽의 극이 배척하는 것을 다른 쪽의 극이 끌어당긴다는 현상을 진술하고 있다.

II 186 이 현상은 관 하나를 전기를 띤 물체에 불꽃이 튀기지 않을 정도
로 가까이 대었을 때 가장 확실히 볼 수 있다. 그런데 내가 이제 주장
하는 것은 냉각이나 가열, 즉 냉열의 변화, 특히 급격한 변화가 이와
연관된 사이 공간에서나 긴 물체의 한쪽 끝에서 일어날 때는 늘 열
의 양극이 발견될 수 있다는 점이다. 이 양극의 한쪽은 긍정, 즉 그 물
A 34 체의 직전 온도를 높이는 것이고, 또 한쪽은 부정, 즉 그 온도를 내리
게 하는 열, 다시 말해 차가움이다. 태양이 외부 공기와 지표를 덥게
하면 할수록 동굴 속 서리는 더 많아지게 된다는 현상은 도처에서 볼
수 있다. 마티아스 벨[17]은 카르파티아산맥에서 볼 수 있는 이러한 현
상을 보고했지만, 지벤뷔르겐의 농민들 사이에는 음료를 차갑게 하
려 할 때에는 그것을 땅속에 묻고 그 위에 급히 모닥불을 피운다는
관습이 있음을 곁들여 말했다. 지층에 관해 말하면, 만약 지구 상층
부가 적극적으로 뜨겁게 되려면 같은 시간에 심층부에서 그와 반대
되는 것이 생기지 않으면 안 된다. 그밖에 뵈르하베[18]는 대장간의 불
은 어느 정도 떨어진 거리에서는 한기를 유발한다는 사실을 진술했
다. 지표를 덮는 대기에 특히 급속한 변동이 생겼을 때에도 이러한
대립이 생길 것이다. 『함부르크잡지』의 어떤 호에 게재된 야코비[19]의
보고에 따르면, 넓은 지역에 걸쳐 한파가 몰아쳐올 때에도 대개 그
속에 따뜻하고 온화한 기온 지대가 상당히 보인다. 마찬가지로 에피
A 35 누스는 상술한 금속관에서 한쪽의 끝인 긍정적 극에서 다른 쪽의 끝

인 부정적 극에 이르는 도상에서 정전기가 부전기로 바뀐다는 사실을 발견했다. 어떤 지방의 대기가 따뜻해지면 그것은 반드시 다른 지방에서 부정적 극의 작용, 즉 추위를 발생시킨다. 또 역으로 어떤 지점에서 추위가 급격히 증가하면 다른 지방의 따뜻함이 증가한다. 이것은 한쪽 끝을 뜨겁게 한 금속관을 급히 물속에 집어넣어 냉각하면 또 다른 한쪽 끝이 따뜻해지는 것과 마찬가지다.*

그러나 열이 전달되든 빼앗기든 상당한 시간이 경과하여 그 작용 A 36; II 187

---

* 온도상에서 서로 대립하는 양극이 존재한다는 것을 증명하기 위한 실험
장치는 쉽게 설치할 수 있다. 길이 1피트 정도의 수평으로 된 관을 사용하
여 그 양끝을 몇 센티미터 정도 위로 직각으로 구부려 거기에 알코올을 채
워 한쪽 끝에 점화하고 다른 쪽 끝에 온도계를 세워보자. 그러면 부정적 대
립이 곧 확실하게 보일 것이라고 생각한다. 또 한쪽 끝을 냉각하여 다른 쪽
끝에서 그 작용의 결과를 지각하고자 한다면 소금물을 사용하면 될 테고
한쪽 끝에는 깨진 얼음을 넣어두면 좋을 것이다. 이 기회에 융합된 두 물질
을 분해할 때 생기는 인공적인 냉이나 열을 설명하는 데 어떤 장치를 사용
하면 좋을지 언급하고자 한다. 나는 냉과 열의 차이가 생기는 것은 완전한
융합 이후 혼합한 액체의 부피가 혼합 이전 따로 있을 때 액체 부피의 합보
다 많은지 적은지에 달려 있다고 생각한다. 융합한 액체의 부피가 따로 있
을 때의 합보다 많을 때, 온도계는 열을 보여주게 될 것이며, 적을 때는 냉
을 보여주게 될 것이라고 나는 주장한다. 왜냐하면 융합 후 액체의 부피가
줄어들 때 당연히 그 밀도는 증가하고, 그러면 인력을 지닌 물체가 동일한
부피 내에서 증가하고 가까이 있는 불의 원소를 이전보다 강하게 끌어당
기기 때문이다. 그뿐만 아니라 인력은 밀도의 증가에 비례하는 이상의 증 A 37
가 방식을 보여주리라고 생각한다. 뉴턴에 따르면, 인력은 아주 근거리의
경우 거리에 반비례하는 이상의 정도로 증가하기 때문이다. 그러나 그사
이에 에테르의 팽창력도 증가하지만, 이는 공기와 마찬가지로 밀도 증가
에 비례해서 증가할 뿐이다. 이렇게 융합한 액체의 밀도가 융합 이전 따로
있을 때 액체의 합보다 클 때는 융합한 액체가 불의 원소를 빼앗기 때문에
냉이 된다. 그러나 융합한 액체의 밀도가 희박하게 되면 모든 것은 역이 된
다. 융합한 액체는 일정 양의 불의 원소를 상실하고 가까이 있는 물체가 그
것을 받아들여 가열 현상을 보여주는 것이다. 실험 결과가 반드시 예상과
일치하지 않을지도 모른다. 그러나 실험이 우연에 기초해야 할 것이 아니
라면 우선 예상에 기초해야 한다.

이 물체에 모두 똑같은 방식으로 확산되면 열의 양극 구별도 사라
질 것이다. 그것은 에피누스 교수의 금속관이 방전하면 [극의 구별
을 상실하고] 동일한 전기성을 제시하는 것과 같은 것이다. 아마 고
A 37 층의 대기가 매우 차가워진다는 것도 열기를 결여한 탓이 아니라 오
히려 적극적 원인에 돌려져야 할 것이다. 말하자면 열의 관점에서 하
층의 공기나 지표의 따뜻함이 긍정이기 때문에 고층의 대기가 차가
워짐은 부정이 될 것이다. 일반적으로 자기도 전기도 열도 같은 종류
의 매체로 생긴다고 생각된다. 이 세 가지가 모두 다 마찰로 발생한
A 38; Ⅱ 188 다. 그래서 양극의 차이나 긍정과 부정 작용의 대립은 실험이 능숙하
게 처리된다면 열 현상에서처럼 인지될 것이라고 나는 추정한다. 갈
릴레이의 사면, 호이겐스의 진자, 토리첼리의 수은주, 오토 게릭의
진공 펌프, 뉴턴의 프리즘이 자연의 커다란 비밀을 푸는 열쇠가 되었
다. 물체의 긍정과 부정 작용, 특히 전기의 그것은 아무래도 중대한
통찰을 숨기고 있는 것처럼 생각된다. 다음 세대에 어느 날인가 행운
이 주어져 지금은 애매한 연관 속에 있는 것에 대해 일반적 법칙을
인식하게 되기를 진심으로 기대한다.

제3절
부정량 개념을 철학의 대상들에
적용하기 위한 예비 고찰 A 39; Ⅱ 189

내가 지금까지 취급해온 것은 중대하고도 매우 어려운 문제에 대한 최초의 조망에 불과하다. 앞에서 서술한, 파악하기 쉬운 몇 가지 사례에서 일반적 명제로 상승하는 데에는 극도로 조심해야 할 이유가 있다. 전인미답의 길을 갈 때에는 많은 과오가 발생할 수 있기 때문이다. 그러나 이 과오가 무엇인지는 아마도 이 서술이 진척되면서 알려질 것이다. 이에 관해서 또한 내가 말해야 하는 것, 특히 다음과 같은 한 시도를 나는 여기에 덧붙이고자 한다. 그것은 바로 이 시도가 내가 이 문제에 대한 다른 사람들의 주의에 유익한 것을 많이 약속한다고 하더라도 그것은 매우 불완전하다는 점이다. 물론 나는 이와 같은 내 고백이 다른 사람들의 찬성을 얻으려면, 특히 뻔뻔스럽고 독단적인 어조를 요구하며 자신이 원하는 아무 방향으로나 끌고 가 A 40
고 싶어 하는 사람들의 찬성을 얻으려면 매우 나쁜 추천이라는 것도 잘 알고 있다. 그러나 그러한 찬성이라면 얻지 못하더라도 하등 유감스럽지 않다. 형이상학과 같은 애매한 인식에서는 자기 생각을 우선 불확실한 시론 형식으로 발표하고 공개적 검토에 맡기는 것이, 자기 생각을 월권적 심원성과 완전하다는 확신으로 온갖 치장을 하고서 고지하는 것보다 훨씬 좋다고 나는 생각한다. 만약 후자와 같이 한다면 어떠한 개선의 길도 폐쇄되고 마주칠 수 있는 어떠한 결함도 치료하는 것이 불가능하게 될 테니 말이다.

Ⅱ 190 **제1항**. 왜 어떤 것이 존재하지 않는가 하는 것은, 그에 대한 적극적 이유가 결여되는 한에서 누구든 쉽게 이해할 수 있다. 그러나 왜 여기 존재하는 것이 존재하지 않게 되는가 하는 것은 어려운 문제다. 예컨대 내 상상력의 힘을 동원해 태양의 표상이 지금 내 영혼 속에 실존한다[고 해보자]. 그리고 다음 순간 나는 이 대상을 생각하기를 그만둔다[고 하자]. 그렇다면 [내 마음속에] 존재했던 태양의 표상은 존재하기를 그만두고, 바로 다음 순간 이전 상태는 제로가 된다.
A 41 이에 대한 근거를 제시하기 위해, 내가 다음 순간에 그것을 계속 일어나게 하는 것을 중지했기 때문에 생각이 멈추게 되었다고 말한다면, 이런 대답은 저 물음과 비교해 전혀 다를 게 없다. 왜냐하면 저 물음의 초점은 일찍이 존재했던 행위가 어떻게 해서 중단되는지, 다시 말해 존재하기를 그만두게 할 수 있게 되는가 하는 데에 있기 때문이다.

그래서 나는 다음과 같이 말하겠다. **모든 소멸은 부정적 생성**이라고. 다시 말해 여기 존재하는 적극적인 어떤 것을 소멸하는 데에는 아직 존재하지 않는 것을 새롭게 존재하게 할 때와 마찬가지로 하나의 진정한 실재적 근거가 필요하다. 그 이유는 이미 앞에서 말한 내용에 포함되어 있다. a가 정립되었다고 하자. 그렇다면 오직 a-a일 때에만 0이 된다. 즉, a의 근거에 그것과 같지만 대립하는 실재적 근거를 결합함으로써만 a는 폐기될 수 있다. 물리적 자연에는 그 예가 풍부하다. 하나의 운동이 전부 또는 일부분 중지해버리려면 그 중지해버리는 운동을 처음에 일으킨 것과 똑같은 운동력이 대립하는 힘으로 결합하지 않으면 안 된다. 마음의 활동으로 생긴 표상이나 욕망을

폐기할 때 내적 경험도 전적으로 똑같은 것이라고 말할 수 있다. 비 A 42
탄을 하지 않으려면 대단한 활동[노력]이 필요하다는 것은 누구나
통감한다. 치밀어 오르는 웃음을 억제하여 진지하게 되려고 할 때에
도 매우 많은 노력이 필요하다. 추상은 어떤 명료한 표상의 폐기이고
이렇게 하는 이유는 대체로 이것에 따라 나머지 표상이 더욱 명료해
지기 때문이다. 그러나 이를 위해 얼마나 많은 활동[노력]이 필요한
지는 누구나 다 아는 사실이다. 그래서 이 추상을 부정적 주의라고 할
수 있을 것이다. 다시 말해 그것은 표상을 명료하게 하는 활동과 서
로 대립하고 이것과 결합해 명료한 표상을 제로 또는 결여로 만드는
것을 실현하는 참된 행위이자 활동이다. 그 이유는 만약 추상이 단순 II 191
한 부정 또는 결여에 불과하다면, 그것을 위해서는 어떤 힘든 노력도
필요하지 않을 것이기 때문이다. 그것은 마치 내가 그것에 대해 어떠
한 근거도 주어지지 않았기 때문에 모른다면, 이것을 위해서는 어떠
한 힘든 노력도 필요하지 않은 것과 마찬가지다.

마음에 내재하는 어떤 우유성이 폐기되려면 마찬가지로 적극적 A 43
근거가 필요하다는 사실은 앞에서 서술된 욕망의 극복이라는 예에
서 드러난다. 이 예에서는 대립하는 활동이 충분히 의식될 수 있는
것이었지만, 이러한 예 이외에서 대립하는 활동이 확실히 의식되지
못한다 하더라도 그것이 없다고 추론할 수 있는 충분한 근거는 주어
져 있지 않다. 예컨대 지금 호랑이를 생각해보자. 이 생각은 사라지
고 이제는 그것에 반하여 자칼이 마음속에 떠오르게 되었다고 하자.
물론 이 표상을 교체할 때 최초 표상을 폐기하기 위해 필요했던 노
력은 특별히 의식에 떠오르지 않을 수 있다. 그러나 이 수행이 이루
어지는 가운데 우리가 주목하지 못하는 우리 정신 깊은 곳[무의식의
심층]에 숨겨진 어떤 놀라운 사건이 존재하는 것은 아닌가? 이런 활
동들에는 매우 많은 것이 존재한다. 그래서 그 각각의 활동은 단지

매우 불명료하게 표상된다. 누구나 알고 있는 예를 거론해보자. 우리
가 이러한 많은 예 가운데 독서를 할 때 우리 의식에 떠오르지 않고
A 44 일어나는 활동들만 숙고해본다 해도 그것에 관해 틀림없이 경탄을
금치 못할 것이다. 이것에 관해서는 특히 라이마루스[20]의 『논리학』
이 상세히 고찰했으니 [이 책을] 참조하기 바란다. 따라서 표상과 일
반적으로 우리 마음의 모든 활동은 그 결과가 현실적으로 존재했다
가 다시 사라지는 유희가 교체할 때, 대립적 활동들을 전제하며 그것
들 중 한쪽이 다른 쪽의 부정적인 것이라는 사실이 상술한 이유에서
그 결과로 판단될 것이다. 비록 내적 경험이 항상 우리에게 이런 사
태를 알려줄 수 없다고 하더라도 그렇다.

지금 인용한 규칙이 의존하는 근거를 헤아려본다면 바로 다음 사
태를 쉽게 알아차릴 수 있다. 즉 실존하는 어떤 것의 폐기에 관한 한,
정신적 본성의 우유성에서도 물체적 세계에서 작용하는 힘들 사이
에서 나타나는 결과와 어떠한 구별이 있을 수 없다는 사실이다. 말하
자면 후자에서는 한쪽 운동력이 그것에 대립하는 다른 쪽의 참된 운
동력에 의해 폐기되고, 전자에서는 마음의 내적 우유성인 생각이 동
일한 사유 주체의 참된 활동적 힘 없이는 중지될 수 없다. 여기서 차
A 45; II 192 이는 단지 이 두 종류의 존재가 종속하는 상이한 법칙에만 관계한다.
물체의 상태는 외적 원인으로만 변화하고 정신의 상태는 또한 내적
원인으로도 변화하지만, 이런 차이에도 어느 것이나 실재적 대립이
필요하다는 점에서는 항상 동일한 것이다.

재차 주의해두고 싶은 것은, 만약 마음의 활동에서 생기는 적극적
결과의 폐기를 태만이라는 개념으로써 표현하려 한다면 그것은 기만
적 개념이 될 것이라는 점이다. 가장 일반적이며 가장 확신하는 명제
도 그것을 음미하면 할수록 더 많은 속임수를 발견할 수 있다는 점은
특히 주의할 만하다. 사람들은 사실을 이해하지 않고 말로만 만족한

다. 지금 내가 어떤 생각도 하지 않는다는 것을 표현하는데도, 설령 이전에 그 생각을 하지 않았던 경우일지라도 '나는 그것을 생각하기를 태만히 하고 있다'라고 말한다면 그것으로 일단 충분히 이해할 수 있다. 이 경우 태만이라는 말은 결과의 결여로 파악될 수 있는 근거의 결여를 의미할 것이다. 그러나 어째서 조금 전에는 있었던 생각이 지금은 없느냐고 묻는 경우에는 조금 전 대답은 전적으로 공허하다. 왜냐하면 이 없음[존재하지 않음]은 박탈을 의미하지만 조금 전 A 46
대답에서 태만이라는 말은 전혀 다른 의미를, 말하자면 조금 전 있었던 활동의 폐기를 의미하기 때문이다.* 그리고 바로 이 차이가 나에게 중요하며, 이것에서는 말에 매혹되어 사실을 놓쳐버려서는 안 된다. 앞에서 기술한 규칙을 자연적 세계의 갖가지 사건에 적용하는 데에 경계해야 할 사항이 있다. 사람들은 쉽게 발생하는 어떤 부정하는 작용을 적극적인 것으로 종종 그릇되게 생각한다. 그 이유는 다음과 같다. 내가 여기서 든 명제의 의미는 적극적인 것의 생성과 소멸에 관계한다. 예컨대 연료가 소진됐기 때문에 불이 꺼진다는 것은 결코 부정적 생성은 아니다. 그 경우 불을 생기게 한 힘과 반대의 운동력이 작용하는 것은 아니다. 왜냐하면 불이 계속 타는 것은 이미 여기 불에 있는 운동이 지속하는 것이 아니라, 다른 가연성 기체 부분들의 새로운 운동이 지속적으로 생겨나는 것이기 때문이다.** 따라서 불이 A 47; II 193
꺼지는 까닭은 현실적인 운동의 폐기 때문이 아니라 새로운 운동의 결여와 더 많은 분리의 결여 때문이다. 즉 그 원인, 말하자면 불에 공급되는 연료가 결여되었기 때문이다. 이것은 실존하는 한 사물을 폐

---

* 박탈이라는 의미 자체는 태만이라는 말에 결코 고유하게 귀속하지 않는다.

** 일반적으로 물체 일부분이 급속히 기화되고 그 결과 응집력과 대립하는 척력[배척력]이 수행되면, 이 물체는 발화하여 연소한다. 그전까지 억압상태에 있던 불의 원소가 갑자기 해방되고 확산되기 때문이다.

기하는 것이 아니라 가능한 정립(더 이상의 분화)을 일으키는 근거의 결여에 지나지 않는다. 그러나 이것으로써 충분하다. 내가 지금 술회한 주의는 이런 종류의 인식을 추구해본 경험이 있는 사람에게는 한층 깊은 고찰을 진척하기 위한 것이고, 경험이 전혀 없는 사람에게는 당연히 좀더 상세한 설명이 필요할 것이다.

제2항. 이 항에서 지금부터 진술하려고 하는 두 명제는 매우 중요한 것이다. 그러나 그 준비로 일반적인 부정량 개념에 또 하나 자세한 규정을 부가해야만 한다. 나는 주의해야 할 사항이 너무나 많으리라는 것을 우려하여 이 규정을 위에서는 일부러 숨겼다. 내가 지금
A 48 까지 숙고해온 실재적 대립의 근거들은 그것들이 서로 반대인 두 규정을 하나의 동일한 사물 속에 현실적으로 정립하는 것에 한하는 것이었다. 예컨대 동일 물체를 서로 반대 방향으로 움직이는 두 운동력이 있다면 이 근거들이 그 양면적인 결과, 즉 두 방향으로 향하는 운동을 현실적으로 폐기한다는 것이 그 한 예다. 그래서 이러한 반대를 **현실적 대립**이라고 부르려 한다. 지금 여기에 두 술어가 있다고 하자. 그리고 그 술어들은 각각 별개 사물을 주어로 한다. 따라서 직접적으로는 한쪽이 다른 쪽의 결과를 폐기하는 것은 아니다. 그러나 한쪽이 다른 쪽의 결과를, 혹은 적어도 그것에 상당하는 것을 폐기하는 것이 가능하다는 의미에서 한쪽이 다른 쪽의 부정이라고 하자. 그렇다면 이 경우 두 술어는 앞과 다른 호칭 방법을 택하는 쪽이 좋을 것이다. 그래서 이러한 반대를 **가능적 대립**이라고 명명하자. 어느 대립이든 양자는 실재적 대립이고, 따라서 논리적 대립과 구별된다. 양자 모두 수학에서는 지속적으로 사용하고 있고, 또한 철학에서도 사용할 가치가 있다. 두 물체가 동일 직선상을 서로 마주 보고 같은 크기의 힘으로 운동하여 정면으로 부딪칠 때 이 두 힘은 이 충돌에서 양자의

물체에 상호 전달되기에 하나가 다른 하나에 대해 부정적이라 불린 A 49
다. 그리고 이 경우는 첫째 의미의 대립, 즉 현실적 대립이다. 다음으
로 두 물체가 동일 직선상을 반대 방향으로 같은 크기의 힘으로 멀어
져 갈 때에도 두 힘은 하나가 다른 하나에 부정적이다. 그러나 이 경
우는 물체들이 자신의 힘을 부딪쳐 전달하지 않기 때문에 이러한 반
대는 가능적 반대다. 왜냐하면 만약 이 한 물체가 다른 물체와 맞부 II 194
딪친다면 당연히 다른 물체가 갖는 힘과 같은 양의 힘을 상실할 수도
있기 때문이다. 이하에서 나는 운동을 일으키는 힘의 반대만이 아니
라 세계에서 실재적으로 대립하는 모든 근거에 관해서도 이것을 이
해하고자 한다. 이에 대해 하나의 예를 든다면 한 사람이 지닌 쾌와
다른 사람이 지닌 불쾌는 가능적 대립 속에 있을 것이다. 그런데 또
한 이들 중 한 사람이 현실적으로 경우에 따라서는 다른 사람의 결과
를 폐기하고, 이러한 실재적 상충에서 한 사람이 자신의 쾌에 적합하
게 만든 것을 다른 사람이 무화하는 경우도 있다. 그런데 나는 이 두 A 50
가지 의미에서 서로 실재적으로 대립하여 정립되는 근거들을 아주
일반적으로밖에 취급할 수 없다. 따라서 언제나 이 개념을 구체적인
예를 들어 명확히 파악할 것을 사람들은 나에게 요구할 수 없다. 왜
냐하면 운동과 관계있는 모든 것은 직관에서 명확히 파악할 수 있지
만 역학적이지 않은 실제 근거들은 우리에게는 불명확하고, 이 근거
와 그것의 결과의 관계가 대립하는지, 일치하는지 파악하기가 매우
어렵기 때문이다. 따라서 나는 오직 다음 두 명제를 일반적 의미로
제시하는 것에 만족하려 한다.

제1명제는 다음과 같다. 세계의 모든 자연적 변화 속에서 긍정[적극]적인 것의 총계는 일치하는(서로 대립하지 않는) 정립들이 서로 더해지고 실재적으로 대립하는 정립들은 서로 빼지는 방식으로 계산된다면 증가하지

도 감소하지도 않는다.

모든 변화는 전에 없었던 것이 새롭게 정립되든가, 전부터 있었던
것이 폐기되든가 둘 중 어느 쪽에 해당한다. 이 변화는 그 변화의 근
A 51 거와 결과가 모두 이 세계에 속해 있다면 자연적이다. 따라서 변화의
첫째 경우, 즉 전에 없었던 것이 새롭게 정립되는 것은 **생성**이다. 이
변화가 생기기 전 세계의 상태는 아직 정립되어 있지 않다는 의미에
서 제로(0)이고, 이 생성에 따라 A라는 실재적 결과가 생긴다. 그러나
A가 생긴다면 세계의 자연적 변화에서는 -A도 생기지 않으면 안 된
다고 나는 주장한다. 말하자면 하나의 실재적 결과의 자연적 근거가
있다면 동시에 그것의 부정인 또 다른 결과의 근거가 있지 않으면 안
II 195 된다.* 근거가 정립되지 않으면 그 결과가 무(0)인 것은 당연하기 때
문에 결과 속 정립의 총계는, 세계가 결과의 근거를 포함하는 한, [변
화 이전] 세계의 상태 속 근거의 총계보다 증가하는 것은 아니다. 그
러나 변화 이전 상태 속에는 결과 속에서 만나지는 정립이 아무것도
A 52 없기 때문에 결과 속에 있는 정립 상태는 무다. 따라서 거기에서 흘
러나오는 변화는 전체 세계에서 보면 그것이 현실적 결과이든 가능
적 결과이든 제로와 똑같은 것이 된다. 한쪽에 A라는 적극적 결과가
있는데도 A라는 변화에 관해 우주의 전체 상태가 앞에서 말했듯이
제로(0)라면, 이런 사태는 A-A로 합산되는 한에서만 가능하다. 따라
서 이 세계에서 생기는 자연적 방식의 적극적 변화는 그 결과가 전체
적으로 보아 스스로를 지양하는 현실적 또는 가능적 대립의 관계에
서 성립할 때는 발생하지 않으면 안 된다. 그러나 이 총계는 제로(0)

---

* 예를 들면 하나의 물체가 또 다른 물체와 충돌하여 새로운 운동이 생길 때, 반드시 이전의 운동과 같은 양만큼 폐기가 동시에 일어난다. 또 배에 타서 물에 떠 있을 때 다른 것을 어떤 한 방향으로 밀면 반드시 자기도 배와 함께 반대 방향으로 밀린다.

이고, 변화 이전의 총계도 제로(0)였으므로 총계는 변화에 따라 증가하지도 감소하지도 않는다는 것이 귀결된다.

그런데 변화의 둘째 경우, 즉 [이전부터 있었던] 어떤 적극적인 것
이 폐기되는 경우 그 결과는 제로(0)다. 그러나 [이전부터 있었던]
모든 근거의 상태는 제1항에서 술회했던 것처럼 단순한 A가 아니고
A–A=0다. 그래서 지금 전제하는 계산법에 따르면 세계의 정립은 결 A 53
국 증가도 감소도 하지 않는다고 평가될 것이다.

나는 이 명제가 중요한 의미가 있다고 생각하기 때문에 조금 더 상세히 설명하려고 한다. 물리적 세계의 변화에서 이 명제는 이미 증명이 끝난 역학의 규칙으로 확립되어 있다. 그 법칙은 다음과 같다. 물체에 작용하는 힘 가운데 동일한 방향으로 향하는 것은 서로 합치고, 반대 방향으로 향하는 것은 큰 쪽에서 작은 쪽을 빼며, 얻은 운동의 총계는 그 힘들의 상호작용(충돌, 밀고 당김)이 일어난 후에도 변화하지 않는다.[21] 순수 역학 속의 이 규칙은 상술한 일반적 명제의 기초인 형이상학적 근거에서 직접 도출되지는 않지만, 그 정당성은 당연히 이 근거에 기초를 둔다. 역학의 일반 증명에서 토대를 형성하는 관성의 법칙은 이 형이상학적 근거에서만 도출될 수 있기 때문이다. 이것을 보여주는 것은 시간이 허용된다면 용이한 일이다.

우리가 제로로 삼고 있는 규칙의 해명은 역학적인 것이 아닌 변화 Ⅱ 196
인 경우, 예컨대 마음 안의 것 또는 마음에 의존하는 것의 변화인 경
우에는 그 성질 때문에 아주 어렵다. 일반적으로 마음의 근거와 결과 A 54
는 물리적 세계에 비하여 훨씬 불명료하여 파악하기 어렵기 때문이
다. 그러나 나는 힘이 미치는 한 해명해보려 한다.

혐오도 욕구와 마찬가지로 적극적인 것이다. 욕구가 쾌의 결과인 것처럼 혐오도 적극적인 불쾌의 결과다. 우리가 동일한 것에 대하여 쾌와 불쾌를 느낀다면 이 동일한 것에 대한 욕구와 혐오는 현실적 대

립을 이룬다. 그러나 같은 근거가 하나의 대상에 쾌를 느끼게 하고
동시에 다른 대상에 참된 불쾌를 느끼게 한다면, 욕구를 일으키는 근
거가 동시에 또 혐오를 일으키는 근거이기도 하다. 즉 욕구를 일으키
는 근거는 동시에 욕구와 실재적으로 대립하는 것의 근거이기도 하
다. 다만, 이 대립은 가능적 대립이라고 말하지 않으면 안 된다. 그것
은 두 물체가 동일 선상을 서로 반대 방향으로 멀어져가는 경우와 마
A 55 찬가지이고, 한쪽이 다른 쪽의 운동을 현실적으로 폐기하려는 것은
아니지만 가능적으로는 서로 반대이므로 한쪽을 다른 쪽의 부정으
로 간주할 수 있는 것이다. 따라서 어떤 사람에게서 명성[명예]에 대
한 아주 강한 욕망이 생긴다면, 그것에 대항하여 명성에 대한 같은
강도의 혐오도 동시에 생긴다. 이 혐오는 명성에 대한 욕망과 현실적
대립 상황이 출현하지 않는 동안은 단순한 가능적인 것에 머문다. 그
러나 불행히 일단 이러한 대립적 상태가 출현하면, 명성에 대한 욕망
을 일으키는 근거가 우리 마음속에서 그것과 같은 정도의 불쾌의 적
극적 근거가 된다.* 아주 완전한 존재인 신에게는 그러한 것이 일어
나지 않고 그 최고 쾌의 원인은 어떠한 불쾌 가능성도 산출하지 않는
다. 그러나 이에 관해서는 뒤에 고찰하자.

A 56 지성의 활동에서도 어떤 특정한 관념이 명석 판명하게 되면 될수
II 197 록 그만큼 그밖의 관념은 명석함을 결여하게 되고 불명확하게 된다
고 말할 수 있을 것이다. 그래서 이런 변화에서 현실적인 적극적인
것은 실재적이고도 현실적인 대립과 결부되며, 모든 것을 앞서 숙고
된 방식으로 계산하면 이러한 대립은 이 적극적인 것의 양을 변화로

* 이 때문에 스토아의 현자는 큰 육체적 쾌감을 초래하는 충동을 전부 부정하지 않으면 안 되었다. 왜냐하면 이런 충동을 인정하면 그와 동시에 불평과 불만의 근거를 심는 것이고 이런 근거가 세계 전체의 변화하는 유희 속에서 마침내 최초의 모든 쾌감을 없앨 것이기 때문이다.

증가시키지도 감소시키지도 않는다.

제2명제는 다음과 같다. 우주의 모든 실재적 근거의 총계는 일치하는 것을 서로 더하고 서로 대립되는 것을 빼면 제로(0)와 같다. 세계의 전체는 그 자체로는 무다. 그것이 어떤 것으로서 존재할 수 있다는 것은 세계의 밖에 있는 어떤 것의 의지에 의존한다는 것이다. 따라서 그것이 세계 내에 근거지어 있는 한에서, 실존하는 실재성의 총계는 그 자체만으로 고찰하면 제로(0)와 같다. 물론 신의 의지와 관계에서 본다면 세계의 모든 가능한 실재성은 긍정[적극]적 총계를 제공하며 세계의 본질은 이로써 폐기되지 않는다고 생각된다. 그러나 세계 속 A 57
에 근거지어진 것의 실존이 그 자체만으로는 제로와 같다는 사실은 세계의 본질에서 필연적인 방식으로 도출된다. 그러므로 세계 내에 실존하는 것의 총계는 세계 밖에 있는 근거[신의 의지]와 관계에서 보면 긍정적인 것이 되지만, 세계 내의 실재적 근거들이 서로 맺는 관계에서 보면 제로와 같다. 첫째 관계에서 보면 세계의 실재적 근거와 신의 의지 사이에서 어떠한 대립도 발생하지 않기에, 이 관점에서는 어떠한 폐기도 생기지 않고, 따라서 총계는 긍정적인 것이 된다. 그러나 둘째 관계에서 보면 총계는 제로이기 때문에, 서로 대립하는 두 적극적 근거가 있어야 하며 이 둘이 대립 속에서 고찰될 때 총계는 제로가 된다.

제2항에 대한 주해

내가 지금 두 명제를 제기한 참된 의도는 독자에게 이 문제를 숙고하도록 초대하려는 것이었다. 나 자신이 아직 이 두 명제를 그 근거

에서 충분한 검증과 함께 명백히 통찰할 수 있는 데까지 이르지 못했
A 58 음을 나는 여기서 고백한다. 그러나 추상적 인식 속에 문제제기 방식
으로 미완결인 시론 형태로 제기하는 것은 진정한 철학의 발전을 위
해서는 의미가 있다고 나는 확신한다. 왜냐하면 이러한 문제에 유인
동기를 제공했을 뿐 아직 절반의 어려움만 극복할 수 있었던 사람보
다 오히려 다른 사람이 깊이 숨겨진 문제의 해결에 훨씬 쉽게 다가갈
II 198 수 있는 경우가 종종 있기 때문이다. 어쨌든 이 두 명제의 내용은 한
층 더 상세한 검토를 시도한다면 이런 종류의 인식에서 쉽지 않은 그
의미를 잘 파악하여 우리 마음을 고무할 만한 가치는 충분하다고 생
각한다.

그런데 나는 약간의 오해를 미리 생각해보고자 한다. 만약 사람들
이 내가 제1의 명제로 다음과 같이 주장한다고 상상한다면, 그것은
전적으로 오해다. 즉 실재성의 총계는 세계의 변화로 결코 증가도 감
소도 하지 않는다는 것을 의미한다고 생각한다면, 그것은 오해다. 이
것은 전혀 내가 의도한 바가 아니다. 예컨대 앞서 서술한 역학적 규
칙은 그 반대를 승인한다. 그 이유는 다음과 같다. 물체의 충돌에 따
른 운동들의 총계는 그것만 문제 삼는다면 증가하는 경우도 감소하
A 59 는 경우도 있다. 그러나 함께 첨부된 방식에 따라 계산한다면 총계는 항
상 동일하게 머문다. 불변이라는 것은 오직 앞서 첨부된 계산법에 기
초를 두고서만 말할 수 있는 것이다. 대립은 많은 경우 단지 가능적
인 것이고 그 운동의 힘은 현실에서는 서로 폐기하는 것도 없으며,
따라서 증가가 생길 수 있다. 그러나 승인된 계산법의 기준에 따라
이런 것들은 상쇄될 수 있다.

이 제1의 명제를 역학적이지 않은 변화에 적용할 때에도 같은 주
의가 필요하다. 이 명제를 세계의 완전성이 결코 증대하지 않는다는
것을 의미하는 것으로 생각한다면, 그것도 마찬가지로 오해다. 왜냐

하면 실재성의 총계가 자연적이지 않은 방식으로 증가한다는 가능성까지 그 명제가 부정하는 것은 아니기 때문이다. 게다가 세계의 완전성은 극히 일반적으로 서로 반대하는 실재적 근거들의 갈등 속에서 성립한다. 그것은 마치 세계의 물질적 부분이 아주 명백히 많은 힘의 투쟁으로도 규칙적 운행궤도를 유지하는 것과 같다. 그리고 여기에서 실재성의 총계를 완전성의 양과 동일하다고 생각한다면 그것도 커다란 오해다. 앞에서 불쾌는 쾌와 마찬가지로 적극적인 것임 A 60
을 보아왔다. 그러나 누가 불쾌를 완전성이라고 하겠는가?

제3항. 앞에서 주의했듯이 자연계에서 일정한 부정이 근거가 없기 때문에 순전한 결여인가, 또는 두 적극적 근거들의 실재적 반대에 따른 박탈인가를 결정하는 데도 어려운 경우가 자주 있다. 물질적 세계에서는 얼마든지 그러한 예를 찾아낼 수 있다. 물체를 구성하는 부분들은 그것들 각각이 갖는 참된 힘(인력)으로 서로 압박한다. 따라서 II 199
만약 이런 인력과 같은 정도의 참된 활동힘이 이 인력에 대립적으로 작용하지 않는다면, 즉 요소들 사이에서 불가입성의 근거가 되는 척력[배척력]으로 작용하지 않는다면, 저 인력의 결과는 물체의 부피가 점점 작아지게 된다는 점일 것이다. 이때 생기는 정지상태는 힘의 결여에 따른 것이 아니라 서로 반대 방향으로 작용하는 힘에 의한 것이다. 마찬가지로 천칭의 양쪽 팔에 걸쳐진 두 무게추가 정지하는 것은 이 두 무게추가 지렛대에서 힘의 평형법칙에 따라 설치되어 있기 때문이다. 이러한 두 상반되는 방향의 힘의 평형에 따른 정지라는 생각은 물질적 세계의 경계를 넘어 널리 응용할 수 있다. 정신이 조금 A 61
도 활동하지 않는다고 생각될 때 사고나 욕구의 실재적 근거의 총계가 어느 정도 그 작용이 명료히 의식될 때보다 적다고 생각하는 것도 불필요하다. 학식이 아주 많은 사람이 한가하게 쉬고 고요히 있을 때에 어떤 것에 대한 설명과 통찰을 들려달라고 부탁한다고 가정해보자. 이런 상태에서 그는 아무것도 모르고 공허하며, 특정한 고려나 판단도 갖고 있지 않다는 것을 발견하게 된다. 그러나 그에게 질문한다든가 당신 판단을 들려줌으로써 동기를 제공하면 그의 학문적 지식은 차례차례 작용하기 시작하고 그의 통찰이 그에게도 또 질문자에게도 의식될 것이다. 그렇다면 확실히 그 실재적 근거는 이전부터 그 속에 있었지만 그 결과는 의식되지 않은 채 제로였다. 그래서 실재적 근거들은 서로 대립되어 있었던 것임이 틀림없다. 폭탄은 다가올 전쟁에 대비하여 왕후의 탄약고 안에 위협적인 고요함을 지니고 잠자고 있다. 그러나 그것에 불똥이 튀기라도 하면 바로 폭발하여 주
A 62 위의 모든 것을 다 파괴해버린다. 강력한 힘으로 억압되어 늘 튀어오르려는 용수철이 그 힘을 밀어젖히는 불꽃의 접촉을 기대하고 있었던 것이다. 라이프니츠는 마음이 그 표상의 힘에 따라 전 우주를 파악하며 명석한 것은 단지 이런 표상들의 무한히 작은 부분뿐이라고 말한다. 이 사고방식에는 내가 생각하기에 어떤 위대하고 정당한 무엇인가가 숨겨져 있는 것 같다. 실제 모든 종류의 개념은 그것의 근거로서 우리 정신의 내적 활동에 기초를 두지 않으면 안 된다. 마음 밖에 있는 사물은 어떤 종류의 개념을 출현시키기 위한 조건을 포함하지만 개념 자체를 산출하는 힘은 갖지 않는다. 마음의 사고능력이 모든 개념의 실재적 근거이지 않으면 안 된다. 이 근거에 따라서만 개념은 자연적인 방식으로 마음속에서 생긴다고 여겨진다. 그리
II 200 고 지식이 생기기도 하고 소멸하기도 하는 현상은 외관상 이런 활동의 일치와 대립에 기인하는 것으로 볼 수밖에 없다고 생각된다. 이러한 판단들은 제2항 제1명제의 해명이라고 간주할 수 있을 것이다.

A 63 도덕의 문제에서도 마찬가지로 제로를 반드시 결여라는 의미의 부정으로 간주해서는 안 된다. 또 긍정적인 결과가 크다는 것이 항상 이런 결과를 일으킨 작용도 크다는 것을 입증하지는 않는다. 한 인간

에게 어떤 경우 의무의 규칙에 상충하는 정욕[격정], 예컨대 금전욕
을 10 정도 주어보자. 그리고 이웃 사랑의 원칙을 실행하려는 노력을
12 정도 주어보자. 그 결과는 2 정도이며 그는 그만큼 자애롭고 친절
한 사람이 될 것이다. 또 한 사람에게는 3 정도의 금전욕과 7 정도의
구속성[책무] 원칙에 따르는 능력을 주어보자. 그 경우 실제 나타나
는 선행은 4 정도가 되며 그는 금전욕과 싸운 끝에 4 정도 타인에게
유익한 일을 하는 사람이 될 것이다. 만약 정욕[격정]이 자연적인 것
이고 비자의적으로 갖춰진 것이라면 도덕적 가치에서는 전자의 선
행이 후자의 선행보다 높다고 단언할 수 있을 것이다. 그러나 두 사
람을 살아 있는 힘으로 평가한다면 후자 쪽이 전자를 능가한다. 따
라서 타인의 도덕적 심정 정도를 외면적 행위로 확실히 추론하는 것 A 64
은 인간의 힘으로는 불가능하다. 마음의 가장 깊은 곳까지를 꿰뚫어
볼 수 있는 재판관[신]만이 타인을 재판할 최종 결정권을 가졌을 것
이다.

제4항. 부정량 개념을 무한한 신성에 관해 인간이 가지고 있는 빈약한 인식에 적용한다면 아마 우리가 최대 노력을 기울인다 해도 어떤 어려움이 우리를 둘러싸지 않겠는가? 이 개념의 기초는 오직 우리 내부에서만 이끌어낼 수 있기 때문에 이 개념을 파악 불능한 신이라는 대상에 직접 적용해야 할지, 아니면 유비에 따라 간접적으로만 적용해야 할지는 대부분 불명확하다. 시모니데스[22]는 참으로 현자답게 국왕의 물음에 몇 번이나 망설이고 주저한 끝에 다음과 같이 답했다. “신에 대해 숙고하면 할수록 더욱 신을 통찰하기 어렵게 됩니다.” 이것은 학자연하는 자가 내뱉은 말은 아니다. 이러한 현학적인 사람들은 무엇 하나 알지 못하고, 무엇 하나 이해하지 못하는 주제에 모든 것에 관해 이야기하고 그럼에도 자기 설을 고집하며 억세게 굽히

지 않는다. 최고 존재인 신에게는 박탈을 일으키는 근거도 실재적 대립을 일으키는 근거도 발생할 수 없다. 왜냐하면 일체의 것은 신 안
A 65 에서 신의 힘에 따라 주어지므로, 신은 모든 규정을 자신의 현존 속에 소유하고, 따라서 어떠한 내적 폐기도 결코 가능하지 않을 것이기 때문이다.

Ⅱ 201 그렇기에 신에게는 불쾌한 감정도 신성에 어울리는 술어가 아니다. 인간이라면 하나의 대상을 욕구하면 그 반대를 적극적으로 혐오하지 않을 수 없다. 다시 말해 욕구와 모순 대당이 아니라 오히려 실재적 대립이 되는 것(혐오), 즉 적극적 불쾌의 결과가 그의 의지와 관계하게 된다. 제자를 잘 인도하려고 애쓰는 스승의 욕구의 경우 자기 열망에 적합하지 않은 결과는 모두 그에게 적극적으로 대립하는 것으로 보이고 불쾌의 근거가 된다. 그러나 신의 의지와 그 대상의 관계는 그것과 전혀 다르다. 결코 신 밖에 있는 것이 신 안에 쾌, 불쾌를 생기게 하는 근거가 될 수는 없다. 신은 다른 어떤 것에도 의존하지 않기 때문이다. 신은 자신의 힘으로 지복에 참여하지, 선이 자신의 밖에 존재하기 때문에 그 순수한 쾌를 갖는 것은 아니다. 오히려 영원한 신이 미리 선한 것의 가능성을 영원히 표상하고 이와 결부된 쾌를 실현된 욕구의 근거로 여기기에 선한 것이 실존할 수 있다. 이런
A 66 신의 마음을 모든 피조물의 욕구의 본성에 관한 구체적 표상과 비교하면, 창조되지 않은 자의 의지는 피조물의 욕구와 거의 유사하지 않다는 차이가 명백해질 것이다. 이 차이는 이 경우에 한해서만 나타나는 것은 아니다. 나머지 다른 규정과 관련해서도, 가령 자신만으로는 아무것도 아닌 존재와 모든 것이 그를 통해서만 존재하는 모든 것의 근거인 타자를 비교한다면, 이 경우 질적 측면에서 측량할 수 없는 무한한 차이가 나타날 것이며, 이것을 잘 아는 사람에게는 신과 피조물의 차이가 결코 의외의 예기치 못할 내용은 아닐 것이다.

일반적 주해

자신을 심원하다고 칭하는 철학자의 수가 날로 증가해왔다. 그들
은 모든 사항을 깊이 통찰하여 그들에게는 아무것도 숨기지 못하고
이제 자신들 힘으로 설명하고 파악할 수 없는 것은 아무것도 없다고
주장한다. 따라서 이러한 사람들 눈에 내가 이 논문의 처음에 근거로
제시한 실재적 대립이라는 개념은 매우 천박한 것이며, 그것에 기초
를 두고 건축된 부정량 개념도 근거가 불충분한 것으로 여겨질 것은
너무나 뻔히 예상할 수 있다. 나는 나의 통찰 부족을 비밀로 감추지
는 않는다. 누구나 간단히 이해한다고 생각하는 것을 나는 전혀 파악 A 67
할 수 없는 경우가 종종 있음을 고백한다. 이런 무력한 나에게 뛰어
난 정신을 지닌 사람들이 도움의 손길을 뻗쳐 내 불완전한 통찰이 남
겨둔 틈을 그들의 높은 지혜가 채워준다면 기쁘고 흡족한 일이다. 그
들의 뛰어난 지혜가 나의 불완전한 통찰이 남겨둘 수밖에 없는 결함 II 202
을 보완해주기를 희망한다.

동일률에 기초를 둔 [논리적] 근거에서 결과가 생긴다는 것을 나는 매우 잘 이해한다. 왜냐하면 그 결과는 근거 안에 포함된 개념을 분석해 발견할 수 있기 때문이다. 예를 들면 필연성이 불변성의 근거이고, 합성이 가분성의 근거이며, 무한성이 전지의 근거다 등이 그렇다. 근거와 결과의 이러한 결합을 나는 명확히 이해할 수 있다. 결과는 근거의 부분개념과 현실적으로 서로 일치하기 때문이다. 결과는 근거 속에 포함되어 있는 것으로 파악되며, 그것은 일치의 규칙에 따라 근거를 통해 정립되기 때문이다. 그러나 내가 명확히 하고 싶은 것은 동일성의 규칙[동일률]에 따르지 않고 어떻게 해서 어떤 것이 다른 어떤 것에서 도출될 수 있는가 하는 점이다. 나는 근거의 첫째 종류를 논리적 근거라고 명명하려 한다. 왜냐하면 이 유형에서는

A 68 근거와 결과의 관계가 동일성의 규칙[동일률]에 따라 분명히 파악될 수 있고, 따라서 그런 의미에서 논리적이기 때문이다. 그러나 둘째 종류의 근거는 실재적 근거라고 명명하지 않으면 안 된다. 그러한 관계가 물론 나의 참된 개념들에 속한다고 생각하지만, 어떤 종류의 관계인지가 명확하게 판단되지 않기 때문이다.

이러한 실재적 근거와, 그것이 결과와 맺는 관계에 관한 내 문제를 간결한 형태로 제기한다면 다음과 같다. 즉 어떤 것이 존재하기 때문에 다른 어떤 것이 존재할 수 있다는 것을 어떻게 이해해야 할까? 논리적 결과는 본래 오직 결과가 근거와 동일하기 때문에 정립된다. 가령 인간은 과오를 범할 수 있는 존재라고 말할 때, 과오를 범하는 것이 인간 본성인 유한성 속에 이미 포함되어 있다. 즉 유한한 정신인 인간이라는 개념을 분석해보면, 과오를 범한다는 것이 그 개념에 포함되어 있고, 다시 말해 과오를 범한다는 것은 유한한 정신인 인간의 개념에 포함되어 있고 일치한다.* 그렇지만 신의 의지와 세계의 존재의 경우, 신의 의지는 세계의 현존하는 실재적 근거를 포함한다고 가정해보자. 신의 의지는 어떤 것이다. 실존하는 세계는 완전히 다른 어떤 것이다. 그럼에도 하나에 의해 다른 것이 정립된다. 내가 스타기라 사람[23)]이라는 말을 듣는 상황은 어떤 것이고, 이로써 다른 어떤 것, 말
A 69 하자면 철학자 한 사람을 마음속에 그리는 것이 정립되게 된다. A라는 물체가 어떤 방향으로 운동하고 그와 동일한 직선 위에 B라는 물체가 정지상태로 놓여 있다고 하자. A의 운동은 어떤 것이고, B의 운동도 다른 어떤 것이다. 그럼에도 하나에 의해 다른 하나가 정립된다. 이제 신의 의지라는 개념을 당신이 원하는 만큼 아무리 분석해보

---

* "유한한"은 학술원판의 수정이며, 원본(A)은 "정신 개념 안에 포함되어 있는 것과 일치하는"이다.

아도 그 속에서 실존하는 세계를 발견할 수는 없다. 미리 신의 의지에 포함되어 있었던 세계가 동일률에 기초를 두고 신의 의지에서 생긴다고는 결코 생각할 수 없다. 이와 같은 일을 다른 많은 예에서도 말할 수 있다. 우리는 원인과 결과, 힘과 행동이라는 말에 속아서는 II 203
안 된다. 왜냐하면 내가 어떤 것을 이미 다른 것의 원인으로 간주하거나 그것에 힘의 개념을 덧붙일 때, 나는 그 속에서 이미 실재적 근거와 그 결과의 관계를 생각한 것이며, 동일률에 따라 결과를 정립했다는 것을 쉽게 통찰할 수 있기 때문이다. 우리는 원인이라든가 힘이라는 말을 사용할 때 그 말 속에 미리 실재적 근거와 그 결과의 관계를 밀수입한다. 예컨대 사람들은 신의 전능한 의지라는 말로 세계의 현존을 아주 명백히 알아챌 수 있다고 생각한다. 그런데 여기서 전능이란 만물을 정립하는 신 안의 어떤 것을 가리킨다. 그러나 이 말은 이미 실재적 근거와 그 결과의 관계를 표현하는 것이며, 이것이야말로 내가 기꺼이 학식 있는 자의 해명을 바라던 그 관계다. 이 기회에 내가 언급하고자 하는 것은 쿠르지우스가 구별한 관념적 근거와 실재적 근거의 구분법과 내 구분법이 전혀 다르다는 점이다. 쿠르지우 A 70
스의 관념적 근거는 실은 인식 근거와 동일하다. 즉 어떤 것을 하나의 근거로 간주할 수 있다면, 이 근거에서 바로 그 결과를 추론할 수 있게 된다. 따라서 쿠르지우스의 정의에 따르면 서풍은 비구름의 실재적 근거임과 동시에 관념적 근거라고도 말할 수 있다. 추론으로 서풍에서 비구름을 인식하고 예상할 수 있기 때문이다. 그러나 내 개념에 따르면, 실재적 근거는 결코 논리적 근거로는 될 수 없다. 동일률에 따르면, 바람에서는 비가 결코 나올 수 없다. 위에서 도입한 논리적 대립과 실재적 대립의 구별이 지금 생각하는 논리적 근거와 실재적 근거의 구별과 평행한다고 말할 수 있다.

논리적 대립은 모순율로 분명히 파악할 수 있다. 가령 신은 무한하다고 신의 무한성을 정립한다면, 이 무한성에 따라 가사성[죽을 수 있는 가능성]이라는 술어는 신에게서 지양[폐기]된다. 가사성은 무한성과 모순되기 때문이다. 그러나 하나의 물체 운동에 따라 다른 물체 운동이 폐기되는 경우, 한쪽이 다른 쪽과 모순되는 것은 아니다. 따라서 이 문제는 전자와 별개 문제로 취급하지 않으면 안 된다. 하
A 71 나의 물체가 점유하는 공간에 끊임없이 침입하려고 하는 모든 힘에 대하여 실재적 대립 속에 있는 힘을 생각하고 이것을 불가입성이라고 전제한다면, 그것으로 이미 운동의 폐기를 잘 이해할 수 있다. 그러나 실은 이것으로써 나는 실재적 대립을 논리적 반대로 살짝 바꿔침으로써 잘 이해했다고 착각하는 데 불과하다. 이제 독자는 각자 이 실재적 반대 일반을 해명할 수 있는지 시도해보기 바란다. 그리고 다음 물음, 즉 어떻게 어떤 것이 존재하기 때문에 다른 어떤 것이 폐기되는가? 하는 물음에 분명한 인식을 제공할 수 있는지, 그리고 내가 이에 대해 말했던 것, 즉 결국 그것은 모순율에 따르지 않고 생긴다는 것 이상의 것을 말할 수 있는지를 각자 시도해보기 바란다. 나는 근거와 결과에 관한 우리의 이 판단을 고려해서 인간 인식능력의 본성을
II 204 숙고해보았다. 이 고찰 결과는 언젠가 상세하게 발표할 수 있을 것이다. 다만 이런 고찰 결과의 일부로 다음 사실이 제시된다. 결국 실재적 근거와 그것에 따라 정립되거나 폐기되는 것의 관계는 결코 판단 형태로 표현될 수 없고 오직 개념에 의해서만 표현될 수 있을 것이라는 점이다. 실재적 근거를 더 단순한 개념으로 분석하고 마침내 분석 불능한 단순 개념에까지 도달할 수는 있지만, 실재적 근거와 그 결과
A 72 의 관계 자체는 결코 분명히 할 수 없다. 지금까지 자기 통찰력을 자부하여 감히 아무런 한계도 인정하려고 하지 않는 사람들은 자신의 철학 방법을 이 문제에 적용하여 그 방법이 어디까지 도달할 수 있는지 시도해보기를 권한다.

아름다움과 숭고의 감정에 관한 고찰

김광명, 김화성 옮김

일러두기

1. 『아름다움과 숭고의 감정에 관한 고찰』(*Beobachtungen über das Gefühl des Schönen und Erhabenen*) 번역은 1764년 발표된 원전을 대본으로 사용했고, 학술원판(*Vorkritische Schriften 1757-1777*, in *Kant's gesammelte Schriften*, Bd. Ⅱ, pp.205-256, hrsg. von der Königlich Preußischen Akademie der Wissenschaften, Berlin, 1905)과 바이셰델판(*Vorkritische Schriften bis 1768*, in *Immanuel Kant. Werke in Zehn Bänden*, Bd. II, pp.823-884, hrsg. von Wilhelm Weischedel, Darmstadt, 1983)을 참조했다.

제1절 숭고함과 아름다움에 관한 감정의 상이한 대상에 관하여 A 1

만족이나 불만에 관한 갖가지 느낌은 이를 야기하는 외부 사물의 성질에 기인하기보다는 오히려 사물의 성질 때문에 쾌감이나 불쾌감으로 움직여지는, 사람마다 각기 고유한 감정에 기인한다. 그런 까닭에 몇몇 사람은 다른 사람들이 혐오스러워하는 것을 즐기고 모두에게 종종 불가사의한 것에 애호가처럼 열광하거나, 다른 사람에게 전혀 아무렇지도 않은 것에 어떤 사람은 강한 반감을 느끼기도 한다.
인간 본성의 이런 특수성을 고찰하는 영역은 아주 넓게 뻗쳐 있으며 A 2
교훈적인 만큼이나 매력적인 발견으로 이끄는 풍부한 비축품을 아직도 여전히 숨기고 있다. 이제 나는 이 영역에서 특히 각별한 듯이 보이는 몇 곳을 철학자의 시선이라기보다는 관찰자의 시선으로 일별해보려 한다.

인간은 경향성을 충족하는 한에서만 행복하다고 느낀다. 그러므로 인간이 각별한 재능 없이도 큰 만족을 누릴 수 있게 해주는 감정이란 확실히 사소하지 않다. 살찐 사람에게 가장 재치 있는 작가는 자신의 요리사이고, 세련된 취향을 보여주는 그의 작품들은 지하 저장고에 있다. 그런 그는 고상한 사람이 자랑스러워하는 생기 찬 즐거움만큼이나 상스러운 음담과 서투른 농담을 하면서 생기 찬 즐거움

에 빠져들 것이다. 아주 편하게 잠들 수 있게 해주는 까닭에 책 낭독
II 208 을 좋아하는 게으른 사람, 영리한 사람이 거래의 이득을 어림짐작할
때 누리는 만족을 제외한 모든 만족은 유치해 보이는 상인, 이성(異
A 3 性)을 즐길 수 있는 것으로 생각하는 한에서만 사랑하는 사람, 도미
티아누스[1]처럼 파리 사냥을 좋아하거나 누구처럼 야생동물 사냥을
좋아하는 사냥애호가 등등. 이들 모두에게는 다른 사람들을 부러워
하거나 그들을 이해하지 않고도 자기들 방식대로 만족을 누릴 수 있
게 해주는 감정이 있다. 하지만 이제부터 나는 거기에 아무런 주목을
하지 않겠다. [주목할 만한] 훨씬 세련된 종류의 감정이 있[으니 말
이다]. 이 감정을 훨씬 세련되었다고 부르는 까닭은 사람들이 넌더리
나 하거나 기진맥진하지 않고서 훨씬 오랫동안 그 감정을 누릴 수 있
기 때문이다. 또는 그 감정은 말하자면 영혼을 유덕한 자극에 적합하
도록 해주는 영혼의 민감성을 전제하기 때문이다. 또는 그 감정[2]은
재능과 지성적 우월성—반대로 감정은 전혀 사고하지 않는 데서도
일어날 수 있다—을 보여주기 때문이다. 내가 고찰하려는 측면은
바로 이런 감정이다. 하지만 여기서 나는 높은 지성적 통찰에 밀착된
경향성을 배제한다. 또 벨[3]이 보고한 바와 같이, 케플러가 제후국을
대가로 자신의 발견 가운데 어떤 것도 팔지 않으려 했을 때 얻었던
A 4 흥분도 배제한다. 이런 느낌은 훨씬 평범한 영혼도 느낄 수 있을 정
도의 감성적인 감정만 다루려는 지금의 기획에 속하기에는 너무 세
련되었다.

지금 우리가 숙고하고자 하는 훨씬 세련된 감정은 특히 두 종류인데, **숭고함**의 감정과 **아름다움**의 감정이 그것이다. 이 두 감정에서 오는 감동은 쾌적하지만 아주 상이한 방식으로 그러하다. 눈 덮인 봉우리가 구름 위로 솟아 있는 산악 풍경, 사나운 폭풍우의 묘사나 밀턴의 지옥에 관한 묘사는 흡족함을 주나 공포의 전율도 함께 준다. 이

에 반해 꽃으로 가득한 초원 경치, 시냇물이 굽이쳐 흐르고 풀을 뜯는 가축으로 뒤덮인 골짜기 풍경, 이상향에 관한 묘사나 비너스의 허리띠에 관한 호메로스의 기술은 명랑하고 웃음을 자아내는 쾌적한 느낌을 유발한다. 전자의 예들이 우리에게 주는 인상이 상응하는 강도로 일어날 수 있으려면 우리에게 숭고함의 감정이 꼭 있어야 하고, 후자의 예들이 주는 인상을 올바르게 즐기려면 우리에게 아름다움에 관한 감정이 꼭 있어야 한다. 신성한 숲속의 높이 솟은 떡갈나무와 고독하게 드리운 그림자는 숭고하다. 화단, 나지막한 울타리, 모양새로 잘
가꿔진 나무들은 아름답다. 밤은 숭고하고, 낮은 아름답다. 반짝이는 A 5; II 209
별빛이 갈색 밤 그림자를 뚫고 나오고 외로운 달이 시야에 들어오면, 숭고함에 관한 감정을 지닌 마음씨는 여름날 저녁의 조용한 평온을 통과해서 점차 우정, 세상에 대한 경멸 그리고 영원함에 관한 고상한 느낌으로 이끌린다. 빛나는 대낮은 업무의 열정과 명랑함의 감정을 불어넣는다. 숭고함은 감동을 주고, 아름다움은 매혹한다. 숭고함의 감정이 충만한 사람의 얼굴은 진지하며, 때로는 경직되고 놀란 표정이다. 이와 반대로 아름다움의 생생한 느낌은 눈에서 빛나는 명랑함과 미소 띤 모습으로 그리고 종종 떠들썩한 즐거움으로 나타난다. 반면에 숭고함은 다른 종류다. 숭고함의 감정은 때때로 약간의 전율이나 우울도 동반하며 몇몇의 경우에서는 단지 고요한 경탄만을, 또 다른 경우들에서는 장엄한 평원 위로 넓게 펼쳐진 아름다움을 수반
한다. 나는 처음 것을 섬뜩한 숭고함, 둘째 것을 고상한 숭고함, 셋째 것 A 6
을 화려한 숭고함이라 부르고자 한다. 깊은 고독은 섬뜩하게 숭고하
다.* 그런 까닭에 타타르 지방[6]의 거대한 샤모사막[7]처럼 어마어마하 A 7; II 210

* 나는 완전한 고독에 관한 서술이 불러일으킬 수 있는 고상한 공포의 전율에 관한 한 예만을 들고자 한다. 이를 위해 나는 『브레멘잡지』[4] 제4권 539쪽에 실린 카라의 꿈에 관한 몇 구절을 발췌해본다. 이 인색한 부자는 자

게 광활한 황야는 항상 끔찍한 혼백과 요괴, 유령을 옮겨놓을 빌미를 제공했다.

A 8 숭고한 것은 항상 거대해야 하나, 아름다운 것은 사소할 수도 있다. 숭고한 것은 꼭 단순해야 하나, 아름다운 것은 장식적이고 꾸민

기 재산이 늘어나는 정도만큼 다른 모든 사람을 향한 연민과 사랑의 마음을 닫아버렸다. 그에게서 인간애가 식어간 만큼 기도하는 일과 종교적 행동은 더 부지런해져 갔다. 이런 고백을 한 뒤 그는 계속 이야기를 이어갔다. "램프를 켜고 제가 번 돈을 대충 계산해보던 어느 날 저녁에 잠이 저를 엄습해왔지요. 이런 상태에서 저는 회오리바람처럼 저를 덮쳐오는 죽음의 천사를 보았습니다. 그의 섬뜩한 일격에 제가 용서를 빌기도 전에 천사는 곧장 저를 두들겼습니다. 제 운명이 영원히 팽개쳐지고, 제가 행했던 모든 선행에 더는 아무것도 덧붙여질 수 없으며, 제가 저질렀던 모든 악행에서 아무것도 덜어낼 수 없음을 알아챘을 때 저는 마비되고 말았습니다. 저는 셋째 천국에 살고 있는 하나님의 옥좌 앞에 끌려갔습니다. 제 앞에서 활활 타오르는 광채가 제게 말을 걸더군요. '카라찬아, 하나님에 대한 네 예배는 배척되었도다. 너는 인간을 사랑하는 마음을 닫아버렸으며, 가차 없이 네 재산에 매달렸도다. 너는 오로지 너 자신만을 위해 살았기 때문에 앞으로 영원히 홀로 그리고 모든 피조물 사회에서 추방되어 살아야 하리라.' 이 순간 보이지 않는 힘이 저를 잡아채서는 찬란한 창조전당을 가로질러 내몰았습니다. 저는 곧 수많은 세계를 지나쳤지요. 자연의 맨 가장자리에 가까이 갔을 무렵, 저는 바로 앞에 무한한 공허의 그림자가 심연 속으로 가라앉고 있음을 알아챘습니다. 영원한 정적, 고독 그리고 암흑으로 찬 끔찍한 나라. 첫눈에 이루 형언할 수 없는 전율이 저를 덮쳐왔습니다. 점차 마지막 별조차 제 시야에서 사라졌고, 마침내 마지막 희미한 빛마저도 극도의 암흑 속에서 사라지고 말았습니다. 매 순간 제가 마지막으로 거주했던 세계에서 더욱 멀어지는 만큼이나 절망이라는 단말마적 공포도 매 순간 커져만 갔습니다. 저는 견디기 어려운 두려움에 휩싸여 다음과 같은 생각을 해보았습니다. 천만 년 세월이 저를 모든 피조물의 경계 저 너머로 멀리 데려간다면, 저는 돌아갈 수 있는 구조나 희망 없이 언제나 암흑의 헤아릴 수 없이 깊은 나락을 쭉 들여다보게 될 것이라고 말입니다. 이러한 마비상태에서 저는 실재하는 대상을 향해 아주 격렬하게 손을 내뻗는 와중에 깨어났습니다. 이제야 저는 인간을 존중해야 함을 배우게 되었습니다. 제 행운에 방자해져서 문전박대했던 사람들 중 가장 보잘것없는 사람조차도 저 무서운 황야에선 골콘다[5]의 모든 보물보다 더 반가울 테니까 말입니다."

것일 수 있다. 대단한 높이는 대단한 깊이와 마찬가지로 숭고하다.
하지만 후자는 전율을 동반하고, 전자는 경탄을 동반한다. 그런 까닭
에 후자의 느낌은 섬뜩하게 숭고할 수 있고, 전자의 느낌은 고상하게
숭고할 수 있다. 하셀퀴스트[8]가 전하는 것처럼, 이집트 피라미드의 광
경은 사람들이 온갖 묘사로 떠올려볼 수 있는 것보다 훨씬 더 감동을
주지만, 그 건축물은 단순하고 고상하다. 로마의 성 베드로 성당은
화려하다. 거대하면서도 단순한 이 성당의 설계에는 숭고한 느낌이
가장 잘 생기게끔 가령 황금이나 모자이크 세공 등과 같은 아름다움
이 펼쳐져 있으므로 이 건축물은 화려하다. 무기고는 꼭 고상하고 단 A 9
순해야 하며, 군주의 거처인 성은 화려해야 하고, 군주의 별장은 아
름답게 꾸며야 한다.

장구함은 숭고하다. 그것이 지나간 시간에 관한 것이라면 고상하다. 그것이 무한한 미래에서 미리 본 것이라면, 그것에는 섬뜩한 무엇이 있다. 가장 먼 고대에 세워진 건축물은 존경받을 만하다. 미래의 영원함에 관한 할러[9]의 묘사는 부드러운 전율을 불어넣고, 지나간 영원함에 관한 그의 묘사는 경직된 경탄을 불어넣는다.

II 211

제2절
인간에게 일반적으로 나타나는 숭고함과 아름다움의 특성에 관하여

지성은 숭고하고, 재치는 아름답다. 대담함은 숭고하고 위대하며, 책략은 사소하나 아름답다. 크롬웰이 말하길, 신중함은 시장이 지녀야 할 덕목이다. 정직함과 성실함은 단순하고 고상하다. 농담과 호감을 주는 아첨은 세련되고 아름답다. 공손함은 덕의 아름다움이다. 사
A 10 욕이 없이 봉사하는 열의는 고상하고, 세련됨(겸손)과 정중함은 아름답다. 숭고한 특성은 존경심을 자아내나 아름다운 특성은 사랑을 자아낸다. 특히 감정이 아름다움을 향해 있는 사람들은 오직 유사시에만 성실하고 변치 않으면서도 진지한 친구들을 찾지만 사교를 위해서는 익살맞고 공손하며 정중한 사람들을 고른다. 사람들은 많은 것을 너무나 높게 평가하기에 그[바로 높게 평가받는 그 사람]를 사랑할 수 없다. 그는 경탄을 자아내지만 너무나 우리를 능가하기에 우리는 친밀한 사랑으로 그에게 감히 가까이 가지 못한다.

두 감정을 자기 안에서 조화시킬 수 있는 사람들은 숭고함의 감동이 아름다움의 감동보다 더 강력하지만 전자가 후자와 교대하거나 그것을 동반하지 않고는 싫증나게 되고 그렇게 오래 향유될 수 없음을 알게 될 것이다.* 잘 선별된 모임에서 나누는 담화는 때때로 수준 높은 느낌으로 고양되는데, 그 느낌은 간간이 쾌활한 농담에 녹아들

어야만 한다. 웃음을 자아내는 즐거움은 감동을 받은 진지한 얼굴 표
정과 아름답게 대비되어야 하는데, 이 대비는 두 종류의 느낌이 자연
스레 교대하게 한다. 우정에는 주로 숭고함의 특징이 있지만, 남녀 간
의 사랑에는 아름다움 자체의 특징이 있다. 그럼에도 정겨움과 깊은
존중은 남녀 간의 사랑에 어떤 품위와 숭고함을 준다. 이에 반해 현 Ⅱ 212
혹적인 익살과 친밀함은 이 느낌에 아름다움의 색조를 더한다. 내 생
각엔 비극이 희극과 주로 구별되는 것은 비극에서는 숭고함의 감정
이, 희극에서는 아름다움의 감정이 마음을 움직인다는 점이다. 비극
에서는 타인의 안녕을 위한 고결한 희생, 위험한 상황에서 내린 대담 A 11
한 결단 그리고 검증된 신의가 나타난다. 거기서 사랑은 우울하고 정
겨우며 존경심으로 가득하다. 타인의 불행은 관객의 가슴에 동정심
이 일게 하고 타인의 곤경 앞에서 관객의 관대한 심장이 고동치게 한
다. 관객은 차분하게 감동받으면서 자신의 고유한 본성이 존엄함을
느낀다. 이에 반해 희극은 정교한 책략, 기묘한 뒤죽박죽, 거기서 빠
져나올 줄 아는 영리한 자와 기만당하는 얼간이, 해학과 우스꽝스러
운 인물들을 소개한다. 희극에서 사랑은 그리 심각하지 않고 명랑하
고 친밀하다. 하지만 다른 경우들에서처럼 희극에서도 고상함은 아
름다움과 어느 정도 일치될 수 있다.

이성으로 증명되지는 않더라도 적어도 우리의 감성적 감정에 나

---

* 숭고함의 느낌은 영혼의 힘을 더 강하게 긴장시키기 때문에 더 일찍 싫증
난다. 우리는 금후 밀턴의 『실낙원』보다 전원시를, 영[10]의 시보다 드 라 브
뤼에르[11]의 시를 더 오래 읽을 수 있을 것이다. 내게는 특히 도덕적 시인으
로서 영의 결점인 것처럼 보이는 것은 그가 너무 단조롭게 숭고한 어투로 A 12
늘어놓는 점이다. 인상의 강도는 좀더 부드러운 구절과 뚜렷하게 대조됨
으로써만 새로워질 수 있기 때문이다. 아름다움의 경우에서는 애쓴, 그러
면서 드러나는 예술보다 우리를 더 지치게 하는 것은 아무것도 없다. 자극
하려고 애쓰는 일은 고통스럽고도 성가시게 느껴진다.

타나는 것처럼, 악덕과 도덕적 결함에조차 종종 숭고함이나 아름다움의 몇몇 특징이 있다. 『일리아스』에서 보여준 아킬레스의 분노처럼 두려운 것이 발산하는 분노는 숭고하다. 대체로 호메로스의 영웅은 섬뜩하게 숭고한 반면, 베르길리우스[12]의 영웅은 고귀하다. 엄청난 모욕감에 대한 공공연하고 대담한 복수에는 그 자체로 어떤 위대함이 있고, 그런 복수가 허용될 수 없다 하더라도 그것은 전율과 만족감으로 감동을 준다. 핸웨이[13]가 이야기한 것처럼, 샤흐 나디르[14]는 밤중에 자기 막사에서 몇몇 모반자에게 습격당했을 때 상처를 입고선 아주 절망적으로 저항한 후 이렇게 외쳤다. "자비를! 난 너희 모두를 용서하겠다." 그들 가운데 한 명이 칼을 높이 치켜들면서 대답했다. "너는 그 어떤 자비도 보여주지 못했으니 어떤 자비도 얻을 자격이 없다." 악한에게 결연한 대담함은 극히 위험하지만 이야기에서는 감동을 준다. 설령 그[샤흐 나디르]가 수치스러운 죽음을 원치 않게 맞이한다 하더라도, 그가 죽음에 반항적이고 이를 경멸스럽게 맞이함으로써 죽음은 그를 어느 정도 고상하게 만든다. 다른 측면에서 볼 때 교활하게 고안해낸 구상에는, 비록 그것이 나쁜 일을 노린다고 할지라도 세련되고 웃기는 무언가가 담겨 있다. 평상시 공손한 사람에게서 나타나는, 세련된 의미에서 음란한 경향성(교태), 즉 다른 사람들의 마음을 끌고 매혹하려는 노력은 아마도 비난받을 만하겠지만 아름답고 대체로 정직하고 진지한 태도보다 더 선호된다.

A 13 (beside line 4); A 14; II 213 (beside line 19)

자기 겉모습으로 우쭐대는 사람들의 외관은 때로는 이런 유의 감정을, 때로는 저런 유의 감정을 일으킨다. 거대한 체구는 명망과 존경을 얻고, 작은 체구는 친밀감을 좀더 얻는다. 약간 갈색을 띤 색깔과 검은 눈은 숭고함과, 푸른 눈과 금빛 색깔은 아름다움과 더 가깝게 관계한다. 어느 정도 진전된 고령은 숭고함의 특성과, 청춘은 아름다움의 특성과 좀더 일치한다. 이는 신분 차이에서도 마찬가지다.

앞서 언급했던 이 모든 관계에서 의상조차 이러한 감정의 차이에 부합해야 한다. 아주 명망 있는 사람은 옷차림에서 단순함, 기껏해야 의상에서 화려함을 준수하지만, 보잘것없는 사람은 꾸미고 치장할 수 있다. 고령에는 의상 색이 더 어둡고 형태가 단조로운 것이 어울리고, 청춘에는 더 밝고 선명하게 대조되는 옷차림이 빛난다. 신분 가운데도 재산과 지위가 같을 경우, 성직자는 최대한 단순함을, 정치가는 최대한 화려함을 보여주어야 한다. 정부(情夫)는 그가 좋아하는 A 15
만큼 자신을 꾸밀 수 있다.

외적인 운이 좌우하는 상황에서도 최소한 인간의 망상에 따라 이러한 느낌을 일으키는 무엇이 있다. 사람들은 일반적으로 혈통과 칭호가 존경으로 이끄는 경향이 있다고 생각한다. 사심이 없는 사람들조차 합당한 공적이 없는 부에 경의를 표한다. 추측건대 그 까닭은 부의 표상과 [그 부로 성취할 수 있는] 위대한 행위의 구상이 일치하기 때문이다. 이따금 이런 존경을 여러 부유한 악당도 느끼는데, 이들은 그러한 행위를 결코 하지 않을 테고, 부를 유일하게 평가할 수 있는 고상한 감정을 전혀 짐작도 못한다. 가난의 해악을 확대하는 것은 경멸인데, 이것은 공적으로도 완전히 극복할 수 없다. 적어도 지위와 칭호가 이 졸렬한 감정[경멸]을 기만하지 않고 거의 그 감정의 장점을 찾지 않는 평범한 시각에서는 그러하다.

인간 본성에는 무한한 형태를 거쳐 가장 극단적인 불완전성으로 A 16
넘어가는 변질이 없는, 그런 찬양할 만한 특성이란 결코 존재하지 않는다. 섬뜩한 숭고함의 특성이 전적으로 부자연스럽다면 그것은 기괴 II 214
하다.* 부자연스러운 것은 그것에서 숭고함이 의도된 한에서 — 설령

---

* 숭고함이나 아름다움이 알려진 평균을 넘어서는 한에서 우리는 흔히 이를 황당무계하다고 하곤 한다.

그 숭고함이 거의 또는 전혀 발견되지 않더라도—괴상함이다. 기괴함을 좋아하고 믿는 사람은 몽상가이고, 괴상함을 향한 경향성은 망상가를 만들어낸다. 다른 한편으로 아름다움의 감정에 고상함이 완전히 결핍되면 그 감정은 변질되는데, 사람들은 그것을 멍청하다고 한다. 이런 특성을 지닌 남자가 젊다면 멋 부리는 자라 하고, 그가 중년이라면 기생오라비라고 한다. 나이가 훨씬 더 많은 남성에게는 숭고함이 매우 필수적인 까닭에 늙은 기생오라비는, 마치 젊은 망상가가 가장 역겹고 견딜 수 없는 인간 피조물인 것처럼, 가장 경멸스러운 자연 피조물이다. 익살과 쾌활함은 아름다움의 감정을 불러일으킨다. 그런데도 꽤 상당한 지성이 드러날 수 있으며, 그런 한에서 익
A 17 살과 쾌활함은 어느 정도 숭고함과 관계가 있다. 쾌활함 속에서 이런 혼합을 감지하지 못한 사람은 되는대로 지껄인다. 계속 지껄이는 사람은 우둔하다. 우리는 영리한 사람도 때로는 되는대로 지껄인다는 사실을 쉽게 알아차린다. 또 지성을 자기 직책에서 잠시 소환하면서 아무 잘못도 저지르지 않는 일에는 적지 않게 정신이 필요하다는 점도 쉽게 알아차린다. 말이나 행동으로 즐겁게 하지도 못하고 감동도 주지 못하는 사람은 지루하다. 지루한 사람이 이 두 가지 일[되는대로 지껄이는 일과 지성을 소환하는 일]에 열심인 경우 무미건조하다. 만약 무미건조한 사람이 우쭐거린다면, 그는 바보다.*

* 우리는 금방 이 존경받을 만한 부류가 망상가와 기생오라비의 두 부류로 나뉨을 알아챈다. 학식 있는 망상가는 공손하게 현학자라 부른다. 만일 그가 예나 지금의 교만하고 거만하며 무지한 학자처럼 고집스럽게 지혜로운 표정을 취한다면, 그에게는 방울 달린 모자가 잘 어울린다. 기생오라비 부류는 상류사회에서 좀더 발견된다. 어쩌면 이 부류는 앞서 말한 부류보다 더 낫다. 사람들은 이 부류에서 얻는 것도 웃을 일도 많다. 그런데도 이런 풍자에서는 하나가 다른 이에게 모욕하고 텅 빈 자기 머리를 자기 형제의 머리에 부딪힌다.

나는 인간의 나약함에 관한 이 기묘한 개요를 예를 들어 좀더 잘 A 18
이해할 수 있게 해보겠다. 호가스[15]의 판화용 칼을 제대로 다룰 줄 모르는 자는 소묘에 부족한 표현을 서술로써 보완할 수밖에 없으니 말이다. 우리의, 조국의 혹은 우리 친구의 권리를 위해서 대담하게 위험을 떠맡는 일은 숭고하다. 옛 기사였던 십자군은 기괴했다. 전도된 명예 개념에서 생겨난 기사도의 천한 잔여물인 결투는 괴상하 II 215
다. 정당한 넌더리 때문에 세상의 떠들썩함에서 우울한 마음으로 물러나는 일은 고상하다. 고대의 은둔자들에게 고독한 예배는 기괴하다. 살아 있는 성자를 유폐하기 위한 수도원과 그런 유의 무덤은 괴상하다. 원칙에 따라 자기 격정을 제압하는 일은 숭고하다. 금욕적 고행, 종교적 서약, 수도승의 덕목들은 괴상하다. 성스러운 유골이나 나무 그리고 그와 같은 모든 잡동사니 — 티베트의 위대한 라마승이 싼 성스러운 대변도 포함해서 — 는 괴상하다. 재치와 세련된 감정을 담고 있는 작품들 가운데 베르길리우스와 클롭스토크[16]의 서사시는 고상함에 속하고, 호메로스와 밀턴의 서사시는 기괴함에 속한다. 오비디우스[17]의 변신 이야기는 괴상하고, 프랑스의 우둔함을 담고 있는 요정동화는 일찍이 생각해낸, 가장 궁색한 괴상함이다. 아나크레온[18]의 A 19
시는 대체로 어리석음에 아주 근접해 있다.

지성적이고 통찰력 있는 작품들은 감정에 관한 것을 대상으로도 포함하는 한에서 마찬가지로 앞서 언급한 다양함에 약간은 관여한다. 우주의 무한한 크기에 관한 수학적 표상, 우리 영혼의 영원성, 섭리, 불멸성에 관한 형이상학적 고찰은 어떤 숭고함과 존엄함을 담고 있다. 이에 반해 철학은 많은 공허한 궤변으로 왜곡되고, 철저하다는 외양은 삼단논법의 네 격이 강단의 괴상함으로 간주될 만한 가치가 없다는 점을 막지는 못한다.

도덕적 특성들 가운데 오직 참된 덕만이 숭고하다. 그렇지만 선한

도덕적 특성도 존재하는데, 그것은 사랑스럽고 아름다울 뿐만 아니
라 덕과 조화되는 한에서 고상하다고도 할 수 있다. 비록 그것이 본
래 유덕한 마음씨에는 속할 수 없다 하더라도 말이다. 이에 관한 판
A 20 단은 미묘하고 복잡하다. 마음씨는 덕이 초래하게 될 행위의 원천이
다. 설령 그렇다 하더라도 덕과 오로지 우연한 방식으로만 일치하나
본성에 비추어볼 때 덕의 일반 규칙들과 자주 충돌할 수 있는 근거
에서 우리는 마음씨를 확실히 유덕하다고 부를 수는 없다. 쉽사리 동
정이라는 따뜻한 감정으로 이끌리는 다정다감함은 아름답고 사랑스
럽다. 그 감정은 타인의 운명에 대해 자비로운 동정을 보이는데, 덕
의 원칙들도 마찬가지로 이 동정을 초래하기 때문이다. 하지만 선량
Ⅱ 216 한 열정은 나약하고 언제나 맹목적이다. 그 까닭은 다음과 같다. 만
약 이 느낌이 여러분 비용으로 궁핍한 사람을 돕도록 여러분을 움직
이지만, 여러분은 다른 사람에게 빚이 있어서 정의라는 엄격한 의무
를 충족할 수 없는 상황에 있다고 가정해보자. 그러면 [자기 비용을
들여 궁핍한 사람을 돕는] 행위는 아무래도 유덕한 결의에서 전혀
나올 수 없다. 왜냐하면 그런 결의는 더 상위의 책무를 이런 맹목적
매혹에 희생하도록 여러분을 자극할 수 없기 때문이다. 만약 이와 반
대로 인류에 대한 일반적 호의가 여러분이 항상 행위를 할 때 따르는
A 21 원칙이 되었다면, 궁핍한 사람을 향한 사랑은 아직 남아 있기는 하지
만 이제 더 높은 관점에서 여러분의 의무 전체와 참된 관계로 옮겨지
게 된다. 일반적 호의는 인류의 불행에 동정하는 근거이자 동시에 정
의의 근거이기도 하다. 이제 이 정의의 지침에 따라 여러분은 [빚이
있음에도 궁핍한 사람을 돕는] 행위를 단념할 수밖에 없다. 이 감정
이 그에 상응하는 일반성으로 상승하자마자 숭고해지나 더욱 냉정
해지기도 한다. 모든 사람에 대한 우리 가슴이 깊은 애정으로 부풀어
오르고 모든 타인의 곤경에 직면하여 비애에 젖어드는 것은 가능하

지 않으니까 말이다. 만일 가능하다면 유덕한 사람이란 헤라클레이토스처럼 끊임없는 연민의 눈물 속에서 마음이 누그러지면서 이 모든 선량함에도 단지 다정다감한 게으름뱅이에 지나지 않을 테니 말이다.*

자비로운 감정의 둘째 종류는 호감인데, 이는 아름답고 사랑스러 A 22
우나 참된 덕의 근거는 아니다. 그것은 타인에게 친절로써, 그의 요구를 응낙함으로써 그리고 우리 행실을 그의 심정과 똑같게 함으로써 기분 좋게 하려는 경향성이다. 매력적인 사교성의 이런 근거는 아름답고, 그런 마음의 유연함은 선량하다. 하지만 호의는 전혀 덕이
아니기에 더 높은 원칙이 호감을 제한하지도 약화시키지도 못하는 Ⅱ 217
데에서 모든 악덕이 생겨날 수 있다. 왜냐하면 우리가 교제하는 사람들을 향한 호감은 이 소집단 외부에 있는 다른 사람들에게는 종종 불
의가 됨을 생각하지 않은 채 이 자극만 취한다면, 그런 사람은 직접 A 23
적 경향성 때문이 아니라 오히려 다른 사람에게 기꺼이 호감을 주려고 사는 까닭에 온갖 악덕을 저지르게 될 터이기 때문이다. 그는 애정 어린 호감 때문에 거짓말쟁이, 게으름뱅이, 주정꾼 등이 될 것이다. 그는 올바른 행위 일반을 위한 규칙에 따라 행동하지 않고 그 자체로는 아름답긴 하나 자제력도 원칙도 없기에 어리석어지는 경향성에 따라 행동하니 말이다.

---

* 좀더 숙고해보면 우리는 연민의 특성이 아무리 사랑스러울지라도 그것이 덕의 위엄을 갖추지 못했을 알게 된다. 그와 동시에 우리는 격렬한 전쟁 소식 — 쉽게 알 수 있는 일이지만 상당수 남성이 끔직한 고통 속에서 부당하게 죽어갈 수밖에 없다 — 을 무관심하게 접하면서도 고통스러워하는 아이나 공손하나 불행한 여성은 우리 마음을 비애에 젖어들게 한다. 불행한 단 한 사람의 비애를 외면했던 많은 왕손은 그럼에도 동시에 자주 덧없는 동기에서 전쟁 명령을 내렸다. 결과 측면에서 여기엔 전혀 균형이 맞지 않는다. 일반적 인간애가 원인이라고 어느 누가 말할 수 있겠는가?

따라서 참된 덕은 오로지 일반적일수록 그만큼 더 숭고해지고 더 고상해지는 원칙들에만 접목될 수 있다. 이들 원칙은 사변적 규칙이라기보다 감정에 대한 의식이다. 이 의식은 모든 인간 가슴속에 살아 있고 동정과 호의의 특별한 근거들보다 훨씬 더 넓게 뻗어 있다. 내가 '그것은 인간 본성에 대한 아름다움과 존엄의 감정이다'라고 말한다면, 나는 모든 것을 요약했다고 믿는다. 아름다움의 감정은 일반적 호의의 근거이며, 존엄의 감정은 일반적 존중의 근거다. 만약 이 감정이 어떤 인간의 마음에서 가장 위대한 완전성을 지니게 된다면, 그
A 24 인간은 자신을 사랑하고 소중히 여길 것이다. 하지만 어디까지나 그가 그의 광범위하고 고상한 감정이 미치는 모든 사람 가운데 하나인 한에서만 그러하다. 오직 우리가 그렇게 확장된 경향성에 자신의 특수한 경향성을 종속시키기 때문에, 우리의 선량한 충동들을 균형 있게 사용할 수 있고, 덕의 아름다움이라고 할 고상한 태도를 성취할 수 있다.

인간 본성의 유약함과 일반적 도덕 감정이 다수의 마음에 미치는 미약한 힘을 고려해볼 때, [자연의] 섭리는 그와 같이 유용한 충동들을 우리 안에 심어 덕을 보충했다. 이들 충동은 원칙 없이도 몇몇 사람을 아름다운 행위로 이끌기 때문에, 마찬가지로 원칙에 지배받는 다른 사람들도 아름다운 행위를 하도록 더 강하게 밀치고 더 거세게 자극할 수 있다. 동정과 호감은 아마도 훨씬 조야한 사욕의 우위 때문에 완전히 질식당할 수도 있는 아름다운 행위의 근거이지만, 우리가 살펴본 바와 같이, 덕의 직접적 근거는 아니다. 비록 동정과 호감이 덕과 가까운 관계에 있어 고상하기에 덕의 이름을 얻는다 할지라도 말이다. 이런 까닭에 나는 그것들을 **입양된** 덕이라고 할 수 있는
A 25; Ⅱ 218 한편, 원칙들에 근거를 둔 것을 **진정한** 덕이라고 할 수 있다. 전자는 아름답고 매력적이며, 후자는 숭고하고 존경받을 만하다. 우리는 입

양된 덕의 느낌이 지배하는 마음을 선한 마음이라 하고, 선한 마음을 지닌 사람을 선량하다고 한다. 이에 반해 원칙에서 비롯한 유덕한 사람에게 고상한 마음을 부여하는 것은 정당하며 그런 사람을 올바른 사람이라고 한다. 그럼에도 이 입양된 덕은 선량하고 호의적인 행위에서 직접적인 쾌의 감정을 포함하기 때문에 진정한 덕과 유사성이 많다. 선량한 사람은 어떠한 다른 의도 없이 직접적 호감에서 평화롭고 정중하게 여러분과 교제할 것이며 타인의 궁핍에 진솔한 연민을 느낄 것이다.

그렇지만 이러한 도덕적 동정심은 태만한 인간 본성을 공익적 행위로 이끌기에 아직 충분하지 못하다. 이 때문에 [자연의] 섭리는 우리 안에 역시 모종의 감정을 심어두었는데, 그것은 섬세하고 우리를 움직이게 하거나 훨씬 조야한 사욕과 일상의 관능적 쾌락에서 균형을 잡아줄 수 있다. 이는 명예에 관한 감정이고, 그것이 낳는 것은 수치심이다. 우리 가치에 대해 다른 사람들이 가질지도 모를 견해와 우리 A 26
행위에 대한 그들의 판단은 우리가 상당한 희생을 하게끔 하는 대단히 중요한 동인이다. 인간 대부분이 직접적으로 일어나는 선량함의 자극이나 원칙 때문에 행하지 않았을 바가 상당히 자주 순전히 외부에 비치는 겉모습 때문에 일어난다. 마치 다른 사람의 판단이 우리와 우리 행위의 가치를 규정하는 것처럼 그 자체가 아주 피상적임에도 매우 유용한 망상 때문에 말이다. 이러한 자극에서 일어나는 것은 조금도 유덕하지 않다. 그렇기 때문에 [유덕한] 사람으로 간주되고자 하는 사람은 모두 명예욕의 동기를 아주 조심스럽게 감추기도 한다. 선량함이 진정한 덕과 가까운 관계인 것처럼 이 경향성도 진정한 덕과 가까운 관계에 있지는 않다. 이 경향성을 움직일 수 있는 것은 행위의 아름다움이 아니라 남의 시선을 끄는 행위의 태도이기 때문이다. 그럼에도 명예에 관한 감정이 섬세한 까닭에 그것이 야기한 유사덕은 덕의 낌새라 할 수 있다.

A 27 이 세 종류 감정 가운데 하나가 인간 마음씨를 지배하고 도덕적 특성을 규정한다는 전제에서 인간 마음씨의 종류를 비교해보자. 우리는 각 마음씨가 통상적으로 분류된 [네] 기질 가운데 하나와 아주 밀
Ⅱ 219 접한 관계에 있다는 점과 더 나아가 도덕 감정의 상당한 결여가 점액질적 기질[19]과 관계있으리라는 점을 알게 된다. 이는 마치 이 다양한 마음씨의 특성에서 주요 특징[도덕 감정의 결여]이 마치 가정된 [점액질적 기질의] 특성에 따라 다른 것 같음을 의미하지 않는다. 그 까닭은 [일단] 이 논문에서 가령 사욕, 일상의 관능적 쾌락 등등과 같은 훨씬 조야한 감정을 우리는 전혀 고려하지 않기 — 그럼에도 통상적 분류에서는 이런 경향성들을 주로 주시한다 — 때문이지만, 실은 언급한 훨씬 섬세한 도덕적 느낌들이 [네] 기질 가운데 이것 또는 저것과 더 쉽게 일치할 수 있을 뿐 아니라 실제로 대부분 합일하기 때문이다.

인간 본성의 아름다움과 존엄을 마주한 내적 감정은 인간 행위 전체의 일반적 근거로서 관련짓는 마음의 침착함과 강인함이다. 이것
A 28 은 진지하며 변덕스러운 즐거움이나 경박한 사람의 변덕과는 잘 어울리지 않는다. 게다가 이것은 부드럽고 고상한 느낌인 우울함에 가까운데, 이는 어떤 위대한 결의에 가득 찬 절박한 영혼이 극복해야 할 위험을 감지하고 자기 극복이라는 고되지만 위대한 승리를 눈앞에 두었을 때 느끼는 그런 전율이 우울함에 관련된 한에서 그러하다. 그러므로 원칙에서 비롯한 진정한 덕에는 그 자체 완화된 의미에서 대체로 흑담즙질적 마음씨와 일치하는 듯 보이는 어떤 것이 있다.

선량함은, 그러니까 마음의 아름다움 그리고 섬세한 감수성은 개별적 경우에서 계기에 따라 동정이나 호감으로 움직이는데, 이는 상황 변화에 상당히 좌우된다. 영혼의 움직임이 일반적 원칙에 근거를

두지 않기 때문에, 대상이 이런저런 측면을 보이는 대로 영혼도 쉽게 변화된 형태를 취한다. 이런 경향성은 결국 아름다움을 초래하므로 우리가 다혈질적이라고 하는, 변덕스럽고 즐거움에 몰두하는 마음씨와 가장 자연스럽게 일치하는 듯이 보인다. 이 기질에서 우리는 입양 A 29
한 덕이라고 했던, 자주 오르내리는 특성을 찾을 수 있어야만 한다.

그밖에 명예에 관한 감정은 이미 통상적으로 담즙질적 복합체의 징표로 간주되어왔다. 이로써 우리는 그러한 특성의 기술을 위해 이 섬세한 감정의 도덕적 결과들 —이들 대부분은 단지 어슴푸레 드러 Ⅱ 220
날 뿐이다—을 찾아내는 기회로 삼을 수 있다.

어떤 사람도 훨씬 섬세한 느낌의 흔적이 전혀 없을 수는 없지만, 비교적 무감각이라고 하는 것의 더 큰 결여는 점액질적 사람의 특성에서 나타난다. 그밖에 사람들은 그런 사람에게서 금전적 욕구 등과 같은 훨씬 조야한 충동들도 박탈하지만, 우리는 그런 것들을 그와 밀접하게 관련된 다른 경향성과 함께 경우에 따라서는 허용할 수 있다. 그런 경향성들은 지금의 구상에 전혀 속하지 않으니 말이다.

이제 숭고함과 아름다움의 느낌을, 특히 그것들이 도덕적인 한에서, 상정된 기질 분류 아래 좀더 자세히 고찰해보자.

흑담즙질적인 것에 접어든 감정을 지닌 사람을 그렇게 부르는 까 A 30
닭은 그가 삶의 기쁨을 저버리고 훨씬 어두운 우울함에 빠져 슬퍼하기 때문이 아니다. 오히려 그의 느낌이 어느 정도 이상으로 확대되거나 몇몇 원인 때문에 잘못된 방향으로 나아가게 될 경우 다른 상태보다 더 쉽게 이 상태에 빠져들기 때문이다. 그에게는 특히 숭고함에 대한 감정이 있다. 마찬가지로 그에게는 아름다움에 대한 느낌이 있는데, 그 아름다움조차 틀림없이 그를 자극할 뿐만 아니라 동시에 경탄을 자아내면서 감동시킨다. 그에게 즐거움을 누리는 일은 훨씬 진지하나 그 때문에 더 하찮지는 않다. 숭고함이 주는 모든 감동에는

아름다움의 현혹적 매력보다 그 자체로 더 매혹적인 것이 있다. 그
의 안녕은 즐거움이라기보다는 오히려 만족함이다. 그는 확고부동
하다. 그런 까닭으로 그는 자기 느낌을 원칙에 종속시킨다. 그 느낌
이 변덕과 변화에 덜 좌우될수록, 그것이 종속된 원칙은 더욱더 일반
적이 되고, 따라서 하위 감정들을 포괄하는 상위 감정은 더욱더 넓어
A 31 진다. 경향성의 모든 특수한 근거는 그런 상위 근거에서 도출되지 않
는 한 많은 예외와 변화에 좌우된다. 쾌활하고 친절한 알세스트[20]는
이렇게 말했다. "난 내 아내를 사랑하고 소중하게 여긴답니다. 그녀
가 아름답고 비위를 잘 맞추며 영리하기 때문이죠." 하지만 만약 이
제 그녀가 병으로 보기 흉해지고, 나이가 들어 투덜거리며 처음의 매
력이 사라져버린 뒤 다른 사람보다 더 영리해 보이지 않는다면 어떨
까? 만약 근거가 더는 거기에 없다면, 경향성에서 무엇이 나올 수 있
을까? 이에 반하여 호의적이고 태연한 아드라스트[21]를 보자. 그는
혼자 이렇게 생각한다. "난 이 사람을 깊은 애정과 존경으로 대할 것
II 221 이야. 그녀는 내 아내이니까." 이런 마음씨는 고귀하고 관대하다. 우
연한 매력은 변할지 모르나 그럼에도 그녀는 여전히 그의 아내다. 고
귀한 근거는 외부 사물의 변덕에 그리 좌우되지 않고 남는다. 단지
개별적 동기에서 솟아나는 충동과 비교할 때 원칙들에는 그러한 성
질이 있다. 따라서 원칙을 지닌 사람은 때때로 선량하고 관대한 움직
임에 사로잡히는 사람과 대조된다. 하지만 만일 그의 마음에서 비밀
A 32 스러운 목소리가 다음과 같이 말한다면 어떤가? "저 사람이 고통받
고 있으니 그를 도우러 나는 거기로 가야만 해. 그가 내 친구거나 말
동무라서 혹은 그가 훗날 감사 표시를 위해 선물로 보답하리라고 생
각해서가 아니야. 지금은 궤변을 늘어놓을 시간도 질문으로 지체할
시간도 없어. 그는 인간이며, 인간에게 일어나는 일은 나에게도 일어
나." 그러면 그의 행동은 인간 본성에 있는 호의라는 최고 근거에 기

대게 되고, 근거의 불변성 측면에서나 그 적용의 일반성 때문에도 그 행위는 지극히 숭고하다.

내 논평을 계속해본다. 흑담즙질적 마음씨를 지닌 사람은 다른 사람들이 판단하는 바나 그들이 선하다거나 참이라고 여기는 바에 별로 신경 쓰지 않으므로 순전히 자신의 고유한 통찰에만 기댄다. 그에게서 동인은 원칙의 본성을 취하기 때문에 그가 다른 생각을 하기는 쉽지 않으며, 그의 확고부동함은 이따금 완고함으로도 변질한다. 그는 유행의 변동을 무관심하게 그리고 유행의 기미를 경멸스럽게 바라본다. 우정은 숭고하다. 그런 까닭에 그것은 그의 감정을 위한 것
이다. 그는 아마도 충실하지 못한 친구를 잃을 수 있지만, 그 친구는 A 33
그를 그렇게 쉽게 잃지는 않는다. 퇴색한 우정에 관한 기억조차 그에겐 아직 존경할 만하다. 수다스러움은 아름답고, 사려 깊은 과묵함은 숭고하다. 그는 자신과 다른 사람의 비밀을 지키는 선한 수호자다. 진실성은 숭고하며, 그는 거짓이나 가장을 싫어한다. 그에게는 인간 본성의 존엄에 대한 대단한 감정이 있다. 그는 자신을 소중히 여기고 인간을 존경받을 만한 피조물로 여긴다. 그는 어떤 타락한 예속도 참고 견디지 않으며 고귀한 가슴으로 자유를 숨 쉰다. 사람들이 궁정에서 착용하는 도금목걸이에서 갤리선[22] 노예의 무거운 쇠사슬에 이르기까지 모든 족쇄는 그에게 혐오스럽다. 그는 그 자신에게나 타인에게 엄격한 재판관이며 때로는 자신에게뿐 아니라 세상에 넌더리를 낸다.

이러한 특성들의 변질에서 진지함은 우울함으로, 경건함은 광신
으로, 자유를 향한 열정은 열광으로 기운다. 모욕과 불의는 그에게 Ⅱ 222
복수심에 불타오르게 한다. 그러면 그는 아주 두렵게 된다. 그는 위
험에 맞서며 죽음을 경멸한다. 자기감정이 전도되고 청명한 이성에 A 34
결함이 생긴 경우에 그는 기괴한 것 — 영감, 환영, 유혹 — 에 빠진다.

지성이 더욱 미약하다면, 그는 괴상한 것—암시를 주는 꿈, 징벌 그리고 기적의 징표—에 빠져든다. 그는 몽상가나 망상가가 될 위험에 처하게 된다.

다혈질적 마음씨를 지닌 사람에게는 아름다움에 관한 감정이 지배적이다. 그런 까닭에 그의 즐거움에는 웃음이 있고 생기가 있다. 즐겁지 않을 때면, 그는 불만스러우며 또 만족스러운 평온을 거의 알지 못한다. 다양성이란 아름다워서 그는 변화를 사랑한다. 그는 자기 안팎에서 즐거움을 찾고 다른 사람들을 유쾌하게 하며 사교성이 좋다. 그에게는 상당한 도덕적 동정심이 있다. 다른 사람의 기쁨은 그를 즐겁게 하고, 그의 슬픔은 그를 여리게 만든다. 그의 도덕 감정은 아름답지만 원칙이 없고 언제나 대상이 그에게 준 현재 인상에 직접 의존한다. 그는 모든 사람의 친구거나 또는 같은 의미로, 실제로는 그 누
A 35 구의 친구도 아니다. 비록 그가 선량하고 호의적일지라도 말이다. 그는 가식적으로 꾸미지 않는다. 오늘 그는 친절과 예의바른 태도로 여러분을 즐겁게 할 테고, 내일 여러분이 아프거나 불행해진다면, 그는 진실하고도 꾸밈없이 연민을 느낄 것이다. 하지만 [여러분의 그런] 상황이 변할 때까지 그는 여러분에게서 조용히 그리고 슬그머니 도망칠 것이다. 그는 결코 재판관이어서는 안 된다. 그에게 법이란 대체로 지나치게 엄격하고, 그는 눈물에 쉽게 매수당할 수 있다. 그는 못된 성자여서 결코 제대로 선하지도 악하지도 않다. 그는 종종 경향성에서라기보다는 오히려 호감에서 방탕하고 부덕해진다. 그는 인색하지 않아서 자선을 베풀지만 자신이 진 빚에 대해서는 불량체납자다. 그에게 자비에 관한 느낌은 강하나 정의에 관한 느낌은 약하기 때문이다. 아무도 자기 자신의 마음에 대해 그토록 좋은 견해를 갖고 있는 이는 없다. 설령 여러분이 그를 존경하지 않더라도, 여러분은 틀림없이 그를 좋아하게 될 것이다. 그의 성격이 훨씬 더 심하게

타락한 경우에 그는 어리석음에 빠져 시시덕거리고 유치해진다. 만약 노년에도 활기가 감퇴하지 않거나 성숙한 지성이 마련되지 못한다면, 그는 늙은 기생오라비나 될 위험에 처하게 된다.

우리가 담즙질적인 마음씨를 지녔다고 생각하는 사람에게는 흔히 A 36
화려함이라 할 수 있는 종류의 숭고함에 관한 감정이 지배적이다. 이
마음씨는 원래 숭고함의 낌새일 뿐이다. 또 그것은 사태나 사람의 속 II 223
내—아마도 좋지 못하고 천박할 뿐인—를 숨기고선 외관으로 속여 마음을 움직이는 뚜렷하게 눈에 띄는 색깔과 같다. 도료로 건물 벽면에 깎은 돌을 그려 마치 건물이 실제로 그런 돌로 건축된 것과 같은 고상한 인상을 주는 것처럼 또 처마와 천장에 덧붙인 돌림띠와 붙임기둥이 덜 조화롭고 아무것도 지지하지 않더라도 견고하다는 믿음을 주는 것처럼 말이다. 말하자면 [이 마음씨는] 합금으로 주조된 덕, 번드르르한 금박의 지혜 그리고 채색된 공적으로 번쩍거린다.

담즙질적인 사람은 자신의 고유한 가치 그리고 자기 일과 행동의 가치를 눈길을 끄는 예의범절이나 외양의 관점에서 바라본다. 대상 자체가 포함하는 내적 성질과 동인 측면과 관련해서 그는 냉담하며
진정한 호의로도 마음이 따뜻해지지 않을 뿐 아니라 존경을 통해서 A 37
도 마음이 움직이지 않는다.* 그의 행동은 부자연스럽다. 그는 관객의 다양한 위치에서 자기 예의범절을 판단하기 위해선 모든 관점을 취해야 함을 아는 것이 틀림없다. 그는 자기가 무엇인지를 거의 묻지 않고, 오로지 자기가 어떻게 보이는지를 묻기 때문이다. 이 때문에 그는 일반적 취향에 미치는 효과와 자기 행동이 자기 외부에 주게 될 갖가지 인상을 잘 알 수밖에 없다. 이처럼 약삭빠르게 주의를 집중하

* 그는 오직 다른 사람들이 자기를 행복하게 여긴다고 짐작할 때에만 스스로 행복하다고 여긴다.

려면 철저히 냉정할 필요가 있으며 자기 마음의 사랑, 연민 그리고
동정심 때문에 현혹되어서는 안 된다. 그런 까닭에 그는 많은 우둔한
일과 성가신 일 — 이런 일에는 자신의 직접적 느낌에 매혹되는 다
혈질적인 사람이 빠져든다 — 도 피할 것이다. 이 때문에 그는 대체
로 실제보다 더 지각 있는 것처럼 보인다. 그의 호의는 의례적인 인
사치레고, 그의 존경은 형식적인 격식이며, 그의 사랑은 의도된 아첨
이다. 그가 애인이나 친구처럼 태도를 취할 때도 그는 항상 자기 자
A 38 신으로 가득 차 있으며 결코 애인이거나 친구이지도 않다. 그는 유행
을 통해 조금이라도 빛나고자 한다. 하지만 그에게서 모든 것은 부자
연스러우며 꾸민 것이므로, 그는 유행에서도 어설프고 어색하다. 그
는 오직 순전히 그때그때 인상에 따라 움직이는 다혈질적인 사람보
다 훨씬 더 원칙에 따라 행동하지만, 이 원칙은 덕의 원칙이 아니라
명예의 원칙이다. 또 그에게 아름다움이나 행위의 가치에 관한 감정
은 없는 대신 이런 것들에 대해 세상이 내릴 판단에 관한 감정은 있
다. 한데 그의 행동이 비롯하는 근거에 주목하지 않는 한, 그의 행동
II 224 은 거의 덕 자체만큼이나 공익적이다. 이 때문에 그는 평범한 시선
앞에선 대개 유덕한 사람으로 존경받는다. 하지만 훨씬 섬세한 시선
앞에선 자신을 세심하게 숨긴다. 명예욕이라는 은밀한 동기의 발각
은 그에게서 존경을 앗아갈 것을 잘 알기 때문이다. 그런 까닭에 그
는 위장에 아주 몰두하여 종교에서는 위선을 떨고, 사교에서는 아첨
꾼이 되며, 국가 정당에서는 상황에 따라 영합한다. 그는 기꺼이 위
대한 자의 노예가 됨으로써 보잘것없는 자들 위에 군림하는 폭군이
되고자 한다. 확실히 인공의 봉인이 아닌 자연의 봉인을 짊어진, 고
A 39 상하거나 아름다운 단순함인 소박함은 그에게 완전히 낯설다. 따라
서 그의 취향이 변질되면, 그의 외양은 요란하게, 말하자면 거슬리게
과시적이 된다. 그러고는 자신의 스타일과 장식에서 그는 의미 없는

것(과장된 것), 즉 일종의 괴상함에 빠져든다. 이 괴상함은 기괴하거나 망상적인 것이 진지한 숭고함과 관련해서 평가되는 것과 마찬가지로 화려함과 관련해서 평가된다. 모욕을 당하면 그는 결투를 하거나 소송에 휘말리고, 시민 관계에서는 조상, 우선권, 칭호를 따진다. 그가 오직 허영심이 강한 한, 즉 명예를 추구하고 이목을 끌려고 애쓰는 한, 그는 여전히 참을 만한 사람일 수 있다. 하지만 실질적 장점과 재능이 완전히 결여되었는데도 그가 오만하다면, 그는 사람들이 최소한 기꺼이 간주할 법한 자, 곧 **바보**다.

점액질적 혼합에는 숭고함이나 아름다움의 어떤 요소도 특별히 눈에 띌 정도로 들어 있지 않은 편이므로, 이 마음의 특성은 우리가 고찰하는 맥락에는 속하지 않는다.

우리가 지금까지 다룬 훨씬 섬세한 이 느낌들이 어떤 종류의 A 40
것 — 숭고한 것이거나 아름다운 것 — 이든지 그것들에 일치하는 감정을 지니지 않은 사람의 판단에서 보면, 이들 느낌은 언제나 전도되었고 불합리하게 보인다는 운명을 공유한다. 침착하고 이기적인 근면성을 갖춘 사람에게는 말하자면 시나 영웅의 덕성에서 고상한 특성을 느낄 만한 기관이 전혀 없다. 그는 그랜디슨보다 로빈슨[23]을 더 즐겨 읽고 카토[24]를 고집 센 바보로 여긴다. 마찬가지로 마음씨가 어느 정도 진지한 사람들에게는 다른 사람에게 매력적인 것이 어리석게 보이고, 전원극의 마술 같은 소박함은 이들에게 무미건조하고 유치하다. 비록 마음이 훨씬 세련되고 일치하는 감정 없이는 완전하지
못할지라도 그 마음의 감수성 정도는 아주 다양하다. 어떤 사람이 고 Ⅲ 225
상하고 품위 있다고 생각하는 것이 다른 사람에게는 거창하지만 기괴하게 다가온다는 점을 우리는 안다. 도덕과 무관한 것에서 다른 사
람의 감정에 대한 무언가를 감지할 기회가 생기는데, 이런 기회는 훨 A 41
씬 상위의 마음 특성과 관련해서 그의 느낌도 상당히 있을 법하게 추

측할 동기를 우리에게 제공한다. 아름다운 음악에 지루해하는 사람은 서체의 아름다움과 사랑의 섬세한 매혹이 그에게 별다른 힘을 발휘하지 못하리라는 강한 추측을 불러일으킨다.

사소한 것에 얽매이는 정신의 소유자[25]가 존재한다. 그는 일종의 세련된 감정을 보여주지만, 이때 감정은 무엇보다 숭고함의 반대를 겨냥한다. 앞으로도 뒤로도 읽을 수 있는 시, 수수께끼, 반지 속의 시계, 벼룩 크기의 마디로 된 사슬 기타 등등처럼 어떤 것이 매우 기교적이고 힘들다는 까닭에서 그것을 좋아하는 취향이 그러하다. 비록 쓸모는 없더라도 빈틈없고 지나칠 정도로 정돈된 모든 것 — 예를 들어, 대단히 우아하고 길게 늘어선 열들로 책장에 배열된 도서들, 그것들을 바라보면서 즐거워하는 텅 빈 머리, 그리고 손님에게 인색하고 무뚝뚝한 주인이 사는 진열장처럼 장식되고 지나치게 깨끗이 청
A 42 소된 방 — 에 대한 취향이 그러하다. 희귀한 모든 것 — 에픽테토스의 등잔,[26] 칼 12세의 장갑[27] 그리고 어떤 면에선 동전수집도 여기에 속한다 — 에 대한 취향도 있다. 희귀한 것 외에는 내적인 가치가 별로 없다 하더라도 말이다. 이런 취향의 사람들은 학문 영역에서는 지나치게 골똘히 생각하는 자나 망상가일 테지만, 도덕 영역에서는 자유로운 방식으로 아름답거나 고상한 모든 것에 대해 감정이 없으리라는 강한 의심을 받는다.

우리를 감동시키거나 매혹하는 것의 가치와 아름다움을 통찰하지 못하는 사람을 두고 그가 그것을 이해하지 못한다는 식으로 우리가 그를 질책한다면, 우리는 서로에게 부당한 일을 하는 것이다. 여기서 지성이 무엇을 통찰하는지는 그다지 중요하지 않다. 오히려 감정이 무엇을 느끼는지가 중요하다. 영혼의 능력들은 아주 밀접하게 연관되어 있어서 우리는 대개 느낌의 현상으로부터 통찰의 재능을 미루어 짐작할 수 있다. 왜냐하면 상당히 뛰어난 지성을 지닌 사람에게 진정

으로 고귀한 것이나 아름다운 것에 대한 강렬한 느낌—이것은 저
마음의 재능[지성]을 제대로 그리고 거듭해서 사용하도록 하는 동기 A 43
임이 틀림없다—이 동시에 있지 않다면, 그 사람에게 지성의 재능
은 헛되이 부여되었겠기 때문이다.*

우리의 훨씬 조야한 느낌을 만족시킬 수 있는 것, 우리에게 풍요 II 226
로운 음식을 마련할 수 있는 것, 의복이나 세간살이에 드는 비용뿐
만 아니라 연회 경비를 마련해줄 수 있는 것을 두고 유용하다고 일컫
는 것은 어떻든 관례적이다. 비록 왜 나의 가장 활기에 넘치는 감정
이 언제라도 환영하는 모든 것을 유용한 것에 넣어서는 안 되는지 그
까닭을 나는 알지 못하지만 말이다. 하지만 이런 바탕에서 모든 것
을 받아들이더라도, 사욕에 사로잡힌 사람은 우리가 훨씬 세련된 취 A 44
향에 관해 결코 논쟁을 벌이지 말아야 할 사람이다. 이런 관점에서는
당연히 닭이 앵무새보다 훨씬 더 낫고, 냄비가 도자기보다 더 쓸모
있으며, 세상의 영리한 사람은 몽땅 농부의 가치에 필적하지 못한다.
또 항성 사이의 거리를 밝혀내려는 노력도 어떻게 쟁기를 가장 유익
한 방식으로 끌 수 있을지에 모두의 의견이 일치하게 될 때까지는 멈
출 수 있다. 그렇지만 감정은 전혀 일치할 수 없기에 서로 일치하는
느낌에 도달하는 것이 불가능한데도 그런 논쟁에 끼어든다는 건 얼
마나 어리석은 짓인가. 그렇다고 해도 가장 천박하고 저속한 느낌이

---

* 우리는 감정의 섬세함이 어떤 사람에게는 공적(功績)으로 간주된다는 사실을 안다. 어떤 사람이 고기나 케이크로 훌륭하게 식사할 수 있으며 마찬가지로 비할 데 없이 편안하게 잠을 자는 것을 두고 우리는 그의 위가 튼튼한 증거라고 해석하지, 그의 공적이라고는 해석하지 않을 것이다. 이에 반해 식사 시간 일부분을 음악 감상에 할애하거나 그림을 그리면서 쾌적하게 기분을 전환할 수 있거나 문학적으로 보잘것없다 하더라도 재치 있는 것을 즐겨 읽는 사람은 거의 모든 사람이 보기에 훨씬 세련된 사람의 품위를 갖추고 있는바, 그런 사람에 대해 우리는 훨씬 호의적이고 찬양할 만하다고 생각한다.

드는 사람도 알 수 있는 것은 우리가 가장 불필요해 보이는 삶의 자
극과 쾌적함에 가장 많이 세심함을 기울인다는 사실이다. 또 만일 우
리가 그런 삶을 배제하려고 하면 우리에게 그토록 갖가지 노력을 기
울일 동기가 별로 없으리라는 사실이다. 마찬가지로 도덕적 행위가
사욕에서 멀어질수록, 그리고 이런 행동에서 고상한 충동이 두드러
질수록, 도덕적 행위가 다른 사람을 조금이라도 더 감동시킨다는 것
을 느끼지 못할 정도로 무딘 사람은 아무도 없다.

A 45 인간의 고상하면서도 유약한 측면을 번갈아 알아챌 때, 나는 [양
측면의] 이런 뚜렷한 대조가 인간 본성 전체에 관한 위대한 그림을
감동적인 형태로 그려낼 관점을 취할 능력이 없음을 자신에게 환기
II 227 시킨다. 그 그림은 위대한 자연의 기획에 속하는 한, 나는 이 기이한
배치[대조되는 인간의 두 측면]가 [자연의 기획을] 고상하게 표현하
는 것에 지나지 않을 수 있다는 데에 기꺼이 만족하기 때문이다. 비
록 이 배치를 이런 관련성에서 조망하기에는 우리가 너무 근시안적
이라 할지라도 말이다. 그렇지만 이 점을 어렴풋이나마 일별하기 위
해 나는 다음을 덧붙일 수 있다고 생각한다. 사람들 가운데 원칙에 따
라 행동하는 사람은 아주 적은데, 이는 극도로 좋다. 왜냐하면 우리가
이 원칙에서 헤매면 거기서 생겨나는 손실이, 그 원칙이 일반적일수
록 그리고 원칙을 마음에 품은 사람이 확고부동할수록, 그만큼 더 널
리 미치는 일은 아주 쉽게 일어날 수 있기 때문이다. 선량한 충동에서
행동하는 사람이 훨씬 더 많은데, 이는 대단히 훌륭하다. 비록 [선량
한 충동에서 하는 행동] 하나하나를 그 사람의 특별한 공적으로 평
A 46 가할 수는 없다 하더라도 말이다, 왜냐하면 때때로 이런 유덕한 본능
이 잘못할 때도 있지만, 대체로 동물 세계를 규칙적으로 움직이게 하
는 나머지 본능과 마찬가지로 자연의 위대한 의도를 충실히 수행하
기 때문이다. 자기 노력의 유일한 초점으로서 가장 사랑스러운 자신

을 고집스럽게 주시하며 모든 것을 사욕이라는 거대한 축을 중심으로 움직이게 하는 사람이 대다수인데, 이보다 더 득이 되는 것은 있을 수 없다. 이들이 가장 부지런하고 규칙적이며 신중하기 때문이다. 또 이들은 의도치 않게 공익적 사람이 되어 생필품을 조달하며 훨씬 섬세한 영혼이 아름다움과 바른 행실을 퍼뜨릴 수 있는 토대를 마련해 줌으로써 전체를 유지하고 안정시켜주기 때문이다. 마지막으로 정도가 다르긴 해도 명예심은 모든 인간의 마음에 널리 유포되어 있는데, 이는 감탄할 정도로 매혹적인 아름다움을 전체에 틀림없이 부여한다. 명예욕이 어리석은 망상이라 할지라도 나머지 경향성이 따르도록 하는 규칙이 되는 한, 그것은 부수하는 충동으로서 아주 훌륭하기 때문이다. 각자는 큰 무대에서 자신의 지배적 경향성에 따라 행동 A 47
을 추구하는 동안에 역시 자기 행동의 품위, 말하자면 자기 행동이 어떻게 보이며 관객 눈에는 어떻게 비치는지를 판단하기 위해 마음속에서 자기 밖의 관점을 취하려는 은밀한 동기를 통해 움직이기 때문이다. 이렇게 해서 다양한 집단은 화려하게 묘사된 그림 속에서 서로 결합하고, 그 그림은 통일성이 많은 다양성의 한가운데서 밝게 빛나며, 도덕적인 본성 전체는 아름다움과 존엄 자체를 보여준다.

Ⅱ 228

제3절
여성과 남성의 대립관계에서 숭고함과 아름다움의 차이에 관하여

여성을 아름다운 성이라는 명칭으로 파악했던 사람은 어쩌면 환심 사려는 말을 하려고 했을 수도 있다. 하지만 그는 스스로 믿었던 것
A 48 보다도 훨씬 더 적절하게 들어맞았다. 왜냐하면 특히 여성 마음씨에는 여성을 우리[남성]와 명확하게 구분해주며 주로 여성을 아름다움이란 특징을 통해 알아보기 쉽도록 하는 결과를 초래하는 고유한 특성이 있기 때문이다. 이는 남성보다 여성의 태도가 대체로 훨씬 세련되고, 여성의 성향이 더 부드럽고 온화할뿐더러 친절이나 농담 혹은 붙임성을 표현할 때에 여성의 표정이 더 의미심장하고 훨씬 마음을 끈다는 점을 고려하지 않더라도 그러하다. 또 여성이 우리[남성]의 열정을 자기에게 유리한 판단으로 이끄는 은밀한 매력을 덜어내야 함을 잊지 않더라도 그러하다. 다른 한편으로 우리[남성]는 흔히 고상한 성이라는 명칭을 요구할 수 있겠다. 존칭을 거절하고 그것을 부여받기보다는 오히려 부여하는 것이 고상한 성에 요구되지 않는다면 말이다. 이것이 뜻하는 바는 여성에게는 고상한 특성이 없다거나 남성에게는 아름다움의 특성이 완전히 결여되어 있을 수밖에 없다는 것이 아니다. 오히려 우리가 기대하는 바는 여성에 관한 모든 다른 특성이 결합하여 본래 [모든 특성의] 연관 지점인 아름다움의 특

성을 돋보이게 해야만 하고, 반대로 남성의 특성 가운데 숭고함이 그 A 49
성의 특징으로 부각하는 식으로 각각의 성이 두 특성을 결합하는 것
이다. 바로 이 점에 두 성에 대한 판단 — 칭찬하는 판단뿐 아니라 비
난하는 판단 — 모두는 관계할 수밖에 없고, 모든 교육과 가르침은
이 점을 꼭 염두에 두어야 하며, 여성이나 남성의 도덕적 완전성을
증진하려는 모든 노력도 마찬가지다. 만약 우리가 자연이 양성 사이
에 행하고자 했던 매력적인 차이를 식별할 수 없게 하고 싶지 않다면
말이다. 우리가 인간을 마주 보고 있다고 생각하는 것만으로는 충분
하지 않으며, 동시에 이러한 인간이 동일하지 않다는 사실을 등한시
해서는 안 되기 때문이다.

여성에게는 아름답고 우아하며 치장된 모든 것에 대해 천부적이 II 229
고 매우 뛰어난 감정이 있다. 여성은 이미 어린 시절부터 잘 차려입
기를 좋아하고 자기를 예쁘게 꾸몄을 때 마음에 들어 한다. 여성은
깨끗한 것을 좋아하고 혐오를 불러일으키는 모든 것에 매우 민감하
다. 여성은 농담을 좋아하며, 유쾌하고 웃음을 불러일으키는 것이기
만 하면 사소한 일로도 즐길 수 있다. 여성은 아주 일찍부터 정숙한 A 50
태도를 취하고 몸가짐을 점잖게 하는 법을 알고 있으며 침착하다. 또
잘 교육받은 청년이 아직 제어하기 어렵고, 무례하며 어찌할 바를 몰
라 하는 때에도 같은 나이의 여성은 그러하다. 여성에게는 상당한 동정심, 선량함 그리고 연민이 있으며, 유용함보다는 아름다움을 더 선호하고, 샹들리에와 장식품의 구입경비를 대기 위해 생활비의 여분을 기꺼이 절약한다. 여성은 매우 사소한 모욕에도 아주 상처를 잘 받고 자기를 향한 주목과 존경이 조금만 없어도 알아차릴 만큼 극도로 예민하다. 간단히 말해, 여성은 인간 본성에서 아름다운 특성이 고상한 특성과 현저하게 대조되는 주된 근거를 지니고 있으며 남성조차도 세련되게 한다.

내가 여성적 특성과 유사한 한에서 남성적 특성을 열거하고 양자
의 대조만을 고찰하는 일에 여러분이 만족했으면 좋겠다. 아름다운
성[여성]은 남성과 마찬가지로 지성을 갖추고 있다. 그것은 다만 아
A 51 름다운 지성이고, 남성의 것은 심오한 지성 — 이는 숭고함과 동일함
을 뜻하는 표현이다 — 이어야 한다.

특히 행위가 경쾌함을 나타내며 고통스러운 노고 없이도 성취되
는 듯이 보인다는 것은 모든 행위의 아름다움에 속한다. 이에 반해
진력하여 어려움을 극복해내는 행위는 경탄을 자아내며, [이는] 숭
고함에 속한다. 깊은 숙고와 오랫동안 지속된 고찰은 고상하나 고되
며, 자연스러운 매력이 아름다운 본성을 드러낼 뿐인 사람에게는 그
다지 어울리지 않는다. 힘들여 배우기나 꼼꼼하게 궁리하기는 여성
을 발전시켜야 함에도 그 성에서 고유한 장점들을 제거하고 [그 때
문에 장점들은] 매우 드물게 되므로 여성을 냉담한 감탄의 대상으
로 만들 수는 있다. 하지만 동시에 힘들여 배우기나 꼼꼼하게 궁리하
기는 그것이 다른 성[남성]에게 대단한 위력을 미치게끔 하는 매력
을 약화시킬 것이다. 다시에 부인[28]처럼 그리스적 정신으로 가득 차
II 230 있거나 샤틀레[29]처럼 기계론에 관한 근본적인 논쟁을 이끌었던 여성
은 적어도 수염을 길렀는지도 모를 일이다. 수염이야말로 어쩌면 이
A 52 들이 얻으려고 애쓴 명민한 외모를 더욱 알아보기 쉽게 드러내주겠
기 때문이다. 아름다운 지성은 훨씬 세련된 감정과 유사한 모든 것
을 자기 대상으로 선택하고 유용하나 무미건조한 추상적 사변이나
인식을 부지런하고 철저하며 심오한 지성에 양도한다. 그러므로 여
성은 전혀 기하학을 배우지 않을 테고, 충족이유율이나 모나드에 대
해서는 남성 가운데 천박하게 골똘히 생각하는 자를 편력한 풍자시
에서[30] 그것을 알아차리는 데 필요한 만큼만 알게 될 것이다. 아름다
운 사람[여성]들은 설령 점잖은 퐁트넬[31]이 유성(遊星) 아래서 그들

의 상대가 되어주고자 하더라도 그들은 전혀 개의치 않은 채 데카르
트가 그의 소용돌이[32]를 항상 회전시키도록 할 수 있다. 또 여성이 알
가로티[33]가 뉴턴을 좇아 조잡한 물질의 인력에 관해 최대한 잘 설명
하려고 노력했던 모든 것에 대해 아무것도 알지 못한다 할지라도 여
성의 매력이 지닌 인력은 그 위력을 전혀 잃지 않는다. 여성은 역사
학에서 전쟁으로 머리를 가득 채우지도 않을 테고, 지리학에서 요새
로 머리를 가득 채우지도 않을 것이다. 사향 냄새를 맡아야 하는 일 A 53
이 남성에게 어울리지 않는 것만큼이나 화약 냄새를 맡아야 하는 일
은 여성에게 어울리지 않기 때문이다.

아름다운 성[여성]으로 하여금 전도된 취향을 갖게끔 현혹하려는
것은 남성의 사악한 간계처럼 보인다. 왜냐하면 여성의 자연스러운
매력과 관련해서 남성은 자신의 약점, 곧 가장 난해한 학문적 문제보
다 한 번의 음흉한 눈길이 자기를 더 당황스럽게 만든다는 사실을 잘
알고 있어서 여성이 전도된 취향에 빠지자마자 남성은 자기가 단연
코 우월하며 허영심이라는 자신의 약점을 아주 너그러운 관대함으
로 해명하는, 평상시에는 점하기 힘들었을 유리한 지위에 있다고 여
기기 때문이다. 여성에게 위대한 학문의 내용은 인간, 그중에서도 남
성이다. 여성의 철학은 궤변이 아니라 느낌이다. 여성에게 그의 아름
다운 본성을 도야할 기회를 주려고 할 경우에 사람들은 항상 이 관계
를 염두에 두어야 한다. 사람들은 여성의 기억력을 확장하는 것이 아
니라 모든 도덕적 감정을 확장하도록 애써야 할 것이다. 그것도 일반
적 규칙이 아니라 여성이 자기 주위에서 보는 행동에 관한 몇몇 판단 A 54
을 통해서 그렇게 해야 할 것이다. [이와 관련해서] 아름다운 성[여
성]이 세상일에 미쳤던 영향력을 들여다보기 위해 사람들이 다른 시
대에서 차용한 예들—여성이 다른 시대나 다른 나라에서 남성에 대
립했던 다양한 관계, 이로써 해명할 수 있는 한에서 두 성의 특성 그 II 231

리고 만족감에 대한 가변적 취향—은 여성의 역사와 지형도를 망라한다. 세계 전체나 세상에서 중요한 지역들을 표시한 지도를 바라보는 것이 여성을 즐겁게 한다는 것은 아름답다. 이것이 일어나는 것은 사람들이 오직 지도에 거주하는 민족들의 다양한 특성, 이들 민족이 지닌 취향과 도덕 감정의 차이—특히 이 차이가 양성관계에 미치는 영향과 관련해서—를 풍토의 차이와 민족들의 자유나 노예 상태를 담은 약간의 쉬운 설명을 곁들여 묘사하려는 의도에서만 지도를 [여성에게] 제시하는 때다. 여성이 이들 나라의 특정 지역, 나라별 산업과 병력 그리고 통치자를 아는지 모르는지는 거의 중요하지 않다. 마
A 55 찬가지로 더 많은 세상이 있고 거기서 아름다운 피조물을 더 많이 만날 수 있음을 여성이 어느 정도 알고 있다면, 아름다운 저녁에 하늘 바라보기가 여성을 감동시키는 데 필요한 정도보다 우주에 관해 더는 알아야 할 필요가 없을 것이다. 예술이 아니라 느낌을 드러내는 한에서 회화와 음악에 관한 감정은 모두 여성의 취향을 세련되게 하거나 고양하며 언제나 도덕적 감동과 어느 정도 관련이 있다. 결코 냉정하고 사변적인 가르침이 아니라 언제나 느낌, 그것도 가능한 한 여성성에 가까이 근접해 있는 느낌이 그러하다. 이런 가르침은 재능, 노련 그리고 감정으로 가득 찬 마음을 요구하기 때문에 흔치 않으며, 여성은 이런 가르침이 없어도 대체로 자연스럽게 잘 성숙할 수 있듯이 다른 가르침이 없어도 잘 지낼 수 있다.

A 56 여성의 덕은 아름다운 덕이다.* 남성의 덕은 고상한 덕이어야 한다. 악은 그릇되어서가 아니라 추하기 때문에 덕은 악을 피할 것이다. 또 여성에게 유덕한 행위는 도덕적으로 아름다운 것을 의미한다. 당위,

---

* 앞선 A 24[Ⅱ 217]에서 나는 이것을 엄밀한 판단에서 입양된 덕이라 불렀다. 그것은 성의 특성을 위해서 유리한 정당성을 얻을 가치가 있기 때문에 여기서는 일반적으로 아름다운 덕이라고 한다.

강제, 의무 중 그 무엇도 그렇지 못하다. 여성은 명령과 퉁명스러운
강제 모두를 견디기 어려워한다. 여성이 어떤 일을 하는 까닭은 단 II 232
지 그것이 마음에 들기 때문이다. [따라서] 단지 선한 것만을 여성의
마음에 들게 하는 것이 비결이다. 원칙[의 역량]은 남성에게도 지극
히 드문 까닭에 나는 아름다운 성[여성]에게 원칙의 역량이 있다고
거의 믿지 않는다. 이 때문에 [여성이] 불쾌하게 여기지 않기를 바란
다. 하지만 이에 대해 [자연의] 섭리는 이미 여성의 가슴에 선량하고
호의적인 느낌, 품위에 관한 세련된 감정 그리고 호감을 주는 영혼을
심어두었다. 여성에게 희생과 관대한 자기강제를 요구하지 않아야
한다. 한 남자가 친구를 위해서 자기 재산 일부를 위험에 빠뜨릴 때,
그는 이를 자기 아내에게 결코 말해서는 안 된다. 무엇 때문에 그 혼
자만이 간직해야 할 중요한 비밀로 아내 마음을 괴롭혀 그녀의 쾌활
한 수다스러움을 꽁꽁 묶어야 할까? 여성의 많은 약점조차 아름다운
결점이라고 말할 수 있다. 모욕감이나 불운은 여성의 민감한 영혼을 A 57
비애에 젖게 한다. 남자는 관대한 눈물만 흘려야 한다. 그가 고통스
럽거나 행복해서 잊어버리고서 흘리는 눈물은 그를 경멸스럽게 만
든다. 우리가 아름다운 성[여성]에게 다양한 방식으로 비난하는 허영
심이 그의 결점이라면, 그것은 아름다운 결점일 뿐이다. 왜냐하면 여
성에게 아주 기꺼이 알랑거리는 남자는 그 여성이 자기의 알랑거림
을 좋게 받아들이지 않는 경향이 있다면 불쾌해하리란 점은 말할 것
도 없을 텐데, 실제로 이런 점 때문에 여성은 자기 매력에 활기를 주
기 때문이다. 이러한 경향성은 안락함과 좋은 태도를 보여주고 여성
의 쾌활한 재치가 발동하게끔 하는 동기이며, 마찬가지로 변덕스럽
게 고안한 치장으로 드러내고 자신의 아름다움을 돋보이게 하는 동
기다. 게다가 이런 일에는 타인에게 모욕을 주는 그 어떤 것도 없다.
오히려 그런 일이 좋은 취향으로 이루어질 경우, 대단히 점잖은 짓이

어서 이를 짜증 섞인 비난으로 욕하는 일은 매우 불손한 짓이다. 이런 일에서 너무 변덕스럽고도 기만적인 여성은 바보로 불린다. 그렇
A 58 지만 이 표현에는 어미를 변화시켜 남성에게 사용된 것만큼[34] 그렇게 엄격한 의미가 담겨 있지는 않아서 사람들이 서로 이해하기만 한다면 이 표현은 때로는 허물없는 아첨을 나타낼 수 있다. 허영심이 여성에서는 상당히 용서받을 만한 결점이라면, 그 오만한 본성은 사람 대부분에서처럼 여성에게서도 비난받아 마땅할 뿐만 아니라 여성의 성적 특성을 완전히 훼손하기도 한다. 이 특성[오만함]은 전적으로 어리석고 추하며 사람의 마음을 끄는 겸손한 매력에 반대되기 때문이다. 그런 여성은 점잖지 못한 위치에 있게 된다. 그런 여성은
II 233 아무런 관용 없이 신랄하게 평가받는 것을 견뎌야 할 것이다. 존중해 달라고 집요하게 요구하는 자는 자기 주위의 모두에게 비난하라고 재촉하는 꼴이기 때문이다. 최소한의 결점이라도 발견하는 일은 모두를 정말 기쁘게 하며, 이때 바보라는 표현은 그 완곡한 의미를 잃는다. 우리는 항상 허영심과 오만함을 구별해야 한다. 허영심은 동의를 얻고자 애쓰며 그것이 진력하는 것들을 어느 정도 존중한다. 오만함은 이미 완전하게 동의를 받았다고 믿으며, 그 어떤 갈채도 얻으려 노력하지 않기 때문에 아무런 갈채도 얻지 못한다.

A 59 만약 남성이 보기에 허영심의 몇몇 요소가 여성을 전혀 보기 흉하게 만들지 않는다면, 이들 요소는 명백하면 명백할수록 아름다운 성[여성]을 서로 갈라지게 하는 데 이용된다. 이 경우에 여성은 서로 신랄하게 평가하는데, 그 까닭은 어떤 매력이 다른 매력을 덮어버리는 것처럼 보이고, 너무 주제넘게 남성의 마음을 유혹하려는 여성들은 실제로 진정한 의미에서 서로 친구가 되는 경우가 드물기 때문이다.

우스꽝스러움보다 숭고함 아래로 더 깊이 가라앉는 것은 아무것도 없듯이, 혐오보다 아름다움에 더 반대되는 것은 아무것도 없다.

따라서 바보로 불리는 것만큼 남성에게 더 민감한 모욕은 없으며, 역겹다고 불리는 것만큼 여성에게 더 민감한 모욕도 없다. 영국 잡지 『관객』[35]은 남성에게 거짓말쟁이라는 비난만큼 모욕적인 것은 없으며, 순결하지 못하다는 비난만큼 여성에게 혹독한 것은 없다고 주장한다. 도덕의 엄격함에 따라 판정하는 한에서 나는 이런 주장에 그 나름 가치를 인정하고자 한다. 하지만 여기서 문제는 무엇이 그 자체로 가장 큰 비난을 받을 만한가가 아니라, 실제로 무엇을 가장 고통 A 60
스럽게 느끼는가이다. 또 내가 모든 독자에게 묻는 바도 독자 여러분이 이런 경우에 처해 있다고 생각해본다면, 여러분이 내 의견에 찬성할지 아닌지 하는 점이다. 처녀 랑클로[36]는 순결에 대한 최소한의 명예도 요구하지 않았음에도 그녀의 애인 가운데 한 사람이 그것까지 [그녀를] 비난했다고 한다면, 아마 그녀는 용서하기 힘든 모욕을 받게 될 터다. 또 우리는 루크레티아[37]를 떠올리고 싶어 하지 않았던 여왕에게 모욕적 언사 때문에 겪었던 모날데쉬[38]의 잔혹한 운명을 알고 있다. 설령 우리가 원한다 할지라도 결코 악을 저지를 수 없다는 것은 참아내기 어려운 일이다. 그 경우에 악을 행하지 않는 것은 항상 매우 애매한 덕일 뿐이기 때문이다.

이런 역겨움을 가능한 한 멀리하려면 순수성이 필요하다. 그것은 II 234
모든 사람에게 잘 어울리고 아름다운 성[여성]에게는 최상의 덕에 속한다. 그렇더라도 여성이 순수성을 너무 높이 끌어올리기란 어렵다. 남성들도 순수성이 때로는 지나치게 솟구쳐서 어리석게 되니 말이다.

수치심이란 매우 제어하기 어려운 경향성에 경계를 설정하는 본성 A 61
의 비밀이다. 또 수치심은 본성의 외침을 지니기 때문에 설령 과도하더라도 항상 선한 도덕적 특성과 조화를 이루는 것처럼 보인다. 그래서 수치심은 원칙의 보충으로서 몹시 필요하다. 여기서처럼 경향성이 그렇게 쉽사리 소피스테스가 되어 마음에 드는 원칙을 요리조리 궁리해내는 경우란 전혀 없기 때문이다. 하지만 수치심은 동시에 본성의 가장 적합하면서도 필요한 목적 앞에 은밀한 장막을 치기 위해서도 사용된다. 이는 충동의 궁극의도—여기에 인간 본성의 가장 섬세하면서도 생기 있는 경향성이 접목되어 있다—와 관련해서 그 목적에 대한 아주 조야한 앎이 혐오감이나 적어도 무관심을 유발하지 않도록 하기 위함이다. 이 특성은 특히 아름다운 성[여성]에게 고유하며 아주 적절하다. 사람들이 음담이라고 하는 상스러운 농담으로 여성의 예민한 정숙함을 난처하게 하거나 불쾌하게 만드는 서툴고 경멸스러운 무례함도 있다. 그렇지만 사람들이 원하는 만큼 비밀
A 62 주위를 맴돈다 하더라도, 성적 경향성은 결국 모든 다른 매력의 근간을 이루고, 여성은 언제나 여성으로서 정중하게 담소할 수 있는 기분 좋은 상대다. 이런 까닭에 우리는 왜 보통은 점잖은 남성이 때로 실례를 무릅쓰고 농담이라는 사소한 장난으로 사람들이 자신을 단정치 못하다거나 익살맞다고 할 미묘한 암시를 내비치는지를 설명할 수도 있겠다. 또 이때 남성은 엿보는 시선으로 모욕을 준다거나 존경심을 훼손한다고 생각하지도 않기 때문에, 이런 일을 불쾌해하거나 냉담한 기색으로 받아들이는 사람을 명망에 얽매인 여자라고 하는 건 정당하다고 믿는다. 내가 이 점을 언급한 까닭은 단지 이것이 일반적으로 아름다운 교제에 대한 다소 일상적이지 않은 특성으로 간주되며 또 실제로도 오래전부터 이에 대해 많은 재담이 남발되었기 때문이다. 하지만 내가 아름다움의 느낌에서 단지 현상만을 고찰하고 설명할 수밖에 없는 까닭에 도덕적 엄격함에 따른 판단 문제는 여기에 속하지 않는다.

A 63; II 235 여성의 고상한 특성은 우리가 이미 말했던 것처럼, 아름다움의 감정을 드러낼 수밖에 없으며 다름 아닌 위대한 우수성에서 보이는 고

상한 단순성과 소박성의 일종인 겸손으로만 가장 명확하고 확실하게 드러난다. 이런 특성에서 타인에 대한 차분한 자비와 존경은 두드러지게 빛을 발하고 동시에 숭고한 마음씨에서 언제나 발견할 수 있는, 자기 자신에 대한 어떤 고상한 신뢰 그리고 적절한 자기 존중과 결합되어 있다. 이런 세련된 결합은 매력으로 마음을 끌면서도 존경으로 감동을 주기 때문에 비난하고 조롱하는 경솔함에 맞서 나머지 어슴푸레한 특성 전체를 온전하게 보전해준다. 이러한 마음씨를 지닌 사람에게는 우정을 향한 마음이 있는데, 이 마음은 여성에게서 결코 충분히 높이 평가받지 못할 수 있다. 이런 마음은 아주 드물면서도 동시에 지나치게 매력적임이 틀림없기 때문이다.

우리 의도는 느낌에 관해 판단하는 일이므로, 아름다운 성[여성]의 태도와 얼굴 생김새가 남성에게 주는 다양한 인상을 가능한 한 개념적으로 파악하는 것이 그리 비위에 거슬리는 일은 아닐 수 있다.
이런 완전한 마력은 근본적으로 성적 충동을 넘어 널리 퍼져 있다.
본성은 자신의 위대한 의도를 따른다. [본성에] 추가로 덧붙여진 모 A 64
든 섬세함은 그것이 얼마만큼 본성에서 멀리 떨어져 있든지 간에, 단지 장식일 뿐이고 결국 동일한 원천에서 매력을 빌려온다. 언제나 이런 충동에 아주 가까이 있는 건전하고 투박한 취향은 여성의 태도나 얼굴 생김새, 눈 등등이 지닌 매력 때문에 거의 동요되지 않는다. 그런 취향은 단지 성에만 관계하기에 대부분 다른 것의 섬세한 감각을 공허한 유희로 간주한다.

이 취향이 세련되지 않다 하더라도 그 때문에 경멸되어서는 안 된다. 사람 태반은 이 취향을 매개로 본성의 위대한 질서를 아주 단순
하고 확실한 방식으로 따르기 때문이다.* 이 취향 때문에 혼인 대부 A 65

---

* 세상 모든 것에는 좋지 않은 측면이 있듯이, 이 취향에서 오직 유감스러운

II 236 분이, 그것도 가장 근면한 인간들의 혼인이 실현된다. 또 남자는 매혹하는 표정, 갈망하는 눈, 고상한 태도 등등으로 머릿속이 가득 차 있지 않을뿐더러 이 모든 것을 전혀 이해하지도 못하기 때문에, 그는 검소한 미덕, 절약 등등과 혼인 지참금에 한층 더 관심을 기울인다. 훨씬 세련된 취향에 관해 보면, 그 때문에 여성의 외적 매력을 구별하는 것이 필요할 수도 있겠는데, 이런 취향은 자태와 얼굴 표정에서 **도덕적인** 무엇을 향하거나 아니면 **비도덕적인** 것을 향해 있다. 후자[도덕적인 무엇]와 같은 종류의 우아함과 관련해서 여성을 사람들은 **예쁘다고** 한다. 균형 잡힌 몸매, 조화로운 이목구비, 사랑스럽게 대조를 이룬 얼굴과 눈의 색깔, 꽃다발에도 어울리며 냉정한 갈채를 받는 순수한 아름다움이 이런 것이다. 얼굴 그 자체는 예쁘다 해도 아무것도 말해주지 않고, 진심을 말하지 않는다. 이목구비, 눈길 그리고 표정에서 풍기는 도덕적 표현에 관해 보면, 그것은 숭고함의 감정이나
A 66 아름다움의 감정에 관계한다. 자신의 성에 어울리는 우아함이 무엇보다 숭고함의 도덕적 표현을 잘 두드러지게 하는 여성은 본래적 의미에서 **아름답다고** 한다. 도덕적 표시가, 그것을 얼굴 표정이나 인상에서 식별할 수 있는 한에서, 아름다움의 특성을 예고해주는 여성은 **우아하다.** 이런 것이 더욱 두드러진다면 그 여성은 **매력적이다.** 첫째 여성[아름다운 여성]은 태연한 표정과 고상한 태도 속에서 아름다운 지성의 미광(微光)을 겸손한 눈길로 발한다. 또 그녀 얼굴에서는 정겨운 감정과 선량한 마음씨가 드러나기 때문에, 이 여성은 남성 마음의 경향성뿐만 아니라 존경심을 장악한다. 둘째 여성[우아한 여성]은 웃는 눈에서는 쾌활함과 재기를, 또 다소 세련된 장난, 익살스러

것은 이것이 다른 취향보다 더 쉽게 방종으로 변질한다는 점이다. 한 사람이 피운 불은 누구든 다른 사람이 다시 끌 수 있으므로, 제어하기 힘든 경향성을 제한할 수 있을 만한 어려움이 거기에 충분하지 않기 때문이다.

운 농담과 장난기 서린 수줍음을 보여준다. 첫째 여성이 감동을 준다
면, 둘째 여성은 매력적이다. 그녀가 능히 할 수 있고 다른 이들에게
불어넣는 사랑의 감정은 변덕스럽지만 아름답다. 반면에 첫째 여성
이 지닌 느낌은 정겹고 존경심과 결부되어 있으며 지속적이다. 나는
이런 식으로 너무 자세하게 해부하고 싶지는 않다. 그런 경우 항상 A 67
저자가 자신의 고유한 경향성을 그리는 것처럼 보일 테니까 말이다.
그럼에도 나는 많은 여성이 건강하나 창백한 안색에서 발견하는 취
향을 여기에서 이해할 수 있음을 언급하려 한다. 왜냐하면 이런 안색
은 대개 훨씬 내적인 감정과 숭고함의 특성에 속하는 정겨운 느낌을
지닌 마음씨를 동반하는 반면, 발그스름하고 생기발랄한 안색은 앞 II 237
선 마음씨에 대해서는 훨씬 적게, 하지만 즐겁고 쾌활한 마음씨에 대
해서는 더 많이 알려주기 때문이다. 그렇지만 매혹하고 유혹하는 일
보다 감동시키고 마음을 사로잡는 일이 허영심에 더 적합하다. 그와
반대로 아무런 도덕적 감정도 없고 느낌을 가리키는 표정이 조금도
없는 사람은 아주 예쁠 수 있으나 감동을 주지도 못할 테고 매혹하지
도 못할 것이다. 만약 우리가 앞서 언급했던, 때때로 무엇인가를 세
련되게 한 다음 자기 방식대로 선택하는 투박한 취향이 아니라면 말
이다. 이러한 아름다운 피조물이 거울에 비친 아름다운 모습을 자각 A 68
함으로써 그리고 훨씬 섬세한 느낌의 결여 때문에 오만함의 과오에
쉽게 빠진다는 점은 좋지 못하다. 이런 아름다운 피조물은 의도를 품
고선 음모를 꾸미는 아첨꾼을 제외한 모두를 자신에 대해 냉담하게
만들기 때문이다.

이런 개념들에 비추어 우리는 어쩌면 동일한 여성의 자태가 남성
의 취향에 미치는 다양한 영향에 관해 조금은 이해할 수 있다. 나는
이러한 인상들에서 성적 충동과 매우 밀접하게 연관되어 있는 것과
각기 느낌이 표현되는, 특별히 음탕한 망상과 일치할 수도 있는 것을

다루지 않는다. 그런 것은 훨씬 세련된 취향의 영역 밖에 있기 때문
이다. 또 어쩌면 폰 뷔퐁이[39] 다음과 같이 추측한 것이 옳을 수도 있
겠다. 이 [성적] 충동이 아직 새롭고 전개하기 시작할 즈음에 첫인상
을 형성하는 자태는 미래에 모든 여성적 형성이 어느 정도 나아가야
할 원형으로 남으며, 이런 형상은 비현실적인 동경을 불러일으킬 수
있기에 한 성의 다양한 대상 중에서 상당히 조야한 경향성을 부득이
A 69 하게 선택하게끔 된다는 추측 말이다. [이제] 훨씬 세련된 취향에 대
한 내 주장은 다음과 같다. 많은 남성은 우리가 예쁜 자태라 했던 아
름다움의 종류를 상당히 한결같은 방식으로 판단하며, 또 그것에 관
한 견해도 사람들이 일반적으로 간주하는 것과 그리 다르지 않다고
말이다. 체르케스와 조지아[40] 땅을 여행한 모든 유럽인은 그곳에 사는
처녀들을 항상 아주 예쁘다고 생각해왔다. 터키인, 아랍인 그리고 페
르시아인은 이 취향에 대해 같은 의견임이 틀림없다. 이들은 자기 민
족을 그런 세련된 혈통으로 미화하기를 열망하기 때문이다. 또 사람
들도 페르시아 종족이 실제로 이런 일을 잘해냈음도 알아챘다. 마찬
II 238 가지로 힌두스탄[41] 상인은 그토록 아름다운 피조물[여성]을 자기 나
라의 구미가 까다로운 부자에게 중매함으로써 여성을 통한 사악한
거래에서 상당한 이득을 챙기는 일에 노력을 아끼지 않는다. 아무리
취향의 완고함이 세계의 다양한 지역에서 매우 다를 수 있을지라도,
이들 지역 가운데 어느 한 지역에서 특히 예쁘다고 인정된 것은 나머
지 다른 지역에서도 그렇다고 여겨진다는 점을 우리는 알고 있다. 하
A 70 지만 이목구비에서 도덕적인 것이 세련된 자태에 대한 판단에 혼합
되는 경우에, 여러 남성에게서 나타나는 취향은 매우 다르다. 이는
이들의 도덕적 감정 자체가 상이할 뿐 아니라 얼굴 표정이 각 남성의
망상에서 갖게 될지도 모를 의미도 상이하기 때문에 그러하다. 우리
는 결정적으로 예쁘지 않아서 첫눈에 특별한 영향을 줄 수 없는 형상

도 대개 좀더 가까이 알게 되면서 마음에 들기 시작하자마자 훨씬 더
마음을 끌고 지속적으로 더욱 아름다워지는 듯이 보인다는 점을 목
격한다. 이와 반대로 단번에 드러나는 예쁜 외모는 그 뒤에 훨씬 냉
담하게 지각된다. 이는 아마도 도덕적 매력이 명백해지는 경우, 이
매력이 더 강렬하게 마음을 사로잡는다는 사실에서 기인한다고 추
측된다. 왜냐하면 도덕적 매력은 오직 도덕적 느낌이 생길 때에만 효
력을 발하고 곧바로 발견될 수 있으되, 새로운 매력이 발견될 때마다
언제나 더 많은 매력을 짐작하게 하기 때문이다. [다시 말해] 모든 우
아함이 처음에 즉시 온전하게 영향을 미친 다음에도 전혀 은폐되지
않고서 이후에 마음을 빼앗긴 호기심을 진정시키고 점차 이를 무관 A 71
심에 이르게 하는 일만 할 수 있는 것 대신에 말이다.

이런 고찰 속에서 다음의 주석이 아주 자연스럽게 나온다. 성적 경
향성에서 정말 단순하고 조야한 감정은 본성의 위대한 목적으로 곧
장 이끌고 본성의 요구를 충족하면서 사람을 즉각 행복하게 만드는
데 적합하기는 하다. 하지만 그런 감정은 너무나 일반적이어서 쉽게
무절제와 방탕으로 변질한다. 다른 한편으로 아주 세련된 취향은 거
친 경향성에서 야만스러움을 없애는 역할을 하며 경향성을 아주 최
소한의 대상에만 제한함으로써 정숙하고 단정하게 만드는 데 도움
이 되기는 한다. 하지만 그런 경향성은 대개 본성의 위대한 궁극적
의도를 그르친다. 또 그런 경향성은 일반적으로 성취하는 것보다 더
많이 요구하거나 기대하므로 아주 섬세하게 느끼는 사람을 좀처럼
행복하게 만들지 못하는 것이 예사다. 첫째 마음씨는 성에 관한 모든
것으로 향하기 때문에 조야하다. 둘째 마음씨는 아무것으로도 향하 II 239
지 않고 오직 마음을 빼앗긴 경향성만이 생각 속에서 창작해서는 온 A 72
갖 고상하고 아름다운 특징으로 장식한 대상에만 열중하기 때문에
지나치게 꼼꼼하다. 자연은 이들 특성을 한 사람에게서 드물게 통합

할뿐더러 그것들을 소중히 여길 수 있고 어쩌면 소유하기에 걸맞은 사람에게 더욱더 드물게 제공하는데도 말이다. 그런 까닭에 결혼을 유예하고 결국에는 완전히 단념하는 일이 발생한다. 또는 사람들이 품었던 큰 기대를 전혀 충족하지 못했기에 선택을 후회하는, 아마 마찬가지로 좋지 않는 일이 일어난다. 이솝의 수탉이 때로는 진주를 발견하지만, 그에게는 평범한 한 톨의 보리 낟알이 훨씬 어울렸을 법하기 때문이다.

여기에서 우리는 일반적으로 다음을 깨달을 수 있다. 아무리 정겨운 감정이 주는 인상이 매력적이라 하더라도, 과도한 민감성 때문에 많은 불쾌감과 악의 원천에 대해 궤변을 늘어놓지 않으려 한다면, 우리가 감정을 세련되게 하는 일에 신중해야 할 만한 이유가 있다는 점
A 73 이다. 나는 고상한 영혼에게 그에 귀속하는 특성이나 그 스스로 행하는 행위와 관련해서 할 수 있는 것보다 더 많이 감정을 세련되게 하라고 제안하고 싶다. 반면에 향유하거나 다른 사람에게 기대하는 것과 관련해서는 취향을 단순하게 유지하라고 제안하고 싶다. 어떻게 이것을 성취할 수 있을지 내가 통찰하기만 한다면 말이다. 하지만 이것이 가능해진다면 아마도 영혼은 다른 사람을 행복하게 만들고 자기 자신도 행복해지리라. [여기서] 어떤 방식이든지 삶의 행복과 인간의 완전성에 대해서 너무 높은 요구를 해서는 안 된다는 점을 결코 간과하지 말아야 한다. 언제나 평균 정도만 기대하는 사람에게는 결과가 자신의 희망에서 벗어나는 일이 드문 반면, 때때로 별로 생각지도 않던 완전성이 그를 놀라게 하는 이점이 있기 때문이다.

아름다움의 거대한 파괴자인 노년은 마침내 이 모든 매력을 위협한다. 마땅히 자연 질서에 따라야 한다면, 숭고하고 고상한 특성이 점차 아름다움의 자리를 대신하여 사람이 쇠약해지는 만큼 그가 호의적이고 항상 더 커다란 존경을 받을 만하게 만들어야만 한다. 내

생각에 한창 나이의 아름다운 성[여성]이 지닌 온전한 완전성은 아
름다운 단순함에 있어야 하는데, [이때] 단순함은 매력적이고 고상 A 74
한 모든 것에서 느끼는 세련된 감정으로 고양된 것이다. 매력적인 것
에 대한 요구가 감소하는 만큼 점차 독서와 통찰력의 확대는 자기도 II 240
모르게 우아함의 빈자리를 뮤즈들로 바꾸어놓을 수 있을 테고, 남편
은 그 첫 스승이어야 한다. 모든 여성에게 그토록 끔찍한 노화하는
시기가 다가올지라도, 여성은 변함없이 아름다운 성에 속하며, 또 이
런 특성을 오래 유지하려는 일종의 절망 속에서 투덜거리고 침울한
기분에 자신을 내맡긴다면, 그녀 스스로 자기를 흉하게 만들게 된다.

예의 바르고 상냥한 존재로서 사교계에 참석하면서 쾌활하고 분
별 있는 방식으로 담소하기를 좋아하고 자기 자신은 끼지 못하나 젊
은이들의 오락을 품위 있게 북돋아주는 노부인. 나아가 모든 것을 보
살피기에 자기 주변에서 일어나는 즐거움에서 흡족함을 나타내는
노부인. 이런 노부인은 동년배 남자보다도 언제나 더 세련된 사람이
고 어쩌면, 비록 다른 의미에서이긴 하더라도, 소녀보다 더 사랑스럽 A 75
다. 물론 옛 철학자가 자기 경향성의 대상에 대해 다음과 같이 말하
면서 내세웠던 플라톤적 사랑은 다소 너무 신비로울 수 있겠다. "우
아함은 그녀의 주름살에 머무르고, 내가 그녀의 생기 잃은 입술에 키스할
때, 내 영혼은 내 입가를 떠다니는 것 같다네." 하지만 이런 기대는 그
뒤 단념될 수밖에 없다. 사랑에 빠져서 행동하는 늙은 남자는 기생오
라비고, 다른 성[여성]의 유사한 자만심도 그 경우에는 혐오스럽다.
우리가 품위 있는 태도로 등장하지 않는다면, 그것은 결코 본성 탓이
아니라 오히려 사람들이 본성을 거꾸로 만들려는 데에 있다.

내 글에 머물기 위해, 나는 감정을 아름답게 만들거나 고상하게 만
드는 데 한쪽 성이 다른 쪽 성에 미치는 영향에 관한 몇몇 고찰을 하
고자 한다. 여성에게는 아름다움—그것이 그 자신에게 귀속되는 한

에서 — 에 관한 탁월한 감정이 있지만, 고상함 — 그것이 남성에게
서 발견되는 한에서 — 에 관한 탁월한 감정도 있다. 이와 반대로 남
성에게는 그의 고유한 성격에 속하는 고상함에 관한 감정이 결정적
이지만, 아름다움 — 그것은 여성에게서 발견되는 한에서 — 에 관
A 76 한 감정도 결정적이다. 여기에서 자연의 목적이 성적 경향성으로 남
성을 한층 더 고상하게 만들고 여성을 더욱 아름답게 만드는 데에 향해
있다는 결론이 나올 수밖에 없다. 확실히 높은 통찰력을 지니지 못했
다는 점, 그리고 소심해서 중요한 업무가 부과되지 않는다는 점 등등
에 여성은 덜 당황스러워한다. 여성은 아름답고 마음을 끈다는 것으
II 241 로 충분하다. 이와 반대로 여성은 남성에게서 이 모든 특성을 요구하
고, 여성의 영혼이 지닌 숭고성은 오로지 여성이 이 고상한 특성들을
소중히 여길 줄 아는 데에서만 드러난다. 그렇지 않다면 그렇게 많은
추한 얼굴의 남자가, 설령 그가 공로가 있다 하더라도, 그토록 점잖
고 세련된 아내를 얻을 수 있다는 것이 어떻게 가능할 수 있겠는가.
이에 반해 남성은 여성의 아름다운 매력과 관련해 훨씬 더 신중하다.
남성은 학식의 결핍이나 자기 자신의 재능으로 대신해야만 할 다른
결핍들을 여성의 세련된 자태, 쾌활한 순진성과 매력적인 친절로 메
A 77 운다. 허영심과 유행은 이 자연스러운 충동을 그릇된 방향으로 이끌
면서 다수 남성을 알랑거리는 신사로 만들어놓지만, 여성을 옹졸한 여
자 아니면 여장부[42]로 만들어놓는다. 하지만 자연은 언제나 자기 질
서로 되돌아가려고 애쓴다. 여기에서 우리는 남성을 고상하게 만드
는 데 성적 경향성이 얼마나 강력한 영향력을 특히 남성에게 행사하
는지를 다음 경우에서 판단할 수 있다. 수많은 무미건조한 가르침 대
신에, 여성의 도덕적 감정이 제때 계발되어 다른 성[남성]의 존엄과
숭고한 특성에 속하는 것을 합당하게 느끼며, 또 이로써 그 감정이
어리석은 호사바치를 경멸스럽게 바라보고 공적 이외에는 다른 어

떤 특성에도 빠지지 않는 채비를 갖춘 경우 말이다. 대체로 이를 통
해서 여성의 매력이 지닌 힘이 획득되리라는 점도 확실하다. 여성의
매혹이 대부분 고상한 영혼에만 영향을 미치며, 다른 영혼은 그 매혹
을 느끼기에 충분히 세련되지 못하다는 점이 명백해지기 때문이다.
마찬가지로 시인 시모니데스[43]는 테살리아[44] 사람들을 위해 아름다
운 노래를 들려줄 것을 권고받았을 때 이렇게 말했다. "이 녀석들은
너무 우둔해서 나 같은 남자에게 속아 넘어갈 수조차 없어." 보통의 경우 A 78
사람들은 남성의 예의범절이 더 온화해지고, 그의 행동이 더 점잖아
지며, 그의 태도가 더 우아해진 것은 아름다운 성[여성]과 교제한 결
과라고 생각해왔으나, 이는 부차적인 장점일 뿐이다.* [하지만] 대개 II 242
는 남편이 남자로서 더욱 완전해지고 아내가 여성으로서 더 완전해
지는 탓이다. 다시 말해서 성적 경향성의 동기가 곧 자연의 암시에
따라서 남성을 더욱 고상하게 하고, 여성의 특성을 더욱 아름답게 만
드는 작용을 하는 탓이다. 모든 것이 극한 상황에 이르면, 남자는 자
신의 공적에 자신만만하여 이렇게 말할 수 있을 것이다. "설령 너희가
나를 사랑하지 않을지라도, 나는 너희가 나를 존경하게끔 만들 것이다." A 79
또 여성은 자기 매력을 확신하여 이처럼 답할 것이다. "설령 너희가
우리를 마음으로 존경하지 않을지라도, 우리는 너희가 우리를 사랑하게끔
만들어." 이런 원칙이 없는 경우에 사람들은 남성이 [다른 사람의] 마
음에 들기 위해 여성다움을 받아들인다고 파악하고, (비록 아주 드물
지만) 여성이 때로는 남성적 태도를 인위적으로 꾸며 존경심을 불어

* 이 이점 자체는 우리가 살펴보고자 했던 다음 고찰로 상당히 축소된다. 여성이 분위기를 주도하는 그런 모임에 너무 일찍부터 그리고 지나치게 빈번히 연루된 남성은 대개 다소 어리석어지고 남성과 교제에서는 따분해하거나 경멸의 대상이 된다는 고찰 말이다. 그 까닭은 그런 남성이 즐겁지만 진정한 내용에 관한 환담과 익살맞지만 진지한 대화로 유익할 수밖에 없는 환담에 취향을 잃었기 때문이다.

넣으려 한다고 파악한다. 하지만 자연의 진행에 반해 행하는 것을 사람들은 언제나 좋지 않게 말한다.

인연을 맺은 부부는 결혼생활에서 마땅히 남성의 지성과 여성의 취향이 활기를 주고 다스리는 비할 나위 없는 도덕적 인간을 형성해 내야 한다. 왜냐하면 사람들은 경험적 근거를 둔 통찰에선 남성의 지성을 더 신뢰할 수 있을 뿐만 아니라, 느낌의 자유로움과 정확성에서는 여성의 취향을 더 신뢰할 수 있어서 마음씨가 더 숭고하면 할수록 사랑하는 상대를 만족시키는 데 노력을 기울이는 데에 최대 목적을 두는 경향이 강해지고, 또 다른 한편으로 마음씨가 아름다우면 아름다울수록 더욱더 이런 노력에 호감으로 보답하려 하기 때문이다. 따
A 80 라서 이러한 관계에서 우선권 다툼은 어리석으며, 그런 일이 일어나는 경우는 볼품없는 취향 또는 어울리지 않게 결합된 취향의 가장 확실한 징표다. 만일 명령하는 자의 권리를 들먹이는 데까지 이른다면, 그 사태는 이미 극도로 타락한 셈이다. [부부의] 결합 전체가 애초에 오직 경향성 위에만 세워진 곳에서는 당위가 들리기 시작하자마자, 그 결합은 이미 반쯤 깨진 셈이니까 말이다. [당위를 말하는] 엄한 말투에서 여성의 오만불손은 극히 추하며, 마찬가지로 남성의 오만불손도 최고로 저속하고 경멸스럽다. 그런데도 사물의 현명한 질서는 다음을 반드시 초래한다. 느낌의 모든 섬세함과 예민함은 오직 처음에만 아주 강한 힘을 지니지만 나중에는 공동생활과 가정일로 점점 더 무뎌지면서 스스럼없는 사랑으로 변질한다. 이때 마지막으로 가
II 243 장 중요한 비결은 냉담함과 권태가 결혼 감행을 유일하게 보람 있게 해주었던 즐거움의 모든 가치를 없애버리지 못하게끔 전자[느낌의 모든 섬세함과 예민함]의 아직 넉넉하게 남은 부분을 보존하는 데 있다.

제4절 숭고함과 아름다움이라는 상이한 감정에 근거를 두는 한에서 민족 특성*에 관하여 A 81

내 생각에는 우리 대륙의 여러 민족 가운데 이탈리아인과 프랑스인 A 82
은 아름다움의 감정에서 두드러진 민족인 반면, 독일인, 영국인과 스페인인은 여러 감정 가운데 숭고함의 감정으로 가장 눈에 띄는 민족이다. 네덜란드는 이런 훨씬 섬세한 취향이 거의 눈에 띄지 않는 나라로 간주할 수 있다. 아름다움 자체는 매혹적이고 감동을 주거나 경쾌하고 매력적이다. 첫째 경우에는 숭고함 자체에 관한 무엇이 있으며, 이런 감정에서 마음씨는 사려 깊고 황홀하다. 하지만 둘째 경우의 감정에서 마음씨는 화사하고 명랑하다. 아름다운 감정의 첫째 경우는

* 내 의도는 민족들의 특성을 자세하게 묘사하려는 것이 아니다. 오히려 나는 그들에게서 나타나는 숭고함과 아름다움의 감정을 드러내는 몇 가지 특징에 대해 윤곽을 그려보고자 할 따름이다. 사람들은 이 같은 묘사에서는 어지간한 정확성만 요구할 수 있을 뿐이라는 점, 그것[특성]의 전형들은 훨씬 섬세한 감정을 요구하는 사람들의 거대한 무리 속에서만 눈에 띈다는 점, 그리고 어떤 민족에게도 이런 종류의 가장 탁월한 특성들을 결합할 수 있는 마음씨가 없지 않다는 점을 쉽게 인정할 수 있다. 이런 까닭에 이따금 한 민족에게 쏟아질 수 있는 비난이 아무도 모욕할 수는 없다. 이 비난은 각자가 마치 공처럼 이웃에게 덧붙일 수 있는 성질의 것이니 말이다. 여기서 나는 민족차이가 우연한 것이며 시간 흐름과 통치방식에 좌우되는 것은 아닌지 아니면 어떤 필연성으로 기후와 결부되어 있는지 아닌지를 탐구하지 않는다.

특히 이탈리아인에게, 그 감정의 둘째 경우는 특히 프랑스인에게 알
맞은 듯하다. 민족 특성이 숭고함 그 자체를 표현하는 경우에서 숭고
함이란 약간 기괴함에 경도된 섬뜩한 종류의 감정이거나 아니면 고
상함에 관한 감정 혹은 화려함에 관한 감정이다. 나는 첫째 종류의
II 244 감정을 스페인인에게, 둘째 종류의 감정을 영국인에게, 셋째 종류의
감정을 독일인에게 부여할 수 있는 근거가 있다고 믿는다. 화려함에
관한 감정은 그 본성의 측면에서 볼 때 나머지 종류의 취향처럼 원본
이 아니다. 또 모방 정신이 모든 다른 감정과 결합되어 있을 수 있다
A 83 하더라도, 모방 정신은 어슴푸레한 숭고함에 관한 감정의 특징이다.
왜냐하면 이 감정은 원래 아름다움과 고상함이 뒤섞인 감정—여기
서 아름다움과 숭고함은 그 자체로는 훨씬 냉담하다—이며 그렇기
때문에 마음이 감정을 결합할 때 예시에 주목하는 데 충분히 자유로
우며 그런[예시의] 자극 또한 필요하기 때문이다. 그러므로 프랑스
인보다는 독일인에게 아름다움과 관련된 감정이 좀 덜할 테고, 숭고
함을 향한 감정은 영국인보다 덜할 것이다. 하지만 두 감정이 결합되
어 나타나야 할 경우는 독일인의 감정에 더 적합할 것이다. 독일인은
각 감정 종류[아름다움의 감정과 숭고함의 감정]의 무절제한 힘이
빠져들 법한 오류를 운 좋게 피해갈 수도 있을 것이다.

나는 예술과 학문의 선택이 [앞서] 민족들에게 부여했던 취향을
증명해줄 수 있음을 짧게 언급하려 한다. 이탈리아 천재는 음악, 회
화, 조각 그리고 건축에서 걸출했다. 이 모든 아름다운 예술에 관해
서는 프랑스에서도 똑같이 세련된 취향이 발견된다. 비록 프랑스에
A 84 서 이들 예술의 아름다움이 감동을 덜 주기는 하지만 말이다. 시나
연설의 완전성과 관련한 취향은 프랑스에서 아름다움에 더 빠지고,
영국에서는 숭고함에 더 빠진다. 프랑스에서는 세련된 농담과 희극,
우스운 풍자, 사랑에 빠진 남녀 간의 희롱, 그리고 경쾌하고 자연스

럽게 흐르는 문체가 독창적이다. 반면에 영국에서는 심오한 내용의 사상, 비극, 서사시 그리고 대체로 묵직한 황금—이는 프랑스의 망치 아래서는 얇은 판으로 넓게 늘어날 수도 있다—과도 같은 재치가 독창적이다. 독일에서는 재치가 돋보이게 하는 배경을 통해 꽤 빛을 발한다. 이전에 재치는 요란스러웠으나, 예시와 민족의 지성을 통해서 더 매력적이고 고상해졌다. 그렇다 하더라도 앞서 언급했던 민족들에서보다 전자[배경을 통한 재치]는 그다지 소박하지 못하고, 후자[예시와 민족 지성으로 고상해진 재치]는 그다지 비범하게 활기차지 못하다. 지나친 질서 그리고 근심과 당혹으로 스며드는 우아함을 애호하는 네덜란드 민족의 취향에서도 천재의 꾸밈없고 자유로운 움직임과 관련한 감정은 별로 짐작하기 어렵다. 오류를 고지식하게 방지하려는 것은 천재의 아름다움을 훼손하기만 할 뿐이다. 기괴 A 85; II 245
한 취향은 모든 아름다움과 고상함의 원형인 자연을 왜곡하기 때문에 그런 취향보다 예술과 학문 전반에 대립하는 것은 아무것도 없다. 그런 까닭에 스페인 민족도 아름다운 예술과 학문 자체에 관한 감정을 거의 보여주지 못했다.

민족들이 지닌 마음의 특성은 그들에게서 나타나는 도덕적인 것에서 가장 눈에 띈다. 이런 까닭에 우리는 이 관점에서 숭고함과 아름다움과 관련한 그들의 다양한 감정을 숙고해보고자 한다.*

스페인인은 진지하고 과묵하며 정직하다. 이 세상에 스페인인보다 더 정직한 상인은 별로 없다. 스페인인은 당당한 영혼을 지녔고 아름

---

* 내가 앞서 했던 변명을 여기서 되풀이할 필요는 없겠다. 모든 민족에게서 가장 세련된 부분은 온갖 종류의 찬양받을 만한 특성들을 포함하고 있다. 이런저런 비난에 직면해야 하는 사람은, 만일 그가 충분히 세련되었다면, 다른 모든 사람을 각자 운명에 맡기지만 그 자신은 제외하기를 관철하는 자신의 이점을 이해할 것이다.

다운 행위보다는 위대한 행위에 더한 감정을 지닌다. 감정의 절충에
A 86 서 자비롭고 온화한 호의를 별로 발견할 수 없기 때문에, 스페인인은 종종 엄하고 상당히 잔인하기도 하다. 종교재판의 화형은 미신뿐만 아니라 그 기괴함에 대한 민족의 경향성으로도 유지되지 못한다. 이 민족은 신성하나 섬뜩한 행진 때문에 감동받는데, 이 행진에서는 분노의 기도가 붙여놓은 화염 속에 악마 형상으로 그려진 산 베니토[45]를 던지는 광경을 볼 수 있다. 스페인인이 다른 민족보다 더 거만스럽거나 더 매혹적이라고 말할 수 없지만, 기괴한 방식 — 이 방식은 진기하고 이례적이다 — 에서는 그러하다. 스페인인이 밭갈이 쟁기를 세워두고 긴 칼과 망토를 걸치고선 그곳을 지나 여행하는 이방인이 지나칠 때까지 한참 경작지에서 산보하는 짓이나 나라의 미인들이 한 번 베일을 벗고 모습을 보이는 투우장에서 특이한 인사로 자기 여주인에게 예를 갖춘 뒤, 그녀의 명예를 위해 난폭한 짐승과 위험천만한 싸움을 감행하는 짓은 진기하고 기이한 행위로 자연스러운 일과는 아주 거리가 멀다.

이탈리아인에게는 스페인인의 감정에다가 프랑스인의 것을 섞어 놓은 감정이 있는 듯이 보이는데, 스페인인보다는 아름다움에 관한
A 87 감정이 더 많고, 프랑스인보다는 숭고함에 관한 감정이 더 많다. 이러한 방식으로 이탈리아인의 도덕적 성격과 관련한 나머지 특성도 밝혀질 것이라 생각한다.

II 246 프랑스인에게는 도덕적인 아름다움에 관한 감정이 지배적이다. 그들은 공손하고 정중하며 호감을 준다. 프랑스인은 점잖고 공손하고 호의적이며, 교제에서 아주 빠르게 친밀해지고 익살스러우며 자유롭다. 또 기품 있는 신사나 숙녀라는 표현은 오직 프랑스인의 공손한 감정을 습득한 사람에 대해서만 납득이 간다. 프랑스인에게 적잖이 있는 숭고한 느낌마저도 아름다움의 감정에 종속하고, 그 느낌의 힘

도 이 감정과 일치하는 경우에만 얻게 된다. 프랑스인은 대개 재치 있고 기발한 착상을 위해선 주저 없이 진리의 일부를 희생한다. 반면 재치가 있을 수 없는 곳에서,* 프랑스인은 다른 민족의 누군가가 예 A 88
를 들어 수학과 여타 무미건조하거나 심오한 기술과 학문에서 보여준 것만큼이나 근본적 통찰을 보여준다. 그에게 재치 있는 말은 다른 곳에서처럼 피상적 가치를 지니지 않는다. 그것은 마치 가장 중요한 사건처럼 열렬히 전파되고 또 책 속에 보존된다. 프랑스인은 조용한 시민이어서 임대인들의 압제를 풍자로 또는 의회 진정서로 보복하는데, 이 진정서는 임대인들이 자신들의 의도에 따라서 민족의 조상들에게 훌륭한 애국적 명성을 부여한 뒤, 그들에게 찬양할 만한 비난으로 영예를 안겨주거나 함축적인 송시로 찬미하는 것 외에는 아무것도 담고 있지 않다. 프랑스 민족의 업적이나 역량에 주로 관계하는
대상은 여성이다.** 이는 마치 여성이 다른 곳에서보다도 프랑스에서 A 89; Ⅱ 247

* 형이상학, 도덕 그리고 종교론에서 우리는 이 민족이 쓴 저술들을 충분히 신중하게 다룰 수 없다. 대체로 그 저술들은 냉철한 탐구의 시험을 견디지 못하는, 많은 아름다운 기만이 지배한다. 프랑스인은 자기 발언에 담긴 비범함을 사랑한다. 그렇지만 오직 진리에 이르기 위해선 비범하기보다는 오히려 신중해야만 한다. 역사에서 프랑스인은 일화를 애호하는데, 일화가 오직 참임을 바라는 처사보다 더 잘못하는 일은 없다.

** 프랑스에서 여성은 모든 사교계와 교제에서 분위기를 주도한다. 아름다운 성[여성]이 없는 사교계는 상당히 무미건조하고 지루하다는 사실을 부정할 수는 없다. 하지만 여성이 그런 자리에서 아름다운 분위기를 주도한다면, 남성은 그의 입장에서 고상한 분위기를 주도해야만 한다. 그렇지 못할 경우 교제는 마찬가지로 지루해진다. 하지만 이는 순수한 달콤함보다 더 역겨운 것은 없다는 상반된 까닭에서 그러하다. 프랑스인의 취향에 따르면 "주인장 집에 계신가?"라고 하지 않고 "안주인 집에 계신가?"라고 말한다. [그러면 답하길] "안주인께선 화장대 앞에 계신데 우울(일종의 아름다운 망상)해하십니다." 간단히 말해서, 모든 대화와 여흥은 안주인과 함께 그리고 안주인에 대해 다룬다. 그럼에도 이 때문에 여성이 결코 더 존경받지는 않는다. 시시덕거리는 사람에게는 언제나 진정한 존경의 감정도 정

더 사랑받고 존중받는 것 같기 때문이 아니다. 오히려 여성은 재치, 공손함 그리고 좋은 예절에서 가장 인기 있는 재능을 드러나게 보여줄 최고 기회를 베풀기 때문이다. 그밖에 남녀의 성을 불문하고 허영심이 강한 사람은 항상 그 자신만을 사랑하며, 다른 사람은 [그에
A 90 게] 단순히 장난감일 뿐이다. 프랑스인에게 고상한 특성이 전혀 부족하지 않으며, 단지 이 특성은 아름다움의 느낌만으로 생기를 띨 뿐이다. 그렇기 때문에 세상 다른 어느 곳에서보다도 여기서 아름다운 성[여성]은 남성의 가장 고상한 행위를 고무하고 활기차게 만드는 데 더욱 강력한 영향력을 발휘할 수 있을 것이다. 만약 사람들이 민족정신의 이러한 방향을 조금이라도 장려하는 데 신경을 쓴다면 말이다. 유감스럽게도 백합은 실을 짜지 못한다.[46)]

이 민족 특성이 가장 가까이 근접해 있는 결점은 어리석음 혹은 좀 더 완곡하게 표현하면 경솔함이다. 중요한 일은 재미로 다루어지고, 사소한 일이 진지한 용무가 된다. 그리하여 프랑스인은 노년에도 여전히 익살맞은 노래를 부르고, 할 수 있는 한 여성에게 정중하다. 이 촌평에서 나에게는 내 편이 되어줄 바로 프랑스 민족 출신의 보증인이 있는데, 모든 염려되는 분노에서 안전하기 위해 몽테스키외[47)]와 달랑베르[48)]를 내 편으로 끌어들인다.

영국인은 모든 첫 만남에서는 통명스럽고 낯선 이에게 무관심하
A 91 다. 영국인에게는 사소하게 호감을 주는 경향성은 별로 없는 반면, 친구가 되자마자 많은 봉사가 부과된다. 그는 교제에서 재치를 보이

겨운 사랑의 감정도 없다. 얼마나 자주 했는지 누가 알겠는가마는 루소가 여성이란 결코 성장한 아기 이상은 되지 못한다고 무모하게 주장했던 것을 내가 언급했다고 하지 않길 바란다. 하지만 그 명민한 스위스인은 프랑스에서는 그렇게 썼고, 아름다운 성[여성]의 위대한 옹호자로서 그곳 사람들이 여성에게 더 진정한 존경심으로 대하지 않는 것에 격분하여 그렇게 느꼈을 것이라고 추측된다.

려거나 공손한 태도를 보이려고 별로 애쓰지 않지만 지적이고 침착
하다. 그는 모방에 서투르며 다른 사람들이 어떻게 판단하는지를 그
다지 묻지 않고 다만 자신의 고유한 취향만을 따른다. 여성과 관계에
서 영국인은 프랑스인의 공손함을 보이지는 않지만 여성에게 훨씬
더 많은 존경심을 보여준다. 어쩌면 영국인은 이를 너무 지나치게 밀
고나가 결혼생활에서 자기 부인에게 대개 무제한의 위신을 시인한 II 248
다. 그는 때로는 완고하다 싶을 정도로 확고하고 자주 오만할 정도로
대담하고 결연하며 대개 고집스럽게 원칙에 따라 행동한다. 영국인
은 쉽게 별난 사람이 되는데, 이는 허영심 때문이라기보다는 그가 타
인에게 거의 관심을 두지 않고 호감이나 모방 때문에 자기 취향을 쉽
게 바꾸려고 하지 않기 때문이다. 그런 까닭에 영국인은 프랑스인보
다는 아주 드물게 사랑받지만, 그를 알게 된다면 그는 대개 더 많이
존중받는다.

독일인에게는 영국인의 감정과 프랑스인의 감정이 뒤섞인 감정이 A 92
있지만, 영국인의 감정에 가장 가까운 듯하며 프랑스인의 감정과 더
큰 유사성은 인위적이고 모방적인 점뿐이다. 독일인에게는 숭고함
과 마찬가지로 아름다움의 감정이 적절하게 혼합되어 있다. 독일인
이 숭고함의 감정에서 영국인에 필적하지 못하고 아름다움의 감정
에서 프랑스인에 필적하지 못한다고 할 때, 그가 이 두 감정을 결합
하는 한에서 영국인과 프랑스인 모두를 능가한다. 독일인이 교제에
서 영국인보다 더 많은 호감을 보인다. 사교에서 독일인은, 비록 프
랑스인이 하는 것만큼 유쾌한 활력과 재치를 보여주지 못한다 하더
라도, 더 많은 겸손과 지성을 보인다. 취향의 온갖 종류에서 그러한
것처럼 독일인은 사랑에서도 상당히 체계적이다. 독일인은 아름다
움을 고상함과 연결하기 때문에 품위, 화려함, 평판에 관한 심사숙고
에 몰두할 만큼 이 두 느낌에서 충분히 냉정하다. 그런 까닭에 그에

게서 가문, 칭호, 지위는 시민 관계에서와 마찬가지로 사랑에서도 매우 중요하다. 독일인은 사람들이 자기를 어떻게 판단할지를 영국인과 프랑스인보다 훨씬 더 많이 묻는다. 이는 자기 특성에서 주요하게 개
A 93 선하고자 하는 소망을 환기하는 무엇이 있는 경우에 그가 그것을 위한 모든 재능을 갖추었음에도 독창적이고자 감행하지 못하는 약점이 된다. 또 그는 타인의 의견과 너무 많은 관련을 갖는데, 이것은 품행을 변덕스럽고 거짓되게 꾸미도록 만듦으로써 도덕적 특성에 적절한 품행 전체를 제거해버리는 약점이 된다.

네덜란드인에게는 단정하고 부지런한 마음씨가 있다. 그가 유용한 것만을 중히 여기기 때문에, 그에겐 훨씬 세련된 의미에서 아름답거나 숭고한 것에 관한 감정이 별로 없다. 네덜란드인에게 위대한 사람은 정확히 부유한 사람을 의미한다. 그는 친구를 거래 상대자로 이해
II 249 하고 자신에게 아무런 이득도 없는 방문을 아주 지루해한다. 그는 프랑스인과 마찬가지로 영국인과도 대조를 이루며, 어느 정도는 아주 점액질화한 독일인이다.

우리가 이런 생각의 시론을 어떤 경우에 적용하여 가령 명예 감정을 숙고해본다면, 다음과 같은 민족적 차이가 드러난다. 명예에 관한 느낌은 프랑스인에게는 허영심이고, 스페인인에게는 거만함이며,
A 94 영국인에게는 자부심이고, 독일인에게는 교만함이며, 네덜란드인에게는 오만함이다. 얼핏 보아 이들 표현은 동일한 것을 의미하는 듯하지만, 독일어의 풍부함에 비추어볼 때 이것들은 아주 두드러진 차이를 나타낸다. 허영심은 갈채를 얻고자 애쓰며 변덕스럽고 가변적이나, 그것이 겉으로 드러나는 행실은 정중하다. 거만한 자는 잘못 상상된 많은 우월함으로 가득 차 있고 그다지 다른 사람들의 갈채를 얻고자 애쓰지 않으며, 거동은 뻣뻣하고 과장되다. 자부심은 원래 자신의 고유한 가치에 관한 매우 대단한 의식인데, 이때 가치는 종종 매우

올바를 수 있다. (이 때문에 그것은 때때로 고상한 자부심이라고도 불리지만, 누군가가 항상 잘못되고 과장된 자기평가를 드러낸다는 까닭에 그에게 고상한 거만함을 부여할 수는 없다.) 자부심이 있는 자가 다른 사람들에 대해 보이는 행실은 무관심하고 냉정하다. 교만한 자는 허영에 차 있으면서 동시에 자부심이 있는 자다.* 하지만 그가 다른 사람
에게서 얻고자 하는 갈채는 명예를 확인하는 것이다. 따라서 그는 칭 A 95
호, 가문 그리고 허식으로 돋보이길 좋아한다. 독일인은 특히 이 약점에 감염되어 있다. 관대하다, 매우 자애롭다, 지체 높고 유복하게 타고나다 등과 같은 단어들 그리고 그와 같은 과장된 많은 말은 독일인의 언어를 경직되고 세련되지 못하게 만들며 다른 민족이 자신의 글쓰기 방식에 줄 수 있는 아름다운 단순성을 철저히 방해한다. 교제에서 교만한 자의 행실은 의식적(意識的)이다. 오만한 자는 자기 행실에서 타인을 경멸하는 분명한 표시를 나타내는 거만한 자다. 그의 거동은 무례하다. 이런 비열한 특성은 명백하게 어리석은 것이기에 세련된 취미와 가장 거리가 멀다. 사람들이 공공연한 경멸로 자기 주위 사람들에게 증오와 신랄한 조롱을 재촉하는 것은 확실히 명예에 관한 감정을 충족하는 수단이 아니니 말이다.

사랑에서 독일인과 영국인은 상당히 건강한 욕망을, 그러니까 다 Ⅱ 250
소 세련된 느낌, 하지만 좀더 건전하고 단단한 취향을 지녔다. 이 점에서 이탈리아인은 지나치게 골똘히 생각하고, 스페인인은 공상적이며, 프랑스인은 탐닉적이다.

우리 대륙에서 종교는 완고한 취향의 문제가 아니라, 훨씬 찬양할 A 96

---

* 교만한 사람이 동시에 거만하다고 할 필요는 없다. 즉 그가 자신의 특권을 과장되게 잘못 상상한다고 할 필요는 없다. 오히려 그는 어쩌면 자기를 자신이 지닌 가치보다 더 높게 평가할 수는 없으나, 단지 자기 가치를 외적으로 관철하려는 잘못된 취향을 지녔다.

만한 원천에 관한 문제다. 그런 까닭에 종교에서 과도함과 원래 인간에게 속하는 것만이 다양한 국민특성의 징표를 전달할 수 있다. 나는 이 과도함을 경신, 미신, 광신, 무관심이라는 주요 개념에서 파악한다. 각 국민의 무지한 부분은, 비록 그 부분에 눈에 띄는 세련된 감정이 전혀 없다 하더라도 대부분 경신한다. 설득하려는 동기에 훨씬 세련된 감정의 몇몇 종류가 포함되지 않은 채. 설득은 오직 풍문과 표면적 신망에 좌우된다. 우리는 이런 종류에 관한 모든 민족의 예를 틀림없이 북쪽에서 찾을 수 있다. 경신하는 자가 기괴한 취향을 지녔을 경우, 그는 미신을 믿는 자가 된다. 그뿐만 아니라 그런 취향은 그 자
A 97 체로 어떤 것을 쉽게 믿는 근거다.* 한 사람은 이런 감정에 감염되어 있고, 다른 사람은 냉정하고 절제 있는 마음씨를 지녔다고 하자. 전자는 실제로 훨씬 지성적이라 할지라도, 비자연적인 것을 믿는 자신의 지배적 경향성 때문에 후자보다 훨씬 더 쉽게 미혹될 것이다. 이에 비해 통찰이 아니라 상식적이고 점액질적인 감정이 후자에서 종교의 과도함을 방지한다. 종교에서 미신적인 사람은 자신과 최고의 숭배 대상 사이에 어떤 강력하고 경탄할 만한 사람들, 말하자면 신성함의 거인들을 배치하길 좋아한다. 거인들은 머리로는 하늘에 맞닿
A 98; Ⅱ 251 아 있고 아래쪽 대지 위에 발을 딛고 있기에 자연은 이 거인들에게 순종하며, 이들이 간청하는 목소리는 저승의 철문을 여닫는다. 그러므로 스페인에서는 건전한 이성의 가르침이 극복해야 할 커다란 장애물이다. 그 가르침이 거기서 무지를 몰아내야만 하기 때문이 아니

* 사람들은 영국인이 아주 영리한 민족임에도 기묘하고 불합리한 사실을 단호하게 통고함으로써 처음에는 그 사실을 믿도록 쉽게 농락당할 수 있음을 보였다. 이에 대한 많은 예를 우리는 알고 있다. 하지만 수많은 기이한 사물이 참인 것으로 드러났던 다양한 경험으로 준비된 대담한 마음씨는 사소한 의혹으로도 금세 금이 가는데, 이 사소한 의혹은 유약하고 의심하는 정신을 붙잡아서 때때로 자기 노력 없이도 오류에 빠지지 않게 해준다.

라, 오히려 기이한 취향이 그 가르침에 대립하기 때문이다. 이 취향에 자연스러운 것은 천박하며, 또 이 취향은 그 대상이 기괴하지 않다면 숭고함을 느낀다고 결코 믿지 않는다. 광신은 말하자면 신앙심이 깊은 오만함이며, 어떤 자부심과 자신에 대한 너무 과도한 믿음으로 야기되어 천상계에 더 가까이 다가가고 불가사의한 비상으로 일상적이고 정해진 질서에서 벗어나려 한다. 광신자는 오로지 직접적 영감과 명상하는 삶만 말한다. 이와 달리 미신을 믿는 자는 기적을 행하는 위대한 성자의 그림 앞에서 기원을 드리고 자신의 고유한 본성으로 말미암아 다른 사람들이 모방할 수 없게 상상해낸 우월함을 믿는다. 우리가 앞서 언급했듯이, 종교의 과도함조차도 민족 감정의 징후를 지니는데, 광신*은 적어도 과거에는 대부분 독일과 영국에서 A 99
발견될 수 있었다. 광신은 말하자면 이들 민족의 특성에 속하는 고상한 감정이 기형적으로 발육한 것이며, 비록 처음에는 격렬할지라도 미신을 믿으려는 경향성보다 특별히 해롭지는 않다. 왜냐하면 미신은 눈에 띄지 않게 차분하고 고뇌에 찬 마음의 상태에 깊이 뿌리내리고서 속박된 인간에게서 언젠가 유해한 망상을 극복한다는 믿음을 완전히 빼앗기 때문이다. 그 대신 광신에 빠진 정신의 흥분은 점차 식고 정신의 본성을 따라 결국 정돈된 절제에 틀림없이 도달하기 때문이다. 끝으로 허영심이 강하고 경솔한 사람에게는 항상 숭고함에 A 100
관한 더 강력한 감정이 없으며, 그의 종교는 감동 없이 대부분 그가 모든 공손함으로 행하고 냉정하게 유지하는 유행의 문제일 뿐이다.

---

* 광신은 열광과 항상 구별되어야만 한다. 전자는 더 높은 본성과 직접적이고 특별하게 결합되었다는 느낌을 믿고, 후자는 초자연적 결합의 상상과는 아무런 관계없이 어떤 원칙 때문에, 그것이 애국적인 미덕의 준칙 때문이든지 아니면 우정이나 종교의 준칙 때문이든지 간에, 적절한 정도 이상으로 흥분한 마음의 상태를 의미한다.

이것은 실천적 무관심주의인데, 이에 대한 경향성은 프랑스 민족정신
Ⅱ 252 이 가장 심한 듯이 보인다. 이 무관심주의는 오만방자한 조롱과 단지
종이 한 장 차이이고, 내면적 가치에서 봤을 때 근본적으로 완전한
거부보다 조금도 낫지 못하다.

다른 대륙을 대략 훑어보면, 우리는 근동에서 가장 고상한 사람이
기는 하나 곧잘 기괴함으로 변질하는 감정을 지닌 아라비아인을 만
나게 된다. 아라비아인은 손님을 환대하고 관대하며 진실하다. 하지
만 아라비아인의 이야기와 역사 그리고 느낌 전반은 언제나 놀라운
무엇과 얽혀 있다. 아라비아인의 고조된 상상력은 사건을 부자연스
럽고도 뒤틀린 이미지로 묘사한다. 또 아라비아인의 종교가 확대되
는 것조차 대단한 모험이었다. 아라비아인이 이른바 근동의 스페인
사람이라면, 페르시아인은 아시아의 프랑스 사람이다. 페르시아인은
A 101 훌륭한 시인이며, 정중하고 상당히 세련된 취향을 지니고 있다. 그는
그리 엄격한 이슬람 추종자가 아니어서 즐거워하고자 하는 마음씨
로 코란을 상당히 온건하게 해석하는 것을 용납한다. 일본인은 마치
아시아의 영국 사람이라 여겨질 수 있겠으나, 이는 옹고집으로까지
변질하는 완강함, 용기와 죽음을 겁내지 않는다는 특성 이외의 다른
특성에서 그러하지는 않다. 그밖에 일본인은 세련된 감정 자체에 대
한 특징을 별로 보여주지 않는다. 인도인에게는 기괴함으로 나아가
는 종류인 괴상함에 관한 취향이 지배적이다. 인도인의 종교가 괴상
함으로 구성되어 있다. 이런 취향에는 섬뜩한 형상을 한 우상들, 거
대한 원숭이인 하누만[49]의 거대한 이빨, (이교도의 구걸승인) 탁발승
의 부자연스러운 참회 등등이 있다. 남편의 주검을 화장하는 장작더
미 속에 부인을 제멋대로 희생시키는 일은 소름 끼치는 기괴함이다.
중국인의 장황하고도 노련한 찬사는 얼마나 어리석은 괴상함인가.
A 102 중국인의 회화마저도 괴상하여 세상 어디에서도 만날 수 없는 기묘

하고 부자연스러운 형상들을 보여준다. 또 중국인에게는 아득한 옛적 관례에서 비롯한다는 까닭에서* 신성한 괴상함도 있으며, 세상의 어떤 민족도 중국인보다 그런 것을 더 많이 갖고 있지 않다.

아프리카의 흑인에게는 본래 어리석음을 넘어서는 그 어떤 감정 Ⅱ 253
도 없다. 흄[50)]은 모두에게 흑인이 재능을 보여주었다는 한 가지 실례를 들어보라고 요구하면서 다음과 같이 주장했다. 자기 나라에서 다른 곳으로 끌려온 흑인 수십만 명 중에서, 비록 그 가운데 많은 수가 자유를 얻었지만, 그럼에도 예술이나 학문에서 혹은 다른 찬양할 만한 특성에서 어떤 위대함을 보여준 자를 아직 한 명도 발견하지 못했다고 말이다. 백인 가운데는 계속 가장 천하고 낮은 하층민에서 입신
하고 빼어난 재능으로 세상의 명망을 얻는 사람이 있는데도 말이다. A 103
이렇게 두 인종의 차이는 본질적이며, 그 차이는 피부색에서와 마찬가지로 마음의 능력에서도 아주 큰 듯이 보인다. 흑인에게 아주 널리 퍼져 있는 물신숭배 종교는 대략 일종의 우상숭배인데, 이는 인간 본성에 비추어 언제나 가능해 보이는 것만큼이나 깊이 어리석음에 빠진다. 깃털, 소뿔, 조개 혹은 다른 평범한 사물들은, 때로는 몇 마디 말로 봉헌되자마자 신성한 서약에서 숭배와 기원의 대상이 된다. 흑인들은 그들 방식으로 아주 허영심이 강하고 너무 수다스러워서 그들을 매질로 서로 떨어뜨려 놓아야만 한다.

모든 미개인 가운데 북아메리카의 미개인만큼 숭고한 마음의 특성을 그 자체로 보여주는 민족도 없다. 이 미개인에게는 명예에 관한 확고한 감정이 있다. 그는 명예를 획득하기 위해 수백 킬로미터나 멀

---

* 아직도 베이징에서는 사람들이 일식과 월식 때 천체를 삼키려고 하는 용을 굉장한 소음으로 쫓아내는 의례를 행하면서 무지했던 아득한 옛날부터 내려오는 궁색한 관습을 지속하고 있다. 지금은 사람들이 훨씬 더 잘 알게 되었는데도 말이다.

리 야생의 모험을 찾는 동안에 그 모험이 조금이라도 중단되는 것을
방지하기 위해 극도로 주의를 기울인다. 자기만큼이나 강력한 적이
A 104 그를 붙잡은 후에 그에게 끔찍한 고문을 가해서 강제로 비열한 탄식
을 내뱉게 하려는 경우에 대비해서 말이다. 그밖에도 캐나다의 미개
인은 정직하고 성실하다. 그가 쌓은 우정은 우화같이 가장 아득한 시
대부터 그랬다고 전해지는 것만큼이나 기괴하고 열광적이다. 캐나
다의 미개인은 아주 당당하고, 자유의 온전한 가치를 느끼며, 훈육에
서조차 그에게 비열한 굴종을 느끼게 하는 그 어떤 응대를 참고 견디
지 않는다. 리쿠르고스[51)]는 바로 이 같은 미개인에게 법을 만들어주
었던 것 같다. 만약 여섯 민족 가운데 입법자가 한 명이라도 나타났
더라면, 사람들은 신세계에서 스파르타공화국 하나가 세워지는 것
을 보았을 테다. 아르고호[52)] 원정대가 감행한 모험이 이 인디언의 출
II 254 정과 그리 다르지 않은 것처럼, 또 이아손[53)]이 그리스 이름의 명예를
제외하면 아타카쿨라쿨라[54)]보다 우월하지 않은 것처럼 말이다. 이 모
든 미개인에게 도덕적 의미에서 아름다움에 관한 감정은 별로 없다.
모욕을 관대하게 용서하는 일 ― 이는 고상하면서도 아름답다 ― 은
미개인 사이에서는 전혀 알려지지 않은 덕일뿐더러 오히려 야비한
비겁함처럼 경멸받는다. 용기는 미개인에게 가장 위대한 공적이고,
A 105 복수는 가장 달콤한 희열이다. 이 대륙의 나머지 원주민들은 훨씬 세
련된 느낌에 쏠려 있음 직한 마음의 특성과 관련한 흔적을 거의 보여
주지 못하며, 특이한 무감각이 이들 인종의 특징을 형성한다.

각 대륙에 존재하는 남녀 관계를 살펴보면, 우리는 오직 유럽인만이 유일하게 강력한 경향성의 감각적 자극을 수많은 꽃으로 장식하고 또 여러 도덕적인 것과 엮어서 그 자극의 쾌적함을 극도로 높일 뿐만 아니라 아주 품위 있게 만드는 비밀을 발견했음을 알게 된다. 이런 점에서 볼 때 근동 거주자에겐 매우 그릇된 취향이 있다. 그는

이런 충동과 결합될 수 있는 도덕적 아름다움을 전혀 이해하지 못하
기 때문에 감각적 즐거움의 가치조차 잃으며, 하렘은 그에게 불안의
지속적 원천이 된다. 그는 마음을 빼앗긴 갖가지 괴상함에 빠져드는
데, 그중에서 상상 속 보물은 고귀한 것 가운데 으뜸이고, 그는 그것
을 그 무엇보다도 확신하고자 힘쓴다. 그것의 전적인 가치는 오직 그
것을 때려 부수는 데에 있으며, 그것에 대해 우리 대륙 사람들은 대 A 106
체로 악의적 의혹을 많이 품는데, 근동의 거주자는 그것을 보존하기
위해 매우 부당한 수단을 사용하고 종종 혐오스러운 수단을 사용한
다. 그런 까닭에 그곳 여성은 하녀를 불문하고 항상 감옥 안에 있으
며, 야만적이고 무능하며 언제나 의심하는 남편을 둔다. 흑인이 사는
나라들에서 어디든 가장 심각한 노예 상태에 처해 있는 여성을 발견
하는 것보다 더 나은 것을 기대할 수 있을까? 겁쟁이는 언제나 약자
위에 군림하는 엄한 주인이다. 우리 경우에서도 그런 사람은 항상 부
엌의 독재자로 자기 집 밖에선 누군가의 면전에 대담하게 나서지 못
하는 것처럼 말이다. 라바[55] 신부가 보고하길, 어떤 흑인 목수가 자기
아내를 거만하게 대하는 것을 보고 그가 비난하자 그 목수는 이렇게
대답했다고 한다. "너희 백인은 정말 바보야. 우선 아내에게 그렇게 많이
허락하고선 그녀가 너희를 미치게 만들면, 그때서야 불평하니 말이야."
마치 여기에 어쩌면 우리가 숙고해볼 만한 무엇인가가 있는 것인 양 II 255
말이다. 그렇지만 요약하면, 이 녀석은 머리에서 발끝까지 완전히 검
으며, 이는 그가 했던 말이 어리석었다는 명백한 증거다. 모든 미개 A 107
인 가운데 캐나다의 미개인에게서보다 아내의 위신이 더 크고 실제적
인 경우는 없다. 이 점에서는 어쩌면 문명화한 우리 대륙을 능가하리
라. 이는 마치 그곳에서는 사람들이 아내들에게 굽실거리며 시중드
는 체한다는 말—이는 단지 겉치레 말뿐이다.—이 아니다. 아니,
실제로 아내들은 명령을 내린다. 그들은 모여서 가장 중요한 사안인

전쟁과 평화를 협의한다. 그런 후 그들은 여성 대표를 남성 협의회에 보내는데, 대개 여성 대표의 목소리가 결정하는 목소리다. 하지만 여성들은 이런 우선권을 상당히 비싼 값을 치르고 얻는다. 그들은 모든 집안일을 떠맡으며 남성들의 모든 힘든 일도 나눠 맡는다.

끝으로 역사에도 시선을 잠깐 던져본다면, 우리는 마치 프로테우
스[56]처럼 인간의 취향이 끊임없이 가변적 형태를 취함을 알게 된다.
고대 그리스와 로마는 시문학, 조각술, 건축술, 입법 그리고 도덕에
서조차도 숭고함을 비롯하여 아름다움에 관한 진정한 감정의 분명
A 108 한 특징을 보여주었다. 로마 황제의 통치기는 고상할 뿐만 아니라 아
름다운 단순함을 화려함으로, 그다음엔 잘못된 광채로 바꿔놓았다.
이에 대해서는 지금 남아 있는 그 당시의 웅변술과 시문학이 그리고
그들의 도덕 역사조차도 우리에게 교훈을 줄 수 있다. 훨씬 세련된
취향의 나머지도 국가의 완전한 멸망과 더불어 점차 소멸해갔다. 야
만인들은 유리하게 자신들의 힘을 강화한 후 어떤 전도된 취향을 만
들어냈는데, 우리는 괴상함으로 치달은 그 취향을 고딕식 취향이라
고 한다. 우리는 그 괴상함을 건축술에서뿐만 아니라 학문과 나머지
관습에서도 보았다. 일찍이 잘못된 예술이 주도했던 변질된 감정은
자연의 오래된 단순함보다는 오히려 다른 모든 부자연스러운 형태
를 받아들였고, 과장되거나 어리석은 것에 머물렀다. 숭고함으로 오
르기 위해 인간 천재가 취했던 최고 도약은 모험가에게 있었다. 우리
는 종교적 모험가와 세속적 모험가 그리고 불쾌하고 소름끼치는 양
A 109 자의 잡종도 여러 번 보았다. 한 손에는 기도서를 그리고 다른 손에
는 군기를 든 수도사들, 이들 뒤를 기만당해 산 제물이 된 모든 군대
가 뼈를 또 다른 천상이나 훨씬 신성한 땅에 매장하려고 뒤따른다.
II 256 봉헌된 전사들은 폭력과 범죄를 엄숙하게 서약함으로써 성스러워진
다. 그 뒤에 기이한 유형의 영웅적 공상가들이 스스로 기사라 칭했고

무술시합, 결투 그리고 낭만적 행위 등의 모험을 찾아다녔다. 이 시기에 종교는 학문 그리고 도덕과 더불어 형편없는 괴상함으로 왜곡되었다. 우리는 취향이란 훨씬 세련된 감정에 속하는 여타의 모든 것에서 취향의 타락과 관련한 명백한 징후를 드러내지 않고선 쉽게 한쪽으로 변질하지 않음을 알아챈다. 수도원의 서약은 유익한 인간 다수에서 부지런한 게으름뱅이가 모인 수많은 집단을 만들어냈고, 이 집단의 지나치게 골똘히 생각하는 생활방식은 이들을 수많은 학문적 괴상함을 생각해내는 데 적합하게 만들었다. 또 이 학문적 괴상함은 거기서 더 넓은 세상으로 나아가서 자기 종족을 퍼뜨렸다. 마침내 인간 천재가 일종의 재생으로 운 좋게 거의 완전한 파괴에서 벗어난 뒤에야 비로소 우리는 우리 시대에 예술과 학문에서처럼 도덕적인 A 110
것과 관련해서도 아름다움과 고상함에 관한 올바른 취향이 번성함을 보게 된다. 쉽사리 기만하는 거짓 광택이 우리를 은연중에 고상한 단순함에서 떼어놓지 못하는 사실보다 더 바랄 것은 없다. 하지만 무엇보다도 아직 발견되지 않은 교육의 비밀을 오랜 망상에서 건져내 모든 젊은 세계시민의 가슴속에서 도덕 감정을 일찌감치 활동적 느낌으로 높이고, 모든 섬세함이 단지 순간적이고 한가한 즐거움이 되지 않게 하여 우리 밖에서 일어나는 일들을 어느 정도 취향으로 판정하는 일보다 더 바랄 것은 없다.

자연신학의 원칙과 도덕 원칙의 명확성에 관한 연구

강병호 옮김

베를린 왕립 학술원이 1763년에 맞춰[1]
공모한 문제에 대한 답변

영민한 정신에게는 진정 이 작은 흔적들로 충분하다.
이를 통해 당신 자신이 나머지를 인식할 수 있다.[2]

1764[3]

일러두기

---

1. 『자연신학의 원칙과 도덕 원칙의 명확성에 관한 연구』(*Untersuchung über die Deutlichkeit der Grundsätze der natürlichen Theologie und der Moral*) 번역은 1764년 발표된 초판본을 대본으로 사용했고, 학술원판(*Vorkritische Schriften II 1757-1777*, in *Kant's gesammelte Schriften*, Bd. Ⅱ, pp.273-313, hrsg. von der Königlich Preußischen Akademie der Wissenschaften, Berlin, 1905)과 바이셰델판(*Vorkritische Schriften bis 1768*, in *Immanuel Kant. Werke in Zehn Bänden*, Bd. II, pp.739-773, hrsg. von Wilhelm Weischedel, Darmstadt, 1983)을 참조했다.

머리말

A 69; Ⅱ 275

[학술원이] 제시한 문제[1]는, 그것이 적절하게 해결된다면 이로써 고차 철학[2]이 특정한 형태를 갖추게 될 수밖에 없는 성질의 것이다. 만약 이런 종류의 인식에서 최고로 가능한 확실성에 도달할 수 있는 방법을 확립한다면, 그리고 이런 확신의 본성을 제대로 이해하게 된다면, 의견과 학계 분파들의 끊임없는 부침 대신에 변치 않는 교수법[3] 규칙이 [만들어져] 틀림없이 생각 있는 자들을 단일한 노력으로 통합할 것이다. 자연과학에서 뉴턴의 방법이 뒤죽박죽 상태의 물리학적 가설들을 경험과 기하학에 따른 확실한 절차로 변화시킨 것처럼 말이다. 그런데 형이상학에 형이상학 자신이 도달할 수 있는 확실성의 참된 정도(程度)를, 사람들이 거기에 도달할 수 있는 길과 더불어 제시해야 하는 이 논문 자체는 어떤 교수법을 취해야 할까? 이 논고 자체가 형이상학이라면, 이 논고의 판단은 이 논고로 어느 정도의 A 70
지속성과 확고함을 얻게 되길 바라는 학문이 지금까지 그래온 것만큼이나 불확실할 테고, 모든 것은 실패로 돌아갈 것이다. 그래서 나는 확실한 경험 명제들과 이것들에서 직접 이끌어낸 추론이 내 논문의 전체 내용이 되도록 할 것이다. 나는 철학자의 이론에도—이것의 불확실함이 바로 이번 공모 과제의 계기가 되었다—, 자주 사람

을 속이는 정의(定義)에도 의존하지 않을 것이다. 내가 사용하는 방법은 단순하고 조심스러울 것이다. 그럼에도 사람들이 불확실하다고 생각할 수 있는 몇 가지는 증명하기 위해서가 아니라 오직 설명하기 위해서 사용하는 종류의 것이다.

첫째 고찰
수학적 인식과 철학적 인식에서 확실성에 이르는 방식의 일반적 비교

A 71; Ⅱ 276

§ 1
수학에서는 모든 정의에 종합적으로 도달하는 반면, 철학에서는 분석적으로 도달한다

모든 일반 개념에 이르는 두 가지 길이 있다. 한편으로는 개념의 자의적 결합으로, 다른 한편으로는 분석[1]으로 명확해진 인식의 구별을 매개로. 수학은 첫째 방식으로만 정의를 규정한다. 예를 들어 사람들은 자의적으로 네 직선을 생각한다. 이 선들은 하나의 평면을 둘러싸고 있는데, 마주한 변들은 서로 평행하지 않다. 사람들은 이 도형을 부등변사각형이라고 명한다.[2] 내가 정의[3]하는 이 개념은 정의에 앞서서 주어지지 않고, 오히려 정의를 통해 비로소 생겨난다. 원뿔은 다른 아무것이나 의미할 수도 있지만, 수학에서는 직각삼각형이 한 변을 축으로 삼아 한 바퀴 회전한다는 자의적 표상에서 생겨난다. 이런 정의는 여기서 그리고 다른 모든 경우에서도 명백히 종합으로 생겨난다.

철학[4]에서 정의는 사정이 완전히 다르다. 여기서는 어떤 사물의 개념[5]이, 비록 얽히고설켜 충분히 규정되지 않은 채이긴 하지만, 이

미 주어져 있다. 나는 이 개념을 분석하고, 구별된 특성들을 모아서
주어진 개념과 모든 경우에 걸쳐 비교하고, 이러한 추상적 사유내용
을 상세하게 규정해야 한다. 예를 들어 모든 사람에게는 시간이라는
II 277 개념이 있다. 이 시간 개념을 정의해야 한다고 하자. 나는 시간 관념
을 모든 관계 속에서 고찰하면서 분석을 통해 그것의 특성을 발견해
A 72 야 하고, 여러 추상화된 특성을 결합하여 그것들에서 하나의 충분한
개념이 나오는지 살펴야 한다. 또 그 특성들을 서로 견주어보아 한 특성이 다른 특성을 부분적으로 자신 안에 포함하고 있지 않은지 확인해야 한다. 내가 여기서 종합적으로 시간의 정의에 이르고자 한다면, 이 개념이 우리에게 주어진 그 관념을 온전히 표현하는 바로 그 개념이기 위해서 얼마나 큰 행운이 있어야 하겠는가.

그럼에도 사람들은 때때로 철학자들도 종합적으로, 수학자들도 분석적으로 정의에 이른다고 말할 것이다. 예를 들어 철학자는 이성능력이 있는 실체를 자의적으로 생각해내고는 이를 정신이라고 한다.[6] 그러나 나는 그런 낱말뜻 규정은 결코 철학적 정의가 아니라고 대답하겠다. 그것이 도대체 정의라면 그것은 겨우 문법적 정의일 뿐이다. 자의적 개념에 내가 어떤 이름을 붙이고 싶어 하는지를 말하는 데 철학이 전혀 필요하지 않기 때문이다. 라이프니츠는 단지 희미한 표상[7] 외에는 아무것도 지니지 않은 단순한 실체를 생각해냈고 이를 잠자는 모나드[8]라고 했다. 이때 라이프니츠는 이런 모나드를 정의한 것이 아니라 생각해낸 것이다. 모나드 개념이 그에게 주어진 것이 아니라 그가 만들어냈기 때문이다. 이와 달리 수학자들은 때때로 분석적으로 정의를 내렸다. 나는 이 점을 인정하나, 이 또한 항상 잘못이었다. 이런 식으로 볼프는 유사성이라는 일반 개념 밑에 기하학에서 등장하는 유사성도 포괄하기 위해서,[9] 기하학의 유사성을 철학의 눈으로 고찰했다. [그러나] 그는 그런 시도를 언제나 그만둘 수 있었다.

왜냐하면 내가 원주에 있는 선분으로 둘러싸인 각들이 서로 같고, 이 각들을 둘러싸는 변들이 같은 관계에 있는 도형을 생각한다면, 이는 항상 도형의 유사성에 대한 정의로 여겨질 수 있고, 공간의 다른 유사성도 마찬가지기 때문이다. 기하학자에게는 유사성에 대한 일반적 정의가 전혀 중요하지 않다. 때때로 측량기술자[10]가 자신의 과제를 잘못 이해하고 저런 분석적 정의에 개입한다고 해도 사실 그런 개입에서 그가 도출할 수 있는 것은 아무것도 없다. 뭔가 도출해낸다 해도 그것은 근본적 의미에서 수학의 정의를 구성하지 않는다는 것이 수학의 행운이다. 그렇지 않았다면 이 학문도 철학이 겪는 바로 그 불행한 불화를 겪고 있을 것이다.

수학자는 흔히 철학적으로도 정의할 수 있는 개념, 가령 공간이란 A 73; Ⅱ 278
개념을 다룬다. 그런데 수학자는 그 개념을 명확하고 평범한 표상에 따라 주어진 것으로 받아들인다. 때때로 다른 학문에서 철학적 정의가 수학자에게 주어진다. 특별히 응용수학에서 그런데, 예를 들어 유동성에 관한 설명이 그렇다. 그러나 이런 경우에도 그런 정의는 수학에서 생기는 것이 아니라 거기서 단지 사용될 뿐이다. 얽히고설킨 채 주어진 개념을 분석하고, 그것을 상세하게 규정하는 것은 철학의 업무다. 이와 달리 수학의 업무는 분명하고 확실하게 주어진 크기 개념을 결합하고 비교하여, 여기에서 무엇을 도출할 수 있는지 살펴보는 것이다.

§ 2
수학은 분석, 증명, 추론에서 일반적인 것을 기호로 표시해 구체적으로 고찰하고, 철학은 일반적인 것을 기호를 사용해 추상적으로 고찰한다

이 글에서 우리는 경험에서 직접 추론한 명제만을 다루기 때문에, 현재 다루는 문제와 관련하여 나는 우선 산술(算術)에 의존한다. 즉 불특정한 크기의 일반 산술[11)]과 크기와 [기본] 단위의 관계가 규정되어 있는 곳에서는 수의 산술에 의지한다. 이 두 경우에 일단 사태 자체가 아니라 [사태를 나타내는] 기호를 사태의 증감, 사태의 관계 등을 나타내는 특수기호와 더불어 설정하고, 이어서 쉽고 확실한 규칙에 따라 대입, 결합 혹은 빼기 그리고 그밖의 여러 변환으로 이들 기호를 처리한다. 그래서 이 과정에서 기호로 표시된 사태 자체는, 마지막에 가서 결론을 내리며 상징적 추론의 의미가 해독될 때까지 사고에서 완전히 잊힌다. 둘째로 기하학에서 사람들은, 가령 모든 원의 성질을 알아내기 위해서 하나의 원을 그리고, 그 원 내부에서 서로 교차하는 가능한 모든 선분을 긋는 대신 두 선분만 긋는다. 이 두
A 74 선분에서 사람들은 [그들 사이의] 관계를 증명하고, 이 관계 속에서 모든 원 안에서 서로 교차하는 선분들의 관계에 대한 일반적 규칙을 구체적으로 고찰한다.

이것과 철학의 작업과정을 비교해보면 후자는 전자와 완전히 다르다. 철학적 고찰의 기호는 낱말뿐이다. 낱말은 그것들의 조합에서 — 해당 낱말이 가리키는 전체 관념을 구성하는 — 부분 개념들을
II 279 나타내지도 않고, 그것들의 결합에서 철학적 사고 간의 관계를 표시할 수도 없다. 그래서 이러한 종류의 인식에서 사람들은 숙고할 때마

다 사태 자체를 눈앞에 두어야 하며, 사태를 가리키는 일반 개념 대신에 개별 기호를 사용하는 중요한 편리함을 누리지 못하므로, 일반적인 것을 추상적으로 표상해야 한다. 예를 들어 측량기술자가 공간이 무한하게 분할가능함을 보이고자 한다면, 그는 가령 두 평행선 사이에 수직으로 서 있는 한 직선을 택할 테고, 이 평행선들 중 한 선의 한 점에서 나머지 두 선을 교차하는 선들을 그을 것이다. 그는 이 상징에서 최대의 확실성을 가지고 이 분할이 끝없이 계속될 수밖에 없음을 인식할 것이다. 반대로 철학자가 가령 모든 물체는 단순 실체로 구성되어 있다는 것을 보이고자 한다면, 그는 우선 물체가 전부 실체들로만 이루어졌다는 것과 서로 조합된 상태가 아니더라도 실체들은 계속 존재한다는 의미에서 그 조합은 우연적 상태일 뿐이라는 것, 따라서 한 물체 안에서 [가능한] 모든 조합은 사고 속에서 해체될 수 있지만 그럼에도 그 물체를 구성하는 실체들은 계속 존재함을 분명히 할 것이다. 그리고 모든 조합이 전부 해체되었을 때 조합된 것에서 남는 것은 단순한 것이기 때문에, 물체는 단순 실체들로 이루어져 있음이 분명하다고 할 것이다. 여기서는 어떤 도형도, 눈에 보이는 어떤 기호도 이 사고 내용들과 그들 사이의 관계를 표현할 수 없고, 규칙에 따른 어떤 기호의 대입 또한 추상적 고찰을 대신할 수 없다. 그래서 이런 작업과정에서는 사태 자체의 표상을 좀더 분명하고 이해하기 쉬운 기호의 표상으로 교체할 수 없고, 오히려 일반적인 것을 추상적으로 고찰해야 한다.

A 75

§ 3

수학에는 단지 적은 수의 분석불가능한 개념과 증명불가능한[12] 명제가 있는 데 반해서 철학에는 그런 개념과 명제가 셀 수 없이 많다

크기 통일성, 다수성, 공간 등의 개념은 적어도 수학에서는 분석불가능하다. 다시 말해서 그것들의 분석과 정의는 전혀 이 학문에 속하지 않는다. 물론 나는 몇몇 측량기술자가 학문의 경계를 뒤섞고 있고, 수학에서 때때로 철학을 하고 싶어 한다는 것을 잘 안다. 그래서 그들은 방금 언급한 개념들의 정의가 아무런 수학적 귀결을 갖지 않
II 280 는데도 그 개념들을 계속해서 정의하려고 한다. 그러나 한 학문 분과에서 그 해당 학문에서 정의가 필요하지 않은 모든 개념은, 그것들이 다른 학문에서 정의될 수 있건 없건, 분석불가능하다는 것은 확실하다. 그리고 나는 수학에는 그런 개념이 매우 드물다고 말했다. 이제 더 나아가 개념 분석을 통한 정의가 — 그런 정의가 다른 곳에서는 가능할지라도 — 수학적 인식에는 속하지 않는다는 의미에서, 나는 수학에는 본래 그런 [분석불가능한] 개념이 있을 수 없다고 주장하겠다. 수학은 결코 분석을 통해 주어진 개념을 정의하지 않고 자의적 결합을 통해, 바로 그런 결합으로 비로소 생각하는 것이 가능해지는 대상을 정의한다.

이를 철학과 비교해보자. 어떤 차이가 눈에 들어오는가? 철학의 모든 분과 특히 형이상학에서는 가능한 모든 분석은 또한 필요하다. 인식의 명확성뿐만 아니라 확실한 추론의 가능성도 거기에 달려 있기 때문이다. 그러나 분석을 통해서 불가피하게 — 그 자체로 혹은 우리에게 — [더는] 분석할 수 없는 개념에 이르게 될 테고, 저 많은 다양성에 대한 보편 인식이 단지 소수의 기본 개념만의 조합으로 이

루어져 있는 것은 불가능하기 때문에, 분석불가능한 개념의 수가 엄청나게 많을 것이란 점은 충분히 예견된다. 그래서 많은 개념은 거의 전혀 분석될 수 없다. 예를 들어 표상이란 개념, 옆으로 나란히 있음 혹은 앞뒤로 잇따라 있음이 그렇다. 다른 개념들은 부분적으로만 분석될 A 76
수 있다. 공간과 시간 개념, 숭고, 아름다움, 역겨움 같은 인간 영혼의 여러 감정에 대한 개념이 그렇다. 이들에 대한 정확한 지식과 분석 없이는 우리 본성의 동기를 충분히 알 수 없는데, 그럼에도 주의 깊은 관찰자는 [이런 감정에 대한] 분석이 많이 부족함을 알게 될 것이다. 쾌와 불쾌, 욕구와 혐오 그리고 이와 비슷한 무수히 많은 것이 결코 충분한 분석으로 설명되지 않으리라는 것을 나는 인정하며 그런 분석불가능성에 놀라지 않는다. 저렇게 다양한 종류의 개념에는 상이한 기본 개념이 근저에 놓여 있을 수밖에 없기 때문이다. 몇몇 사람이 저지른 실수, 즉 저런 모든 인식을 소수의 단순 개념으로 온전히 분석가능한 것으로 다루는 실수는 옛 자연철학자들이 빠졌던 실수와 유사하다. 자연의 모든 질료는 이른바 네 가지 요소로 되어 있다는 생각 말이다. 이런 생각은 좀더 나은 관찰로 폐기되었다.

나아가 수학에는 단지 적은 수의 증명될 수 없는 명제가 근저에 놓 II 281
여 있다. 그것들은, 비록 다른 곳에서는 증명될 수 있다 하더라도, 이 학문에서는 직접적으로 확실한 것으로 여겨진다. 전체는 모든 부분의 합과 같다. 두 점 사이에는 오직 하나의 직선만이 있을 수 있다 등의 명제가 그렇다. 이렇게 분명한 명제들 외에 어떤 다른 명제도 결코 참이라고 전제할 수 없고, 나머지 모든 명제는 엄격히 증명되어야 함을 사람들이 알 수 있도록 수학자들은 보통 이런 기본 명제들을 자신들의 연구 앞에 열거한다.

이것과 철학, 명시적으로 형이상학을 비교한다면, 나는 이들 학문 전반에 걸쳐 근저에 놓여 있는 증명될 수 없는 명제들이 나열되어 있는 표를 기꺼이 보고 싶다. 그 표를 만드는 것은 측정이 불가능 한 계획일 것이다. 그런데 이러한 증명불가능한[13] 기본 진리를 찾는 것이 저 고차 철학의 가장 중요한 업무다. 그리고 이런 발견은 그러
A 77 한 종류의 인식이 확장되는 한 결코 끝나지 않을 것이다. 어떤 대상이든지, 지성이 그 대상에서 우선 그리고 직접 지각하는 특성은 아주 많은 증명불가능한 명제를 위한 자료가 된다. 그리고 바로 이 명제들이 다시금 정의를 만드는 기초가 된다. 공간이 무엇인지를 정의하려 하기 전에 나는 이 개념이 나에게 주어져 있기 때문에, 최우선적으로 분석해서 그 개념 안에서 우선 그리고 직접 사유되는 특성을 찾아야 함을 명확히 깨닫는다. 그에 따라 나는 거기에 다수가 서로 외부에 있다는 것, 이 다수는 ― 나는 공간 안의 사물이 아니라 공간 자체를 인식하려고 하기 때문에 ― 실체가 아니라는 것, 그리고 공간에는 단지 세 차원만 있을 수 있다는 것 등을 인지한다. 이런 명제들을 사람들은 구체적으로 고찰함으로써 직관적으로 인식하여 잘 해명할 수는 있으나, 결코 증명할 수는 없다. 도대체 무엇에서 증명할 수 있겠는가? 그 명제들은 내가 공간을 생각하기 시작하면 대상에서 내가 가질 수밖에 없는 최초의 그리고 가장 단순한 사유내용이니 말이다. 수학에서 대상에 대한 내 개념은 정의를 거쳐 비로소 생겨나기 때문에, 정의는 정의된 사물에 대해 내가 가질 수 있는 최초의 사유다. 여기서 이 정의를 증명할 수 있다고 생각하는 것은 전혀 사리에 맞지 않는다. 정의해야 하는 사물에 대한 개념이 주어지는 철학에서는 그
II 282 개념에서 직접 그리고 우선 지각되는 것이 증명불가능한 기본 판단에 기여해야 한다. 나는 사물에 대해 전적으로 명확한 개념을 아직 갖고 있지 않고 우선 찾고 있기 때문에, 기본 판단[14]을 이 개념에서 증명할 수 없고,[15] 오히려 기본 판단이 이러한 명확한 인식과 정의를 산출하는 데 기여한다. 그러므로 나는 기본 판단을 사물에 대한 모든

철학적 설명에 앞서 갖추고 있어야 한다. 그리고 여기서는 도출된 특성을 시원적 특성으로 여기는 실수만 일어날 수 있다. 아래의 고찰에서는 이것을 의심할 여지가 없게 하는 것을 다룰 것이다.

§ 4 수학의 대상은 쉽고 단순하지만, 철학의 대상은 어렵고 복잡하다 A 78

수학의 대상은 크기이고 크기 고찰에서 중요한 것은 어떤 것이 [기본 단위의] 몇 배인가 하는 것이기 때문에, 수학적 인식이 일반 크기 이론(이것이 본래 일반 산술학이다)에 속하는 소수의 아주 명확한 기본 원리에 기반을 두어야 함은 분명하다. 여기서도 크기의 증가와 감소, 근(根)이론에서 크기를 동일한 인수로 분해하기는 마찬가지로 소수의 단순한 기본 개념에서 생겨난다. 공간에 관한 얼마되지 않는 소수의 기본 개념은 크기에 관한 이런 일반적 지식이 기하학에 적용되는 것을 매개한다. 수학의 대상은 쉽고 단순하고, 철학의 대상은 어렵고 복잡하다는 것을 납득하기 위해서 사람들은 예를 들어 엄청난 다수성을 자신 안에 포함하는 산술적 대상의 손쉬운 파악가능성과 자신 안에 인식될 수 있는 것이 조금밖에 없는 철학적 관념의 훨씬 더 어려운 이해가능성을 맞비교해보기만 하면 된다. 조(兆)와 그것의 단위 사이의 관계는 아주 명료하게 이해된다. 그 대신 철학자들은 오늘날까지도 자유 개념을 그것의 단위로부터, 즉 그것의 단순하고 잘 알려진 개념으로부터 이해가능하게 만들 수 없었다. 다시 말해서 철학의 본래 대상은 질(質)인데, 질은 끝없이 많고 질을 구분하는 것은 매우 힘든 작업이다. 마찬가지로 분석으로 복잡한 인식을 푸

는 것은, 주어진 단순한 인식을 종합을 통해 결정해서 결론에 이르는
것보다 훨씬 어렵다. 많은 사람이 철학을 고차 수학과 비교하여 훨씬
Ⅱ 283 쉽다고 생각한다는 것을 나는 알고 있다. 그러나 그 사람들은 철학이
라는 제목이 붙은 책에 쓰여 있는 모든 것을 철학이라고 한다. 차이
는 성과로 드러난다. 철학적 인식은 대부분 의견이라는 운명을 갖고
있고, 유성처럼 그것의 광채가 그것의 지속성에 대해서 아무런 약속
도 하지 못한다. 철학적 인식은 사라지나 수학은 남는다. 형이상학은
의심할 여지없이 모든 인간적 통찰 중에서 가장 어려운 것이다. 그러
A 79 나 아직 어떤 형이상학도 쓰여지지 않았다. 학술원의 공모과제는 사
람들이 이로써 비로소 형이상학을 찾을 수 있으리라 생각하는 그러
한 길을 탐색할 이유가 있음을 보여준다.[16]

둘째 고찰
형이상학에서 최고의 확실성에 도달하는 유일한 방법

형이상학은 우리 인식의 제일[1] 원리에 대한 철학과 다름없다. 따라서 앞의 고찰에서 철학과 비교하며 수학적 인식에 관하여 제시한 것은 또한 형이상학과의 관계에서도 타당하다. 우리는 이 두 학문의 인식 사이에서 발견할 수 있는 중요하고 본질적인 차이를 보았다. 그리고 그것을 고려하여 워버튼 주교[2]와 더불어 다음과 같이 말할 수 있다. 철학에 수학보다 더 해로운 것은 없었다. 다시 말해 수학의 방법을 사용할 수 없는 곳에서 수학의 방법을 모방하려는 것보다 해로운 것은 없었다. 물론 크기에 대한 지식을 포함하는 철학 부분에서 수학적 방법을 적용하는 것은 완전히 다른 것이고, 그것의 유용성은 측량할 수 없을 정도로 크다.

수학에서 나는 대상, 예를 들어 삼각형, 원 등의 정의에서 시작한다. 형이상학에서는 결코 그렇게 시작해서는 안 된다. 형이상학에서 정의[3]가 사물에 대해 인식하는 첫 번째 것이라고 하는 것은 말이 안 된다. 그것은 오히려 거의 항상 마지막에 온다. 다시 말해서 수학에서는 정의가 대상을 주기까지 나는 대상에 대해서 어떤 개념도 갖고 있지 않다. 형이상학에서는 비록 혼란스러운 것이긴 하지만 나에게 이미 주어진 개념이 있고, 나는 그중에서 명료하고 상세하고 분명한

개념을 찾아야 한다. 그럼 나는 어떻게 시작할 수 있을까? 아우구스
티누스는 말했다. 나는 시간이 무엇인지 잘 알고 있다. 그런데 누가
II 284 나에게 물으면 나는 그것이 무엇인지 모르겠다.[4] 여기서 희미한 관
A 80 념의 발전, [관념들 간의] 비교, 분류, 제한과 같은 많은 작용이 일어
나야 한다. 그리고 나는 감히 다음과 같이 말하겠다. 비록 시간에 대해서 많은 참된 것과 통찰력 있는 것들이 말해지긴 했지만, 그럼에도 그것에 대한 실제 정의[5]는 결코 주어지지 않았다. 명목상 정의[6]는 우리에게 거의 혹은 전혀 도움이 되지 않는다. 명목상 정의 없이도 사람들은 그 낱말을 헷갈리지 않을 만큼 충분히 이해하기 때문이다. 시간에 관한 책에서 발견할 수 있는 만큼 시간에 대한 많은 수의 올바른 정의를 사람들이 갖고 있다면, 얼마나 확실하게 그로부터 추론하고 결론을 도출할 수 있을까. 그러나 경험은 우리에게 반대되는 것을 가르쳐준다.

철학에서, 특별히 형이상학에서 사람들은 어떤 대상에 대한 정의를 갖기 이전에, 나아가 그것에 대한 정의를 내리려는 아무 시도조차 하지 않을지라도 자주 그 대상에 대해 아주 많은 것을 명확하고 확실하게 인식할 수 있고 그로부터 확실한 결론을 도출할 수 있다. 다시 말해 어떤 사물이든 그것에 대해서 여러 다양한 술어가 내게 직접적으로 확실할 수 있다. 비록 내가 그 사물에 대해 상세하게 규정된 개념, 즉 정의를 내릴 만큼 그 술어들을 충분히 알지 못할지라도 그렇다. 비록 **욕구**가 무엇인지 한 번도 정의하지 않았어도, 나의 모든 욕구는 욕구된 것에 대한 표상을 전제하고, 이 표상은 미래의 것에 대한 예견이며 쾌의 감정과 결부되어 있다 등등을 확실하게 말할 수 있다. 이 모든 것을 누구나 욕구에 대한 직접적 의식 속에서 지속적으로 지각한다. 이러한 진술들을 비교한 후 사람들은 아마 결국 욕구의 정의에 이를 수도 있을 것이다. 그러나 정의 없이도 사람들이 찾

는 것이 그 사물의 몇몇 직접적으로 확실한 특징에서 추론될 수 있는 한, 그런 잘못되기 쉬운 시도를 할 필요가 없다. 수학에서는 사람들이 아는 것처럼 사정이 완전히 다르다.

수학에서 기호의 의미는, 사람들이 그것에 어떤 의미를 부여하
려 했는지를 쉽게 의식할 수 있기 때문에 확실하다. 철학 일반에서
는, 특히 형이상학에서 낱말은 자신의 의미를, 그것들의 의미가 논리
적 제한에 따라 좀더 정확하게 규정되지 않는다면 언어 관습에서 얻
는다. 그런데 매우 비슷하지만 그럼에도 상당한 차이가 감추어져 있 A 81
는 개념들에서 자주 같은 낱말이 사용되기 때문에, 사람들은 형이상
학에서 그 개념을 사용할 때마다 비록 그 개념의 사용이 언어 관습에
따라 정확히 어울리는 것처럼 보여도, 매우 조심하며 여기서 같은 기 II 285
호와 결부된 개념이 정말로 같은 개념인지에 주의를 기울여야 한다.
예를 들어 한 금속에서 발견되는 밀도가 다른 금속에서 발견되지 않
는다는 것을 알아챌 때 우리는 황금과 놋쇠를 **구별한다**고 말한다. 나
아가 가축이 한 사료는 먹고 다른 것은 그냥 놔둘 때, 사람들은 그 가
축이 그 사료를 다른 것과 **구별한다**고 말한다. 지금 이 두 경우에 모
두 구별한다는 낱말이 사용되는데, 첫째 경우에 이 낱말은 **판단함** 없
이는 결코 일어날 수 없는 **차이를 인식한다**는 것을 의미하지만, 둘째
경우에는 판단이 선행해야 할 필요 없이 상이한 표상에 따라 **다르게
행동한다**는 것만을 보여줄 뿐이다. 우리는 동물에게서는 그것이 상이
한 감각을 통해 상이한 행동으로 추동된다는 것을 지각할 뿐이다. 이
것은 동물이 같음과 다름에 대해서 조금도 판단을 내리지 않고도 충
분히 가능한 일이다.

이 모든 것으로부터 최대로 가능한 형이상학적 확실성에 도달할 수 있는 유일한 방법의 규칙이 아주 자연스럽게 흘러나온다. 이 규칙은 사람들이 지금까지 쫓아온 규칙과 매우 다르며, 사람들이 그것을

적용하게 되면 다른 길로는 결코 기대할 수 없는 정도의 행복한 결과
를 약속한다. **첫째 최우선 규칙**은 다음과 같다. 사람들은 정의에서 시
작하지 말아야 한다. 예를 들어 필연적이란 그것의 반대가 불가능하
다는 것이다 같은, 말하자면 한낱 낱말 정의[7]가 추구되는 것이 아니
라면 말이다. 그러나 저렇게 자신 있고 명확하게 규정된 개념을 처음
부터 곧장 세울 수 있는 경우는 매우 드물다. 오히려 사람들은 대상
에 대해 정의를 내리기 전에 먼저 주의 깊게 자신의 대상에서 직접적
으로 확실한 것을 찾아야 하고 그것에서 결론을 끌어내야 한다. 희망
하는 정의를 찾겠다는 조바심 없이 그 대상에 관한 참되고 아주 확실
한 판단만 획득하려고 집중해야 한다. 함부로 정의를 내리려고 해서
A 82 는 안 되고, 분명한 판단에서 정의가 자신을 분명하게 드러낼 때 비
로소 인정해야 한다. **둘째 규칙**은 다음과 같다. 사람들은 대상에 관한
직접적 판단을 그 대상 안에서 먼저 확실하게 발견되는 것과 관련하
여 특별히 구분하고,[8] 한 판단이 다른 판단에 포함되어 있지 않다는
것이 확실해진 후 그 판단을 기하학의 공리처럼 모든 추론의 토대로
II 286 앞세운다. 이로부터 사람들은 형이상학적 고찰에서 항상 확실히 아
는 것을—그런 것이 드물긴 하지만—특별하게 구분해야 한다는
결론이 나온다. 불확실한 인식과도 그것이 혹시 확실한 인식의 길로
이끌어줄 수 있지 않을지 보기 위해 시도해볼 수는 있지만, 그래도
불확실한 인식이 확실한 인식과 뒤섞이지 않아야 한다. 나는 이 방법
이 다른 모든 합리적 방법과 공통으로 갖고 있는 다른 행위규칙들은
더 이상 열거하지 않고, 아래에서는 내가 제시한 방법을 예를 들어
분명하게 보이는 것에 만족하겠다.

형이상학의 진짜 방법은 뉴턴이 자연과학에서 도입했고, 거기서 아주 유익한 결과를 낳은 방법과 기본적으로 같다. 자연과학에서도 사람들은 확실한 경험을 통해, 필요하다면 기하학의 도움을 받아 자

연현상이 일어나는 규칙을 찾아야 한다고 말한다. 사람들이 비록 자연현상의 제일 근거를 물체 안에서 발견하지 못한다 하더라도, 그 자연현상이 이 법칙에 따라 작용한다는 것은 확실하다. 그리고 그러한 복잡한 자연현상이 이러한 잘 증명된 규칙 아래 있다는 것을 분명하게 보여준다면, 우리는 그러한 자연현상을 설명하는 것이다. 형이상학에서도 마찬가지다. 확실한 내적 경험, 즉 직접적으로 확실한 의식을 통하여 어떤 일반적 성질의 개념 안에 확실히 들어 있는 특성을 찾아라. 비록 사물의 전체 본질은 알지 못한다 하더라도 그 사물에 관한 많은 것을 추론하기 위해서 그 특성을 확실하게 이용할 수 있을 것이다.

물체의 본성에 대한 인식에서 예시되는 형이상학의 유일하게 확실한 방법

간략함을 위해서 나는 첫째 고찰의 둘째 절(§ 2) 마지막 부분에서[9)]
소략하게 제시된 증명을 사용하고자 한다. 모든 물체는 틀림없이 단 A 83
순한 실체로 구성되어 있다는 명제를 우선 여기에서 바탕으로 삼기 위해서다. 물체가 무엇인지 확정하기 이전에 나는 이미 물체가—서로 결합되어 있지 않더라도 존재할 터인—부분들로 이루어졌다는 것을 확실히 안다. 그리고 만약 실체라는 개념이 추상화된 개념이라면, 그것은 의심할 여지없이 이 세계의 물체적 사물에서 추상된 것이다. 그런데 이 물체적 사물을 실체라고 이름 붙이는 것조차 불필요하다. 최고의 확실성을 가지고 물체가 단순한 부분들로 구성되어 있다고 결론 내릴 수 있는 것으로 충분하다. 이에 대한 확실한 분석은 쉬우나, 여기서는 지나치게 번거롭다.[10)] 이제 나는 기하학의 틀릴 수 II 287

없는 증거를 매개로 하여, 공간은 단순한 부분들로 이루어져 있지 않다는 것을 제시할 수 있다. 이에 대한 논거는 충분히 알려져 있다.[11] 이에 따르면 각 물체에는 특정 수의 부분들이 있고 (이 부분들은 모두 단순하다), 그 물체가 차지하는 공간도 같은 수의 부분들이 있다 (이 공간의 부분들은 모두 조합돼 있다). 이로부터 물체 안의 모든 단순한 부분(요소)은 공간을 차지한다고 추론된다.[12] 이제 내가 공간을 차지한다는 것이 무엇을 의미하는지 묻는다면, 나는 공간의 본질에 신경 쓰지 않고 다음과 같은 것을 알게 된다. 공간이 어떤 사물에 의해서 거기서 저항하는 어떤 것 없이 관통될 수 있다면, 사람들은 — 원한다면 — 기껏해야 어떤 것이 이 공간 안에 있다고 말할 수 있을 것이다. 그러나 어떤 것이 이 공간을 차지하고 있다고는 결코 말할 수 없을 것이다.[13] 이로부터 한 물체가 같은 공간으로 침투하려고 할 때 거기서 그 움직이는 물체에 저항하는 무언가가 거기에 있을 때 무언가가 그 공간을 차지하고 있다는 것이 알려진다. 이 저항이 불가입성(不可入性)이다.[14] 따라서 물체는 불가입성으로 공간을 차지한다. 그런데 불가입성은 힘이다. 힘은 저항, 즉 외적 힘에 반대하는 작용을 표현하기 때문이다. 그리고 물체에 속하는 힘은 그 물체의 단순한 부분들에 속해야 한다. 따라서 각 물체의 요소들은 그들이 차지하는 공간을 불가입성이라는 힘으로 채우고 있다.[15] 그런데 나아가 나는, 물체 안의 각 요소는 공간을 채우기 때문에, [물체의] 기본 요소들은 연장되어 있지 않은지 묻는다.[16] 여기서 나는 일단 직접적으로 확실한
A 84 정의를 동원할 수 있다. 즉, 각 물체가 — 내가 비록 그 물체 외에 아무것도 없다고 표상한다 할지라도 — 공간을 채우는 것처럼, 스스로(절대적으로) 정립되어 공간을 채우는 것은 연장되어 있다. 그러나 내가 단적으로 단순한 요소를 관찰한다면, 그리고 그 요소가 (다른 요소들과 결합 없이) 혼자 정립된다면, 그 요소 안에 다수가 서로 외부

에 있는 것은 불가능하고, 그 요소가 절대적으로 공간을 차지하는 것은 불가능하다. 그래서 그것은 연장된 것일 수 없다. 그런데 여러 외부 사물에 반대해서 사용된 불가입성의 힘이 그 요소가 공간을 차지하는 원인이기 때문에, 그로부터 그의 외적 작용에서는 다수성이 추론되어 나오지만, 내적 부분들과 관련해서는 어떤 다수성도 추론되지 않는다. 그러므로 그 요소가 물체 안에서 (다른 요소들과 결합하여) 공간을 차지하고 있다는 것은 그것이 연장된 것이라는 것의 근거가 되지 못한다.[17)]

형이상학자들이 한번 바탕에 놓은 그들의 정의로부터 습관에 따 II 288
라 편안하게 결론을 내린다면 그들의 증명이 얼마나 천박하게 되는지를 분명하게 하려고 몇 마디 더 하고자 한다. 그런 추론은 그 정의가 부정확하면 곧장 실패한 것이 된다. 대부분 뉴턴 추종자들이 뉴턴보다 더 나아가서, 물체는 떨어져 있을 때에도 직접적으로 (혹은 그들이 말하는 것처럼 빈 공간을 통하여) 서로 잡아당긴다고 주장한다는 것은 잘 알려져 있다.[18)] 분명 지지하는 많은 근거가 있는 이 명제의 옳고 그름 여부는 논외로 하자. 그러나 나는 형이상학이 적어도 그 명제를 논박하지는 못했다고 주장한다. 우선 물체는 서로 접촉되어 있지 않을 때 서로 떨어져 있다. 이것이 아주 정확하게 그 낱말의 의미다. 그러나 접촉이란 말로 내가 무엇을 의미하는지 스스로 물어본다면, 나는 [이 낱말의] 정의에 신경 쓸 필요 없이 내가 항상 다른 물체의 불가입성이라는 저항에서 내가 그 물체와 접촉하고 있다는 판단을 내린다는 것을 알게 된다. 이 개념이 근원적으로 느낌에서 생긴다고 생각하기 때문이다. 눈으로 판단해도 단지 한 질료가 다른 질료와 접촉할 것이라고 겨우 추측할 뿐이고, 불가입성의 저항을 느끼고야 나는 비로소 그것을 확실히 안다. 이런 식으로 내가 어떤 물체는 떨어져 있는 물체에 직접 작용한다고 말하면, 이것은 그 물체가 떨어져 있

는 물체에 직접적으로, 그러나 불가입성에 의해 매개되지 않고 작용
한다는 것과 같은 말이다. 그러나 여기서 왜 이것이 불가능해야 하는
A 85 지 전혀 알 수 없다. [이것이 불가능하다는 것을 보이려면] 누군가 불
가입성이 물체의 유일한 힘이라는 것을 혹은 적어도 물체는—불가
입성이란 힘의 매개에 따라 동시에 작용하는 것 없이는—다른 힘을
가지고 직접 작용할 수는 없다는 것을 보여야 했다. 그러나 이것은
결코 증명되지 않았기 때문에 그리고 또한 증명되기 어려워 보이기
때문에, 형이상학은 적어도 떨어져서 직접 작용하는 인력에 반대할
어떤 건실한 근거도 갖고 있지 않다. 그렇지만 형이상학자의 근거를
등장시켜보자. 우선 정의가 출현한다. 두 물체의 직접적인 상호적 현
존이 접촉이다. 여기에서 두 물체가 서로 직접 작용하면, 그들은 서
로 접촉해 있다는 결론이 나온다. 서로 접촉하는 사물은 떨어져 있지
않다. 그러므로 두 물체는 떨어져서는 결코 서로 직접 작용하지 않는
다 등등. 이 정의는 사취된 것이다. 모든 직접적 현존이 접촉인 것은
아니며, 불가입성을 매개로 한 것만이 그렇다. 그리고 나머지 모든
추론은 허공 속에 쌓아올린 것이다.

나는 이 논고에서 더 나아가고자 한다. 앞에서 든 예에서 보듯이
II 289 사람들이 대상에 관해 그것을 정의하지 않고도 형이상학에서뿐만
아니라 다른 학문에서도 확실성을 가지고 많은 것을 말할 수 있다는
것은 분명하다. 위의 예에서 물체가 무엇인지도, 공간이 무엇인지도
정의되지 않았지만, 그럼에도 사람들은 물체와 공간에 관해 신뢰할
만한 명제를 가지고 있다. 내가 가장 중요하게 생각하는 것은 다음과
같은 것이다. 형이상학에서 사람들은 철저히 분석적으로 작업해나
가야 한다. 실제로 형이상학이 할 일은 엉켜 있는 인식을 푸는 것이
기 때문이다. 사람들이 이것을 모든 학파에서 유행하는 철학자들의
작업과정과 비교한다면 이들의 작업과정을 얼마나 어처구니없다고

판단하게 될까? 철학자들이 철저히 모방하고 싶어 하는 수학자의 계
획이 철학자들의 머리를 사로잡고 있기 때문에, 지성이 자연스러운
방식으로는 마지막에 도달하게 되는 가장 추상화된 개념[19]이 철학
자들의 작업의 처음을 이룬다. 그래서 형이상학과 다른 모든 학문 사
이에는 특이한 차이가 발견된다. 기하학을 비롯해 수학의 여타 분야
에서는 쉬운 것에서 시작해서 점차 어려운 연습으로 올라간다. 형이
상학에서는 가장 어려운 것에서 그러니까 가능성, 현존이란 것, 필연
성, 우연성 같은 순수 개념에서 시작한다. 이러한 순수 개념들은 무
엇보다 그들의 기호가 사용 중 — 지각되기는 어려우나 그 차이를 놓
쳐서는 안 되는 — 많은 변종을 겪기 때문에 고도의 추상력과 주의력 A 86
이 요구된다. 사람들은 철저히 종합적으로 작업해나가야 한다고 한
다. 그래서 시작하자마자 정의를 만들고 그로부터 자신 있게 결론을
내린다. 이런 성향이 있는 철학자들은 그들이 철저하게 사유하는 비
밀을 측량기술자에게서 배웠음을 서로 축하한다. 그러나 기하학자
는 조합을 통해 개념을 얻는 데 반해서 철학자는 분석을 통해서만 그
럴 수 있으며, 이것이 사고하는 방법을 완전히 변화시킨다는 것을 눈
치채지 못한다.

반대로 철학자들이 건강한 이성의 자연스러운 길에 들어서서 그
들이 (예를 들어 공간 혹은 시간 같은) 대상의 추상적 개념에 대해 확
실히 아는 것을 — 정의를 제시하겠다는 주장 없이 — 우선 찾고, 이
렇게 얻어진 확실한 자료로만 결론을 내린다면, 그리고 개념의 모든
변화된 사용에서 그것의 기호는 같다 하더라도, 그 개념 자신이 사용
중 변화하지는 않았는지에 주의를 기울인다면, 철학자들은 아마 많
은 인식을 판매할 수는 없겠지만, 그래도 그들이 제시하는 인식은 확
실한 가치를 지닐 것이다. 후자의 경우에 관해서 나는 예를 하나 더
들고 싶다. 대다수 철학자는 우리가 깊은 잠에서 가질 법한 개념을 II 290

희미한 개념의 예로 든다. 희미한 표상은 사람들이 그것을 의식하지 못한 표상이다. 그런데 몇몇 경험은 우리가 깊은 잠에서도 표상을 갖는다는 것을 보여준다. 그 표상을 [깨어서는] 의식하지 못하기 때문에 우리는 그것들이 희미한 표상이었다[고 생각한다]. 여기서 의식은 이중의 의미를 갖는다. 사람들은 자신들이 표상을 갖고 있다는 표상을 의식하지 못하거나, 그들이 표상을 갖고 있었다는 표상을 의식하지 못한다. 전자는 표상이 영혼에서 일어났을 때 그 표상의 희미함을 나타낸다. 후자의 경우는 사람이 기억하지 못한다는 것, 그 이상의 것을 전혀 보여주지 않는다. 지금 제시된 예는 사람들이 깨어 있을 때 기억하지 못하는 표상이 있을 수 있다는 것만을 알려줄 뿐이다. 그로부터 소바지[20] 씨가 보고하는 갑자기 몸이 굳는 사람의 예 혹은 몽유병자의 보통 행위처럼, 그 표상이 잠에서 분명하게 의식되지 않
A 87 았다는 것은 전혀 따라 나오지 않는다. 그보다는 사람들이 먼저 다양한 경우에 주의를 기울여서 개념에 매번 적절한 의미를 부여함 없이 지나치게 경솔하게 결론으로 치닫기 때문에, 이 경우에 짐작건대 자연의 큰 비밀이 부주의하게 무시되었다. 즉, 아마도 깊은 잠에서 이성적으로 사고하는 영혼의 최고 능숙함이 실행될 수도 있다는 것 말이다. 왜냐하면 사람들은 이에 반대하는 근거로서 깨어 있을 때 기억하지 못한다는 것 외에는 다른 근거를 갖지 못하고, 이것은 아무것도 증명하지 못하기 때문이다.

형이상학에서 종합적으로 작업하려면 아직 멀었다. 우리가 분석의 도움으로 개념을 분명하고 상세하게 이해했을 때에야, 수학에서처럼 종합을 통해 조합된 인식이 가장 단순한 인식이 될 수 있을 것이다.

셋째 고찰
형이상학적 확실성의 본성에 관하여

§ 1
철학적 확실성은 수학적 확실성과는 완전히 다른 본성을 갖고 있다

어떤 인식이 틀리는 것이 불가능하다는 것을 인식할 때 확실하다
고 한다.[1] 이러한 확실성의 정도는 객관적으로 볼 때 진리의 필연성 II 291
의 징표가 충분한지에 달려 있다. 그러나 주관적으로 보면 확실성 정
도는 이러한 필연성에 대한 인식이 직관을 많이 가지면 가질수록 커
진다. 이 두 가지 측면에서 모두 수학적 확실성은 철학적 확실성과는
종류가 다르다. 나는 이것을 가장 분명하게 제시하고자 한다.

인간 지성은 자연의 다른 모든 힘처럼 규칙에 묶여 있다. 지성이
개념을 규칙 없이 결합하기 때문이 아니라, 한 사물에서 지각하지 못
한 특성을 그 사물에 대해서 부정하기 때문에 그리고 한 사물에서 A 88
의식하지 못한 것을 존재하지 않는다고 판단하기 때문에 사람은 착각
에 빠진다. 그런데 수학은 첫째 그들의 개념에 종합적으로 도달하고,
자신의 대상에서 정의를 통해 표상하고 싶지 않은 것은 그 대상 안
에 포함되어 있지 않다고 확실하게 말할 수 있다. 정의된 것의 개념

은 정의를 통해 비로소 생겨나며, 정의가 그에게 준 의미 이상의 어떤 다른 의미도 갖지 않기 때문이다.[2)] 이것을 철학, 특별히 형이상학과 비교해보면 형이상학은 정의를 내리고자 할 때 훨씬 불확실하다. 정의되어야 하는 것의 개념이 주어져 있기 때문이다. 주어진 개념을 충분히 구분하는 데 필요한 이런저런 특성을 지각하지 못한 채 그 온전한 개념에 그러한 특성이 빠져 있지 않다고 판단하면 그 정의는 그릇되고 오해를 불러온다. 이런 과오를 무수히 많은 예를 들어 눈앞에 제시할 수 있지만, 나는 이와 관련하여 위에서[3)] 제시한 접촉의 예를 언급하는 것으로 그치겠다. **둘째로** 수학은 추론과 증명에서 자신의 일반적 인식을 기호 아래에서 구체적으로 고찰한다. 그러나 철학은 자신의 일반적 인식을 기호와 더불어 추상적으로 고찰한다. 이것은 확실성에 이르는 두 방식 사이에 중요한 차이를 만든다. 수학의 기호는 감성적 인식수단이기 때문에 사람이 눈으로 보는 것을 확신하는 것과 같은 확신을 가지고 어떤 개념도 부주의하게 놓치지 않았다는 것을, 모든 개별적 비교가 수월한 규칙에 따라 수행되었다는 것 등등을 알 수 있다. 여기서 주의력은 사물을 일반적 표상에서 생각하지 않고, 기호를 감성적인 개별적 인식 속에서 생각해야 한다는 것을 통해 매우 수월해진다. 반대로 철학적 인식의 기호로서 낱말은 표시된 일반 개념을 기억하는 것 외에는 어떤 것에도 도움이 되지 않는
II 292 다. 사람들은 낱말의 의미를 항상 직접적으로 눈앞에 두고 있어야 한다. 순수 지성은 긴장 상태에 있어야 한다. 어떤 감성적인 것도 우리가 추상적 개념의 특성을 놓치고 있다는 것을 우리에게 드러낼 수 없기 때문에 그런 놓침이 얼마나 쉽게 일어나는가. 그렇게 되면 상이한 사물이 같은 것으로 여겨지고 그릇된 인식을 낳게 된다.

A 89 [요약하면] 여기서 제시된 것은 다음과 같다. 확실한 철학적 인식에서 착각하는 것이 불가능하다고 추정할 수 있는 이유는, [인식의

성격] 그 자체로도 사람들이 수학에서 그렇게 추정할 수 있는 이유만큼 결코 그렇게 확실할 수 없다. 그런데 이것 이외에도 이러한 인식의 직관 또한, 그것의 정확성에 관한 한, 철학에서보다 수학에서 더 크다. 수학에서는 대상을 감성적 기호 속에서 구체적으로 고찰하지만, 철학에서는 항상 추상화된 일반 개념 속에서만 고찰하기 때문이다. 추상적 일반 개념의 인상은 감성적 기호의 인상만큼 그렇게 분명할 수 없다. 나아가 기호가 표시된 사물과 유사성을 갖는 기하학에서는 그래서 이러한 확실함이 더욱 크다. 비록 대수학의 확실성도 마찬가지로 신뢰할 만하지만 말이다.

§2
형이상학은 확신에 [필요한] 충분한 확실성을 줄 수 있다

형이상학의 확실성은 다른 모든 철학적 인식과 같은 종류이다. 철학적 인식은 형이상학이 제공하는 일반적 근거에 맞는 한에서만 확실할 수 있다. 우리가 이성적 근거를 통하여 수학 이외에도 많은 경우에서 확신에 이르기까지 온전한 확실함을 가질 수 있다는 것은 경험으로 알려져 있다. 형이상학은 좀더 일반적인 이성 인식에 적용된 철학일 뿐이고, 이런 점에서 철학과 다를 수 없다.

착각은 사람이 어떤 사물을 모르기 때문만이 아니라, 판단에 필요한 모든 것을 아직 다 알지 못하는데도 판단을 내리려 하기 때문에 생긴다. 많은 그릇됨, 아니 거의 모든 그릇됨은 이러한 경박함에 그 근원이 있다. 당신은 한 사물에 대해 몇몇 술어를 확실히 안다. 이 술어를 당신 추론의 바탕에 놓아라. 그러면 착각하지 않을 것이다. 그

II 293 러나 당신은 어떻게든 정의를 내리고 싶어 한다. 정의를 내리기 위
해서 요구되는 모든 것을 당신이 다 알고 있다고 확신하지 못함에도
A 90 당신은 그것에 신경 쓰지 않고 정의를 시도하기 때문에 착각에 빠진
다. 그래서 경솔하게 정의를 갖고 있는 척하지 않으면서 확실하고 분
명한 인식을 찾는다면 착각을 피하는 것이 가능하다. 나아가 당신은
확실한 결론의 상당한 부분을 확실하게 추론해낼 수도 있다. [그러
나] 비록 차이가 작아 보여도 추론 전반에 걸쳐 결론 내리는 것을 허
락하지 말자. 영혼은 질료가 아니라는 것을 증명하기 위한 좋은 증거
가 있다는 것을 인정한다.[4] 그러나 거기서 영혼은 질료적 성질의 것
이 아니라고 결론을 내리는 것을 조심하라. 왜냐하면 영혼이 질료적
성질의 것이 아니라는 것에서 사람들은 영혼이 질료가 아니라는 것
만이 아니라, 질료의 요소일 수 있는 단순 실체도 아니라고 이해하기
때문이다. 이것은 특별한 증명을 요구하는 것이다. 즉, 이 생각하는
존재는 물체적 요소처럼 불가입성을 통해서 공간 안에 있지도 않고,
다른 생각하는 존재들과 더불어 연장된 것 혹은 덩어리를 만들 수도
없다는 증명을 요구한다. 이에 대해서는 정말 아직까지 어떤 증거도
제시되지 않았다. 만약 사람들이 그 증거를 찾는다면, 정신이 공간
안에 현존하는 이해불가능한 방식을 드러내줄 것이다.[5]

§ 3
형이상학에서 제일 근본 진리의 확실성은 수학 이외의 다른 모든 이성적 인식의 그것과 다른 종류가 아니다

우리 시대에 크루지우스[6] 씨의 철학*은 다음을 통해 형이상학적

인식에 완전히 다른 형태를 부여하고자 했다. 그는 모순율에 모든 인식의 최고 일반 원리라는 특권을 인정하지 않았고, 직접적으로 확실하고 증명불가능한 많은 다른 원리를 도입하고서 이 원리들의 올바름은, 내가 참이라고밖에 생각할 수 없는 것은 참이라는 규칙에 따라, 우리 지성의 본성으로부터 이해된다고 주장했다. [크루지우스 씨가 도입한] 원리에는 그밖에도 다음과 같은 것들이 속한다. 내가 존재한다고 생각할 수 없는 것은 결코 존재한 적이 없다. 모든 사물은 특정 장소에 그리고 특정 시점에 존재해야 한다 등등. 나는 짧게 형이상학의 제일 근본 진리의 참된 성질과 더불어 크루지우스 씨 방법의 참된 내용을 제시하겠다. 이 방법은 지금 이 글에서 제시되는 철학의 사유방식과 사람들이 생각하는 것처럼 그렇게 많이 다르지 않다. 사람들은 이로부터 형이상학에 가능한 확실성의 정도를 추론할 수도 있을 것이다.

A 91

II 294

모든 참된 판단은 긍정이거나 부정이어야 한다. 모든 긍정의 형식은 어떤 것이 한 사물의 특성으로, 다시 말해 그 사물의 특성과 같은 것으로 표상되는 것이기 때문에, 모든 긍정 판단은 술어가 주어와 동일할 때 참이다. 모든 부정의 형식은 어떤 것이 한 사물과 상충하는 것으로 표상되는 것이기 때문에, 부정 판단은 술어가 주어를 반박할 때 참이다. 그러므로 모든 긍정의 본질을 표현하고, 그래서 모든 긍정 판단의 최고 정식을 포함하는 명제는 다음과 같다. 모든 주어에는 그

* 여기서 이 새로운 철학의 방법을 언급하는 것이 필요한 것 같다. 이 방법은 짧은 시간에 크게 유명해졌고, 여러 통찰의 좀더 나은 해명과 관련하여 많은 공로를 인정받았으므로, 형이상학에 관해 논하는 자리에서 그 방법에 대해 말없이 넘어가는 것은 중대한 결함이 될 것이다. 내가 여기서 언급하는 것은 단지 저 철학에 고유한 방법에 관해서일 뿐이다. 개별 명제들 사이의 차이는 한 철학을 다른 철학으로 구분 짓는 본질적 차이를 나타내기에는 아직 충분하지 않기 때문이다.

것에 일치하는 술어가 온다. 이것이 **동일률**이다. 모든 부정의 본질을
표현하는 명제, 즉 어떤 주어에도 그것을 반박하는 술어가 속하지 않
는다는 명제는 **모순율**인데, 그래서 모순율은 모든 부정 판단의 기본
정식이다. 이 두 명제가 함께 형식적 의미에서 전 인간 이성의 최고
의 일반 원리를 이룬다. 여기서 사람들은 대부분 착각을 했다. 그들
은 모순율에 그것이 부정적 진리와 관련해서만 갖는 지위를 모든 진
리와 관련하여 부여했다. 그런데 이러한 최고의 원칙들 중 하나에 의
A 92 해 직접적으로 생각되고, 다르게 생각될 수 없는 모든 명제는 증명불
가능하다. 다시 말해서 동일성이나 모순이 직접 개념 속에 있고, 분
석을 통해 중간 특성의 매개에 따라 이해될 수 없거나 그렇게 되어서
는 안 될 때 그런 모든 명제는 증명불가능하다. 다른 모든 명제는 증
명가능하다. 물체가 나뉠 수 있다는 것은 증명가능한 명제다. 사람들
은 다음과 같이 분석함으로써 간접적으로 주어와 술어의 일치를 보
일 수 있기 때문이다.

물체는 결합된 것이다. 그런데 결합된 것은 나뉠 수 있다. 그러므로
물체는 나뉠 수 있다. 여기서 매개하는 특성은 결합된 것이라는 것이
II 295 다. 그런데 철학에는 앞에서 제시한 것처럼 증명불가능한 명제가 많
다. 이 명제들은 모두 저 형식적 제일 원리들에 그것도 직접적으로
속한다. 그런데 이 명제들이 동시에 다른 인식의 근거를 포함할 때
그것들은 또한 인간 이성의 질료적 제일 원리다. 예를 들어 물체는 결
합된 것이다라는 명제는, 그 술어가 직접적이고 기본적인 특성으로
물체 개념 안에서 생각될 수 있는 한에서만 증명불가능하다. 그런 질
료적 원리들이, 크루지우스가 옳게 주장한 것처럼, 인간 이성의 토대
와 [이 토대의] 견고함을 구성한다. 위에서 언급한 것처럼 그것들은
정의를 위한 재료이고, 사람들이 정의를 갖지 못할 때에도 그로부터
확실하게 추론할 수 있는 자료이다.

다른 철학 학파들이 이러한 질료적 원리를 경시하고 단지 형식적 원리에만 매달린다고 나무랄 때 크루지우스는 옳다. 형식적 원리들만으로는 실제로 어떤 것도 증명될 수 없기 때문이다. [증명을 위해서는] 다른 개념들의 논리적 관계가 이성 추론에서 인식될 수 있게 하는 중간 개념을 포함한 명제가 필요하다. 그리고 이런 명제들 중에서 몇몇은 추론의 제일 명제여야 한다. 그런데 모든 인간 지성 앞에서 명백하지 않다면, 어떤 명제에도 질료적 최고 원리라는 가치를 인정할 수 없다. 그런데 나는 크루지우스가 도입한 명제들 중 여럿이 상당한 의심을 받을 만하다고 생각한다.

이 유명한 사람이 모든 인식, 그러므로 또한 형이상학적 인식의 근 A 93
본으로 삼고자 하는 모든 확실성의 최고 규칙은, **내가 참이라고 생각
할 수밖에 없는 것은 참이다**와 같은 것들인데, 이 명제가 결코 어떤 인
식의 진리 근거가 될 수 없다는 것은 쉽게 이해될 수 있다. 왜냐하면
참이라고 여길 수밖에 없다는 것 외에 다른 어떤 참인 근거도 제시될
수 없다는 고백은, 진리의 근거가 더는 제시될 수 없다고, 그 인식은
증명불가능하다고 말하는 것이기 때문이다. 확실히 증명불가능한
인식이 많다. 그러나 이것과 관련하여 확신의 감정은 고백이지 그 인
식이 참이라는 증거는 아니다.

그러므로 형이상학은 측량기술과 종류가 다른, 확실성의 형식적
혹은 질료적 근거를 갖고 있지 않다. 형이상학과 기하학 모두에서 판 Ⅱ 296
단의 형식적인 것은 동일률과 모순율에 따라 일어난다. 형이상학과
기하학 모두에 추론의 토대가 되는 증명불가능한 명제들이 있다. 수
학에서는 정의가 정의된 사태에 대한 증명불가능한 처음 개념이라
면, 형이상학에서는 그 대신에 다양한 증명불가능한 명제가 정의의
재료이거나 확실한 추론의 근거가 되는, 기하학에서처럼 확실한 기
본 자료를 제공해야 할 뿐이다. 형이상학도 수학도 확신에 필요한 확

실성을 줄 수 있다. 다만 수학이 좀더 쉽게, 좀더 많은 직관을 활용하여 그럴 수 있다.

넷째 고찰 자연신학의 제일 원칙과 도덕의 제일 원칙이 도달할 수 있는 명확성과 확실성에 관하여 A 94

§ 1 자연신학의 제일 원칙은 최대의 철학적 확실성에 이를 수 있다

만약 어떤 사물이 자신의 종류에서 유일하게 가능한 것이라면, 먼저 이 사물을 다른 모든 것과 아주 쉽고 명확하게 구분할 수 있다. 자연 종교의 대상은 유일한 최초 원인이다. 이 대상의 규정은 다른 사물의 규정과 쉽게 혼동될 수 없는 성질의 것이다. 다른 술어가 아니라 바로 이러한 술어를 사물에 부여하는 것이 단적으로 필연적인 곳에서 최대 확신이 가능하다. 우연적 규정에서는 술어의 변화 조건을 찾아내는 것이 대체로 어렵다. 그래서 단적으로 필연적 존재는 우리가 그 개념의 흔적을 한번 제대로 쫓기 시작하면, 대부분 다른 철학적 지식보다 더 많은 확실성을 약속하는 것처럼 보이는 종류의 대상이다. 공모과제의 이 [자연신학] 부분에서 나는 신에 대해 가능한 철학적 인식을 고찰하는 것만 할 수 있을 뿐이다. 이 대상에 대해서 철학자들이 실제로 제시한 학설을 검토하는 것은 지나치게 방대한 작업이겠기 때문이다. 여기서 형이상학에 제공되는 주요 개념은 한 존

II 297 재의 단적으로 필연적인 실존이다. 이 개념에 이르기 위해 형이상학자는 먼저 아무것도 전혀 실존하지 않는 것이 가능한지를 물을 수 있을 것이다. 만약 그것이 가능하다면 어떤 현존도 없을 테고, 어떤 것도 생각될 수 없을 테고, 어떤 가능성도 없을 것이란 것을 형이상학자가 자
A 95 각하게 되면, 그는 이제 모든 가능성의 바탕에 놓여 있어야 하는 것의 현존이라는 개념만 연구하면 된다. 이러한 생각은 확장되어 단적으로 필연적 존재라는 특정한 개념을 확립할 것이다. 그러나 여기서 [나는] 이런 연구계획을 자세히 전개하는 대신에 [다음과 같은 언급으로 만족하고자 한다.] 가장 완전하고 필연적인 유일한 존재의 현존이 인식되자마자, 이 존재에 대한 나머지 규정들의 개념은 이 규정이 항상 최대의 것이고 가장 완전한 것이기 때문에 훨씬 더 정확할 테고, [이 규정으로] 필연적 규정들만 인정될 수 있기 때문에 훨씬 더 확실할 것이다. 예를 들어 내가 신의 편재라는 개념을 규정해야 한다고 하자. 그 자신은 독립적이나 모든 다른 것이 그것에 의존하는 존재는 자신의 현존을 통해 세계의 다른 모든 것에 장소를 규정하지만, 그러나 자기 자신의 장소를 그것들 사이에 규정하지 않으리라는 것은 — 그렇게 하면 그 자신이 세계에 함께 속할 것이므로 — 쉽게 알 수 있다. 그러므로 신은 본래 어느 장소에도 있지 않으나, 모든 사물에서 그 사물이 있는 모든 장소에 현존한다. 마찬가지로 나는 다음도 알 수 있다. 신은 세계의 [시간적으로] 서로 이어지는 사물을 자신의 권력 아래 두지만 자신에게는 이러한 연속에서 어떤 시간 지점도 규정하지 않으므로, 신와 관련해서는 무엇도 과거나 미래의 것이 아니다. 그러므로 신이 미래를 예견한다고 말한다면, 이는 신이 자신과 관련하여 미래를 본다는 것이 아니라, 세계의 어떤 사물에 미래적인 것, 다시 말해서 그 사물의 상태에 오게 될 변화를 본다는 것이다. 이로부터 과거·현재·미래에 대한 인식은 신적 지성의 행위와 관련하여

전혀 상이한 것이 아니고, 오히려 신은 이 모든 것을 우주의 실제 사물로 인식하리라는 것을 알 수 있다. 우리는 이러한 예견함을 세계 전체에 함께 속하는 사물에서보다 신에게서 훨씬 더 분명하고 명확하게 표상할 수 있다.

따라서 우연성의 유비를 사용할 수 없는 모든 영역에서 신에 대한 형이상학적 인식은 매우 확실할 수 있다. 그러나 신의 자유로운 행위, 섭리, 신의 정의와 선함의 진행에 대한 판단은, 이러한 규정에 대해 우리가 지닌 개념이 아직 매우 미개발 상태이기 때문에, 이 학문에서 기껏해야 근사치로서 확실하거나 도덕적 확실성을 가질 수 있을 뿐이다.

§ 2 A 96; Ⅱ 298

도덕의 제일 원칙은 현재 상태로는 아직 요구되는 모든 확실성에 이를 수 없다

이것을 명확하게 하기 위해서 나는 우리가 **구속성**이라는 기본 개념에 대해서 아직[1] 얼마나 모르는지, 그리고 실천철학에서 확실성에 이르기 위해 필요한, 명확하고 정확한 기본 개념과 원칙을 제공하는 데 우리가 얼마나 많이 부족한지 하는 것만 보이고자 한다. 이것저것을 해야 하고 다른 것은 해서는 안 된다고 하자. 이것이 모든 구속성이 선언되는 정식이다. 그런데 모든 **당위**는 행위의 필연성을 표현한다. 그리고 이중의 의미를 가질 수 있다. 즉, 나는 다른 것을 (**목적으로서**) 원하면 어떤 것을 (**수단으로서**) 해야 하거나 혹은 어떤 다른 것을 (**목적으로서**) **직접** 해야 하고, 현실화해야 한다. 전자는 수단의 필연성(개연적 필연성)이라고, 둘째 것은 목적의 필연성(법적 필연성)이라고 할 수 있겠다.[2)] 첫째 종류의 필연성은 어떤 구속성도 전혀 나타내지 않고 문제 해결을 위한 규칙만을, 즉 어떤 목적을 달성하고자 할 때 어떤 수단을 사용해야 하는지를 정해주는 규칙만을 나타낸다. 다른 사람에게 그가 자신의 행복을 촉진하고자 한다면 어떤 행동을 해야 하는지 혹은 말아야 하는지를 지시하고자 하는 자는 아마 모든 도덕이론을 끌어다 쓸 수 있겠지만, 그러나 그렇게 되면 그것은 더 이상 구속성이 아니라, 가령 직선을 같은 길이의 두 부분으로 나누려고 한다면 서로 겹치는 두 호(弧)를 그려야 한다 같은, 구속성 같지 않은 구속성이다. 다시 말해서 그것은 전혀 구속성이 아니며, 목적을 달성하는 데 적절한 행동에 대한 지침일 뿐이다. 수단의 사용은 목적에 부가되는 필연성 외에 어떤 다른 필연성도 갖지 않기 때문에, 그런 한에서 도덕이 특정 목적이라는 조건 아래에서 지시하는 모든 행위는 우연적이고, 그 행위가 그 자체로 필연적 목적에 종속되지 않는 한 어떤 구속성도 의미할 수 없다. 예를 들어 나는 전체적으로 최대의 완전성을 촉진해야 하거나 신의 의지에 맞게 행동해야 한다고 하
A 97 자. 이 두 명제 중 어느 하나에 전체 실천철학이 종속되어야 한다면, 그리고 그 명제가 구속성 있는 규칙과 근거이고자 한다면, 그 명제는 행위를 어떤 목적을 위해서라는 조건 아래에서가 아니라 직접적
Ⅱ 299 이고 필연적으로 명령해야 한다. 그리고 여기서 우리는 모든 구속성과 관련된 직접적인 최고의 규칙은 단적으로 증명가능하지 않다는 것을 알게 된다. 어떤 사물이나 개념이든지 그것의 고찰에서 사람이 무엇을 해야 하는지를 인식하고 추론하고자 한다면 목적이 전제되어야 하고, 행위는 그것의 수단이어야 한다. 그런데 그렇게 되어서는 안 된다. 그렇게 되면 그것은 구속성의 정식이 아니라 개연적 숙련의 정식이 될 테니 말이다.

이 문제를 숙고한 후 나는 이제 내가 확신하게 된 것을 간략하게

보여줄 수 있다. 너를 통해 가능한 가장 완전한 것을 하라는 규칙은 행위에 관한 모든 구속성의 형식적 제일 근거다. 마찬가지로 너를 통해 최대로 가능한 완전성을 방해하는 것을 하지 말라는 명제는 행위를 금지하는 의무와 관련하여 그렇다. 질료적 제일 근거가 주어지지 않는다면 참에 관한 판단의 형식적 제일 원칙으로부터 어떤 판단도 나오지 않는 것처럼, 선에 관한 이 두 [형식적] 규칙만으로는 이것이 실천적 인식의 증명불가능한 질료적[3] 원칙과 결합하지 않는다면, 특별히 규정된 어떤 구속성도 나오지 않는다.

참을 표상하는 능력은 인식이지만, 선을 느끼는 능력은 감정이란 것, 이 두 가지 능력을 서로 혼동하지 말아야 한다는 것을 사람들은 우리 시대에 와서야 비로소 이해하기 시작했다. 그 자체로 고찰할 때 인식 대상에서 인지되는 것, 즉 참된 것이라는 분석불가능한 개념이 있는 것처럼, 선이라는 분석불가능한 감정도 있다. (이것은 결코 사물에서 그저 발견되는 것이 아니라 항상 감성적 존재와의 관계 속에서 일어난다.) 복잡하고 혼란된 선 개념이 어떻게 좀더 단순한 선에 대한 감정에서 생겨나는지를 보이는 식으로, 선 개념을 분석하고 명료하게 만드는 것은 지성의 업무다. 그런데 선이 단순하다면 '이것은 선 A 98
하다'는 판단은 완전히 증명불가능하다. 그런 판단은 대상의 표상과 결합한 쾌감에 대한 의식의 직접적 영향이다. 그리고 우리는 우리 안에서 아주 확실히 많은 단순한 선의 감정을 느낄 수 있기 때문에, 그만큼 분석불가능한 표상이 많을 것이다. 그러므로 한 행위가 — 그 행위를 완전하게 만들어주는 어떤 다른 선을 자신 안에 숨긴 채, 즉 분석으로 비로소 인식될 수 있는 방식으로 포함하지 않으면서 — 직접적으로 선하다고 표상된다면, 이러한 행위의 필연성은 증명불가 II 300
능한 질료적 구속성의 원칙이다. 예를 들어 너를 사랑하는 사람을 사랑하라는 것은 구속성에 관한 최고의 형식적인 긍정 규칙에 속하지만 직접적이다. 왜 이 보답으로서 사랑 안에 특별한 완전성이 들어 있는지를 분석으로는 더 보일 수 없기 때문에, 이 규칙은 실천적으로, 즉 다른 완전한 행위의 필연성으로 거슬러 올라감으로써 증명되지 않고, 선한 행위의 일반적 규칙 아래 직접적으로 포함된다. 아마도 내가 제시한 예가 사태를 충분히 명료하고 설득력 있게 제시하지는 못할 것이다. 이미 초과해버린 것 같은 논문의 분량 제약은 내가 바라는 그러한 상세함을 허락하지 않는다. 우리의 현존과 모든 선이 유래하는 존재자의 의지에 저항하는 행위에는 직접적인 추함이 있다. 이러한 추함은 그런 행위과정에 결과로 동반할 수 있는 불이익에 주의하지 않더라도 명확하다. 그래서 신의 의지에 맞는 것을 행하라는 명제는 도덕의 질료적 원칙이 된다. 그런데 이 원칙은 형식적으로는 이미 언급된 최상의 일반적 정식에 직접적으로 속한다. 사람들은 이론철학에서와 마찬가지로 실천철학에서도 증명불가능하지 않은 어떤 것을 너무 경솔하게 증명불가능한 것으로 여겨서는 안 된다. 그럼에도 요청으로서 그밖의 다른 실천적 명제의 토대를 포함하는 이러한 [증명불가능한] 원칙은 불가결하다. 허치슨[4]과 다른 사람들은
A 99 도덕 감정이란 이름 아래 이에 관한 뛰어난 관찰을 위한 실마리를 제공했다.

이로부터 다음과 같은 것을 알 수 있다. 도덕성의 제일 원칙에서 철학적 확실성의 최대치에 도달하는 것이 가능한 것은 분명하지만, 그럼에도 구속성이라는 최고의 기본 개념을 먼저 더 확실하게 규정해야 한다. 이러한 점에서 실천철학은 사변철학보다 많이 부족하다. 실천철학의 제일 원칙을 결정하는 것이 단지 인식능력인지 혹은 감정(욕구능력의 제일의 내적 근거)인지가 먼저 결정되어야 하기 때문이다.

후기 II 301

이것이 왕립 학술원의 판단을 위해 제출하는 내 사유의 산물이다. 여기서 제시한 근거들이 요구된 대상을 해명하기 위해 어느 정도 중요하리라고 감히 희망해본다. 세심함, 정확함, 서술의 아름다움과 관련해서 나는 그런 고려들로 방해받기보다는 그런 측면들을 조금 등한시하는 것을 감수하더라도 정해진 시간 안에 심사를 위해 이 논문을 제출하고자 했다. 무엇보다 이 논문이 좋게 받아들여지는 경우에 그런 부족은 쉽게 보충될 수 있기 때문이다.

1765~1766 겨울학기 강의 개설 공고

강병호 옮김

일러두기

1. 『1765~1766년 겨울학기 강의 개설 공고』(*Vorlesungen in dem Winterhalbenjahre von 1765-1766*) 번역은 1765년의 강의 공고문을 대본으로 사용했고, 학술원판(*Vorkritische Schriften II 1757-1777*, in *Kants gesammelte Schriften*, Bd. Ⅱ, pp.303-313, hrsg. von der Königlich Preußischen Akademie der Wissenschaften, Berlin, 1905)과 바이셰델판(*Vorkritische Schriften bis 1768*, in *Immanuel Kant. Werke in Zehn Bänden*, Bd. II, pp.903-917, hrsg. von Wilhelm Weischedel, Darmstadt, 1983)을 참조했다.

1765~1766 겨울학기 강의 개설 공고

젊은이를 가르치는 것은 그 자체로 어려운데, 나이에 앞선 지식을 A 3; II 305
가르쳐야 하기 때문이다. 지성의 성숙을 기다리지 않고, 자연의 질서
에 따르자면 숙련되고 능숙한 이성으로만 파악할 수 있는 인식을 전
달해야 한다. 여기에서 학교에 대한 끊임없이 계속되는 편견, 보통의
편견보다 더 완고하고 자주 더 어처구니없는 편견이 생겨나고, 젊은
사상가들은 방정맞게 입방아를 찧게 되는데, 이는 어떤 자만보다 맹
목적이고 무지보다 고치기 어렵다. 그렇지만 이런 어려움을 전적으
로 피할 수는 없다. 왜냐하면 본성적으로는 원래 삶의 장식품일 뿐이
어서 없어도 되는 아름다움으로 여겨져야 할 한층 정교한 지식이, 매
우 곱게 단장한 시민적 체제의 시대에는 발전을 위한 수단이 되고 삶
에 필요한 것이 되기 때문이다. 그런데 젊은이를 가르칠 때에도 공적 A 4
교육을, 자연과 온전히 일치하도록 만들 수는 없겠지만, 자연에 좀더
적응시키는 것은 가능하다. 경험을 통해 직관적 판단에 도달하고 직
관적 판단을 통해 개념에 도달하면서 먼저 지성이 형성되고, 이어서
이성으로 개념을 그것의 근거와 결과의 관계 속에서, 나아가 마침내
학문을 통해 질서정연한 전체 속에서 인식하는 것이 인간 인식의 자
연스러운 발전이므로, 가르치는 것도 바로 이와 같은 길을 가야 하기

때문이다. 그래서 교수자에게 우선 기대되는 것은, 수강생을 먼저 이
해력 있는 지성적인 사람으로, 다음에 이성적인 사람으로, 마침내 학식
있는 사람으로 양성하는 것이다. 이런 과정은, 자주 일어나는 일이지
Ⅱ 306 만 학생이 끝내 마지막 단계에까지 이르지 못한다 하더라도 이런 가
르침에서 얻는 게 있으므로 비록 학교를 위해서는 아니더라도 인생
을 위해서는 더 숙련되고 더 똑똑해진다는 장점이 있다.

이 방법을 거꾸로 하면, 학생은 자신의 지성이 형성되기도 전에 이성을 잡아채서, 자신에게서 성장한 것이 아니라 남에게서 빌린 학문을 그저 붙이고 다니는 꼴이 된다. 그의 정신 능력은 이전처럼 아직도 불모 상태인데, 지혜를 얻었다는 망상이 더해져 더욱 망가진다. 이것이 우리가 배웠으나 (엄밀하게 말해 대학과정을 마쳤으나) 지성이 부족한 사람을 드물지 않게 만나게 되는 원인이고, 어떤 다른 공적 기관보다 대학이 더 어리석은 사람들을 세상에 배출하는 까닭이다.

A 5 그러므로 가르칠 때의 규칙은 다음과 같다. 경험 판단을 통해 지성을 연습시키고, 감각 인상을 비교해 배울 수 있는 것에 주의를 기울임으로써 최우선적으로 지성을 성숙시키고 지성의 성장을 촉진한다. 지성은 이러한 판단과 개념으로부터 더 높고 멀리 있는 판단과 개념으로 주제 넘는 도약을 하려고 해서는 안 되고, 자주 다녀 자연스럽게 길이 난 좀더 낮은 개념의 길을 거쳐 거기에 이르러야 한다. 이 길이 지성을 점차로 [어떤 도약보다] 더 멀리 인도할 것이다. 그런데 이 모든 것은 교사가 자신에게서 인식하는 혹은 인식한다고 믿는, 그래서 자신의 수강생에게 잘못 전제하는 지성 능력이 아니라, 앞의 연습으로 필연적으로 [학생에게] 생겼음이 분명한 지성의 능력에 맞게 이루어져야 한다. 간단히 말해서 학생은 생각이 아니라 생각하기를 배워야 한다. 학생이 미래에 자기 스스로 능숙하게 걷게 되기를 바

란다면 그를 안내해야지 업고 가서는 안 된다.

철학의 고유한 특성이 이러한 교수법을 요구한다. 그런데 철학은
원래 성년이 된 사람만을 위한 것이므로 철학을 젊은이의 덜 숙련된
능력에 맞추려다 보면 어려움이 생기는 것은 놀랄 일이 아니다. 학
교 교육을 마친 젊은이는 배우는 데 익숙하다. 이제부터 그는 철학을
배우겠다고 생각한다. 그러나 그것은 불가능한 일이다. 왜냐하면 이
제 그는 철학하기를 배워야 하기 때문이다.[1] 이 생각을 좀더 분명하
게 설명하겠다. 본래적 의미에서 배울 수 있는 학문은 두 종류, 즉 역
사적 학문과 수학적 학문으로 구분할 수 있다. 역사적 학문에는 본래
의 역사 외에도 자연에 대한 기록, 언어학, 실정법 등이 속한다. 역사 A 6
적인 것에서는 자신의 경험과 다른 사람의 증언이, 수학적인 것에서 II 307
는 개념의 명확성과 증명의 확실성이 실제로 주어져 있고 축적되어
있는 것, 그래서 받아들이기만 하면 되는 것을 형성하고 있다. 따라
서 이 두 종류 학문에서는 배우는 것이 가능하다. 즉 이미 완성된 분
과 학문으로 우리에게 제시될 수 있는 것을 우리 기억이나 지성 속에
집어넣는 것이 가능하다. 따라서 철학도 배울 수 있기 위해서는 무엇
보다 먼저 철학이 실제로 존재해야 한다. 하나의 책을 내밀면서 "보
라, 여기에 지혜가 있고 믿을 만한 통찰이 있다. 이 책을 이해하고 파
악하라. 그리고 그 위에 쌓아가라. 그렇다면 너희는 철학자다"라고
말할 수 있어야 한다. 예를 들어 역사의 한 상황을 설명하기 위해서
폴리비오스[2]에게, 수학 명제를 설명하기 위해서 유클리드에게 호소
하는 것처럼, 누군가 나에게 전거로서 의지할 수 있는 그런 철학책을
보여주기까지 나는 다음과 같이 말할 수 있다. 위탁받은 젊은이의 지
성 능력을 확장하고 그들을 미래에 스스로 통찰할 수 있는 좀더 성숙
한 사람으로 육성하는 대신, 그들에게 도움이 되도록 다른 사람이 숙
고하여 만들어냈다는, 세칭 이미 완성된 철학으로 그들을 속인다면,

그것은 공공기관의 신뢰를 남용하는 것이다. 이런 남용에서 학문에
대한 허상이 생겨난다. 특정한 장소 그리고 특정한 사람들 사이에서
만 진짜 동전으로 통용되고, 그밖의 다른 모든 곳에서는 위조지폐로
여겨지는 허상 말이다. 철학에 고유한 강의 방법은 몇몇 고대 사람
이 이름붙인 것처럼 그리스어로 '제테인'(ζητειν), 즉 **탐구적**이다. 이
성이 이미 숙련되어 있는 다른 분야에서만 강의 방법은 **교의적**, 즉 이
A 7 미 **결정되어 있는** 것을 가르치는 것이다. 철학 저자, 예를 들어 우리가
강의에서 기본 교재로 사용하는 철학책의 저자도 판단의 원형이 아
니라 단지 판단의 계기로, 즉 그 저자에 대해서, 나아가 그 저자에 반
대해서도 판단할 수 있는 계기로 여겨야 한다. 스스로 숙고하고 추론
하는 방법, 학생이 본래 추구하는 것은 이런 방법에 능숙해지는 것이
고, 이런 능숙함만이 학생에게 유익할 수 있다. 이런 방법을 익히는
중에 획득한 이미 결정된 지식은 우연적 산물로 여겨져야 한다. 이런
결과의 넘치도록 풍요로운 결실을 위해서 학생은 자신 안에 생산성
좋은 뿌리만 심으면 된다.

이 방법을 이와는 많이 다른 보통의 [교육] 절차와 비교해보면, 그
렇지 않았더라면 의아하게 여겨졌을 여러 가지 것이 이해된다. 예를
들어 왜 철학에는 다른 전문 분야와 달리 그렇게 대가가 많은가 그리
고 역사, 법학, 수학 등을 배운 사람 중에는 그것들을 가르치기에는
II 308 아직 충분히 배우지 못했다고 겸손해 하는 사람이 많은데, 유독 철학
에서는 자신의 평소 본업 이외에도 논리학, 도덕 등을 자신이 그런 사
소한 것을 건드려보고자 한다면, 그것들에 대해 강의하는 것이 가능
하다고 정말 진지하게 자만하지 않는 사람이 왜 그렇게 드문가[3] 하
는 것 말이다. 그 원인은[4] 역사, 법학, 수학 등에는 공통 기준이 있는
데 비해 철학에서는 각자가 자신의 기준을 갖고 있기 때문이다. 마
찬가지로 사람들은 다음과 같은 것을 분명히 보게 될 것이다. 밥벌이

수단이 되는 것은 철학의 본성에 어긋나고, 수요의 헛된 기대와 유행
의 법칙에 자신을 맞추는 것은 철학의 본질적 성질과 상충한다. 아직
도 철학에 권력을 휘두르고 있는 생존의 필요성만이 철학으로 하여 A 8
금 사람들의 갈채에 영합하도록 강요한다.

이제 시작한 반년의 학기 동안 사설 강의[5]를 개설하여 내가 충분히 다뤄보고자 하는 학문은 다음과 같다.

1. **형이상학**. 서둘러 짧게 집필한 글*에서 나는 형이상학이 학자들
의 많은 노력에도 불구하고 아직 불완전하고 불확실한 채 머물러 있
다는 것을 보이고자 했다. 이는 사람들이 형이상학에 고유한 절차를
오인했기 때문인데, 이 절차는 수학에서처럼 **종합적**이지 않고 **분석적**
이다. 따라서 수학에서는 단순한 것과 가장 보편적인 것이 가장 쉬운
것이기도 한데, 학문의 여왕인 형이상학에서는 가장 어려운 것이다.
수학에서는 단순한 것과 가장 보편적인 것이 본성상 가장 먼저, 형이
상학에서는 가장 나중에 와야 한다. 전자에서는 학설이 정의로 시작
하지만, 후자에서는 정의로 마친다. 이밖의 다른 측면에서도 마찬가
지다. 나는 상당 기간을 이러한 구상에 따라 작업해왔으며, 그 과정
에서 한 걸음씩 내디딜 때마다 오류의 원천과 이런 오류가 피할 수
있는 것이라면 그것을 피할 수 있는 유일하고 하나밖에 없는 판단의
표준을 발견해왔다. 멀지 않아 내 형이상학 강의의 토대가 되는 것을
온전하게 제시할 수 있기를 희망한다. 그러나 그때까지는 강의 교재
로 바움가르텐이 집필한 책을 사용하고자 한다.[7] 나는 이 교재가 채
택한 교수법의 풍부함과 정확함 때문에 이 책을 선택했는데, 아마 우
리는 약간 변경을 가하여 앞에서 제시한 길로 갈 수 있을 것이다. 그 A 9; II 309

* 베를린 왕립학술원이 1763년에 맞춰 현상공모해서 출판한 논문들 중 둘째 논문.

래서 나는 짧은 서론 후에 경험적 심리학으로 시작한다. 이것은 원래 인간에 대한 형이상학적 경험과학이다. 왜냐하면 영혼이란 표현과 관련해서 볼 때 이 부분에서는 아직 인간에게 영혼이 있다고 주장할 수 없기 때문이다. 물질적 자연 일반을 다뤄야 할 강의의 둘째 부분은 『우주론』[8]의 물질을 다루는 장을 이용할 텐데, 이 부분은 나의 몇몇 보충 자료로 온전해질 것이다. 경험적 심리학—여기에 비교를 위해 경험적 동물학, 즉 동물에 대한 고찰이 추가될 것이다—에서는 우리 감관에 들어오는 모든 생명을, 우주론에서는 생명 없는 모든 것을 고려한다. 세계의 모든 것은 이 두 부류로 나뉠 수 있기에 나는 이제 존재하는 모든 것의 좀더 일반적 특성을 다루는 학문인 존재론으로 나아간다. 이 학문의 결론은 정신적 존재와 물질적 존재 사이의 차이, 이 두 존재의 결합과 분리, 그러므로 이성적 심리학을 포함한다. 이런 강의 진행의 큰 장점은 이렇게 함으로써 이미 숙련된 수강생을 모든 철학적 탐구 중에서도 가장 어려운 분야로 인도할 수 있을 뿐만 아니라, 매 고찰마다 추상적인 것을 바로 앞에서 다루었던 분야가 손에 쥐어준 구체성 속에서 고려함으로써 모든 것을 최고로 명료하게 제시할 수도 있다는 점이다. 이렇게 하지 않으면 설명을 위해 나중에
A 10 나와야 할 것을 미리 끌어들이게 되는데, 이것은 종합 방법에 따라 진행하는 강의가 일반적으로 자주 범하고, 범할 수밖에 없는 실수다. 마지막으로는 존재하는 모든 것의 원인에 대한 고찰이 온다. 이것은 신과 세계에 관한 학문이다. [이런 강의 방법의] 또 다른 장점을 언급해야겠다. 내가 이 방법에서 얻어내고자 하는 이 장점은 우연적 원인에 기인하는 것이긴 하지만 그럼에도 사소하게 평가될 수 없다. 강의 초반에는 활기차고 분주한 학생들이 열심히 참석하지만 시간이 갈수록 강의실에 점차 빈자리가 늘어난다는 것은 누구나 알고 있다. 이것은 일어나지 말아야 할 일이지만 자주 주의를 주더라도 앞으로도

계속 일어날 터인데, 내가 생각해낸 교수법에는 다음과 같은 고유한
이점이 있다. (내 강의에서는 그렇지 않겠지만) 경험적 심리학을 마칠
때쯤 이미 열의가 다 증발해버린 수강생이 혹시 있다 할지라도 [그
때까지는] 흥미롭고 내용이 쉬워 이해할 수 있고, 또 자주 적용할 수 II 310
있기 때문에 인생에도 쓸모 있는 것을 듣게 된다. 강의가 반대로 진
행된다면, 이해하기 어려운 학문인 존재론이 강의를 더 따라오고자
하는 수강생의 사기를 꺾어버릴 테고, 그 수강생이 어느 정도 이해한
것조차도 그에게 앞으로 전혀 도움이 되지 않을 것이다.

2. 논리학. 이 학문에는 원래 두 종류가 있다. 첫째 종류의 논리학
은 평범한 지성에 대한 비판과 그 지성 사용에 대한 규정이다. 평범
한 지성은 한쪽으로는 거친 개념과 무식에 접해 있고, 다른 쪽으로는
학문과 학식에 접해 있다. 이러한 종류의 논리학은 대학 교육의 초기 A 11
에 모든 철학에 앞서 선행해야 하는 것으로, (이렇게 표현해도 된다면)
편견과 오류의 나라에서 계몽된 이성과 학문의 영역으로 건너가고
자 하는 학생이 견뎌야만 하는 일종의 격리기간이다. 둘째 종류의 논
리학은 본래적 학문에 대한 비판과 규정으로, 논리학이 지식 생산 기
관(機關)으로 종사하는 개별 학문에 따라서만 가르쳐질 수 있다. 이
런 논리학을 통해 연구 절차가 좀더 규칙적이 되고, [연구자는] 각
분과 학문의 성격과 자기 개선 수단을 이해할 수 있다. 이런 방식으
로 나는 형이상학의 마지막에 이 학문의 기관으로서 형이상학의 고
유한 방법에 관한 고찰을 추가한다. 이 기관에 대한 고찰을 형이상학
강의 초반에 다루는 것은 적절하지 않을 텐데, 강의 초반에는 연구
규칙을 구체적으로 보여줄 수 있는 예가 아직 없어서 그 규칙을 명료
하게 하는 것이 불가능하기 때문이다. 교수자는 물론 해당 학문을 강
의하기 전에 그 기관을 먼저 갖추어야 한다. 그래야 그 기관에 맞춰
연구하고 강의할 것이다. 그러나 수강생에게는 그 기관을 반드시 마

지막에 강의해야 한다. 그러므로 하나의 전체로서 모든 철학에 대한
비판과 규정, 즉 이러한 완벽한 논리학은 교육에서 전체 철학의 끝에
만 올 수 있다. 오직 이미 획득한 철학 지식과 인간 의견의 역사만이
유일하게 철학의 통찰과 오류의 근원에 대한 고찰을 가능하게 하고,
이성의 전체 건물을 위한 정확한 건축 평면도의 구상도 — 이 평면도
A 12 에 따라 건물을 계속해서 규칙적으로 지어야 할 터인데 — 가능하게
하기 때문이다.

나는 마이어[9] 교수의 교본에 따라 첫째 종류의 논리학을 강의하겠
II 311 다. 마이어 교수는 방금 언급한 의도의 한계를 염두에 두고 있고, 동
시에 정교하고 학식 있는 이성의 도야와 더불어 평범하지만 활동적
이고 건강한 지성의 육성을 이해할 계기를 준다. 전자는 사색하는 삶
을 위한 것이고, 후자는 활동적 · 시민적 삶을 위한 것이다. 여기서 질
료의 매우 가까운 친화성은 이성 비판에서 동시에 취미 비판, 즉 미학
에 대해 약간 살펴볼 계기를 제공한다. 여기서 하나의 규칙은 항상
다른 규칙을 설명하는 데 도움이 되고, 이 둘 사이의 경계를 정하는
것은 이 둘을 더 잘 이해하는 수단이 된다.

3. 윤리학. 도덕철학은 특별한 운명을 갖고 있다. 도덕철학은 형이
상학보다 먼저 학문성의 가상과 엄밀성의 명예를 얻었으나 실제로
는 둘 중 하나도 보여주지 못한다. 이렇게 된 까닭은, 행위의 선악에
대한 구분과 도덕적 정당함에 대한 판단은 긴 증명 과정 없이 곧장
사람들이 감정이라고 부르는 것을 통해 인간의 마음에서 쉽고 올바
르게 인식될 수 있기 때문이다. 형이상학에서는 그렇지 않은데 [윤리
학에서는] 물음이[10] 대체로 이성적 추론에 앞서 이미 결정되어 있기
A 13 때문에, 어느 정도 타당해 보이기만 하면 사람들이 그러한 근거를 타
당한 것으로 인정해버린다는 것은 놀랄 일이 아니다. 이 때문에 도덕
철학자라는 칭호보다 흔한 것이 없고, 실제로 그런 이름값을 하는 것

보다 드문 일도 없다.

당분간 나는 보편적 실천철학과 덕이론을 바움가르텐[11]을 따라 강의하겠다. 섀프츠베리와 허치슨과 흄의 시도는 비록 불완전하고 결함이 있지만 그럼에도 도덕성의 기본 원칙을 찾는 작업에서 가장 멀리까지 나아갔다. [강의를 진행하며] 나는 이들의 시도에 결핍되어 있는 것을 보충하고 정확성을 더하겠다. 그리고 덕이론에서는 일어나는 것을 역사적 · 철학적으로 항상 먼저 고려한 다음, 마땅히 일어나야 할 것을 제시함으로써 우리가 인간을 연구할 때 따라야만 하는 방법을 분명히 하겠다. 이때 인간이란 우연적 상황에서 그에게 부과되는 변화하는 형상으로 왜곡된, 그리고 그러한 존재로서 철학자들조차[12] 거의 항상 오인한 존재인 인간이 아니라, 항상 그대로인 인간의 본성, 그리고 창조 [질서] 속에서 인간 본성의 본래 위치이다. 이러한 연구에서 우리가 알고자 하는 것은 원시적 소박함의 상태에 있는 인간에게는 어떤 완전함이 적절한가, 현명한 소박함의 상태에 있는 인간에 Ⅱ 312
게는 어떤 완전함이 적절한가 하는 것이다. 또 인간이 신체적 혹은 도덕적 측면에서 한계를 넘어 탁월함의 최고 수준에 (항상 거기에 못 미치면서도) 가까워지고자 추구할 때 필요한 행동 규칙도 알고자 한다. 도덕 연구의 이러한 방법은 우리 시대의 좋은 발견이다. 우리가 이 방법을 그것의 온전한 계획 속에서 고려해보면, 이 방법은 고대인에게는 전혀 알려지지 않았던 것이다.

4. 자연지리학.[13] 내가 대학에서 강의를 시작하자마자 알게 된 사 A 14
실은, 공부하는 젊은이들이 경험을 대신할 수 있는 충분한 역사적 지식 없이, 일찍부터 정교하게 논증하기를 배우는 것은 그들에게 커다란 손실이라는 것이다. 그래서 나는 지구의 현재 상태에 관한 역사 혹은 가장 넓은 의미에서 지리학을 만들기로 마음먹었는데, 재미있고 쉽게 접근할 수 있어서 실천이성을 사용하기 위해 학생들을 준비시

키고 거기서 배운 지식을 계속 확장해나갈 동기를 불러일으키는 모
든 것을 총괄할 작정이었다. 이러한 것 가운데 당시 나의 가장 큰 관
심을 끌었던 부분들로 이루어진 분야를 자연지리학이라고 이름 붙였
다. 그 이후로 나는 이 구상을 점차 확장해왔다. 그리고 이제는 지구
의 진기한 자연 특성에 관한 부분을 좀더 압축적으로 다루고, 그로써
얻어진 시간에 이 강의를 일반적으로 더 유용한 다른 부분으로 확장
하고자 한다. 그러므로 이 분야는 자연적-도덕적-정치적 지리학이 될
것이다.[14] 여기서는 우선 자연의 진기한 면모를 세 영역으로 제시한
다. 진기한 것이 셀 수 없이 많이 있겠지만 희귀성 때문에 또는 교역
과 산업을 통해 국가들에 미치는 영향 때문에 특별히 일반적 지식욕
을 자극하는 것을 선택한다. 모든 국가와 바다 사이의 자연적 관계와
이것들이 연결되는 이유를 포함하는 이 부분은 모든 역사의 진정한
토대이다. 이 토대가 없는 역사는 동화 이야기와 거의 구분되지 않을
A 15 것이다. 강의의 둘째 부분은 전 지구상의 인간을 다루는데, 그들에게
나타나는 자연적 특성의 다양성과 도덕적 특성의 상이성이라는 관
점에서 고찰한다. 이것은 매우 중요하고 흥미로운 고찰인데, 이 고찰
없이는 인간에 관해 일반적 판단을 거의 내릴 수 없을 것이다. 그리
II 313 고 인간 서로 간의 비교와 이전 시대의 도덕적 상태와 비교하는 것은
우리에게 인류에 대한 하나의 큰 그림을 제시해줄 것이다. 마지막으
로 앞에서 다룬 두 힘의 상호작용에서 나오는 결과로 여겨질 수 있는
것, 즉 지구상의 국가와 민족들의 상태를 궁구한다. 이 상태가 어떻
게 우연적 원인, 즉 개별 인간의 시도와 운명 혹은 정부의 지속, 정복
또는 국가 간의 계략 같은 원인에서 기인하는가보다는, 더 지속적인
것, 그리고 저런 우연적 원인의 멀리 떨어진 이유[遠因]가 되는 것,
즉 각 나라의 지정학적 위치, 생산물, 관습, 산업, 무역 그리고 인구와
의 관계 속에서 국가와 민족들의 상태를 궁구한다. 매우 넓게 조망하

는 학문을 좀더 작은 규모로 (이렇게 말해도 된다면) 환원하는 것은 매우 유익하다. 이로써만 인식의 통일성이 달성되기 때문이다. 통일성이 없다면 모든 지식은 단지 조각들의 모음에 지나지 않을 것이다. 우리 세기와 같은 사교적 세기에는 이해하기 쉽고, 흥미롭고 유익하고 다양한 지식이 사람들 사이의 사교를 위해서도 필요한 것이 되었다는 사실을 유익함으로 여겨도 되지 않을까? 이런 유익함을 고려하는 것은 학문에 어떤 모욕도 되지 않는다. 적어도 배운 사람이 연설가 이소크라테스[15]의 난처한 상황에 자주 처하게 되는 것은 유쾌한 일일 수 없다. 이소크라테스는 모임에서 사람들이 그에게 무언가 말해보라고 권했을 때 다음과 같이 말할 수밖에 없었다. 내가 아는 것은 이 상황에 어울리지 않고, 이 상황에 어울리는 것은 나는 알지 못한다.

이상이 방금 시작한 대학 학기를 위해 내가 마련한 강의 주제를 간략히 설명한 것이다. 내가 이제 몇몇 변화를 주는 것이 유익하다고 생각한 강의방법에 대해 사람들이 어느 정도 이해할 수 있도록 설명하는 것이 필요하다고 생각했다. "나의 방식은 이러한 것이라네. 당신은 자신에게 필요하고 적합한 것을 행하게나."(타렌티우스[16])

형이상학의 꿈으로 해명한 영을 보는 사람의 꿈[1)]

임승필 옮김

환자의 꿈처럼 병적인 환상이 만들어진다.[2)]— 호라티우스[3)]

일러두기

1. 『형이상학의 꿈으로 해명한 영을 보는 사람의 꿈』(*Träume eines Geistersehers, erläutert durch Träume der Metaphysik*) 번역은 1766년에 출판된 원전을 대본으로 사용했고, 학술원판(*Vorkritische Schriften II 1757-1777*, in *Kants gesammelte Schriften*, Bd. II, pp.315-373, hrsg. von der Königlich Preußischen Akademie der Wissenschaften, Berlin, 1905)과 바이셰델판(*Vorkritische Schriften bis 1768*, in *Immanuel Kant. Werke in Zehn Bänden*, Bd. II, pp.919-989, hrsg. von Wilhelm Weischedel, Darmstadt, 1983)을 참조했다.

[과제] 수행을 거의 약속하지 못하는 것에 관한 머리말 A 3; Ⅱ 317

저승은 몽상가의 천국이다. 여기서 그는 원하는 대로 집을 지을 수 있는 무한한 대지를 발견한다. 우울증적 환영, 허황된 옛날이야기, 수도원의 기적으로 그는 건축 재료가 부족하지 않다. 철학자는 설계도를 작성하고, 그의 습관이 그러하듯이 그것을 다시 변경하거나 폐기한다. 신성 로마만이 이곳에서 수익을 올릴 수 있는 관할지를 가지고 있다. 보이지 않는 왕국의 두 왕관[1]은 자신의 셋째 왕관인 지상 통치의 취약한 왕관을 후원한다. 그리고 다른 세계로 향하는 두 문을
여는 열쇠는 동시에 현 세계의 금고도 호의적으로 열어준다. 영계에 A 4
대한 이러한 권리[관할권]는, 그 권리가 [국가 운영에 관한] 정책의 근거를 통해 증명된 한에서, 현학적인 학자들의 모든 무기력한 반대를 넘어선다. 그리고 그 권리를 사용하거나 오용하는 일은 이미 너무 큰 존경을 받고 있어서 그렇게 쓸데없는 검사에 내맡길 필요가 없다. 하지만 널리 믿어지고 적어도 거의 도전받지 않는 모든 저 흔한 이야기는 무엇 때문에 그렇게 쓸모없이 비난도 받지 않고 떠돌아다닐까? 그리고 무엇 때문에 그 이야기들은 모든 증명 중에서 가장 설득력 있는 증명인 유용성에 의존한 증명[2]으로 뒷받침받을 수 없음에도 학술적 이론 체계 안까지 들어오게 되었을까? 이성적이고 확신에 찬 목

격자들의 진술과 극복하기 힘든 의심의 내적 저항 사이에서, 상상할
수 있는 가장 바보스러운 모습을 한두 번 그려보지 않은 철학자가 누
A 5 가 있겠는가? 그는 모든 이러한 환영의 옳음을 완전히 부정할 수 있
을까? 그는 그것을 논박할 근거로 무엇을 제시할 수 있을까?

Ⅱ 318 그는 이러한 이야기들 중 단 하나라도 그럴듯하다고 인정해야 할
까? 이러한 인정은 얼마나 중요할까? 그리고 설사 이러한 사건 하나
만을 증명된 것으로 가정하더라도 얼마나 놀라운 결과를 맞이하게
될까? 물론 셋째 가능성이 아직 남아 있다. 즉 그와 같은 주제넘거나
한가한 질문들을 전혀 다루지 않고, 유용한 것에만 관심을 두는 것이
다. 이러한 제안은 합리적이지만, 철저한 대다수의 학자가 이 제안을
항상 거부해왔다.

어느 정도 진리의 외양을 갖춘 많은 이야기를 이유 없이 아무것도
믿지 않는 것은 공공연한 풍문이 전하는 것을 조사 없이 모두 믿는 것
과 마찬가지로 어리석은 선입견이라고 할 수 있다. 그렇기 때문에 이
책의 저자는 전자의 편견을 피하기 위해서 부분적으로 후자의 편견
A 6 을 계속 따르기로 했다. 약간 굴욕감을 느끼기는 하지만, 그[저자]는
순진하게도 언급된 이야기들이 진리인지를 검토했음을 고백한다.
[그러나] 발견할 것이 아무것도 없는 곳에서 일반적으로 그러하듯
이…… 그[저자]는 아무것도 발견하지 못했다. 물론 이것 자체로도
이미 책을 저술하는 충분한 이유가 된다. 하지만 이것 외에도 보잘것
없는 저자에게 이미 여러 번 책을 [쓰도록] 강요한 것, 즉 알려진 그
리고 알려지지 않은 친구들의 강한 독촉이 있었다. 그뿐만 아니라 그
[저자]는 방대한 책[3]을 구입했고, 이보다 더 나쁜 것은 이 책을 읽었
다는 사실인데, 이 노고가 무위로 끝나서는 안 될 것이다. 이러한 과
정을 거쳐 현재의 책이 탄생했다. 우리 생각으로 이 책은 주제의 성
격을 고려해볼 때 독자를 충분히 만족시킬 것이다. 독자는 이 책의

주요 부분을 이해하지 못할 테고, 또 다른 부분은 믿지 못할 것이나, 나머지에 대해서는 그냥 웃어넘겨 버릴 테니 말이다.

A 7; Ⅱ 319 **제1편 독단적인 것**

제1장
누구나 임의로 풀거나 잘라낼 수 있는
엉클어진 형이상학적 매듭

영[1)]에 관해 어린 학생들이 암송하고 일반 대중이 이야기하는 것, 그리고 철학자가 증명한 것을 모두 모아놓는다면, 그것은 우리 지식의 결코 적지 않은 부분을 차지할 것으로 보인다. 그럼에도 우리가 영이라는 이름으로 아주 잘 이해한다고 믿는 것이 원래 어떤 종류의 사물인가 하는 질문을 숙고해보는 일이 누군가에게 일어난다면, 그는 이 모든 박식한 사람을 매우 난처한 상황에 빠뜨릴 것이라고 나는 감히 주장한다. 대학에서 하는 방법적 이야기는 흔히 단어의 의미를 변화시킴으로써 해결하기 힘든 질문을 회피하는 데 동의하는 것에 지
A 8 나지 않는다. 편리하고 대부분 합리적이라고 할 수 있는 '나는 모른다'는 대답을 학계에서는 쉽게 들을 수 없기 때문이다. 어떤 근대 철학자들은—이들은 기꺼이 이렇게 불리기를 원한다—이 질문을 아주 쉽게 빠져나간다. 영은 이성을 가진 존재라고 불린다. 그렇다면 영을 보는 것은 경이로운 재능이 아니다. 인간을 보는 자는 이성을 가진 존재를 보기 때문이다. 하지만 그들은 계속 말한다. 인간 내부에 이성을 가진 이 존재는 단지 인간의 일부분일 뿐이며, 인간에게 생명을 불어넣는 이 부분이 영이다. 그렇다면 좋다. 영적 존재만이 이성을 지닐 수 있음을 증명하기 전에 우선 영적 존재에 관한 어떤

개념이 내게 있어야 하는지를 내가 이해함에 유념해야 한다. 이[영적 존재 개념을 이해한다는] 자기기만은 반쯤 뜬 눈으로도 충분히 알아차릴 수 있을 정도로 명백할지라도 매우 납득할 만한 기원을 가지고 있다. 왜냐하면 사람들은 이른 시기에 어린아이로서 아주 많이 알았던 것에 대해 나중에 나이가 들어서는 아무것도 알지 못한다고 확신하게 되고, 성격이 철저한 사람은 마침내 기껏해야 자신이 어린 시절 지녔던 환상의 궤변가가 되고 말기 때문이다. Ⅱ 320

그러므로 나는 영이 존재하는지 알지 못하며, 더군다나 영이란 말이 무엇을 의미하는지조차 알지 못한다. 그럼에도 나 자신이 이 말을 자주 사용했거나 다른 사람들이 이 말을 사용하는 것을 들었기 때문에 이 말로 무엇인가가 이해되어야 한다. 이 무엇이 단지 망상이건 실제의 어떤 것이건 간에 말이다. 이 감춰진 의미를 벗겨내기 위해서 나는 내가 충분히 이해하지 못한 개념을 그것이 적용되는 모든 경우와 비교해보고, 어떤 경우에 그 개념이 들어맞고 어떤 경우에 어긋나는지를 발견함으로써 그 숨겨진 의미를 드러내기를 희망한다.* A 9

---

* 영 개념이 우리 자신의 경험적 개념에서 끄집어낸 것이라면 그것을 명확하게 만드는 절차는 쉬울 것이다. 왜냐하면 사람들은 이러한 종류의 존재에서 감관이 우리에게 드러내주는 특징들만을 보여주면 될 테고, 이를 통해서 우리는 그것[영]을 물질적 사물과 구별할 수 있기 때문이다. 그러나 사람들은 과연 그러한 존재[영]가 존재하는지 의심스러울 때조차도 영에 대해서 이야기한다. 따라서 영적 자연이라는 개념을 경험에서 추상한 것으로 다룰 수는 없다. 그러나 만약 당신들이 그것[영 개념]이 추상을 통해 발생한 것이 아닐 경우, 사람들이 도대체 어떻게 이 개념에 이르게 되었는지 묻는다면, 나는 [다음과 같이] 답한다. 많은 개념은 경험에 부수하여 비밀스럽고 불명확한 추론을 거쳐 발생하며, 나중에 경험 자체나 경험을 토대로 개념을 만들어내는 추론에 대한 의식 없이 다른 사람에게 전파된다. 우리는 이러한 개념을 은밀히 얻은 개념이라고 부를 수 있다. 그러한 개념이 많은데, 이러한 개념들의 일부는 상상력의 망상에 불과하지만, 불명확한 추론이 항상 오류를 범하는 것은 아니기 때문에 일부는 또한 사실이다.

A 10 예를 들어 1제곱피트의 공간이 있고 이 공간을 채우는 어떤 것, 즉
다른 어떤 사물의 유입에 저항하는 어떤 것이 있다고 가정한다고 하
자. 이 경우에 아무도 이러한 방식으로 공간에 존재하는 것을 영적이
라고 하지 못할 것이다. 그것[공간을 채우는 사물]은 연장적이고, 불
가입성을 지니며, 물체적인 모든 것과 마찬가지로 분할과 충돌 법칙
의 지배를 받기 때문에 분명히 물질적이라고 불릴 것이다. 여기까지
우리는 아직 다른 철학자들이 닦아놓은 길 위에 있다. 그러나 한 단
A 11 순한 존재를 상상하고 동시에 그 존재에 이성을 부여해보라. 그럴 경
우 이것이 곧 영이라는 단어의 의미를 바로 구성할까? 이에 대한 답
II 321 을 발견하기 위해서 나는 이성을 방금 언급한 단순한 존재의 한 내
적 특성으로 부여하려고 하지만, 당장은 그 존재를 단지 외적 관계에
서만 관찰하겠다. 이제 나는 다음과 같은 질문을 해본다. 만약 내가
이 단순한 실체를 물질로 가득 차 있는 똑같은 제곱피트의 공간에 놓
으려고 한다면, 이 영이 자리를 채울 수 있도록 물질의 단순한 입자
는 자리를 비워야만 할까? 만일 여러분이 그렇다고 생각한다면 지금
고려하는 공간은 둘째 영혼을 받아들이기 위해서 [물질의] 둘째 기
본 입자를 잃어야만 할 것이다. 그리고 우리가 이를 계속한다면 결국
1제곱피트의 공간은 영들로 가득 채워질 텐데, 이 영의 덩어리[집합]
는 그 공간이 물질로 가득 차 있을 때와 마찬가지로 불가입성으로 저
항할 테고, 물질처럼 충돌 법칙의 지배를 받을 것이다. 그러나 그러
한 실체는 비록 자신에게 이성 능력이 있다 하더라도 외적으로는 물

언어 용법, 그리고 한 표현을 언제나 동일한 주요 특징들이 발견되는 다양한 이야기들과 연결시키는 것은 그 표현에 명확한 의미를 부여한다. 그러므로 명확한 의미는 우리가 이 숨겨진 의미를 [표현] 사용의 모든 경우, 즉 그 의미와 일치하거나 모순되는 모든 경우와 비교해 불명료함에서 끄집어 냄으로써만 내보일 수 있다.

질의 요소와 전혀 구별되지 않을 것이다. 물질에서도 우리는 외적으로 나타나는 힘만 알 수 있을 뿐이며, 그것의 내적 속성에 속하는 것 A 12
은 전혀 알 수 없다. 따라서 한데 모여 덩어리를 만들어내는 종류의 단순한 실체는 영적 존재라고 불릴 수 없다는 사실에는 전혀 의심할 여지가 없다. 그래서 여러분은 이미 물질로 채워진 공간에 현존할 수 있는 존재를 생각하는 경우에만 영 개념을 유지할 수 있을 것이다.* 우리가 불가입성의 속성이 없는 존재를 아무리 많이 결합한다고 하더라도, 그것은 견고한 전체를 구성할 수 없다. 이러한 종류의 단순한 존재를 비물질적 존재라고 하고, 이러한 존재가 이성을 가지고 있 A 13
다면 영이라고 한다. 그러나 결합하여 불가입적이고 연장적인 전체를 만드는 단순한 실체는 물질적인 단일체라고 불리지만 이러한 실체의 전체는 물질이라고 불린다. 영이란 이름은 전혀 의미가 없는 단어이거나, 아니면 그 의미는 우리가 보인 바와 같다.

영 개념이 함유하는 바에 대한 설명에서 이러한 자연이 실재한다 II 322
거나 단지 가능하리라는 명제에 이르기까지는 아직 거리가 매우 멀다. 사람들은 철학자의 저술들에서 그들이 신뢰할 수 있는 아주 훌륭한 증명, 즉 생각하는 모든 것은 단순해야 하고, 이성적으로 생각하는 모든 실체는 자연의 한 단일체이며, 불가분의 자아는 많은 결합된

* 내가 단지 세계 전체에 부분으로 속하는 영에 대해 말하고 있는 것이지 세계 전체의 창조자이고 유지자인 무한한 영에 대해 말하고 있지 않음을 사람들은 여기서 쉽게 알아차릴 것이다. 후자의 영적 자연 개념은 쉬운데, 왜냐하면 그 개념은 단지 부정적이며, 우리가 무한하고 절대적으로 필연적인 실체와 모순되는 물질의 속성들을 그 개념에서 부인하는 데서 성립하기 때문이다. 이와 대조적으로, 예를 들어 인간 영혼처럼 물질과 결합해야 하는 영적 실체의 경우에는, 전체를 이루기 위해서 그것[영적 실체]과 물체적 존재의 상호 결합을 내가 생각해야 하지만, 그럼에도 물질적 존재 사이에서 발생하는 유일하게 알려진 결합 방식을 제거해야 한다는 난점이 나타난다.

사물의 전체 안에서 분할될 수 없다는 것에 대한 증명을 발견한다. 따라서 내 영혼은 단순한 실체일 것이다. 그러나 이 증명으로는 그것[영혼]이 공간 안에서 통합하여 연장적이고 불가입적인 전체를 형성
A 14 하는 종류여서 물질적인 것인지, 아니면 그것[영혼]이 비물질적이어서 영인지, 사실 사람들이 영적이라고 부르는 것과 같은 종류의 존재가 가능하기나 한지는 아직 결정되지 않은 채로 남아 있다.

이 시점에서 나는 성급한 결정을 내리지 않도록 경고하지 않을 수 없는데, 그런 성급한 결정은 가장 심오하고 모호한 질문에 가장 쉽게 스며든다. 즉 일상의 경험 개념에 속하는 것에 대하여, 사람들은 보통 마치 그 가능성도 이해한 듯이 여기는 경향이 있다. 반면 일상의 경험 개념에서 벗어나고 어떤 경험으로는—결코 [경험의] 유추로도—전혀 이해할 수 없는 것에 대해서는, 사람들은 당연히 어떤 개념도 형성할 수 없기에 그것을 불가능한 것으로 바로 폐기하는 경향이 있다. 모든 물질은 자신이 현존하는 공간에서 저항하며, 그 때문에 불가입적이라고 불린다. 경험은 이런 일이 발생함을 가르쳐주며, 이 경험의 추상은 우리 안에 물질이라는 일반 개념을 산출한다. 우리는 어떤 것이 자신이 현존하는 공간에서 발휘하는 이 저항을 이러한 방식으로 충분히 인지하지만, 그렇다고 잘 파악하는 것은 아니다. 이
A 15 저항은 어떤 활동성에 대립하여 작용하는 모든 것처럼 진정한 힘이기 때문이다. 그리고 이 힘의 방향은 접근[접근하는 물체]의 연장선이 향하는 방향과 반대이기 때문에 그것[그 힘]은 물질, 따라서 그 물질의 요소들에도 덧붙여져야 할 배척력이다. 이제 모든 이성적 존재는 여기서 인간의 통찰이 한계에 도달했음을 곧 받아들일 것이다. 우리는 오직 경험으로 우리가 물질적이라고 부르는 세계의 사물에 이러한 힘이 있음을 알게 되지만, 이러한 힘의 가능성은 전혀 파악할 수 없기 때문이다. 이제 내가 불가입성을 낳는 동력과는 다른 힘으로

공간에 현존하는 다른 종류의 실체를 가정한다면, 내 경험 표상과 어 II 323
떤 유사성도 없는 것의 활동성에 대하여 나는 전혀 **구체적으로** 생각
할 수 없다. 그리고 나는 이 실체에서 이 실체가 작용하는 공간을 **채**
우는 특성을 제거해버렸기 때문에, 내 감각 능력에 주어지는 사물을
사유할 수 있게 해주는 개념도 내게는 없다. 여기에서 필연적으로 일
종의 불가사의가 발생한다. 그러나 이 불가사의를 인지된 불가능성 A 16
으로 간주해서는 안 되는데, 그 반대[물질적 사물의 경우]는, 설사 그
것의 실재가 감각 능력에 주어지더라도, 그 가능성에 따라 마찬가지
로 이해할 수 없는 채 남아 있다는 바로 그 이유 때문이다.

따라서 우리는 논박당하리라는 두려움 없이 비물질적 존재의 가
능성을 받아들여도 좋다. 물론 이성적 근거를 바탕으로 이 가능성
을 증명할 수 있는 희망도 없지만 말이다. 이러한 영적 자연은 공간
에 현존할 테지만, 그럼에도 동일한 공간은 물체적 존재가 항상 투
과할 수 있는 상태로 남아 있을 것이다. 영적 자연의 현존은 공간에
서의 **활동성**을 함유하는 것이지 공간 **채우기**, 즉 고체성의 근거가 되
는 저항을 함유하는 것은 아니기 때문이다. 우리가 이제 이러한 단순
한 영적 실체를 받아들인다면, 영적 실체의 불가분성과 관계없이 그
것이 직접 현존하는 장소는 점이 아니라 그 자체가 공간이라고 말해
야 하겠다. 도움을 얻기 위해 유추에 의존하다면, 점은 공간의 부분
이 전혀 아니고 공간의 한계이므로, 물체의 단순한 요소들조차도 각
기 필연적으로 그 물체에 있는 작은 공간—이 공간은 그 물체의 전
체 연장 중 비율에 따라 할당된 부분이다—을 채워야 하기 때문이
다. 이러한 공간 채움은 활동적인 힘(배척력)을 통해 발생하므로, 이 A 17
채움은 단지 더 넓은 활동의 범위를 나타내는 것이지 활동적인 주체
를 구성하는 요소의 다양성을 나타내는 것은 아니다. 그렇기 때문에,
비록 우리가 이것의 가능성에 대해 더 명확하게 설명할 수는—이에

대한 설명은 원인과 결과라는 근본적 관계로는 가능하지 않다—없다고 하더라도, 이러한 공간 채움은 주체의 단순한 본성과 전혀 모순되지 않는다. 마찬가지로 영적 실체는, 비록 단순하더라도, 공간을 **채우지** 않고서도(즉 공간에서 물질적 실체에 저항을 행사하지 않고서도) 공간을 **차지한다고**(즉 공간에서 직접 활동할 수 있다고) 내가 주장한다면, 비록 이 주장 자체는 이해할 수 없는 채 남아 있지만, 적어도 내가 어떤 증명할 수 있는 불가능한 것과 마주하고 있는 것은[이 주장이 불가능함을 증명할 수 있는 것은] 결코 아니다. 또 이러한 비물질적 실체를 물질의 단일체와 마찬가지로 연장적이라고 할 필요가 없을 것이다. 다른 모든 것과 분리되어 **그 자체로** 존재하면서 공간을 차지하는 것만이 **연장적이기** 때문이다. 그러나 물질의 요소인 실체는 다른 실체에 가한 **외적** 작용으로만 공간을 차지한다. 하지만 이 실체가 그 자체로 존재하는 경우에는, 즉 그것[이 실체]과 연결되어 있는 어떤 다른 사물도 생각할 수 없으며 그것[이 실체] 자체 속에도 다른 것과의 관계에서 벗어나 존재하는 어떤 것도 발견할 수 없는 경우에는, 그 실체는 아무런 공간도 포함하고 있지 않다. 이러한 사실은 물체요소에 타당하다. 이 사실은 영적 자연에도 타당할 것이다. 연장의 한계는 형태를 결정한다. 그러므로 영적 자연이 어떤 형태를 지닌다고 생각할 수 없다. 이것[지금까지 말한 것]이 이해하기는 힘들지만 우주에서 비물질적 존재의 가능성을 추정해 볼 수 있는 까닭이다. 이에 대한 이해에 이를 수 있게 하는 더 쉬운 수단을 지닌 사람은 배우기를 열망하는 사람에게 가르침을 거부해서는 안 된다. 다른 사람들은 그 길을 따라 앞으로 나아가거나 나아간다고 믿는 평탄하고 편안한 길을 자신들 앞에 보는 반면, 탐구의 진전에서 이 사람들 눈앞에는 종종 알프스산맥이 솟아오른다.

A 18; II 324

이제 인간의 영혼이 영이라는 것을 증명했다고 가정한다면(비록

위에서 말한 것에서 이러한 증명이 결코 수행될 수 없었다는 것이 분
명하기는 하지만), 우리가 제기할 수 있는 다음 질문은 아마도 이것 A 19
이 될 것이다. 물체 세계에서 이 인간 영혼의 장소는 어디인가? 나는
[다음과 같이] 대답하겠다. 어떤 것의 변화가 내 변화인 물체의 경우
에, 이 물체가 바로 내 신체이며, 이 신체의 장소는 동시에 내 장소이
다. 만약 사람들이 질문을 더 진행해 이 신체에서 당신의(영혼의) 장
소가 어디인지를 묻는다면, 나는 이 질문에 미심쩍은 어떤 것이 있
지 않나 추측할 것이다. 사람들은 이 질문에 경험을 통해 알려진 것
이 아니라 아마도 상상적 추론에 의존한 어떤 것이 이미 전제되어 있
다는 것을 쉽게 알아차릴 수 있기 때문이다. 즉 사유하는 내 자아가
나 자신에 속하는 신체의 다른 부분이 있는 장소와는 구별되는 장소
에 있으리라는 것을 전제했음을 말이다. 그러나 아무도 자기 신체 속
의 특정 장소를 직접적으로 의식하지는 못하며, 오히려 그가 인간
으로서 주위 세계와 관계에서 차지하는 위치만을 의식한다. 따라서
나는 일상적 경험에 의지하여 당분간 내가 감각하는 곳, 거기에 내
가 있다고 말하겠다. 나는 머리뿐만 아니라 손가락 끝에도 직접적으
로 있다. 나는 발끝에서 고통을 느끼는 바로 그 사람이며, 감정이 격
하여 심장이 마구 뛰는 바로 그 사람이다. 내 티눈이 나를 괴롭힐 때, A 20
나는 그 고통스러운 인상을 뇌신경이 아니라 내 발가락 끝에서 느낀
다. 어떤 경험도 내 감각 일부를 나와 동떨어진 것으로 여기도록, [그
리고] 분할될 수 없는 내 자아를 뇌 안의 소우주처럼 작은 장소에 폐 Ⅱ 325
쇄해서, 거기에서 내 신체 기계의 레버를 작동하게 하거나 그곳을 통
해 [신체 기계의] 영향을 받는다고 내게 가르치지 않는다. 따라서 나
는 학교 교사의 '내 영혼은 완전히 전체 신체 안에 그리고 완전히 신체
의 각 부분에 있다'는 말이 터무니없음을 발견하기 위해서 엄격한 증
명을 요구하겠다. 건전한 지성은 흔히 어떤 진리를 증명하거나 설명

해줄 근거를 발견하기 이전에 그 진리를 알아차린다. 내가 이러한 방식으로, 대략적으로 아이들을 위해 『세계도해』[2])에 그려져 있는 것처럼, 영혼을 연장적이고 신체 전체에 퍼져 있는 것으로 생각한다고 사람들이 말한다면, 이러한 반대가 나를 조금도 당혹스럽게 만들지는 못할 것이다. 나는 이 장애를 다음과 같은 언급으로 제거할 수 있을
A 21 테니 말이다. 즉 전체 공간에 직접적으로 현존한다는 것은 외적 활동의 영역만을 증명할 뿐 내적 부분의 다수성을 증명하지는 않기에 어떠한 연장이나 형태도 증명하지 않는다는 점 말이다. 연장이나 형태는 어떤 존재 안에 자신만을 위한 [분리된] 공간이 있을 때에만, 즉 어떤 존재 안에 서로 외부에 존재하는 부분들이 발견될 때에만 발생하기 때문이다. 결국 나는 내 영혼의 영적 속성에 관하여 이 적은 양을 알고 있거나, 만약 사람들이 이 앎에 동의하지 않는다면, 그것에 관해 아무것도 알지 못하는 것으로도 만족하겠다.

만약 사람들이 이러한 생각을 이해할 수 없다고 비난하거나, 대부분의 사람에게는 같은 말이겠지만, 이러한 생각을 불가능하다고 비난하고자 한다면, 나는 그 비난에 개의치 않겠다. 나는 이 현자가 말하는 것을 듣기 위해서 그의 발 앞에 무릎을 꿇을 것이다. '인간 영혼은 뇌 속에 자리를 잡고 있으며, 뇌 속의 기술할 수 없을 정도로 작은
II 326 장소가 영혼의 거주지다.'* 거기에서 영혼은 자신의 그물 중심에 있

* 사고로 뇌의 상당 부분을 잃어버렸지만, [사고당한 사람의] 생명이나 사유[능력]에는 손실을 끼치지 않는 사고의 예들이 있다. 내가 여기서 인용한 일반적 관념에 따르면, 한 사람이 한순간에 영혼을 잃는 데는[죽는 데는] 뇌의 한 원자를 제거하거나 다른 곳으로 옮기는 것이 필요했을 것이다. 뇌 속에 영혼의 자리를 할당하는 지배적 견해는, 깊게 생각하는 동안에 우리가 뇌신경의 긴장을 [가장] 뚜렷하게 느낀다는 사실에서 주로 유래하는 것으로 보인다. 그러나 만약 이러한 결론이 옳다면, 그것은 영혼의 다른 장소도 증명할 것이다. 걱정이나 기쁨의 경우, 감각은 가슴 안에 자리를 잡고 있는 것으로 보인다. 많은 [종류의] 감정은—실제로 그 대부분은—

는 거미처럼 감각한다. 뇌신경은 그것[영혼]에 충격을 가하거나 동 A 22
요시키며, 이로써 이 직접적 인상이 아니라 신체 중 아주 멀리 떨어
진 부분에서 발생한 인상이 뇌 바깥에 존재하는 대상으로 표상되도
록 만든다. 이 자리[뇌 속의 거주지]에서 영혼은 또한 전체 기계의 밧
줄과 레버를 작동해 자신이 원하는 대로 임의의 운동을 일으킨다. 이 A 23
와 같은 명제들은 아주 피상적으로만 증명될 수 있거나 아니면 전
혀 증명될 수 없으며, 영혼의 본성은 실제로는 충분히 알려지지 않았
기 때문에 이러한 명제들은 단지 미미하게만 논박될 수 있다. 따라서
나는 학자들의 어떤 논쟁에도 끼어들고 싶지 않다. 이러한 논쟁에서
는 보통 [토론의] 양 당사자가 토론 대상에 대하여 아무것도 이해하
지 못할 때 말할 것이 가장 많다. 이와 반대로 나는 단지 이러한 종류
의 이론이 어떤 결론으로 나를 이끌 수 있는지를 추적할 것이다. 내 A 24
게 추천된 이들 명제에 따르면, 내 영혼은 공간에 현존하는 방식에서
물질의 어떤 요소와도 구별되지 않을 것이며, 지성의 힘은, 비록 이

횡격막에서 가장 강렬하게 드러난다. 연민은 창자를 움직이며, 다른 충동은 자신의 기원과 감각을 [신체의] 다른 기관에서 드러낸다. 사람들이 사유하는 영혼을 특히 뇌 속에서 느낄 수 있다고 믿는 이유는 아마도 이것이다. 모든 숙고는, 수반한 기호의 도움으로 요구된 정도의 명확성을 관념에 부여하기 위해서, [숙고한 결과] 일어나게 될 관념을 위한 기호의 매개가 필요하다. 그러나 우리 표상의 기호는 주로 청각이나 시각을 통해 받아들인 것인데, 청각과 시각 기관은 뇌와 가장 가까운 곳에 자리 잡고 있기 때문에 이 두 감관은 뇌 속의 인상을 통해 작동한다. 이제 데카르트가 물질적 관념[3)] 이라고 한 이러한 기호의 불러일으킴[산출]은 이전에 감각을 낳았던 운동과 유사한 운동에서 발생하는 신경의 자극이라면, 생각하는 동안 뇌 조직은 이전의 인상과 조화를 이루며 진동해야 하며, 이로써 피로해질 것이다. 그러나 사유가 동시에 감정으로 차 있다면[사유에 감정이 수반된다면], 우리는 뇌의 긴장을 느낄 뿐만 아니라 자극받은 부분[신체의 다른 기관]에서도 긴장을 느낀다. 평상시에 신체 기관은 감정 상태에 있는 영혼의 표상과 교감한다.

힘이 물질의 모든 요소에 존재한다고 할지라도, 내가 이 요소들에서 지각할 수는 없을 내적 특성이다. 그렇기 때문에 왜 내 영혼이 물질을 구성하는 실체 중 하나여서는 안 되는지, 그리고 왜 그것[영혼]의 독특한 현상이 동물[인간]의 신체와 같은 정교한 기계 안에서 자신이 차지하는 장소에서 유래해서는 안 되는지에 대한 어떤 타당한 근거도 제시될 수 없다. 이 장소에서는 사유와 자의라는 내적 능력 사이의 신경 결합이 발생한다. 그러나 그럴 경우에 사람들은 영혼을 물질적 자연의 조야한 기본 물질과 구별해주는 영혼의 어떤 고유한 특
II 327 징도 더는 확실히 알 수 없을 테고, 우리는 커피에서 아마도 인간 영혼이 될 원자를 삼킨다는, 라이프니츠의 익살맞은 착상은 이제 더는
A 25 웃어넘길 생각이 아니게 될 것이다. 그러나 이러한 경우에 이 사유하는 자아는 물질적 자연과 공통의 운명에 처하게 되지 않을까? 그리고 동물적 기계에 생명을 불어넣기 위해서 그것이 우연히 모든 요소의 혼돈에서 끄집어내졌듯이, 왜 이런 우연한 결합이 끝난 후 미래에 그곳으로[그 혼돈으로] 다시 돌아가서는 안 될까? 잘못된 길을 가는 사유자를 결과로 깜짝 놀라게 하는 것이 때로는 필요한데, 이는 마치 꿈을 꾸는 듯이 그를 잘못 인도한 원칙에 그가 조금 더 주의를 기울이게 하기 위해서다.

나는 세계에 비물질적 자연이 존재한다고 주장하는 것과 내 영혼 자체를 이러한 존재의 부류에 포함해두는 것에 내 마음이 아주 많이 기울고 있음을 고백한다.* 그러나 그렇다면 영과 물체 사이의 교류는

---

* 나 자신에게도 매우 불명료하고 아마도 그렇게 남아 있을 이[내가 이러한 견해에 기우는 것]에 대한 이유는 동시에 동물 속의 감각하는 존재에도 들어맞는다. 세계에서 생명의 원리를 포함하는 것은 비물질적 자연으로 보인다. 모든 생명은 자신을 의지대로 규정할 수 있는 내적 능력에 의존하기 때문이다. 반면, 물질의 본질적 특징은 외적 반작용을 통해 제한을 받는 필연적 힘으로 공간을 채우는 데 있다. 따라서 물질적인 모든 것의 상태는 외적

얼마나 신비로운가? 하지만 외적 행위라는 우리 개념은 물질이라는 A 26
개념에서 도출되었고, 여기에서[외적 행위에서] 일어나지 않는 압력과 충돌이라는 조건과 항상 결합되어 있으므로, 이것[영과 물체 사이의 교류]을 이해할 수 없음은 동시에 얼마나 자연스러운가? 비물질적 실체는 물질이 운동을 통해서 영과 충돌하는 것을 어떻게 방해할 수 있겠는가? 그리고 물질적 사물은 낯선 존재에, 즉 불가입성으 A 27
로 그와 대립하지 않거나 자신이 현존하는 바로 그 공간에 물질적 사 Ⅱ 328
물이 동시에 존재하는 것을 어떤 방식으로도 방해하지 않는 [그런] 존재에 어떻게 영향을 미칠 수 있겠는가? 영적 존재는 자신이 결합하는 물질에 가장 가깝게 현존하는 것처럼 보이며, 영적 존재는 요소들의 상호 관계 맺음을 가능하게 하는 요소들의 힘에 작용하는 것이 아니라 요소들이 놓인 상태의 내적 원칙에 작용하는 것처럼 보인다. 모든 실체는 물질의 단순한 요소까지도 외적 활동성의 근거로서 어떤 내적 활동성을 지녀야 하기 때문이다.* 비록 이 내적 활동성이 어

으로 의존하고, 구속받고 있다. 그러나 자발적이며 자신의 내적인 힘으로부터 작용하는 삶의 근거를 포함해야 할 자연은, 간단히 말해, 자신의 고유한 자의가 스스로 자신을 규정하고 변화시키는 능력을 가진 자연은, 물질적 자연이 되기 힘들다. 우리는 많은 경우에 가정으로만 알 수 있을 뿐인 이러한 알려지지 않은 종류의 존재를 이런 존재의 상이한 종들에 대한 분류를 통해 이해해야 한다고 이성적으로 요구할 수 없다. [하지만] 적어도, 동물적 삶의 근거를 포함하는 비물질적 존재는 자신의 자발성 안에 이성을 포함하고 있고 영이라고 불리는 것과 구별된다.

* 라이프니츠는 그것[실체]의 모든 외적 관계와 그[관계] 변화의 이 내적 근거를 **표상능력**이라고 말했고, 후대의 철학자들은 이 완성되지 않은 생각을 웃음으로 받아들였다. 그러나 그들이 물질의 단순한 부분과 같은 실체가 어떤 내적 상태를 갖지 않고도 가능한지를 숙고해보았더라면 더 좋았을 것이다. 그리고 만약 그들이 이것[내적 상태]을 완전히 배제하려고 했던 것은 아니라면, 표상과 이[표상]에 의존하는 활동의 내적 상태와는 다른 가능한 내적 상태를 생각해내는 것이 그들의 의무였을 것이다. 설령 우리가 물질의 단순한 기본 요소에 희미한 표상능력을 부여한다고 하더라도,

디에 존재하는지 내가 제시하지 못한다 하더라도 그렇다. 다른 한편
A 28 으로 이러한 원칙들에서 영혼은 결과인 이 내적 규정들에서 그것의 원인인 우주의 상태를 직관적으로 알 것이다. 그러나 어떤 필연성 때문에 영과 물체가 함께 하나를 이루는지, 그리고 어떤 파괴가 일어날 경우 어떤 원인이 이 단일체를 다시 해체하는지, 이 질문들은 여러 다른 질문과 함께 내 통찰을 훨씬 넘어선다. 그리고 자연의 비밀을 드러내는 데 내 지성 능력을 사용하는 일에 내가 아무리 담대하지 못하다고 하더라도, (만일 내가 그렇지 않고 논쟁하는 성향을 조금이라도 갖고 있다면) 아주 공포스럽게 무장한 어떤 반대자도 피하지 않으리라고 나는 충분히 확신하기 때문에, 이 경우에 그를 반대 근거로 논박하려고 시도 — 이는 본래 학자들 사이에 서로 무지를 증명하는 기술이다 — 할 것이다.

이러한 사실에서 물질의 어떠한 표상능력도 도출되지는 않는다는 것을 누구나 스스로 알 수 있다. 이러한 종류의 많은 실체는, 결합하여 전체를 이루더라도, 결코 사유하는 통일체를 구성할 수는 없기 때문이다.

제2장 A 29; Ⅱ 329
영적 세계와의 교류를 여는 신비로운 철학의 단편

[이 여행을] 처음 시작하는 사람은 거칠고 외감에 몰두하는 지성을 상위의 추상적 개념들에 이미 적응시켰고, 이제 그는 형이상학의 희미한 빛이 어둠의 영역을 가시적으로 만드는 여명 안에서 영적이고 물체적 외피가 벗겨진 형체들을 볼 수 있다. 그래서 우리는 어려운 준비를 견뎌내고 나서 위험한 길을 감행하려고 한다.

> 쓸쓸하고 어두운 밤에 그들은 그림자와 같은 모습을 하고, 황량한 주거지와 플루토의 텅 빈 지역을 가로지르며, 저승에서 방황한다.[1] — 베르길리우스[2]

우주를 채우는 **죽은** 물질은, 자신의 고유한 성질에 따라, 비활동성과 정지 상태에서는 하나의 동일한 조건 속에 있다. 즉 물질은 고체성과 연장과 형태를 지니며, 모든 이러한 근거에 기인하는 물질의 현상에 대해서는 **물리적** 설명이 가능하다. 이 설명은 동시에 수학적이며, 이 두 설명이 결합한 설명을 우리는 **기계적**이라고 한다. 다른 한 A 30
편으로 우주 안에서 **생명**의 근거를 포함하는 존재에 주의를 돌린다면 — 이러한 존재는 그런 까닭에 구성요소로서 생명이 없는 물질의 덩어리나 연장을 증대하는 종류가 아니고, 접촉과 충돌의 법칙에 따라 그것[생명이 없는 물질]의 영향을 받지도 않으며, 오히려 내적 활동성을 통해 자기 자신과 자연의 죽은 물질을 움직이게 만든다—, 우리는 입증의 명확함이 아니라면 적어도 훈련된 지성의 예감으로 비물질적 존재를 확신하게 된다. 이 존재의 특별한 작용법칙을 우리는 **영적**이라고 하고, 물체적 존재가 물질적 세계 안에서 그 작용의 매개적 원인인 한에서, 그 법칙을 **유기적**이라고 한다. 이러한 비물질적 존재는 자발적인 원칙이기에 실체이고 그 자체로 존립하는 자연이기에 우리가 우선 얻게 되는 결론은 아마도 이것들이 서로 직접적으
A 31 로 결합하여 우리가 비물질적 세계(지성적 세계)[3]라고 부를 수 있는
Ⅱ 330 커다란 세계를 구성하리라는 것이다. 어떤 그럴듯한 근거로 우리는 서로 비슷한 성질을 지닌 존재들이 이질적 속성을 지닌 다른 것(물체적 사물)의 매개를 통해서만 서로 교류할 수 있다고 주장할 수 있겠는가? 이 후자[견해]는 앞의 것보다 훨씬 더 불가사의하다.

그러므로 우리는 이 **비물질적 세계**를 그 자체로 존재하는 전체로 간주해야 하며, 비물질적 세계의 부분들은 물체적 사물의 매개 없이도 서로 결합하고 교통하는 상태에 있다고 간주해야 한다. 그리하여 이 후자의 관계[물체적 사물의 매개를 통한 관계]는 우연적이며, [비물질적 세계의] 적은 부분에만 해당된다. 사실 물체적 사물의 매개로 관계를 맺는 경우에도, 이 관계는 물질을 통해 서로 작용하는 비물질적 존재들이 이 관계 외에도 서로 특별하고 보편적인 관계를 맺으며 언제든지 비물질적 존재로서 서로 영향을 미치는 것을 방해하지 않는다. 그런 까닭에 물질을 통한 비물질적 존재의 관계는 우연적일 뿐이고 특별한 신의 예비에 의존하는 반면, 이 관계[비물질적 사물 사이의 직접적 관계]는 자연스럽고 해체 불가능하다.

A 32 우리가 이러한 방식으로 전체 자연에 있는 모든 생명의 원칙을 서

로 교류하고 있고 그중 일부는 또한 물질과 통합되어 있는 그만큼의
비물질적 실체로 결합함으로써, 우리는 비물질적 세계라는 거대한
전체를 상상하게 된다. 이 비물질적 세계는 존재와 능동적인 자연의
측량하기 힘들 정도로 광대하고 알려지지 않은 위계 층이고, 이 위계
층을 통해서만 물질적 세계의 죽은 물질은 생명을 얻을 수 있다. 그
러나 자연의 어느 부분까지 생명이 확장되는지, 그리고 완전히 생명
을 잃음에 근접한 생명의 정도는 어느 정도인지 언젠가 확실하게 결
론짓는 것은 아마도 불가능할 것이다. 물활론은 모든 것에 생명을 불
어넣는다. 반면 세심하게 살펴본다면, 유물론은 모든 것에서 생명을
빼앗는다. 모페르튀이[4]는 모든 동물의 유기적인 영양분 조각에 가장
낮은 등급의 생명을 부여한 반면, 다른 철학자들은 이 조각에서 동
물이라는 기계를 작동시키는 기구를 확대하는 데 도움을 줄 뿐인 죽
은 덩어리 외에 아무것도 보지 못한다. 우리 외감에 들어오는 것에
서 발견하는 의심할 수 없는 생명의 징표는 자의에서 발생했음을 보
여주는 자유로운 운동이다. 하지만 이러한 징표를 만날 수 없는 곳에
는 어떤 등급의 생명도 존재하지 않는다는 결론은 확실하지 않다. 어 A 33
디에선가 부르하버[5]는 동물은 자신의 뿌리를 배에(내적으로) 가진 식물
이라고 말했다. 아마도 다른 사람은 마찬가지로 어떤 비난도 받지 않
고 이 개념[뿌리와 배]을 사용하여 식물은 자신의 배를 뿌리에(외적으
로) 가진 동물이라고 말할 수 있을 것이다. 따라서 후자[식물]에게는
자유로운 운동을 위한 기관, 그리고 이와 더불어 생명의 외적 징표 II 331
가 결여되어 있을 수 있다. 그러나 영양을 공급하는 수단이 자신 안
에 있는 존재는 자신의 필요에 따라 움직일 수 있어야 하므로 전자
[동물]에게는 자유로운 운동이 필수적이다. 하지만 영양 공급 수단
이 외부의 자신을 지지하는 요소에 파묻혀 있는 존재는 외부의 힘 때
문에 이미 충분히 유지되고 있다. 이러한 존재는 생장 속에 내적 생

명의 원칙을 지니기는 하지만, 외적인 자유로운 활동을 위한 어떠한 유기적 조직도 필요로 하지 않는다. 나는 이 모든 것의 어떤 것도 증
A 34 거로 필요하지 않다. 내가 그러한 추측에 유리한 할 말이 별로 없을 것이라는 사실 외에도, 그 추측은 또한 먼지투성이의 시대에 뒤처진 생각이라고 시류의 조롱을 받기 때문이다. 고대인들은 세 종류의 삶, 즉 식물적인 삶, 동물적인 삶, 이성적인 삶을 받아들일 수 있으리라고 믿었다. 그들이 세 종류 삶의 세 비물질적 원칙을 인간 안에서 결합했을 때, 그들이 물론 틀렸을 수 있다. 그러나 그들이 세 비물질적 원칙을 성장하고 같은 종을 번식하는 세 종류의 생물체에 배분했을 때, 그들은 물론 증명할 수 없는 것을 말한 것이지만, 그렇다고 불합리한 것을 말한 것은 아니다. 특히 어떤 동물의 [본체에서] 절단된 부분이 갖는 특별한 삶, 동물 신체와 몇몇 식물의 섬유가 지닌, 충분히 증명되었으나 설명할 수 없는 속성인 자극성, 그리고 두족류나 다른 식충류와 식물 사이의 큰 유사성을 고려하려는 사람이 내리는 판단은 불합리하지 않다. 그러나 비물질적 원칙에 의존하는 것은 게으른 철학의 피난처다. 그런 까닭에 물질만의 운동법칙에 의존하며 이해 가능한 유일한 것인 세계 현상의 원인을 완전한 범위에서 인식하기 위해서, 이러한 취향에 따른 설명방식을 우리는 가능한 한 피해야 한다.
A 35 그럼에도 나는 동물적 변화를 유기론적으로 설명한 슈탈[6]이 호프만,[7] 부르하버 등보다 많은 경우 진리에 더 가까울 것이라고 확신한다. 호프만, 부르하버 등은 비물질적 힘을 논외로 하고 기계적 원인만을 고수함으로써 더 철학적인 방법을 따른다. 철학적 방법은 때로 오류를 범하기도 하지만 더 많은 경우 정확하며, 철학적 방법만이 학문에 유용하게 사용될 수 있다. 다른 한편으로 비물질적 본성을 지닌 존재의 영향에 관해서는 기껏해야 그런 영향이 거기에 있다는 것을 알 수 있을 뿐이며, 어떻게 그것이 발생하는지, 그 작용이 얼마나 멀리 미칠

지는 전혀 알 수 없다.

이렇게 해서 비물질적 세계는 우선 모든 창조된 지성을 포함하는 II 332
데, 이들 중 어떤 것은 물질과 결합하여 인간을 형성하지만 다른 것
은 그렇지 않다. 그 외에 비물질적 세계는 모든 동물 종의 감각하는
주체를 포함한다. 마지막으로, 비물질적 세계는 생명의 원칙이 자연 A 36
어디에 존재하든지 간에 생명의 모든 원칙을 포함하는데, 생명이 자
의적 운동의 외적 징표를 통해 드러나지 않더라도 그렇다. 나는 다음
을 말하고자 한다. 이 모든 비물질적 자연은, 그것이 지금 물질적 세
계에서 영향을 행사하건 그렇지 않건 간에, 그리고 여기 지상이나 다
른 천체에서 자신의 우연적 상태가 동물적 상태인 모든 이성적 존재
는, 그것이 물질이라는 날것에 현재나 미래에 생명을 불어넣건 아니
면 이미 생명을 불어넣었건 간에, 이 개념[비물질적 세계]에 따라 자
신의 본성에 부합하는 공동체 안에 있다. 이 공동체는 물체 사이의
관계를 제약하는 조건에 의존하지 않으며, 이 공동체에서는 눈에 보
이는 세계에서 모든 결합을 파기하는 큰 균열인 장소나 시간의 간격
이 사라진다. 따라서 인간 영혼은 이미 현재의 삶에서 두 세계와 동
시에 결합된 것으로 간주해야 한다. 이 두 세계 가운데 인간 영혼은
신체와 결합하여 인격적 통일체를 형성하는 한 물질적 세계만을 명
확히 감각한다. 이와 반대로 인간 영혼은 영적 세계의 지체로서 비물
질적 자연의 순수한 영향을 받고 이를 전달한다. 그리하여 [물질적 A 37
세계와 맺은] 그 결합이 해체되자마자 그가 언제나 영적 자연과 함
께 있는 공동체만 남게 되며, 그 공동체는 인간의 의식에 명확한 직
관으로 드러날 것이다.*

* 사람들이 천국을 축복받은 자의 자리라고 말할 때 일반적 표상은 천국을 사람들 위의, 저 높은 측량할 수 없는 우주에 위치시킨다. 그러나 사람들은 우리 지구 또한 저 지역에서 보면 천국의 별들 중 하나로 나타날 테고,

A 38; Ⅱ 333 이성의 주의 깊은 언어를 항상 사용하는 것이 내게는 점점 더 어려워진다. 왜 나 역시 학술적 논조로 말하는 것이 허용되어서는 안 되는가? 이런 논조로 말하는 것은 [어떤 문제를 다루는 데] 더 단호하며, 저자뿐만 아니라 독자를, 조만간 이들을 단지 언짢은 미결정 상태로 인도하고 말 생각에서 벗어나게 해준다. 그런고로, 다음 사항은 증명된 것과 마찬가지이거나, 우리가 그 문제에 대해 조금 더 해박해진다면 쉽게 증명될 수 있거나, 더 좋은 것은 언제 어디서인지는 알 수 없지만 미래에 증명될 것이다. 즉 인간 영혼은 현재의 삶에서도 영적 세계의 모든 비물질적 자연과 해체 불가능한 교류를 맺고 있으며, 인간 영혼은 이것에 작용을 가하고 또 이것에서 인상을 받아들인다. 그러나 모든 것이 정상적인 상태에 머무는 한, 인간 영혼은 인간으로서 그 인상을 의식하지는 못한다. 다른 한편으로 영적 자연은 물체 세계에 관한 감각적 지각을 직접적으로 의식에 전혀 갖지 못한다는 것 역시 그럴듯하다. 왜냐하면 영적 자연은 한 인간을 형성하기 위해 물질의 어느 부분과 결합해 있지 않아서 이 물질의 부분을 통해 물질적 세계 전체에서 자신의 위치를 의식할 수 없을 뿐만 아니라,

---

다른 세계의 거주자들이 마찬가지의 정당한 근거를 가지고 우리를 가리킬 수 있으며 [다음과 같이] 말하리라는 것을 생각하지 못한다. "저기 영원한 기쁨의 거주지, 언젠가 우리를 받아들이기 위해 준비되어 있는 천국의 거소를 보시오." 즉 희망이 취하는 높은 비상은 항상 올라감의 개념과 결합되어 있다는 생각을 기괴한 망상이 만들어내지만, 우리가 아무리 높이 올라가더라도 어쨌든 다른 세계에서 확고한 기반을 잡으려면 다시 내려와야 한다는 생각을 하지 못한다. 그러나 [위에서] 언급된 개념에 따르면, 천국은 본래 영적 세계이거나, 우리가 [그렇게 부르기를] 원한다면, 영적 세계의 축복받은 부분일 것이다. 사람들은 천국을 자신의 위나 아래에서 찾아서는 안 된다. 왜냐하면 이러한 비물질적 전체는 물체적 사물과의 가까움이나 멂에 따라서가 아니라 그 부분들 사이의 영적 결합에 따라 표상되어야 하기 때문이다. 적어도 영적 세계의 구성원들은 이러한 관계에 따라서만 자기 자신을 의식한다.

정교한 기관을 통해 연장된 존재와 자신의 관계나 연장된 존재들 사 A 39 이의 관계를 의식할 수도 없기 때문이다. 그러나 영적 존재는 동일한 성질을 지닌 존재인 인간 영혼에 흘러들어올 수 있으며, 실제로 언제나 인간 영혼과 서로 교류한다. 하지만 표상을 전달할 때, 물체 세계에 의존하는 존재인 [인간] 영혼이 자신 속에 지닌 표상은 다른 영적 존재에 옮겨질 수 없고, 후자[영적 존재]가 비물질적 사물에 대한 직관적 표상으로서 지닌 개념은, 적어도 이 개념이 자신의 본질적 속성을 유지하는 한, 인간 의식에 명확하게 전달될 수 없다. 양쪽 관념을 이루는 재료는 서로 다른 종류이기 때문이다.

우리가 제시한 바와 같은 영적 세계의 체계적 구성이 너무 가정적인 영적 자연이라는 개념이 아니라 어떤 실제적이고 일반적으로 받아들여지는 관찰에서 도출되거나 사실인 것으로 추정될 수 있다면, 그것은 좋은 일일 것이다. 그래서 나는 여기서 사실 우리 길[지금까지 논의]에서 다소 벗어나고 자명함과도 충분히 거리가 있기는 하지 II 334 만 그럼에도 기분 나쁘지 않은 추측 기회를 제공하는 것처럼 보이는 시도를 삽입하는 것에 대해 독자의 관대함을 구한다. A 40

인간의 마음을 움직이는 힘 중 가장 강력한 어떤 힘은 마음의 외부에 놓여 있는 것처럼 보인다. 이러한 힘은 인간 자신의 내부에 놓여 있는 목표인 자기이익이나 사적 욕구를 충족하기 위한 단순한 수단이 아니다. 오히려 그 힘은 우리가 지닌 충동의 성향이 결합하는 초점을 우리 외부의 다른 이성적 존재에 두도록 만든다. 여기에서 두 힘, 즉 모든 것을 자기 자신과 연결하는 이기주의의 힘과, 마음이 자신을 넘어서서 다른 사람에게로 내몰리거나 끌리게 되는 공동이익의 힘 사이의 투쟁이 발생한다. 나는 우리를 다른 사람의 판단에 아주 강하게, 그리고 보편적으로 의존하게 만들고, 우리 자신에 대한 좋은 평판을 완결하는 데 다른 사람의 시인이나 칭찬을 필수적이라고 생각

하게 만드는 충동에 대해서 상세히 논의하지는 않을 것이다. 이러한
A 41 충동에서 때때로 명예에 대한 잘못된 생각이 일어나기도 하지만, 그
럼에도 가장 비이기적이고 진실한 심성의 사람에게서도 자신이 스
스로 옳거나 참이라고 알고 있는 것을 다른 사람의 판단과 비교해보
고 양자를 일치시키려고 하는 비밀스러운 경향이 감지된다. 또한 [우
리에게는] 지식의 길을 가는 각 인간 영혼이 우리가 택한 길과 다른
길을 가는 것처럼 보일 때, 이를 멈추게 하려는 경향이 있다. 아마도
이 모든 것은 우리의 고유한 판단이 보편적 인간 이성에 의존함을 느
끼게 해주며, 이 모든 것은 사유하는 존재 전체에 일종의 이성적 통
일성을 부여하는 수단이 된다.

그러나 나는 다른 경우에 중요할 수 있는 이 고찰을 [일단] 지나치
고, 당장은 우리 목적과 관련된 한 더 많은 깨달음을 주고 더 분명한
다른 것에 의지하려고 한다. 우리가 외부 사물을 우리 필요와 관련지
을 때, 어떤 감각을 통해 동시에 우리가 구속되고 제한받는다는 것을
느끼지 않고는 이것을 할 수 없다. 이 느낌은 우리 안에 말하자면 외
부 의지가 작용하며, 우리 자신의 경향성은 [이를 만족시키기 위한]
A 42 조건으로서 외부 승인이 필요함을 알아차리게 해준다. 어떤 비밀스
러운 힘이 우리 의도를 동시에 다른 사람의 번영이나 남의 의지로 향
하게 만드는데, 비록 이것이 흔히 마지못해 일어나고 [우리의] 이기
II 335 적 경향과 강하게 대립하지만 말이다. 그러므로 우리 충동이 향하는
방향을 지시하는 선들이 모이는 점은 우리 안에만 있는 것은 아니며,
우리 밖 다른 사람의 의지 안에도 우리를 움직이는 힘이 있다. 그런
까닭에 흔히 자기이익이라는 생각에 맞서 우리 마음을 사로잡는 도
덕적 충동, 즉 의무의 강한 법칙과 자비의 약한 법칙이 발생한다. 이
들 각각은 우리에게 많은 희생을 쥐어짜내며, 비록 이기적 경향이 때
때로 이 둘을 압도하지만, 인간 본성은 그것[두 법칙]의 실재를 보여

주는 데 전혀 부족함이 없다. 이로써 가장 내밀한 행위의 동기에서 우리가 **일반의지의 규칙**에 의존함을 알게 되는데, 여기에서 모든 사유하는 자연의 세계에 **도덕적 통일성**과 순전히 영적 법칙만을 따른 체계적 구성이 발생한다. 우리 의지를 일반적 의지와 조화시키고자 하는 우리 안에 감지된 구속을 **도덕적 감정**이라고 하고자 한다면, 우리 A 43
는 그 원인은 찾아내지 못한 채, 단지 우리 안에서 실제로 일어나는 것의 현상으로서 그것에 관해서 말한다. 그래서 **뉴턴**은 서로 가까워지려는 모든 물질의 성향에 관한 확실한 법칙을 물질의 **중력**이라고 했는데, 자신의 수학적 증명이 중력의 원인을 둘러싸고 발생할 수 있는 부담스러운 철학적 논쟁과 얽히는 것을 원하지 않았기 때문이다. 그럼에도 그는 중력을 물질 사이의 일반적 활동에서 나오는 실제적 결과로 다루는 데에 전혀 주저하지 않았기에 중력에 또한 **인력**이라는 이름을 붙였다. [그렇다면] 서로 관계를 맺고 있는 사유하는 자연들에서 발견되는 도덕적 충동이라는 현상을 마찬가지로 영적 자연들이 서로 영향을 미치는 것을 가능하게 하는, 참으로 활동적인 힘의 결과로 생각하는 것이 가능하지 않겠는가? [이것이 가능하다면] 도덕적 감정은 개인적 의지가 일반적 의지에 **의존함**에 대한 감각이 될 것이다. 또 비물질적 세계는 자신의 고유한 결합 법칙에 따라 영적 완전성의 체계를 형성하기 때문에, 도덕적 감정은 비물질적 세계가 도덕적 통일성을 이루게 하는 자연적이고 일반적인 상호작용의 결 A 44
과가 될 것이다. 만약 우리가 이러한 사고가 이를 그 사고 결과에 견주어 검토해보는 수고가 가치 있다고 볼 정도로 충분히 그럴듯함을 인정한다면, 아마도 이 사고의 매력 때문에 우리도 모르는 사이에 그 사고에 편파적으로 기울게 될 것이다. 왜냐하면 여기 지상에서는 인 II 336
간의 도덕적 관계와 물리적 관계 사이에 있는 모순에서 발생한 불규칙성이 우리를 아주 당혹스럽게 하는 반면, 이 경우에는 이러한 불규칙성이 대부분 사라지는 것처럼 보이기 때문이다. 행동의 모든 도덕성은 자연 질서를 따른다면 완전한 결실을 인간의 신체적 삶에서 결코 나타낼 수 없지만, 영적 세계에서는 영적 법칙에 따라 그 결실을 나타내는 것이 가능하다. 참된 의도, 무능함 때문에 결실을 거두지 못한 많은 노력에 숨겨진 동기, 자기 자신에 대한 승리, 그리고 겉으로 옳게 보이는 행위에 숨겨진 악의는 대부분 물체적 상태의 물리적
A 45 결과[성공] 측면에서는 소실되지만, 비물질적 세계에서는 이러한 방식으로 결실을 맺는 원인으로 간주되어야 할 것이다. 그리고 비물질적 세계의 측면에서 보면, 이것들[참된 의도 등]은 영적 법칙에 따라, 그리고 개인적 의지와 일반적 의지가 결합한 덕분에, 즉 단일체[개별영]와 영적 세계 전체가 결합한 덕분에, 자유로운 의지의 도덕적 특질에 부합하는 결과를 산출하거나 반대로 결과를 받아들인다. 행위의 도덕성은 영의 내적 상태와 관련하기 때문에 당연하게 영들의 직접적 공동체 내에서만 전체 도덕성에 부합하는 결과를 산출할 수 있다. 이렇게 해서, 운동 법칙에 따라 우주의 물질이 자신의 물질적 힘에 부합하는 질서 안에서 서로 위치를 차지하듯이, 인간 영혼은 이미 현재 삶에서 [자신의] 도덕적 상태에 따라 우주의 영적 실체 가운데서 자신의 위치를 차지해야 하는 일이 이제 발생한다.* 그래서 마
A 46 침내 죽음으로 영혼과 물체 세계 사이의 교류가 해체되면, 다른 세계의 삶은 단지 그가 이미 현재 삶에서 속해 있었던 결합의 자연스러운 연속일 것이다. 그리고 여기에서[현재 삶에서] 실행된 도덕성의 모

* 도덕성의 근거에서 발생하는 인간과 영적 세계의 상호작용은 영적 영향의 법칙에 따라 다음과 같이 해석될 수 있다. 이 상호작용에서 선하거나 악한 어떤 영혼과 [다른] 선하거나 악한 영들 사이에 가까운 교류가 자연적으로 일어나며, 이로써 그 영혼은 자신의 도덕적 성질에 부합하는 영적 공화국의 부분과 한 패가 되고, 이로부터 자연의 질서에 따라 일어날 수 있는 모든 결과에 참여한다.

든 결과는 거기에서[다른 세계의 삶에서] 전체 영적 세계와 해체될 수 없는 교류 속에 있는 존재가 이미 이전에 영적 법칙에 따라 실행한 결과 안에서 다시 발견될 것이다. 따라서 현재와 미래는, 자연의 질서에 따를 때조차도, 말하자면 한 조각에서 생겨났을 테고, 또 연속적인 전체를 구성할 것이다. 이 후자의 상황은 특별히 중요하다. 단순 II 337
히 이성의 근거를 따르는 추측에서는, 이 세상에서 도덕성과 그 결과 사이에 있는 불완전한 조화에서 발생하는 곤경을 제거하기 위해서 A 47
우리가 비상한 [능력의] 신적 의지로 도피해야 한다면, 이는 큰 어려움이기[큰 어려움에 봉착하기] 때문이다. 왜냐하면 신적 지혜에 관한 우리 개념에 따라 이루어진 신적 의지에 대한 우리 판단이 아무리 그럴듯하더라도, 우리 지성의 연약한 개념을 최고 존재자에게 잘못 적용한 것은 아닌가 하는 강한 의심이 언제나 남게 마련이기 때문이다. 인간의 의무는 단지 그가 실제로 세계에서 지각한 조화에서, 또는 유비 법칙을 사용하여 자연 질서에 따라 그[인간]가 추측해볼 수 있는 조화에서, 신적 의지를 판단하는 것뿐이다. 그러나 동시에 신적 의지의 규칙으로 만드는 자신의 고유한 지혜의 구상에 따라, 현재나 미래 세계에서 새로운 임의의 질서를 상상해내는 권한이 그에게 있지는 않다.

우리는 이제 우리 고찰을 다시 이전의 길로 돌려서 우리가 세웠던 목표에 접근하려고 한다. 만약 영적 세계와 이 세계에 대한 우리 영혼의 관여가 우리가 제공한 개요가 보여준 대로라면, 영들과 교류하 A 48
는 것이 완전히 보편적이고 흔한 일이 아니라는 것보다 더 이상하게 보이는 것은 거의 없다. [이 경우] 특이한 것은 이러한 현상의 가능성이 아니라 이러한 현상이 드물다는 점이다. 그러나 이 어려움은 아주 잘 해결될 수 있으며, 부분적으로는 이미 해결되었다. 왜냐하면 인간 영혼이 비물질적 직관을 통해 영으로서의 자기 자신에 대하여 지니는 표상은, 그가 자신을 [자신과] 유사한 성질을 지닌 존재와의 관계에서 이해하는 한, 그[인간 영혼]의 의식이 신체기관에 주어진 인상에서 유래하며 물질적 사물과 관계에서만 표상될 수 있는 이미지를 통해 자기 자신을 한 인간으로 표상할 때 지니는 표상과는 완전히 구별되기 때문이다. 따라서 그것은 보이는 세계와 보이지 않는 세계에 구성원으로서 동시에 속할 수 있는 한 주체이기는 하지만, 그렇다고 동일한 인간은 아니다. 두 세계의 성질이 다르다보니 한 세계의 표상은 다른 세계의 표상을 수반하는 관념이 결코 아니기 때문이다. 그리
A 49; Ⅱ 338 하여 영으로서 내가 생각하는 것은 인간인 내가 기억할 수 없고, 역으로 인간으로서 내 상태는 영으로서 나 자신에 관한 표상에 전혀 들어올 수 없다. 더욱이 영적 세계에 관한 표상이 아무리 명확하고 직
A 50 관적이라 하더라도,* 이것은 내가 인간으로서 그 표상을 의식하기에

* 우리는 이것을 현재 삶에서조차도 영혼에 속하는 어떤 이중의 인간성을 통해 해명할 수 있다. 어떤 철학자들은, 최소한의 걱정되는 반대도 없이, 불명확한 표상의 실재를 증명하고자 할 때 깊은 잠의 상태에 의존할 수 있다고 믿는다. 하지만 아마도 깊은 잠에서 우리가 지녔을 표상 중 어떤 것도 깨어난 상태에서 기억하지 못한다는 것 외에는, 깊은 잠의 상태에 관하여 더는 아무것도 확실하게 말할 수 없을 것이다. 이러한 사실에서 나오는 것은 우리가 깨어났을 때 표상이 명확하게 떠오르지 않는다는 것일 뿐, 우리가 잠잘 때에도 표상이 불명확하다는 것은 아니다. 나는 오히려 이것[수면 중의 표상]이 깨어 있을 때의 가장 명확한 표상보다도 더 명확하고 방대할 것이라고 추측한다. 이것이 외감이 완전한 휴식 상태에 있을 때 영혼처럼 활동적인 존재에 기대되는 것이기 때문이다. 인간의 신체가 그때에는 함께 감각되지 않기 때문에, 신체에 동반되는 관념이 깨어났을 때 결여되어 있는데, 이 관념은 이전의 사유 상태를 같은 인간에 속하는 것으로 의식하는 데 도움이 될 수 있다. 이 상태[수면 상태]에서 다른 상태에서보다도 때때로 더 큰 이해력을 보여주는 몽유병 환자의 행동은, 비록 그들이 깨어났을 때 수면 상태에 관하여 아무것도 기억하지 못한다 하더라도, 깊은 잠에 관하여 내가 추측한 것의 가능성을 확증해준다. 반면 잠자는 사람이 깨어났을 때 기억하는 표상인 꿈은 여기에 속하지 않는다. 그때에 그 사람은 완전히 자고 있지 않기 때문이다. 그는 어느 정도 명확하게 감각하며, 자기

충분하지 않다. 그렇다면 영으로서 자기 자신(즉 영혼)에 관한 표상이
추론으로 획득된다 하더라도, [이 표상은] 어떤 인간에게도 직관적
이고 경험적인 개념은 아니다.

그러나 영적 표상과 인간의 신체적 삶에 속하는 표상 사이의 이러
한 이질성이, 현재 삶에서 때때로 영적 세계에서 받는 영향을 의식할
수 있는 모든 가능성을 제거할 정도의 큰 장애물로 여겨져서는 안 된
다. 왜냐하면 영적 표상은 인간 개인의 의식에 직접 들어올 수는 없 A 51
지만, 관념연합 법칙에 따라 자신과 관련된 이미지를 자극하고, 우리 II 339
감각 능력의 유사한 표상을 불러일으킴으로써 개인의 의식에 들어
올 수 있기 때문이다. 이 표상은 영적 개념 자체는 아니지만 그럼에
도 그것의 상징이다. 왜냐하면 하여튼 이 세계와 다른 세계에 구성원
으로 속해 있는 것은 언제나 동일한 실체이며, 두 종류의 표상이 동
일한 주체에 속하고 서로 연결되어 있기 때문이다. 이것이 어떻게 가
능한지는 영적 개념에 아주 가까운 이성의 고차적 개념이 자신을 명
확히 제시하기 위해서 통상적으로 물체적 옷[외관]을 취하는 방식을
고찰함으로써 어느 정도 이해될 수 있다. 그런 이유로 신의 도덕적
속성은 분노, 질투, 자비, 복수 등의 표상으로 표현된다. 시인 또한 같
은 이유에서 지성의 참된 이념이 내비칠 수 있게 덕, 악덕, 또는 자연
의 다른 속성을 인격화한다. 마찬가지로 공간과 시간은 관계 측면에
서만 일치할 수 있어서, 물론 유비로는 서로 일치할 수 있지만 결코
질적으로는 일치할 수 없음에도, 기하학자는 선으로 시간을 표상한 A 52
다. 그리하여 철학자에서조차 신의 영원성에 대한 표상은 무한한 시

영의 활동으로 외감의 인상을 만들어낸다. 그런 까닭에 그는 그것[인상]을 나중에 부분적으로 기억하지만, 또한 그것[인상]에서 거칠고 터무니없는 망상만을 발견한다. 하지만 이것은 필연적일 수밖에 없는데, 그것[망상]에는 환상의 관념과 외적 감각의 관념이 서로 뒤섞여 있기 때문이다.

간의 가상을 취하는데, 둘을 혼동하지 않으려고 아무리 주의를 기울인다 하더라도 그렇다. 수학자가 일반적으로 라이프니츠적인 모나드를 받아들이기를 주저하는 가장 큰 이유는 모나드를 물질의 작은 덩어리로 표상하는 것을 피할 수 없기 때문이다. 따라서 영적 감각이 자신을 닮은 상상의 이미지를 불러일으킬 수 있다면, 영적 감각이 의식에 들어올 수 있다는 것은 그럴듯하다. 영적 영향으로 전달된 관념은 이러한 방식으로 인간이 평상시에 사용하는 언어의 기호로 옷을 입는다. 그리고 감각된 영의 현존은 인간의 모습을 한 이미지로 옷을 입을 것이며, 비물질적 세계의 질서와 아름다움은 평상시에 우리 삶에서 우리 감각 능력을 즐겁게 하는 상상의 이미지로 옷을 입을 것이다.

A 53 그럼에도 이러한 종류의 환상[8]은 흔하고 일상적일 수 없으며, 오
Ⅱ 340 히려 상상의 이미지를 영혼의 내적 상태에 따라 조화로운 운동을 통
해 보통 건강한 사람에게 일어나고 또한 일어나야 할 것보다 더 크게
강화할 수 있는 특별히 민감한 신체 기관*을 지닌 사람에게만 일어난
다. 이런 비정상적인 사람은 어떤 순간에 자신의 외부에 있는 것으로
나타나는 많은 대상에 시달리는데, 단지 상상의 미혹이 여기에서 일
어나고 있음에도 그는 이 대상을 자신의 신체적 감각 능력에 나타나
는 영적 자연의 현존이라고 생각한다. 그러나 참된 영적 영향이 그것
[이 미혹]의 원인이기는 하지만, 영적 영향은 직접적으로 감각될 수
A 54 없으며, [실제의] 감각과 같은 모습을 한 환상의 유사한 이미지를 통
해서만 의식에 드러난다.

교육으로 얻은 개념들, 또는 그밖의 방식으로 [마음에] 몰래 들어

---

* 나는 이것을 외적 감각의 기관이 아니라 이른바 영혼의 감관, 즉 뇌의 부분으로 이해한다. 철학자들이 그렇게 생각하듯이, 이 부분의 운동은 흔히 사유하는 영혼의 많은 이미지와 표상을 수반한다.

온 여러 잘못된 의견 역시 여기에서, 기만이 진리와 뒤섞이고 실제의
영적 감각이 바탕에 놓여 있기는 하지만 감각적 사물의 환영으로 변
형되는 상황에서, 자신의 역할을 수행할 것이다. 그러나 우리는 이러
한 방식으로 영적 세계의 인상을 현재 삶에서 명확한 직관으로 발전
시키는 특성은 무엇에도 유용성을 갖기 힘듦을 또한 인정하게 될 것
이다. 이 경우에 영적 감각은 필연적으로 상상의 망상과 아주 긴밀하
게 뒤엉켜 있어서, 그 안에서는 참된 것과 그것을 둘러싸고 있는 조
야한 미혹을 구별하는 것이 불가능하기 때문이다. 더욱이 이러한 상
태는, 이 상태가 순전히 영적으로 감각하는 영혼의 작용으로 자연스
럽지 못한 운동을 하게 된 신경의 균형에 변화가 일어났음을 전제하
기 때문에, 실제 질병을 예고할 것이다. 마지막으로, 적어도 영을 보
는 사람의 환상에 수반되는 이미지의 측면에서 보면, 영을 보는 사람
에게서 동시에 환상가를 발견하는 것은 전혀 놀랍지 않을 것이다. 왜 A 55
냐하면 [인간에게] 낯선 성질을 지녔고 인간이 신체적 상태에서 지
니는 표상들과 결합할 수 없는 표상들이 분출하여, 잘못 짝지어진 이
미지들을 외적 감각 안으로 끌어들이기 때문이다. 이로써 길게 행렬
을 지어 감각 능력을 미혹해 믿게 하는 거친 환상과 기괴한 모습이
만들어지지만, 그럼에도 그것[거친 환상과 기괴한 모습]은 실제의
영적 영향에 기초를 둔 것일 수 있다.

이제부터 우리는 철학자가 그렇게 자주 접하는 유령 이야기에 대
해, 또는 여기저기서 소문이 떠도는 갖가지 영의 영향에 대해 그럴
듯한 이성적 설명을 제공하는 것에 당황할 필요가 없다. 떠나간[죽
은] 영혼들과 순수한 영들은 사실 우리의 외감에 결코 현전할 수 없 II 341
고 그밖의 방식으로 물질과 교류할 수도 없지만, 그들과 함께 하나의
큰 공화국에 속해 있는 인간의 영에 작용할 수 있다. 그리하여 그들
이 인간의 영 안에 불러일으킨 표상은 상상의 법칙에 따라 유사한 이

A 56 미지로 옷을 입으며, 그 이미지에 적합한 대상의 현상이 그의 외부에 있는 것으로 나타나게 만든다. 이런 기만은 어떤 감각 능력과도 관련될 수 있으며, 이런 기만이 아무리 터무니없는 망상과 섞여 있다 하더라도, 이러한 사실이 여기에서 우리가 영적 영향을 추정하는 것을 방해해서는 안 된다. 만약 내가 [영에 관한] 이러한 설명 방식의 적용에 대하여 더 자세히 논의한다면, 이는 독자의 지적 능력을 모욕하는 행위일 것이다. 왜냐하면 형이상학적 전제는 융통성이 상당해서, 어떤 사람이 전제의 진리 여부를 조사해보기 전에는 그것을 어떤 이야기에도 적용할 수 없다면, 그는 매우 미숙한 사람임이 틀림없기 때문이다. 형이상학적 전제의 진리 여부를 조사하는 것은 많은 경우에 불가능하며, 더 많은 경우에는 [이야기하는 사람에게] 아주 무례한 일이다.

그러나 단지 보이는 세계를 위해서가 아니라 보이지 않는 세계를 위해서도 어느 정도 준비되어 있는 사람에게 (이런 사람이 일찍이 존재했다면) 생길 수 있는 이익과 불이익을 함께 계산해본다면, 이러한 종류의 선물[손익계산]은 주노[9]가 티레시아스[10]에게 주었던 선물과 같은 듯하다(주노는 티레시아스에게 예언 능력을 주기 위해서 먼저 티
A 57 레시아스를 눈멀게 했다). 왜냐하면 위의 주장에 따라 판단해본다면, 다른 세계에 대한 직관적 지식은 우리가 현재 세계를 위해 필요한 지성의 무엇인가를 잃어버림으로써만 여기에서 달성될 수 있기 때문이다. 아주 부지런하게, 그리고 집중해서 자신의 형이상학적 망원경을 저 멀리 떨어진 지역으로 향하고, 그곳에서 우리에게 놀라운 일을 전해줄 수 있는 어떤 철학자조차도 이런 엄격한 조건에서 완전히 자유로워질 수 있는지 나는 알지 못한다. 하지만 적어도 나는 그가 발견한 어떤 것도 부럽지 않다. 내가 걱정하는 것은 단지 건전한 지성을 지녔을 뿐 술수를 부릴 줄 모르는 어떤 사람이 그들에게 티코 브라

헤[11]가 자신의 마부에게서 들은 것과 똑같은 것을 주지 않을까 하는 것이다. 티코 브라헤가 밤중에 별을 이용하여 지름길을 갈 수 있으리라고 생각했을 때, 그의 마부는 다음과 같이 대답했다. "선생님, 당신은 하늘에 대해서는 잘 이해할지 모르나, 여기 땅에서는 바보입니다."

A 58; Ⅱ 342

제3장 안티카발라.[1] 영적 세계와의 교류를 해체하는 상식적 철학의 단편

아리스토텔레스는 어디에선가 "깨어 있을 때 우리는 공통의 세계에 있지만, 우리가 꿈을 꿀 때면 각자 자신의 고유한 세계에 있다"[2]고 했다. 나는 우리가 여기서 뒷 절을 뒤집어서 다음과 같이 말할 수 있으리라 생각한다. '[서로] 다른 사람들이 각자 자신의 고유한 세계에 있다면, 그들은 꿈을 꾸고 있다고 추정할 수 있다.' 이를 토대로 우리가 다양한 관념 세계의 공중누각 건설자들을 고찰한다면 — 이들 각자는 다른 사람의 세계를 배제한 채 자신의 세계에서만 조용히 거주한다 —, 예를 들면, 볼프[3]가 약간의 경험에서 얻은 건축 재료와 은밀히 얻은 많은 개념으로 지은 것과 같은 사물의 질서 속에 거주하거나, 크루지우스[4]가 사유할 수 있는 것과 사유할 수 없는 것에 관한 몇 마디 마술적 주문으로 무에서 만들어낸 세계에 거주하는 이들을 고찰한다면, 우리는 이 신사들이 꿈에서 깨어날 때까지 그들의 환상에 포함된 모순
A 59 을 참고 기다릴 것이다. 왜냐하면 (신께서 그렇게 하시길 바라건대) 그들이 언젠가 꿈에서 완전히 깨어난다면, 즉 그들이 다른 인간 지성과 일치하는 것을 배제하지 않는 관점에 눈을 뜬다면, 그들 중 아무도 다른 모든 사람에게도 마찬가지로 증명의 빛을 통해 명확하고 확실하게 나타나지 않는 것을 보지는 않을 테고, 철학자는 그때에 수학자가

이미 오랫동안 점유했던 공통의 세계에 살게 될 것이기 때문이다. 최근에 과학적 지평 위로 나타난 어떤 신호들과 징조들을 신뢰할 수 있는 한, 이 중요한 사건은 [일어나는 데] 더 오래 지체될 수는 없다.

감각의 몽상가는 이성의 몽상가와 어떤 유사성이 있으며, 감각의 몽상가에는 보통 영들과 때때로 교류하는 사람들이 포함되는데, 전자[이성의 몽상가]와 똑같은 이유에서 [그렇다]. [즉] 감각의 몽상가는 다른 어떤 정상적인 사람도 보지 못하는 어떤 것을 보며, 그들은 어떤 사람에게 아무리 훌륭한 감각 능력이 있다 하더라도 아무에게도 나타날 수 없는 존재들과 교류하기 때문이다. 우리가 상정하는 환영
이 결국 단지 망상으로 끝남을 가정한다면, 몽상이라는 명명은, 전자 A 60
와 후자 모두 마찬가지로 스스로 산출한 이미지이지만, 그럼에도 이 II 343
이미지들이 실제 대상인 것처럼 감각 능력을 속이는 한, 적합하다. 그러나 우리가 두 기만이 어쨌든 이들의 산출 방식에서 아주 유사하여 하나의 원천이 또한 다른 것[원천]을 설명하기 위해 충분함이 발견된다고 상상한다면, 우리는 크게 속임을 당하는 것이다. 지금 자신에게 가장 중요한 감각 능력의 감각에 거의 주의를 기울이지 않을 정도로, 깨어 있을 때 자신의 변함없이 풍부한 상상이 만들어내는 허구와 망상에 빠져드는 사람들을 '깨어 있는 몽상가'라고 하는 것은 정당하다. 왜냐하면 감각 능력의 감각이 그 강도에서 조금 더 약해지는 것이 필요할 뿐이고, 그렇게 되면 그는 잠이 들고 이전 망상이 진짜 꿈이 될 것이기 때문이다. 그 망상이 깨어 있을 때에 이미 꿈이 아닌 까닭은 그때에[깨어 있을 때] 그는 그것[망상]을 자신 안에 있는 것으로 표상하지만 자신이 감각하는 다른 대상은 자신 밖에 있는 것으로 표상하기 때문이다. 그 결과 그는 전자를 자신의 고유한 활동에
서 나온 결과로 생각하지만 후자는 자신이 외부에서 받아들이고 영 A 61
향을 받은 것에 속한다고 생각한다. 왜냐하면 여기에서 모든 것은 대

상이 인간인 자기 자신에 대하여, 따라서 자신의 신체에 대하여 갖는 관계에 달려 있기 때문이다. 그런 까닭에 똑같은 이미지가 깨어 있는 몽상가를 아주 잘 빠져들게 할 수는 있지만, 그것이 아무리 선명하다 하더라도 기만할 수는 없다. 왜냐하면 그때에 그[몽상가]가 자기 자신과 자신의 신체에 대한 표상을 뇌 속에도 지녀서 자신의 환상적 이미지를 이것과 관련짓는다 하더라도, 외감을 통한 자신의 신체에 대한 실제 감각은 저 망상과는 대조되고 차이가 나기에, 그는 전자를 꾸며낸 것으로, 하지만 후자를 자신이 감각한 것으로 간주할 수 있기 때문이다. 이제 그가 잠들면, 자신의 신체에 대한 감각된 표상은 소멸되고 스스로 꾸며낸 표상만이 남는다. 다른 망상들은 이 꾸며낸 표상과 외적 관계에 있는 것으로 여겨지며, 그가 자고 있는 한 꿈꾸는 자를 기만할 수밖에 없다. 여기에는 망상들과 비교하여 원형과 환상, 즉 외적인 것과 내적인 것을 구별해줄 어떤 감각도 존재하지 않기 때문이다.

A 62 따라서 영을 보는 사람은 정도에서뿐만 아니라 종류에서도 깨어 있는 몽상가와 완전히 구별된다. 왜냐하면 영을 보는 사람은 깨어 있을 때에도, 그리고 종종 다른 감각이 아주 생생할 때에도, 어떤 대상을 자신이 주위에서 실제로 지각하는 다른 외부 사물 가운데 있다고 보고하기 때문이다. 여기서 질문은 영을 보는 사람이 자신의 상상의 미혹을 자기 외부에 위치시키는 것, 그것도 그가 외감을 통해 감각할 수 있는 자신의 신체와 관련하여 그렇게 위치시키는 것이 어떻게 일
II 344 어나는가 하는 것뿐이다. 그의 망상이 지닌 큰 명료성이 이의 원인이 될 수는 없는데, 여기서 문제가 되는 것은 그것[망상]이 대상으로서 자리 잡은 장소이기 때문이다. 그래서 나는 어떻게 영혼이 자신 안에 포함된 것으로 표상해야 할 이러한 이미지를 완전히 다른 관계인 자신의 바깥 장소에, 그리고 자신의 실제 감각에 나타나는 대상들 가운

데로 옮겨놓았는지 보이라고 요구한다. 나는 또한 이러한 기만과 어느 정도 유사성이 있는 다른 경우들, 예를 들면, 열이 있을 때 일어나는 일을 예시하는 것으로 문제를 마무리하지는 않으려고 한다. 왜냐하면 속임을 당한 자의 상태가 건강하건 아프건 간에, 우리는 속임을 당하는 일이 다른 경우에도 발생할 수 있는지를 알고자 하는 것이 아니라 어떻게 이 속임이 가능한지를 알고자 하기 때문이다.

그러나 우리는 외감을 사용할 때, 대상이 표상되는 명료성 외에도 A 63
감각에서 대상의 위치도 함께 파악하는 것을 발견한다. 아마도 우리가 대상의 위치를 항상 똑같은 정확성으로 파악하지는 않겠지만, 그럼에도 대상의 위치를 이것 없이는 사물을 우리 외부에 표상하는 것이 불가능한 감각의 필수 조건으로 파악한다. 이와 관련하여 우리 영혼은 감각된 대상을 대상의 표상이 다음과 같이 되는 곳, 즉 동일한 대상을 구성하는 인상의 방향을 나타내는 선들을 연장했을 때 그 선들이 함께 만나는 곳에 위치시킨다는 것은 매우 그럴듯해 보인다. 그런 까닭에 우리는 빛이 발하는 점을 눈에서 광선이 눈에 들어오는 방향과 반대쪽으로 잡아당긴[그린] 선들이 교차하는 곳에서 볼 수 있다. 사람들이 시점이라고 하는 이 점은 [산출된] 결과 측면에서 보면 **분산점**이지만, 표상 측면에서 보면 감각의 인상이 주어지는 방향을 나타내는 선들의 **수렴점이다**(**상상적 초점**).[5] 이렇게 우리는 한 눈만으로도 가시적 대상의 위치를 정할 수 있는데, [이런 결정은] 다른 어떤
경우보다도 오목거울을 통해 들어오는 물체의 스펙트럼이 대상의 A 64
한 점에서 흘러나오는 광선들이 [우리] 눈에 들어오기 전 교차하는 바로 그곳에서 공기 중에 보이는 것과 마찬가지다.*

---

* 우리가 인접한 대상의 겉보기 장소에 대하여 내리는 판단은 광학에서 보통 이렇게 나타나며, 이는 우리 경험과 아주 잘 일치한다. 그러나 한 점에서 흘러나오는 이 똑같은 광선들은, 습한 안구에서 발생하는 굴절 때문에,

II 345 소리 인상의 진동은 역시 직선을 따라 일어나기 때문에, 소리 인상의 경우에도 마찬가지로 소리 감각에 동시에 상상적 초점의 표상이 수반되리라는 것을 아마도 우리는 받아들일 수 있는데, 이 상상적 초점은 뇌 속의 진동 상태에 있는 신경기관의 직선들이 외부로 연장되었을 때 수렴되는 곳에 위치한다. 왜냐하면 소리가 작고 우리 뒤쪽에서 발생한다고 하더라도, 그리고 거기에서 나온 직선들이 귓구멍이 아니라 머리의 다른 부분에 닿을 뿐이라고 하더라도, 우리는 소리 나
A 65 는 대상의 방향과 거리를 어느 정도 알아차리기 때문이다. 따라서 진동의 방향을 지시하는 선들은 영혼의 표상에서 바깥쪽으로 연장되며, 소리를 내는 대상은 그 선들이 모이는 점에 위치하게 될 것이라고 우리는 믿어야 한다. 나머지 세 감관에 대해서도 똑같이 말할 수 있다고 나는 생각하는데, 이 감관들은 감각 대상이 감각기관들과 직접적으로 접촉하고 있고 그런 까닭에 감각적 자극의 방향을 지시하는 선들이 이 기관들 자체에 합일의 점을 가지고 있다는 점에서 시각이나 청각과 다르다.

이것[이런 내 생각]을 상상의 이미지에 적용하기 위해서 데카르트가 가정하고 그 이후에 철학자 대부분이 동의한 것, 즉 사람들이 '물질적 관념'[6]이라고 하는, 뇌 속 신경 조직이나 신경 영의 어떤 운동은 동시에 상상력의 모든 표상을 수반한다는 가정을 내가 기초로 삼는 것을 허용해주기 바란다. 다시 말하여, 아마도 신경 조직이나 신경 영에서 분리된 미세한 요소의 충격이나 진동이 상상력의 모든 표

시신경에서 분산되지 않고 한 점으로 통합된다. 그리하여 감각이 단지 이 신경에서 발생한다면, 상상적 초점은 신체 바깥이 아니라 눈 뒤쪽에 형성되어야 한다. 이러한 사실은 내가 현재로는 해결할 수 없는 어려움을 야기하며, 이 어려움은 위에서 언급된 주장들뿐 아니라 경험과도 양립할 수 없는 것처럼 보인다.

상을 수반한다. 이 충격이나 진동은 감각적 인상이 만들 수 있는 운 A 66
동을 닮았는데, 신경 진동은 이 운동의 모사다. 그러나 이제 나는 환
상에서 일어나는 신경 운동과 감각에서 일어나는 신경 운동 사이의
주요한 차이가 전자에서는 운동 방향을 나타내는 선이 뇌의 내부에
서 교차하는 반면, 후자에서는 뇌의 외부에서 교차한다는 사실에 있
음을 인정하도록 요청하고자 한다. 그렇다면 대상이 표상되는 **상상
적 초점**이 깨어 있는 상태의 명확한 감각에서는 내 밖에 위치하는 반
면, 내가 같은 상태에서 지니는 환상의 **상상적 초점**은 내 안에 위치하
기 때문에, 내가 깨어 있는 한 나는 나 자신의 망상인 상상[물]을 감
각 능력의 인상과 구별하는 데 실패할 수 없다.

우리가 이를 인정한다면, 사람들이 광기, 그리고 심한 경우 정신착 II 346
란이라고 부르는 종류의 정신장애에 대하여 합리적 설명을 제시할
수 있다고 나는 생각한다. 이런 질병의 독특성은 혼란에 빠진 사람이 A 67
자신의 상상 대상에 불과한 것을 자기 외부에 위치시키고, 그것을 자
신 앞에 실제로 존재하는 사물로 간주하는 데 있다. 그런데 [사물의]
일반적 질서에 따라 뇌 속에서 물질적인 도움의 수단으로서 환상에
수반되는 운동의 방향을 나타내는 선들은 뇌의 내부에서 교차해야
하므로, 어떤 사람이 깨어 있을 때 자신의 이미지를 의식하는 장소는
그 자신 안에 있는 것으로 여겨져야 한다고, 나는 말했다. 그러므로
내가 어떤 사고나 질병으로 뇌의 어떤 기관이 비틀어져서 이 기관 본
래의 평형상태가 깨진다고 가정한다면, 그리하여 몇몇 환상과 조화
롭게 진동하던 신경 운동이 연장될 경우 뇌 밖에서 교차하는 그런 방
향선을 따라 일어난다고 가정한다면, **상상적 초점**은 사유하는 주체의
외부에 위치하고,* 한갓 상상의 산물인 이미지는 외감에 현전하는 대 A 68

* 지금 들고 있는 사건과 먼 유사성을 보여주는 예로 사람들은 술에 취한 자

상으로 표상될 것이다. 자연적 질서에 따라서는 있을 수 없는 사태의 추정된 출현에 대한 놀라움은, 비록 처음에는 환상 속의 이러한 환영
A 69 이 약할 뿐이라 하더라도, 곧 [환영을 보는 사람의] 주의를 불러일으키고, 속임을 당한 사람이 [환영의] 진실성을 의심치 않는 아주 큰 생
II 347 생함을 거짓 감각에 부여한다. 이런 속임은 모든 외감과 관련될 수 있다. 왜냐하면 각각의 외감에 대하여 우리는 모사된 이미지를 상상 안에 지니고 있고, 신경조직의 이동은 상상적 초점을 실제로 존재하는 물체적 대상의 감각 인상이 유래하는 곳에 위치시키는 원인이 되기 때문이다. 그렇다면 환상가가 아무도 자신의 외부에 있는 것으로 지각하지 못하는 많은 것을 매우 분명하게 보거나 듣는다고 믿는 것은 전혀 놀라운 일이 아니다. 동시에 이러한 망상이 그에게 나타났다가 갑자기 사라진다거나 이 망상이 하나의 감각 능력, 예를 들어 시각만을 속이고 촉각과 같은 다른 감각 능력으로는 전혀 감각될 수 없으며, 그 때문에 가입적인 것으로 나타난다면, 그것은 전혀 놀라운 일이 아니다. 일반적인 영 이야기는 이러한 특징과 아주 잘 부합하며, 그 이야기가 이러한 근원에서 발생했다는 의심을 정당화한다. 그

의 상태를 들 수 있다. 술 취한 자는 이 상태에서 두 눈으로 [사물을] 이중으로 보는데, 혈관이 팽창해 안축의 연장된 선들이 대상이 놓여 있는 점에서 교차하도록 안축을 조정하는 데 장애가 발생했기 때문이다. 아주 똑같이 뇌관의 뒤틀림은 아마도 일시적인 것일 뿐이고 이것이 지속되는 동안에는 일부 신경과만 관련된 것이지만, 상상의 어떤 이미지를 깨어 있을 때조차도 우리 외부에 있는 것으로 나타나게 하는 데 기여한다. 아주 흔한 경험이 이러한 속임과 비교될 수 있다. 만약 우리가 충분히 잔 뒤에 잠과 유사한 편안한 상태에서, 말하자면 반쯤 뜬 눈으로 침대 덮개나 커튼의 여러 실타래, 또는 주위 벽의 작은 얼룩을 본다면, 우리는 이것에서 쉽게 인간의 모습이나 그와 비슷한 것을 만들어낸다. 이 미혹은 우리 의지가 있다면 주의를 기울이자마자 중단된다. 여기에서 환상에서 발생하는 상상적 초점의 위치 변화는 의지에 어느 정도 종속되는 반면, 정신착란에서 발생하는 위치 변화는 어떤 의지로도 방지될 수 없다.

리고 우리가 위에서 일반적 언어 사용에서 도출한 **영적 존재**라는 통 A 70
용되는 개념도 이러한 기만에 아주 잘 부합하며, 공간에 불가입적으
로 현존하는 것이 이 개념의 본질적 특징을 이루기 때문에 자신의 근
원을 부인하지 않는다.

교육[으로 얻은] 개념들은 영적 형체에 관한 기만적 상상을 위한
재료를 병든 마음에 제공하며, 이런 모든 선입견에서 자유로운 두뇌
는, 어떤 혼란이 그에게 엄습한다고 하더라도, 이런 종류의 이미지를
쉽게 만들어내지는 못하리라는 것은 역시 매우 그럴듯하다. 더군다
나 우리는 이러한 사실에서, 환상가라는 질병은 본래 지성이 아니라
감각 능력의 기만과 관련되기 때문에, 불운한 사람은 자신의 미혹을
어떠한 이성적 추론으로도 제거하지 못함을 또한 알 수 있다. 왜냐하
면 감각 능력의 감각은, 그것이 참이건 거짓이건 간에, 그 자체로 지
성의 모든 판단에 선행하며, 모든 다른 설득을 훨씬 능가하는 직접적
명증을 지니기 때문이다.

이러한 고찰들에서 나타나는 결과는 다음과 같은 불편함이다. 이
러한 고찰은 앞 장의 심도 깊은 사유를 완전히 불필요하게 만들며, A 71
독자가 앞 장에서 이루어진 관념론적 기획에 어느 정도 동의할 준비
가 되어 있다고 하더라도, 그가 더 쉽고 빠르게 판단하게 해주며 더
일반적인 동의를 약속할 수 있는 개념을 선호할 것이라는 점이다. 왜
냐하면 설명의 근거를 경험이 우리에게 제공하는 재료에서 끄집어
내는 것이 반은 시적이고 반은 추론적인 이성의 어지러운 개념 속에 II 348
서 자신을 잃어버리는 것보다 합리적 사유방식에 더 적합해 보인다
는 것 외에도, 이쪽[사변에 치우치는 쪽]에서는 조롱받을 약간의 계
기가 나타나기 때문이다. 정당화할 수 있건 그렇지 않건 간에 조롱은
공허한 탐구를 억제할 수 있는 수단으로 다른 어떤 것보다도 강력하
다. 왜냐하면 환상가의 망상에 대하여 진지한 해석을 시도하는 것은

즉시 나쁜 추측을 낳게 되며, 이러한 좋지 않은 교제에 빠진 철학은
의심받게 되기 때문이다. 사실 나는 위에서 그와 같은 환영의 광기
A 72 를 논박하지 않았고, 오히려 그것[광기]을 상상된 영적 공동체의 원
인은 아니지만 이 공동체의 자연적 결과로서 영적 공동체와 연결했
다. 하지만 도대체 심오한 철학과 조화될 수 없는 어리석음에는 어떤
것이 있단 말인가? 따라서 만약 독자가 영을 보는 사람을 다른 세계
에 반쯤 거주하는 자로 보는 대신 병원에 입원할 후보자로 간단히 물
리침으로써 더 이상의 모든 연구에서 벗어난다면, 나는 독자를 전혀
책망하지 않는다. 그러나 이제 모든 것이 이러한 기초 위에서 이루어
져야 한다면, 영계에 관한 전문가들을 다루는 방식은 위에서 다룬 개
념들에 기초를 둔 방식과는 매우 달라야 하는 것이 틀림없다. 그리고
과거에는 그들 중 일부를 때로 화형에 처하는 것이 필요했다면, 현재
는 그들을 순화하는 것만으로 충분할 것이다. 이러한 상황에서는 그
렇게 멀리 물러나서 형이상학의 도움으로, 속임을 당한 열광주의자
의 과열된 뇌 속의 비밀을 밝혀내는 것까지는 필요하지 않았을지도
모른다. 영특한 휴디브라스[7]만이 우리에게 수수께끼를 풀어줄 수 있
A 73 었을 것이다. 왜냐하면 그에 따르면, 우울한 바람이 내부에서 휩쓸고 지
나갈 때, 바람이 어떤 방향을 취할지가 중요하기 때문이다. 바람이 아래로
내려가면 바람은 F−가 되지만, 바람이 위로 올라가면 바람은 환영이 되거
나 거룩한 영감이 된다.

제4장
제1편 전체 고찰의 이론적 결론

시민법에 따라 거래에서 [측정의] 척도가 되어야 할 저울이 지닌 기만성은 [일정한] 무게의 물건이 올려진 [저울의] 접시를 바꾸어 Ⅱ 349
보면 드러난다. 지성이라는 저울의 편파성도 똑같은 술책을 통해 드러나는데, 이 술책 없이는 철학적 판단에서도 [여러] 무게 측정 결과의 비교에서 일치된 결론을 도출할 수 없다. 나는 내 영혼을 선입견에서 순화했으며, 망상적인 많은 지식의 출입구를 내 안에 내기 위해
언젠가 몰래 들어와 있는 모든 맹목적인 애착을 제거했다. 이제 정직 A 74
함의 길을 따라 차분하고 모든 근거에 열려 있는 마음 안에 자리를 잡은 것 외에는 어떤 것도 내게 중요하지 않고 어떤 것도 존경스럽지 않다. 그것[이렇게 자리를 잡은 것]이 이전의 내 판단을 확증하든 아니면 무효로 하든, 나에게 확신을 주든 아니면 미결정 상태로 남겨두든 간에 [그것은 상관없다]. 내게 가르침을 주는 어떤 것을 만날 때, 나는 그것을 내 것으로 만든다. 내 근거를 반박하는 사람의 판단은 내가 그 판단을 [저울에 올려] 먼저 자기애의 접시와 마주하여 무게를 달아보고, 그리고 그다음 그 저울에서 나의 추정된 근거와 마주하여 무게를 달아보고 나서, 그 판단에서 더 큰 용량을 발견한 후에야 내 판단이 된다. 이전에 나는 일반적인 인간 지성을 단지 나 자신

의 지성 관점에서 관찰했다. 이제 나는 나를 외부에 있는 다른 사람
의 이성 자리에 위치시키고, 내 판단과 그것의 비밀스러운 동기를 다
른 사람 관점에서 관찰한다. 두 관찰을 비교해 우리가 큰 시차를 얻
는 것은 사실이지만, 이러한 비교는 시각적 속임을 방지하고 개념을
인간의 인식능력과 관련하여 바른 곳에 위치시키는 유일한 수단이
A 75 다. 사람들은 이것이 우리가 다루고 있는 것과 같은 하찮은 과제, 즉
진지한 업무라기보다는 사소한 놀이거리라고 불릴 만한 과제에 대
한 너무 진지한 발언이라고 할 수 있을 텐데, 사람들이 그렇게 판단
하는 것이 틀리지는 않다. 하지만 작은 일에 대해서는 큰 준비가 필
요하지 않지만 작은 일의 경우에도 그러한 준비를 할 수 있으며, 작
은 일을 결정하는 데 기울인 불필요한 주의가 중요한 일의 경우에 예
로 유용할 수 있다. 한 가지 경우를 제외한다면, 어떤 애착이나 그밖
의 검토 이전에 몰래 들어온 경향성이, 내 마음에서 찬성이나 반대의
갖가지 근거를 따르는 유연성을 빼앗지는 못한다는 것을 나는 발견
한다. 지성의 저울이 결국 완전히 공평한 것은 아니며, '미래에 대한
희망'이라는 글씨가 적혀 있는 저울의 한 팔은 기계적인 이점이 있어
서, 자기 팔에 속하는 접시에 놓여 있는 가벼운 근거도 다른 쪽에 있
II 350 는 그 자체로 더 큰 무게를 지닌 사변을 위로 올라가게 만든다. 이것
은 내가 제거할 수 없는 유일한 오류이며, 또한 사실 내가 결코 제거
A 76 하지 않을 오류다. 이제 나는 떠나간[죽은] 영혼의 환영이나 영의 영
향에 관한 모든 이야기, 그리고 영적 존재의 추정된 본성과 영적 존
재와 우리의 결합에 관한 모든 이론은 희망의 접시에서만 뚜렷하게
무게가 나가는 반면, 사변의 접시에서는 순전히 공기로 이루어져 있
는 것으로 보인다는[공기의 무게밖에 나가지 않는다는] 사실을 인정
한다. 만약 [우리에게] 부과된 물음에 대한 조사[탐구]가 이전에 이
미 정해진[주어진] 경향과 교감하지 않는다면, 어떤 이성적 인간이

어떤 추정된 경험을 많은 경우에 드물지 않은 자기기만과 허구로 돌리는 것보다, 감각 능력이 그에게 가르치는 모든 것과 전혀 닮은 것이 없는 어떤 종류의 존재를 받아들이는 것에서 더 큰 가능성을 발견할지에 대해 미결정 상태로 있겠는가!

실로 이것[미리 주어진 경향]이 또한 일반적으로 말해, 아주 보편적으로 유포되는 영 이야기를 믿는 주된 원인인 듯하다. 추측건대, 떠나간[죽은] 인간의 추정된 환영에 관한 최초 기만조차도 인간이 죽음 후에 어떤 식으로든 여전히 살아남으리라는 기분 좋은 희망에서 발생했다. 왜냐하면 밤의 어둠 속에서 망상은 자주 감각 능력을 A 77
속이고, 애매한 형체에서 이전에 갖고 있던 생각에 부합하는 미혹이 만들어지기 때문이다. 여기에서 마침내 철학자는 영에 관한 이성의 관념을 고안해내고 이것을 그의 이론에 받아들일 기회를 갖는다. 사람들은 영적 공동체에 관한 나의 잘난 체하는 이론이 일반적 경향이 택한 것과 똑같은 방향으로 간다는 것을 발견할 수 있다. 왜냐하면 그 명제들은 오로지 인간의 영이 어떻게 이 세계에서 나가는지에 대한 개념,* 즉 죽음 후 상태에 대한 개념을 제공할 목적으로 아주 뚜렷하게 결합하기 때문이다. 그러나 어떻게 영이 이 세상에 들어오는지 A 78
에 대해서는, 즉 생식과 재생산에 대해서는 나는 아무것도 언급하지 않는다. 사실 어떻게 그것이 이 세계에 현존할 수 있는지, 즉 어떻게 비물질적 자연이 물체 안에 존재하고 그것으로 영향을 미칠 수 있는 II 351

---

* 고대 이집트인에게 영혼의 상징은 나비였으며, 그리스 명칭도 거의 똑같은 것을 의미한다. 죽음에서 단지 변화를 만들고자 하는[죽음을 단지 변화로 보고자 하는] 희망이 이러한 관념과 그 상징을 낳았다는 것을 우리는 쉽게 알 수 있다. 그러나 이러한 사실이 이렇게 발생한 개념의 옳음에 대한 신뢰를 결코 제거하지는 않는다. 우리의 내적 감각과 이것에 기초를 둔, 이성과 유사한 것의 판단은, 이 판단이 잘못되지 않는 한 이성이 더 계발되고 확대되었을 경우 우리를 인도할 바로 그곳으로 우리를 인도한다.

지에 대해서 나는 한 번도 언급하지 않는다. 이 모든 것에 대한 아주 정당한 이유는 내가 이 문제들에 관하여 전혀 이해하지 못한다는 것이다. 따라서 내가 선호하는 견해의 편파성이 아무리 약한 이유라고 하더라도 그 이유를 추천하는 데 기여하지 않았다면, 나는 미래 상태에 대해서도 마찬가지로 무지한 상태로 머무르는 것에 만족했을 것이다.

바로 이러한 무지 때문에 나는 많은 영 이야기의 진리를 완전히 부인하지 못한다. 그러나 여기서 내가 유보하려는 것은 그 이야기들의 각각은 의심스럽지만 그 이야기들이 전체적으로는 신뢰할 만하다는 것이다. 이러한 유보는 이상하게 보이지만 흔한 것이다. 독자는 스스로 자유롭게 판단할 수 있다. 그러나 나로서는 최소한 제2장에서 제
A 79 시된 주장들은 이러한 종류의 많은 이상한 이야기를 들었을 때 내가 진지하게 미결정의 태도를 갖게 하기에 충분했다. 그러나 마음이 미리 선입견에 사로잡혀 있다면 그것을 정당화하는 근거가 결코 부족하지 않을 것이므로 나는 이러한 종류의 사유방식을 추가로 변론함으로써 독자를 불편하게 만들지는 않을 것이다.

이제 내가 영에 관한 이론의 결론부에 있기 때문에, 이 고찰은 독자가 이를 충분히 이용한다면 그러한 존재에 관한 모든 철학적 이해를 완결할 것이며, 우리가 영에 관해 아마도 미래에 더 많은 의견을 가질 수는 있겠지만, 결코 더 많이 알지는 못할 것이라고 나는 감히 말하겠다. 이러한 주장은 상당히 거만하게 들린다. 왜냐하면 어떤 것이 비록 물 한 방울, 모래 한 알, 또는 더 단순한 것이라고 하더라도, 우리가 관찰이나 이성을 바탕으로 그것에 대해 완전히 알게 되었다고 말할 수 있는 감각 능력에 주어진 자연의 어떤 대상도 확실히 존재하지 않기 때문이다. 자연의 가장 미세한 부분이 인간의 경우처럼 아주 제한된 지성에게 해결[분석]을 위해 제공하는 것의 복잡성은 측량할

수 없다. 그러나 영적 존재에 관한 철학적 이론은 사정이 완전히 다 A 80
르다. 그것[이러한 철학적 이론]은 완결될 수 있으나 부정적[소극적]
의미에서, 즉 우리 통찰의 한계를 확실히 정하고, 자연 안에서 생명의
다양한 현상과 그 법칙이 우리가 아는 것이 허용된 전부이며, 그렇지
만 생명의 원칙, 즉 우리가 알 수는 없고 단지 추측할 수 있을 뿐인 이
러한 영적 자연은 이에 대한 자료가 우리 전체 감각에 주어져 있는 것
이 아니기 때문에, 결코 적극적으로 사유될 수 없음을 우리에게 확신
시킴으로써 완결될 수 있다. 그리고 그러한 철학적 이론은 모든 감성 Ⅱ 352
적인 것과 아주 잘 구별되는 어떤 것에 대하여 사유하기 위해서 인간
은 부정의 도움을 받을 수밖에 없지만, 이러한 부정의 가능성조차도
경험이나 추론이 아니라 모든 도움 수단을 잃어버린 이성의 피난처
인 허구에 의존한다는 것을 확신시킴으로써 완결될 수 있다. 이러한
기초 위에서 인간의 영혼론은 추정된 종류의 존재에 관한 인간의 필
연적 무지의 이론이라고 불릴 수 있고, 이것 자체로 영혼론은 그 임
무에 아주 적합하다.

이제 나는 형이상학의 방대한 부분인 영의 전체 문제를 처리하고 A 81
완결된 것으로 치워놓는다. 그것은 미래에 나와 더는 전혀 상관이 없
다. 내가 내 연구 계획을 이런 방식으로 더 축소하고 나를 몇몇 완전
히 쓸모없는 연구에서 벗어나게 함으로써 나는 내 작은 지적 능력이
더 유익하게 나머지 대상을 향할 수 있기를 희망한다. 많은 경우에
자신의 적은 양의 힘을 모든 불확실한 계획에 확장하려고 하는 것은
헛된 일이다. 그렇기 때문에 지혜로움은 이 경우나 다른 경우에 연구
방식을 능력에 맞출 것을 요구하며, 만약 우리가 그 크기에 쉽게 도
달하지 못한다면 적당한 크기에 한정할 것을 요구한다.

A 82; Ⅱ 353

제2편 역사적인 것

제1장
그 진실성이 독자의 자유로운 조사에 맡겨진 이야기

내가 들은 것을 말해도 좋을까요?[1) — 베르길리우스

자신의 자만심이 자기 자신을 온갖 종류의 공허한 질문에 노출되도록 하는 철학은 어떤 이야기들을 들을 기회가 생겼을 때 종종 자신이 난처한 상황에 처해 있음을 발견한다. 그 이야기들의 어떤 것은 위험을 감수하지 않고는 의심할 수 없거나 그것들 중 많은 이야기는 웃음거리가 되지 않고는 믿을 수 없을 때다. 이 두 가지 어려움이 풍문으로 떠도는 영 이야기에서 어느 정도 함께 발견되는데, 첫째 어려움은 어떤 사람이 그 이야기가 사실이라고 주장하는 것을 들을 때, 둘째 어려움은 그 이야기를 다른 사람에게 전할 때 발생한다. 사실 철학자에게 쉽게 믿는다는 비난과 흔한 망상에 복종한다는 비난보다 더 혹독한 비난은 없다. 적은 비용으로 현명하게 보이는 방법을
A 83 아는 사람들은 양측에게 [모두] 이해될 수 없어서 무지한 자와 현명한 자를 어느 정도 같게 만드는 모든 것에 조롱하는 웃음을 보낼 것이다. 따라서 [실제로 발생하는 것으로] 그렇게 빈번하게 주장되는 환영이 널리 유포되고 있지만, 공식적으로는 부인되거나 정말로 억압되는 것은 전혀 놀라운 일이 아니다. 그런 까닭에 우리는 학문 단체가 이러한 주제를 결코 현상 공모의 물음으로 삼지 않으리라고 신뢰할 수 있다. 왜냐하면 학문 단체의 구성원들이 지금 다루는 믿음에

빠지는 것에서 완전히 자유롭기 때문이 아니라, 호기심과 허영에 찬
지식욕이 무차별적으로 던지는 질문에 대해 현명함의 규칙이 정당
하게 한계를 설정하기 때문이다. 그리고 이러한 종류의 이야기들은 II 354
언제나 비밀스러운 신봉자를 갖겠지만, 공적으로는 불신하는 지배
적 분위기에서 거부될 것이다.

그러나 내게는 이 전체 물음이 중요하지 않을 뿐만 아니라 이 문
제에 대해 어떤 결정을 내릴 수 있을 정도로 충분히 준비되어 있지도
않은 것처럼 보이기에, 여기서 나는 언급된 종류의 풍문을 소개하고
이것을 완전히 중립적 입장에서 독자의 긍정적 또는 부정적 판단에 A 84
맡기는 데에 전혀 주저함이 없다.

스톡홀름에 스베덴보리라는 사람이 사는데, 그는 특별한 직업이
나 직책은 없지만 재산이 상당히 있다. 그 자신이 말하듯이, 그가 하
는 일은 전부 영들이나 떠나간[죽은] 영혼들과 최상으로 가까이 교
류하고, 그들에게서 저세상에 대한 정보를 입수하고 그 대가로 그들
에게 이 세상에 대한 정보를 전달하며, 자신이 발견한 많은 것을 정
리하고, 때때로 그것을 출판하기 위해 런던으로 여행하는 일이다. 그
는 이러한 일을 이미 20년 이상 해왔다. 그는 자신의 비밀에 특별히
조심스러워하지 않았고, 오히려 모든 사람과 그것에 관하여 자유롭
게 이야기하며, 계획적인 사기나 허풍이라는 인상을 주지 않고 자신
의 주장에 대하여 완전히 확신하는 것처럼 보인다. 우리가 그를 믿어
도 좋다면, 그를 아는 사람들의 기술에서 판단하건 그 자신의 저술에
서 판단하건 간에, 그는 영을 보는 모든 사람 중 최고의 영을 보는 사
람일 뿐 아니라 분명 모든 환상가 중 최고 환상가다. 그러나 이런 상 A 85
황이 그렇지 않다면 영의 영향에 호의적인 사람들이 이러한 환상 뒤
에 진실된 어떤 것이 있으리라고 추측하는 것을 막을 수는 없다. 그
런데 다른 세상에서 전권을 위임받은 대사의 신임장은 현 세상에서

어떤 [표본이 될 만한] 예들로 자신의 특별한 소명을 증명하는 데 있기에, 나는 우리가 다루는 인물의 특별한 능력의 증거로 사람들 사이에 회자되는 것 중에서 적어도 대부분 사람이 어느 정도 믿는 것을 인용해야 한다.

1761년 말경 스베덴보리는 한 여왕에게 부름을 받았는데, 그녀의
뛰어난 지성과 통찰력은 이와 같은 경우에 속임을 당하는 것을 거의
불가능하게 했을 것이다. 이 사람[스베덴보리]의 추정된 환상에 관
한 일반적 풍문이 그 부름의 계기가 되었다. 다른 세계에 관한 실제
적 정보를 듣는 것보다는 그의 상상을 조롱하는 것을 겨냥하는 몇 가
지 질문을 한 뒤 여왕은 스베덴보리에게 먼저 그의 영들과 교류하는
A 86; Ⅱ 355 것과 관련된 비밀 임무를 맡기고 나서 그와 헤어졌다. 며칠 후 스베
덴보리는 답을 갖고 나타났는데, 그 답은 여왕 자신의 고백에 따르면
그녀를 큰 놀라움에 빠뜨리게 하는 성질의 것이었다. 그녀는 이 답이
참임을 발견했지만 이 답이 어떤 살아 있는 사람을 통해 그에게 전달
될 수는 없었기 때문이다. 그 당시 그곳 궁정에 머물렀으며 [후에] 코
펜하겐의 다른 대사관에 파견되었던 대사의 보고에서 얻은 이 이야
기는 이 일에 관한 특별한 조사로 알아낼 수 있었던 것과 정확히 일
치한다.

다음 이야기들은 일반적 소문 외에는 다른 증거가 전혀 없으며, 이
소문을 증명할 수 있을지는 매우 불확실하다. 스웨덴 궁정의 네덜란
드인 대사의 미망인 마르테빌 부인은 한 금세공사의 친척에게서 그
녀를 위해 제작된 은제 식기 세트의 미납금을 지불하라는 독촉을 받
았다. 부인은 죽은 남편이 질서 있게 가계를 꾸렸다는 사실을 알았
기에, 이 채무가 그가 살아 있을 때에 이미 해결되었음이 틀림없다고
A 87 확신했다. 그러나 그녀는 그가 남긴 서류들에서 이에 대한 어떤 증거
도 발견하지 못했다. 여자들은 예언 이야기, 꿈 해석, 그리고 그밖의

모든 종류의 경이로운 것에 특히 믿음을 부여하는 경향이 있다. 그래
서 그녀는 자기 문제를 스베덴보리에게 털어놓으며, 만약 사람들이
스베덴보리에 대해 했던 말, 즉 그가 떠나간[죽은] 영혼과 교류한다
는 말이 사실이라면, 다른 세계에 있는 그녀의 죽은 남편에게서 앞에
서 언급한 [지불] 요구가 어떻게 된 일인지 그에 대한 정보를 얻어달
라고 요청했다. 스베덴보리는 그렇게 할 것을 약속했고, 며칠 후 마
르테빌 부인 집을 방문하여 그녀가 원하는 정보를 얻었다고 보고했
다. 그는 자신이 가리키는 옷장 안에 숨겨진 서랍이 있고, 그 안에 그
녀에게 필요한 영수증이 있음을 알려주었다. 그녀는 그 옷장이 완전
히 비어 있다고 생각했었다. 그가 기술한 바에 따라 사람들은 곧 수
색작업을 시작했고, 네덜란드어 비밀 편지와 함께 영수증을 발견했
다. 이렇게 하여 제기된 모든 [지불] 요구가 완전히 무효화되었다.

셋째 이야기는 그것이 참인지 거짓인지에 대한 완전한 증명이 아 A 88
주 쉽게 주어질 수 있는 종류다. 내가 정확한 정보를 제공받았다면,
영국에서 돌아온 스베덴보리가 어느 날 오후 고텐부르그에 도착한 것
은 1759년 말경이었다. 그날 저녁 그는 그 지역 상인들의 모임에 초
대받아 참석했는데, 얼마쯤 시간이 흐른 후 그는 사람들에게 아주 놀 II 356
란 모습으로 쉬더말름의 스톡홀름에서 끔찍한 화재가 발생했음을 알
려주었다. 이때부터 그는 이따금 자리를 비우곤 했는데, 몇 시간이
지난 뒤 그는 모인 사람들에게 화재가 진화되었다고 알려주었다. 동
시에 그는 화재가 얼마나 멀리까지 번졌는지도 알려주었다. 바로 그
날 저녁에 이 놀라운 소식은 이미 퍼져나가기 시작했고, 다음 날 아
침에는 도시 전체에 퍼졌다. 그러나 화재 소식이 스톡홀름에서 고텐
부르그에 최초로 알려진 것은 이틀 후였다. 사람들의 말에 따르면,
그 보고는 스베덴보리가 예측한 것과 완전히 일치했다.

추측건대, 도대체 무엇이 이와 같은 조롱받을 일, 즉 이성적 인간 A 89

이 인내심을 갖고 듣기를 주저할 이야기를 전파하고, 더군다나 이 이야기를 철학적 탐구의 주제로 만드는 일을 떠맡게 내 마음을 움직였는지, 사람들은 [내게] 질문할 것이다. 그러나 우리가 이 책에서 먼저 다룬 철학이란 것도 [위의 이야기와] 마찬가지로 형이상학이라는 동화 속 세계의 허황된 이야기에 불과하기 때문에, 나는 두 가지가 결합하여 등장하게 만든다고 해도 어울리지 않는 점을 전혀 발견하지 못한다. 이성의 거짓 근거를 맹목적으로 신뢰함으로써 속임을 당하는 것이 기만적인 이야기에 대한 부주의한 믿음 때문에 속임을 당하는 것보다 왜 더 명예스러워야 하는가?

어리석음과 지혜로움은 식별하기가 아주 어렵게 표시된 경계를 갖고 있기 때문에 이따금 다른 영역으로 조금도 이탈하지 않고 한 영역 안에서 오랫동안 전진하기는 매우 힘들다. 그러나 지성의 반대를 거스르면서까지 단호히 주장되는 많은 것에 무엇인가 진리가 있음
A 90 을 때로 인정하는 순진함에 대해 말하면, 그러한 순진함은 현재 상태에는 잘 맞지 않아서 종종 어리석음으로 변하고 마는 오래된 혈통에 대한 충성심의 유산으로 보인다. 그러나 그렇다고 해서 이 충성심을 우둔함의 자연적 상속물로 간주해서는 안 된다. 따라서 나는 내가 관여하는 경이로운 이야기들에서 이성과 쉽게 믿음의 애매한 혼합을 각 요소로 해체하고, 내 사유방식에서 두 구성요소가 차지하는 비율을 계산하는 일을 독자 뜻에 맡기려고 한다. 왜냐하면 이러한 비판에서 문제가 되는 것은 단지 예의를 지키는 것이기에, 내가 이런 어리석음(사람들이 그렇게 부르기를 원한다면)을 범하기는 하지만, 그럼에도 내가 아주 좋은 많은 사람과 함께한다는 사실로, 조롱받는 것에서 나 자신을 충분히 방어했기 때문이다. 퐁트넬[2]이 믿었듯이, 이렇게 하는 것은 적어도 어리석게 여겨지지 않기 위해서 이미 충분하다.
II 357 왜냐하면 이성적인 인간조차도 단지 그것이 일반적으로 이야기된다

는 이유로 터무니없는 것을 수용하는 것은 모든 시대에 있어왔고 미래에도 그럴 테니 말이다. 이런 터무니없는 것에 속하는 것에는 믿음을 통한 치료, 물세례, 예감, 임신한 여인의 상상력 작용, 달의 변화가 A 91
동물과 식물에 미치는 영향 등이 있다. 실제로 최근에 평범한 시골 농부가 너무 쉽게 믿는다는 이유로 습관적으로 자신들을 조롱하곤 했던 학자들을 조롱으로 충분히 복수하지 않았던가? 많은 소문을 이용해 아이들과 여자들은 마침내 대다수 똑똑한 남자들이 보통의 여우를 하이에나로 생각하게 만들었다. 하지만 이성적인 사람은 누구나 프랑스의 숲에 아프리카의 맹수가 돌아다닐 수 없음을 쉽게 알 수 있다. 유약한 인간 지성은 호기심과 결합하여 인간이 처음에는 진리와 속임수를 구별하지 않고 긁어모으도록 만든다. 그러나 점점 더 개념들은 명확해지고, 그 개념들의 적은 부분만이 남게 되며, 나머지는 쓰레기로 버려진다.

따라서 저 영 이야기들을 중요한 문제로 여기는 사람은, 충분한 돈이 있고, 해야 할 더 좋은 일이 있는 것이 아니라면, 아르테미도로스[3)]가 꿈 해석을 위해서 소아시아를 여행했듯이, 언제든지 이 이야기들을 더 자세히 탐구하기 위해 여행을 떠나볼 수 있을 것이다. 비슷한 A 92
사유방식을 지닌 후손들은 훗날 또 다른 필로스트라투스[4)]가 등장하는 것을 막아준 데 대해서 그에게 크게 감사할 것이다. 필로스트라투스는 여러 해가 지난 뒤 풍문이 무르익어 공식적으로 증명되고, 목격한 것을 검증해야 한다는, 아주 필요하지만 성가신 일이 불가능하게 되었을 때, 우리의 스베덴보리를 새로운 타이아나의 아폴로니우스[5)]가 되게 만들었다.

제2장
열광주의자의 영적 세계를 관통하는 환상적 여행

꿈들, 마술적 공포, 경이, 마녀들, 밤의 유령들, 데살로니아인의 불길한 징조[1] — 호라티우스

이 책을 전개하는 과정에서 주의 깊은 독자에게 저자가 [과제를]
수행하기에 좋다고 발견한 방법에 대하여 약간의 의구심이 생긴다
II 358 면, 나는 독자를 전혀 탓할 수 없다. 왜냐하면 이 책에서 내가 독단적
A 93 부분을 역사적 부분 앞에 위치시키고, 그에 따라 이성적 근거를 경
험 앞에 위치시킴으로써 어떤 간계를 가지고 문제를 다루고 있다는
의심의 원인을 제공했기 때문이다. 또 아마도 이미 내 머릿속에 [영] 이야기가 있었을 수 있지만, 이러한 것을 전혀 신경 쓰지 않는 독자를 최종적으로 경험에서 얻은 만족스러운 확증으로 놀라게 하기 위해서, 순수하고 추상적인 고찰 이외에는 아무것도 알지 못하는 것처럼 가장했기 때문이다. 하지만 사실 이것은 철학자들이 많은 경우에 매우 성공적으로 사용해온 술책이다. 왜냐하면 모든 지식에는 우리가 거기에서 지식을 붙잡는[얻는] 두 끝, 즉 아프리오리의 끝과 아포스테리오리의 끝이 있음을 우리는 유념해야 하기 때문이다. 실제로 근대의 여러 자연과학자는 우리가 아포스테리오리의 끝에서 출발해야 함을 주장했고, 그들이 경험적 지식을 충분히 확보하고 나서 일반적인 상위 개념으로 점차 올라감으로써 과학이라는 뱀장어의 꼬리를 붙잡을 수 있다고 믿었다. 그러나 비록 이 절차가 현명하지 않은 것

은 아니라고 하더라도, 이 절차가 더 많은 지식에 기초를 두고 있거
나 철학적으로 충분한 것은 아니다. 이러한 방식을 따를 때 우리는 A 94
어떤 대답도 주어질 수 없는 '왜'의 질문에 곧 부딪히게 되기 때문이
다. 이것은 고객의 환불 요구에 대하여 다른 때에 다시 요구할 것을
친절하게 요청하는 상인의 경우처럼 철학자에게 빚이 된다. 그런 까
닭에 영리한 사람들은 이런 불편함을 피하기 위해서 반대의 가장 먼
경계, 즉 형이상학의 최고 지점에서 출발했다. 그러나 여기서 새로운
어려움, 즉 사람들은 어디인지 모르는 곳에서 출발하고 어디로 가는
지 모르고 가고 있다는 어려움, 그리고 근거의 진전[근거를 계속 찾
아가는 것]이 경험에 들어맞지 않는다는 어려움이 발생한다. 실제로
에피쿠로스의 원자는 세계의 형성을 설명하는 가장 일반적이고 추상
적인 개념이라기보다는, 영원부터 지속적으로 낙하하다가 단 한 번
우연히 충돌하여 세계를 형성하는 것처럼 보인다. 따라서 철학자는
한편으로 자신의 이성적 근거와 다른 한편으로 실제적 경험이나 [사
실적] 보고가 평행선 한 쌍처럼 결코 만나지 않고 사유할 수 없는 데
까지 [무한히] 나란히 지속될 것이라는 것을 잘 알았기에, 그는 다른 A 95
철학자들과 — 마치 그들이 이에 대해 협의한 것처럼 — 다음에 대해
합의했다. 각자[각 철학자]는 자신의 방식대로 출발점을 정해야 하
고, 그런 후에 그들[각 철학자]은 추론의 직선을 따르는 것이 아니라,
어떤 경험이나 증거의 목표를 은밀하게 힐끗 보는 것으로 논거에 지 Ⅱ 359
각할 수 없는 일탈[2]을 허용함으로써 의심하지 않는 학생이 추측하
지 못했던 바로 그곳에 이성이 도달할 수 있게 이성을 인도한다. 즉
이성은 사람들이 증명되리라고 이미 알았던 것을 증명한다. 비록 이
길은 이미 심어놓은 표지를 따라 무의식중에 아포스테리오리의 지점
에 이르게 되지만, 그들은 이 길을 아프리오리의 길이라고 불렀다. 그
러나 이때에 이 방법을 잘 이해하는 사람은 당연히 자신의 스승을 배

반해서는 안 된다. 이러한 기발한 방법에 따라 재능 있는 여러 사람이 한갓 이성의 길을 통해 종교의 신비를 발견했는데, 이는 작가가 자신의 이야기 속 영웅을 먼 나라로 보내서 행복한 모험을 통해 자신의 연인을 우연히 만나게 하는 것과 유사하다. “그리고 그녀가 사라지기 전에 보이기를 바라면서 버드나무 쪽으로 달아나다.”(베르길리우스)[3]

A 96 따라서 이처럼 훌륭한 선례들이 있었다는 것을 고려할 때, 내 작품이 원하는 결론에 도달하는 것을 돕기 위해서 내가 실제로 똑같은 책략을 사용했다고 하더라도 사실 부끄러워할 이유가 없을 것이다. 그러나 나는 나에 관해서는 이러한 것을 믿지 않기를 독자에게 간절히 요청한다. 내가 이미 비밀을 발설하여 그 누구를 속이는 것이 더는 가능하지 않게 된 이상, 이 책략이 이제 내게 어떤 도움이 되겠는가? 그뿐만 아니라, 내가 우연히 접한, 아주 드물게도 내 철학적 상상물을 닮은 [경험적] 증거가 아주 기이하고 어리석어 보인다는 불운을 나는 겪고 있다. 그래서 나는 독자가 나의 이성적 근거 때문에 이 [경험적] 증거를 이성적인 것으로 간주하기보다는 이러한 증거와의 유사성 때문에 나의 이성적 논증을 불합리한 것으로 간주할 것이라고 추측해야만 한다. 따라서 나는 이러한 매력적인 비교와 관련된 한 내가 어떤 유머도 갖고 있지 않다고 단도직입적으로 말할 것이다. 그리고 나는 간단히 스베덴보리의 저서에 우리가 첫 모습에서 짐작할 수 있는 것보다 더 많은 현명함과 진리가 담겨 있음을 추측할 수 있어야
A 97 한다고 선언하거나, 그의 체계가 나의 체계와 일치한다면 그것은 우연의 결과라고 선언할 것이다. 이는 시인이 흥분된 상태에서 때로 예언하는 경우, 즉 그의 예언이 이따금 [실제] 결과와 일치하는 경우와 비슷하다. 사람들은 그가 예언을 한다고 믿고 있거나 적어도 시인 자신은 그렇다고 말한다.

나는 이제 이 책의 목적, 즉 내 영웅의 저작에 도달한다. 만약 이

제 잊혔거나 미래에 언젠가 이름이 잊히게 될 많은 저자의 작지 않은
공로가 방대한 작품을 저술하면서 지성의 과도한 사용에 주의를 기
울이지 않은 데에 있다면, 의심할 여지없이 가장 큰 영예는 모든 사
람 중에서 스베덴보리에게 돌아갈 것이다. 왜냐하면 확실히 달나라
에 있는 그의 병은 끝까지 가득 차 있으며, 그 병은 아리오스토[4]가 달 II 360
나라에서 보았던 병, 즉 지상에서 잃어버린 이성으로 채워져 있고 그
소유자가 언젠가 다시 찾게 될 병의 어떤 것에도 뒤지지 않기 때문
이다. 스베덴보리의 그 방대한 작품은 이와 같이 완전히 비워져 있고
조금의 이성도 갖고 있지 않다. 그럼에도 이 작품 안에서 이성의 세
밀한 사변이 유사한 주제에 관하여 산출해낼 수 있는 것과 놀라운 일
치를 발견할 수 있기 때문에, 독자는 많은 다른 수집가가 자연의 놀
이에서 발견한 진기한 것을 내가 상상의 놀이에서 발견하더라도 나 A 98
를 용서할 것이다. 예를 들면 그들은 흠 있는 대리석에서 신성가족을
발견하거나, 종유석의 형성물에서 승려, 세례반, 오르간을 발견하고,
또는 어릿광대 리스코[5]가 그랬던 것처럼 서리 낀 유리창에서 동물의
숫자와 삼단으로 된 왕관을 발견한다. 그런데 이러한 것들은 그들의
머리가 미리 그것들로 채워져 있지 않는 한 아무도 볼 수 없는 것들
이다.

이 저자의 위대한 작품은 무의미한 말로 가득 차 있는 4절판 책 8권으로 구성되어 있는데, 그는 이 책을 『천국의 비밀』[6]이라는 제목 아래 새로운 계시로 세상에 내놓았다. 이 책에서는 그의 환상이 모세의 첫 책 두 권의 숨겨진 의미를 발견하는 데 주로 사용되었으며, 유사한 해석방식이 성서 전체에도 적용되었다. 이러한 모든 열광적 해석은 여기서 나와는 전혀 관계가 없다. 그러나 사람들은 원한다면 그에 관한 약간의 정보를 에르네스티 박사[7]의 『신학목록』 제1권에서 발견할 수 있다. 단지 듣고 본 것,[8] 즉 그 자신의 눈으로 본 것과 그 자

A 99 신의 귀로 들은 것이 우리가 주로 그의 [책 속] 장들의 부록에서 발
췌하려는 모든 것이다. 그것이 나머지 모든 몽상의 바탕에 놓여 있
고 또한 우리가 위에서 형이상학의 비행선에서 시도한 모험과 상당
히 들어맞기 때문이다. 저자의 스타일은 단조롭다. 그의 이야기들과
그 이야기들의 구성은 사실 광신적 직관에서 발생한 것으로 보이며,
그 이야기들과 구성은 잘못되게 골몰하는 이성의 사변적 망상이 그
가 이 이야기들을 꾸며내고 기만의 목적으로 사용하게 만들었다는
의심을 거의 주지 않는다. 그러므로 그런 한에서 그 이야기들은 어느
정도 중요성이 있으며, 아마도 우리 논문집을 채우는 머리가 빈 궤
변가의 많은 유희 작품보다도 실제로 작은 발췌록에 발표될 만한 가
치가 더 있다. 감각 능력 일반의 체계적 기만은 이성의 속임보다 훨
씬 주목할 만한 현상이기 때문이다. 이성의 속임은 원인이 잘 알려
II 361 져 있고, 대부분 마음의 능력을 의지로 조정하고 공허한 호기심을 조
금 더 많이 통제함으로써 막을 수 있다. 반면 감각의 기만은 모든 판
A 100 단의 제일 기초와 관련되어 있으며, 그 기초가 잘못되었을 경우 그에
대항하여 논리학의 규칙은 힘을 별로 쓰지 못한다. 따라서 나는 우리
저자의 경우에 [그의] 감각의 미혹을 이성의 미혹에서 분리하려고 하
며, 우리가 흔히 한 철학자에서 그가 관찰한 것을 그가 논증한 것에서
분리하는 것과 꼭 마찬가지로, 자신이 본 것에 머무르지 않았기 때문
에 그[우리 저자]가 잘못된 방식으로 궤변을 늘어놓은 것은 무시하
려고 한다. 거짓 경험조차도 많은 경우에 이성의 거짓 논증보다 더 교
훈적이다. 이리하여 나는 그가 그렇지 않았더라면 아마도 큰 이득도
없이 [주제를] 철저히 다룬 책을 읽는 데 사용했을 약간의 기회를 독
자에게서 빼앗은 반면, 동시에 그들의 민감한 취향에 신경을 써서 많
은 거친 망상을 생략하고 책의 핵심을 최소한의 양으로 요약했다. 어
떤 환자가 손쉽게 나무 전체를 먹으라고 자신에게 권할 수 있었음에

도 단지 기나수나무의 껍질만을 먹도록 한 것에 대해서 자신의 의사에게 빚을 졌다고 믿었는데, 나는 이[책을 요약한 것]에 대해 똑같은 정도의 감사를 독자에게서 기대한다.

스베덴보리는 자신의 환상을 세 종류로 분류했다. 그중 첫째는 신 A 101
체에서 자유로워지는 것인데, [이것은] 자고 있는 것과 깨어 있는 것
사이의 중간 상태다. 이 상태에서 그는 영을 보고, 듣고, 정말 느꼈다.
그러한 환상이 그에게 단지 서너 번 발생했다. 둘째는 영에 사로잡히
는 것이다. 가령 그가 마음이 혼미하게 됨이 없이 길을 걷고 있을 때,
그는 동시에 영적으로 완전히 다른 영역에 있으면서 다른 장소의 집
들, 사람들, 숲 등을 또렷하게 본다. 이러한 경험은 그가 갑자기 다시
본래 장소에서 자신을 의식하게 될 때까지 아마도 몇 시간 동안 지속
될 것이다. 이런 경험이 그에게 두세 번 발생했다. 셋째 종류의 환상
은 그가 매일 완전히 깨어 있는 상태에서 겪는 보통의 것인데, 그의
이야기들도 주로 이것에서 얻어진다.

그의 진술에 따르면, 모든 인간은 영적 세계와 똑같이 밀접한 결합
상태에 있다. 다만 사람들은 이를 느끼지 못하며, 그와 다른 사람 사
이의 차이는 단지 그의 내적 영역이 열려 있다는 사실에 있는데, 이런
축복에 대하여 그는 항상 경외심으로 말했다('주의 신적 자비로 내 A 102
게 주어졌다'[9]). 이 재능은 영혼이 영적 세계와 지속적으로 결합해 받 II 362
아들이는 불명료한 표상을 의식하게 되는 데 있음을 우리는 맥락에
서 알 수 있다. 따라서 그는 인간에게서 외적 기억과 내적 기억을 구
별한다. 그[인간]는 눈에 보이는 세계에 속하는 자로서 전자[외적 기
억]를 지닌 반면, 영적 세계와 결합하는 덕분에 후자[내적 기억]를
지니고 있다. 외적 인간과 내적 인간의 구별도 여기에 근거를 둔다.
스베덴보리 고유의 탁월함은 그가 이미 이 삶[현재 삶]에서 한 인간
으로서 영의 공동체 안에 있는 자신을 볼 수 있으며, 영들에게서 이

러한 존재로 인정받는다는 사실에 있다. 이 내적 기억에는 또한 외적 기억에서 사라진 모든 것이 보존되며, 인간의 표상 중 어느 것도 결코 소실되지 않는다. 죽음 후, 그의 영혼에 언젠가 들어왔던 모든 것과 이전까지 그 자신에게 숨겨져 있던 것에 관한 기억이 그의 인생의 완전한 책을 형성한다.

A 103 영들의 현존은 사실 그[인간]의 내감에만 영향을 미친다. 그러나
이런 사실은 그[인간]에게 그의 외부에 있는 영들의 현상을 유발하
며[영들이 그의 외부에 있는 것으로 나타나게 하며], 그것도 인간의
모습을 한 영들의 현상을 유발한다. 영의 언어는 관념을 직접적으로
전달하지만, 영의 언어는 그[인간]가 평상시에 사용하는 언어의 현
상과 항상 결합되어 있으며, 그의 외부에 있는 것으로 표상된다. 한
영은 다른 영의 기억에서 다른 영이 이 기억에 명확히 포함하고 있
는 표상을 읽는다. 그리하여 영들은 스베덴보리에게서 그가 이 세상
에 관하여 갖고 있는 표상을 아주 명확하게 볼 수 있기 때문에, 그때
에 자신에게 속아 넘어가 흔히 자신이 그것을 직접 보고 있는 것으
로 생각한다. 그러나 이것은 가능하지 않다. 어떤 순수한 영도 물체
적 세계에 관한 최소한의 감각도 가질 수 없기 때문이다. 하지만 그
들[영들]은 살아 있는 인간의 다른 영혼과의 교류를 통해서도 이[물
체적 세계]에 관한 어떤 표상도 얻을 수 없는데, 그들[이 사람들]의
내적 영역이 열리지 않았기 때문이다. 즉 그들의 내감은 완전히 불명
료한 표상만을 포함한다. 그런 까닭에 스베덴보리는 영들에게 알맞
은 신탁인데, 스베덴보리가 영의 기억에서 마치 거울에서처럼 영적
A 104 세계의 경이를 관찰하는 데에 관심이 있는 것과 똑같이, 영들은 스베
덴보리에게서 세계의 현재 상태를 살펴보는 데에 관심이 있다. 이 영
들은 살아 있는 인간의 모든 다른 영혼과 마찬가지로 최상으로 가깝
게 결합하여 있고 그 영혼들에게 영향을 미치거나 그들에게서 영향

을 받기는 하지만, 사람들이 그런 것처럼 그들은 이런 사실을 거의
알지 못한다. 그들의 영적 인격체에 속하는 그들의 내감이 완전한 어
둠 상태에 있기 때문이다. 따라서 이 영들은 인간 영혼의 영향으로
그들에게 일어난 것을 오로지 그들이 사유한 것이라고 여긴다. 이는
현재의 삶에서 인간 역시 그의 모든 사고와 의지의 활동이 사실 많 II 363
은 경우 보이지 않는 세계에서 그에게로 전달된 것임에도, 그것이 자
기 자신에게서 발생한 것으로 믿는 것과 똑같다. 그럼에도 각각의 인
간 영혼은 이미 현재 삶에서 영적 세계에서 자기 위치를 차지하고 있
고, 참과 좋음에 관한 그의 내적 상태, 즉 지성과 의지의 상태에 언제
나 적합한 어떤 사회에 속해 있다. 그러나 영들 사이의 위치는 물체
적 세계의 공간과는 아무런 공통점이 없다. 그런 까닭에 영적 위치에 A 105
관련된 한, 인도에 사는 사람의 영혼이 유럽에 사는 다른 사람의 영
혼과 흔히 가장 가까운 이웃일 수 있으며, 이와 반대로 물체에 따라
서는 한 집에 사는 사람들도 저 관계[영적 관계]에서는 서로 충분히
멀리 떨어져 있을 수 있다. 사람이 죽으면 영혼은 자신의 위치를 바
꾸는 것이 아니라 이미 현재 삶에서 다른 영들과 관계에서 자신이 있
었던 위치에 자신이 있음을 감각할 뿐이다. 더욱이 비록 영들 사이의
관계는 결코 실제 공간은 아니지만, 그럼에도 그들 관계는 실제 공간
의 현상[외양]을 지닌다. 그리고 영들 자체는 실제 연장되지는 않지
만 그럼에도 서로에게 인간 모습의 현상[외양]을 보여주듯이, 그들
의 결합은 가까움이라는 부가적 조건 아래 표상되고, 그들의 차이는
떨어져 있음으로 표상된다. 이 상상된 공간 안에 영적 자연의 완전
한 공동체가 존재한다. 스베덴보리는 원할 때는 언제든지 떠나간[죽
은] 영혼들과 대화했고, 그 영혼들의 기억(표상능력)에서 그들이 그
들 자신을 관찰하는 상태를 읽을 수 있었는데, 그 상태를 신체의 눈
으로 보는 것만큼 명확하게 볼 수 있었다. 또한 세계의 이성적 거주 A 106

자들 사이의 엄청난 거리는 영적인 세계 전체의 관점에서 보면 아무것도 아닌 것으로 여겨져야 하며, 그에게는 토성 거주자와 말하는 것이 떠나간[죽은] 인간 영혼과 이야기하는 것만큼이나 쉽다. 모든 것은 내적 상태의 관계, 그리고 진리와 선의 일치 [정도]에 따라 그들이 서로 맺는 결합에 달려 있다. 그러나 더 멀리 떨어져 있는 영들은 다른 영들의 매개로 쉽게 교류에 들어올 수 있다. 따라서 인간은 언젠가 다른 천체들을 이 천체들의 경이로움과 함께 알기 위해서 실제로 그 천체에 거주했을 필요도 없다. 그[인간]의 영혼은 죽은, 세계의 다른 거주자들의 기억에서 이들이 그들의 삶과 거주지에 대해 지닌 표상을 읽을 수 있고, 그 기억에서 대상을 직접적 직관을 통해 보는 것처럼 아주 잘 볼 수 있다.

스베덴보리 환상의 중심 개념은 이것이다. 물체적 존재는 고유한
II 364 존립을 전혀 갖고 있지 않고 오직 영적 세계를 통해서만 존재한다.
비록 각각의 물체는 하나의 영만이 아니라 모든 영 전체를 통해서 존
A 107 재하지만 말이다. 따라서 물질적 사물에 대한 인식은 두 가지 의미, 즉 물질 사이의 관계에서 [성립하는] 외적 의미와 [작용] 결과인 물질이 물질의 원인인 영적 세계의 힘을 표시하는 한에서 내적인 의미가 있다. 그리하여 인간의 신체에는 물질적 법칙에 따라 서로 관계를 맺는 부분들이 있지만, 신체가 자신 안에 살고 있는 영을 통해 유지되는 한, 신체의 다양한 지체와 그 지체의 기능은 영혼의 힘을 보여준다는 데에 가치가 있다. 그 힘의 작용으로 신체의 다양한 지체는 형태, 활동성, 항구성을 얻는다. 이 내적 의미는 사람들에게 알려지지 않았으며, 자신의 내적 영역이 열려 있는 스베덴보리는 이 내적 의미가 사람들에게 알려지게 만들기를 원했다. 보이는 세계의 모든 다른 사물의 경우에도 사정은 똑같다. [이미] 말했듯이, 그것들은 사물로서 하나의 의미를 갖고 있는데 이 의미는 별로 중요하지 않으며,

기호로서 또 다른 의미를 갖고 있는데 이 의미가 훨씬 중요하다. 이
것이 그가 성서에 대해 하려고 하는 새로운 해석의 근원이기도 하다.
왜냐하면 그가 상상하는 것처럼 내적 의미, 즉 성서에서 이야기된 모
든 것이 영적 세계와 맺는 상징적 관계가 성서가 지닌 가치의 핵심이 A 108
고 나머지는 껍데기에 지나지 않기 때문이다. 그러나 반복하여 말하
면, 이미지로서 물체적 사물과 내적인 영적 상태의 이 상징적 결합에
서 중요한 것은 다음 사실에 있다. 모든 영은 서로에게 항상 연장된
형태의 모습으로 자신을 표상하며, 모든 이런 영적 존재가 서로에게
미치는 영향은 그들에게 동시에 또 다른 연장된 존재, 말하자면 물질
적 세계의 현상을 낳는다. 물질적 세계의 이미지는 영적 존재의 내적
상태의 상징일 뿐이지만, 그럼에도 그 이미지는 아주 명확하고 지속
적인 감각 능력의 미혹을 유발하기 때문에 이 미혹은 이런 대상에 대
한 실제적 감각과 동일시된다(이것에서 미래의 해석가는 스베덴보리
가 이 세계의 물질에 대해서 또한 고유한 존립을 부정하고, 그런 까닭에
물질을 아마도 단지 영적 세계의 결합에서 발생하는 연관된 현상으로
간주할 수 있었기 때문에, 그가 관념론자라고 결론지을 것이다). 따라서
그는 자기 자신의 눈으로 아주 밝은 빛 속에서 본 정원, 광대한 지역,
거주지, 영의 갤러리와 아케이드에 대해 이야기했으며, 다음을 확언
했다. 그는 자신의 모든 친구와 그들이 죽은 후에 여러 번 이야기를 A 109
나눌 수 있었기 때문에, 최근에 죽은 친구들의 경우 그들은 비슷한
세계를 자기 주변에서 볼 수 있었으므로 죽었다는 것에 좀처럼 설득
되지 못함을 거의 매번 발견할 수 있었다. 동시에 그는 동일한 내적 II 365
상태를 지닌 영의 공동체는 [거주] 지역과 거기에 있는 다른 사물에
관한 동일한 현상을 갖고 있고, 그들의 [내적] 상태 변화는 장소 변
화의 현상과 결합되어 있음을 확언했다. 영들이 인간 영혼에게 그들
의 생각을 전달할 때면 언제든지 이 생각은 물질적 사물의 현상과 결

합되어 있는데, 영의 생각은 이를 받아들이는 사람에게는 실재의 모든 현상으로 자신을 보이기는 하지만, 근본적으로 오로지 영적 의미와 맺는 관계의 힘 덕분에 자신을 보일 수 있다. 우리의 열광주의자가 일상의 영과 교제하면서 아주 명확하게 본다고 믿었던, 거칠고 말할 수 없이 터무니없는 형체의 비축물은 이것에서 나온 것이다.

우리 저자에 따르면 영혼의 다양한 힘과 속성은 영혼의 지배를 받
A 110 는 신체 기관과 교감하고 있음을 나는 이미 언급했다. 따라서 전체 외적 인간은 전체 내적 인간에 상응하며, 그리하여 보이지 않는 세계의 현저한 영적 영향이 그 사람의 영혼의 힘 중 이것이나 저것에 특히 작용하면, 그는 영혼의 힘에 상응하는 자신의 외적 인간의 지체에서도 영적 영향의 분명한 현존을 조화롭게 감각한다. 이제 그는 자신의 신체 감각의 큰 다양성을 이런 사실과 관련시키는데, 그 신체 감각은 항상 영적 관찰과 결합되어 있다. 하지만 그 영적 관찰의 불합리함은 그중 몇 가지만을 내가 감히 언급하기에도 너무 크다.

만약 우리가 수고할 만한 가치가 있다고 여긴다면, 여기에서 이제 우리는 가장 기괴하고 모험적인 상상의 개념을 만들어낼 수 있는데, 이 개념 안에서 그의 모든 몽상은 하나로 결합한다. 다양한 힘과 능력이 영혼이나 내적 인간이라는 통일체를 구성하듯이, 다양한 영(한 영의 여러 능력이 그러하듯이 다양한 영의 주요 특성은 마찬가지로 서
A 111 로 관련을 맺는다) 역시 하나의 사회를 구성한다. 이 사회는 그 자체로 거대한 인간의 현상[모습]을 보여주며, 이 환상 안에서 각각의 영은 이러한 영적 단체 안에서 자신의 고유한 기능에 적합한 장소와 가상의 지체 안에 있는 자신을 본다. 그러나 모든 영의 사회, 그리고 모든 이러한 보이지 않는 존재의 전체 세계는 종국에는 '최대 인간'의 현상으로 나타난다. 예를 들면 학교에서 기억에 도움을 주기 위해 전체 세계를 앉아 있는 젊은 여인의 모습 등으로 학생들에게 그려 보여

주듯이, 최대 인간이라는 거대하고 엄청난 환상은 아마도 아주 어린
시절 가졌던 표상에서 유래할 것이다. 이 거대한 인간 안에는 한 영 II 366
과 모든 영, 그리고 모든 영과 한 영 사이에 보편적인, 최대한의 친밀
한 교류가 존재한다. 이 세계에서 살아 있는 존재 사이의 위치나 그
위치 변화가 어떻든 간에, 최대 인간 안에서 살아 있는 존재는 전혀
변경할 수 없는 완전히 다른 자리를 차지하고 있다. 이 자리는 단지 A 112
현상[가상]의 측면에서 보면 측량할 수 없는 공간의 장소이지만, 실
제로는 그들이 관계를 맺고 영향을 미치는 특정의 방식이다.

나는 모든 열광주의자 중 최악인 열광주의자의 조야한 망상을 다시 옮기거나 죽음 후의 상태에 대한 기술에 이르기까지 그의 망상을 계속 좇는 것에 싫증이 난다. 내게는 아직도 다른 거리낌이 있다. 자연의 수집가는 수집하는 동물의 견본을 자연적 형태를 가진 것에 한정하지 않고 그의 전시물에 기형의 모습을 한 것도 포함시키지만, 그럼에도 그는 이것들이 누구에게나 보이지는 않도록, 그리고 너무 분명히 보이지 않도록 주의해야 한다. 호기심을 가진 사람들 중에는 임신한 여인도 충분히 있을 수 있는데, 이 여인들에게 그것들은 나쁜 영향을 미칠 수 있기 때문이다. 그리고 내 독자들 가운데 몇몇은 관념적 임신의 측면에서 마찬가지로 임신 중일 수 있기 때문에, 그들이 여기서 예를 들어 무엇인가를 보고 영향을 받았다면 나는 매우 유감스럽게 여길 것이다. 하지만 내가 처음에 그들에게 경고했기 때문에 나는 어떤 책임도 없으며, 이 기회에 그들의 풍부한 상상이 낳은 기괴한 것에 대한 책임을 사람들이 내게 지우지 않기를 희망한다.

그런데 나는 우리 저자의 몽상에 나 자신의 것을 전혀 끼워넣지 않 A 113
았으며, 충실하게 선별된 것을 편안함을 중시하고 경제 사정에도 무
관심하지 않은 독자에게 제공했다(독자는 작은 호기심을 위해서 7스
테링을 그렇게 쉽게 소비하지는 않을 것이다). 사실 나는 직접적인 직

관을 대부분 생략했는데, 그와 같은 거친 망상은 단지 독자의 밤잠을
방해할 것이기 때문이다. 또한 그의 계시에서 혼란스러운 의미는 종
종 어느 정도 이해 가능한 언어로 표현했다. 그러나 이로써 [스베덴
보리의 사상에 관한] 개관의 주요 특징이 그 정확성에서 손상을 입
은 것은 아니다. 그럼에도 모든 사람의 눈에 명확히 드러난 이상, 이
러한 모든 노고가 결국 아무것도 아님을 숨기려는 것은 헛수고에 불
과하다. [이] 책에 제시된 개인적 환상은 그 자체로 증명될 수 없으므
II 367 로, 그 환상을 다루는 동기는 단지 다음과 같은 가정, 즉 저자는 그것
이 믿을 만하다는 것을 보이기 위해 위에서 언급한 것과 같은 사건,
즉 살아 있는 목격자를 통해 확증할 수 있는 사건에 의존해야 한다는
A 114 가정에서만 찾을 수 있기 때문이다. 그러나 그러한 것을 우리는 어디
에서도 발견하지 못한다. 그리하여 우리는 약간의 당혹감을 느끼면
서 어리석은 시도에서 물러선다. 다소 늦었지만 우리는 다음과 같은
합리적 충고를 덧붙일 수 있을 뿐이다. 현명하게 생각하는 것은 많은
경우에 쉬운 일이나, 유감스럽게도 일정 기간 속임을 당하고 나서야
그렇다.

나는 호기심 많고 한가한 친구들의 지속적인 문의와 요구로 내게 부과된 아무 보람 없는 과제를 이 책에서 다루었다. 이런 하찮은 일에 내 노력을 쏟아 부으면서, 나는 그들의 기대를 저버렸을 뿐만 아니라, 호기심 있는 사람들에게 정보를 제공하거나 탐구욕 있는 자들에게 이성적 근거를 제공함으로써 그들을 만족시키는 데도 실패했다. 만약 다른 어떤 목적이 이 작업에 생기를 불어넣지 않았다면 나는 내 시간을 낭비한 것에 불과할 것이다. 나는 독자들의 신뢰를 저버렸다. 지루한 우회로를 거쳐 그들의 탐구와 지적 욕구를 그들이 출발했던 바로 그 무지의 지점으로 인도했기 때문이다. 그러나 사실 나는 내가 처음에 내세웠던 목적보다 내게 더 중요한 목적을 가지고 있

었고, 이 목적은 성취되었다고 생각한다. 비록 아주 드물게만 나는 형이상학에서 받은 몇몇 호의를 자랑할 수 있지만, 이와 사랑에 빠진 것이 내 운명이었던 형이상학은 두 가지 이점을 제공한다. 첫째는 형이상학은 사물의 감춰진 속성을 이성을 통해 탐구할 때, 탐구하는 마음이 던져준 과제들을 제대로 처리할 수 있다는 점이다. 그러나 여기서 결과는 너무 자주 희망에 어긋났을 뿐이며, 이번에도 역시 열망하는 우리 손을 피해갔다. A 115

그 이미지는 이를 헛되이 잡으려는 손을 세 번이나 피했다. 마치 가벼운 바람이나 달아나는 꿈처럼.[10] — 베르길리우스

[형이상학의] 다른 이점은 인간 지성의 본성에 더 부합하며, 그 과제가 인간이 알 수 있는 것으로부터 또한 규정될 수 있는지, 그리고 그 물음이 우리의 모든 판단이 항상 그 위에 기초를 두어야 하는 경험 개념과 어떤 관계에 있는지를 아는 데 있다. 그런 한에서 형이상 II 368
학은 인간 이성의 한계에 관한 학문이다. 작은 나라는 항상 경계[국경][11]가 많기 때문에, 일반적으로 말해, 맹목적으로 정복을 시도하 A 116
는 것보다 자신이 획득한 것을 잘 알고 방어하는 것이 더 소중하듯이, 언급된 학문[형이상학]의 이러한 이점은, 비록 이 이점이 훨씬 나중에 더 많은 경험으로 얻어질 수 있는 것이라고 하더라도, 가장 알려지지 않은 것이고 동시에 가장 중요한 것이다. 나는 이러한 한계를 여기서 정확히 규정하지는 않았다. 그러나 독자가 더 많은 숙고를 해서 자신이 감각하는 세계와는 다른 세계의 자료가 주어져야 하는 물음에 대해 모든 부질없는 탐구를 그만둘 수 있음을 발견하는 데 충분한 한계를 보여주었다. 따라서 나는 시간을 벌기 위해서 내 시간을 낭비했다. 나는 독자에게 유익함을 주기 위해서 독자를 기만했다.

비록 내가 독자에게 어떤 새로운 통찰을 제공하지는 못했다고 하더라도, 지성을 부풀어 올리고, 지성의 좁은 공간에서 지혜롭고 유익한 가르침이 차지할 수 있었을 자리를 가득 채우고 있는 망상과 헛된 지식을 제거했다.

지금까지의 고찰에서 가르침을 받지 못하고 피로감을 느끼는 독
A 117 자의 조급함은 디오게네스[12)]가 지루한 책의 마지막 페이지를 보았을 때, 하품하는 청중에게 약속했다고 말해지는 것으로 이제 위안을 얻을 수 있을 것이다. "신사 여러분, 용기를 가지십시오. 땅이 보입니다." 이전에 우리는 데모크리토스[13)]처럼 형이상학이라는 나비의 날개를 타고 높이 떠올라 텅 빈 공간에서 방황했고, 그곳에서 영적 형체들과 대화를 나누기도 했다. 자기 인식의 취기에서 벗어나게 하는 힘이 그 비단 날개를 접게 만든 지금, 우리는 다시 경험과 상식의 낮은 곳에서 우리 자신을 발견한다. 우리가 이곳을 우리에게 배정된 장소, 즉 우리가 이것에서 죄 없이는 떠날 수 없는 장소, 우리가 유용한 것에 머무는 한 우리를 만족시킬 모든 것을 포함한 장소로 여긴다면, 우리는 행복하다.

제3장
전체 작품의 실천적 결론

호기심 생기는 모든 것에 몰두하며 지식 추구에 무능함 이외의 어
떤 다른 한계도 허락하지 않는 것은 배움에 잘 어울리는 열정이다. 그 II 369
러나 제시된 수많은 과제 중에서 해결하는 것이 인간에게 중요한 과 A 118
제를 선택하는 것은 지혜로움의 장점이다. 학문이 자신의 [탐구] 영
역을 한번 훑고 나면, 학문은 자연스럽게 겸손한 불신의 지점에 이
르게 되며, 자기 자신에 대해 불만스럽게 '내가 알 수 없는 것이 얼마
나 많은가!'라고 말한다. 그러나 경험으로 성숙해진 이성은 지혜로워
져서, 시장의 물건에 둘러싸인 소크라테스의 입을 빌려 쾌활하게 말
한다. '내게 필요하지 않은 것이 얼마나 많은가!' 이러한 방식으로 매
우 닮지 않은 성질의 두 노력은, 첫째는 허영에 차고 만족하지 못하
는 성질이고 둘째는 분별력 있고 만족하는 성질이어서 처음에는 아
주 다른 방향으로 나아갔지만, 마침내 하나로 합쳐진다. 이성적으로
선택하기 위해서 우리는 먼저 불필요한 것조차, 실로, 불가능한 것을
알아야만 하기 때문이다. 그러나 마침내 학문은 인간 이성의 본성을
통해 정해지는 한계를 규정하기에 이른다. 하지만 인간의 영역 밖에
놓여 있다는 점을 제외하고는 아마도 그 자체로 가치가 없다고 할 수
없는 깊이를 알 수 없는 모든 기획은 공허의 연옥으로 달아난다. 그렇 A 119

게 되면 형이상학조차도 현재 자신이 아주 상당히 멀리 떨어져 있고
사람들이 형이상학에 기대하기 가장 힘든 것, 즉 지혜의 동반자가 된
다. 그렇게 멀리 떨어져 있는 것에 대한 지식에 도달하는 것이 가능
하다는 생각이 남아 있는 한, 현명한 단순함은 이러한 큰 노력은 불필
요하다고 헛되이 외칠 테니 말이다. 지식의 확장에 동반되는 만족감
은 아주 쉽게 의무감의 외양을 취할 테고, 저 의도적이고 신중한 만
족을 우리의 고귀한 본성과 대립하는 바보스러운 단순함으로 만들 것
이다. 영적 본성, 자유와 예정, 미래의 상태 등에 관한 질문은 처음에
는 지성의 모든 능력을 작동시키고, 이 질문들은 그 탁월함을 통해
거짓 지식이 언제나 그렇듯 아무런 구별 없이 궤변을 늘어놓고 결론
을 내리며, 가르치거나 반박하는 사유의 경쟁 속으로 인간을 끌어들
A 120 인다. 그러나 이 탐구가 자신의 고유한 절차에 대하여 판단하며, 대
상뿐만 아니라 대상과 인간 지성의 관계도 알고 있는 철학에서 일어
II 370 나면, 경계선은 더 좁게 좁혀지고, 탐구를 자신의 고유한 영역에서
더는 벗어나지 않게 해주는 경계석이 세워진다. 우리는 사람들이 일
반적으로 아주 다루기 편하고 일상적인 것으로 취급하는 개념을 둘
러싼 어려움을 알기 위해서 철학이 약간 필요했다. 조금 더 많은 철
학은 지식에 대한 이런 환상을 조금 더 많이 제거하며, 그런 지식은
완전히 인간의 지평 밖에 놓여 있음을 우리가 확신하게 해준다. 원인
과 결과의 관계와 실체와 행동의 관계에서, 처음에 철학은 복잡한 현
상을 해체하여 그 현상을 조금 더 단순한 표상으로 만드는 데 도움
이 되기 때문이다. 그러나 우리가 마침내 근본적인 관계에 도달하면,
철학의 임무는 끝이 난다. 어떤 것이 어떻게 원인이 되거나 힘을 지
닐 수 있는지를 언젠가 이성을 통해 이해하는 것은 불가능하며, 우리
A 121 는 이 관계를 오로지 경험에서 얻어야 한다. 우리의 이성 규칙은 동일
성과 모순에 따른 비교와만 관계하기 때문이다. 그러나 어떤 것이 원

인인 한, 어떤 것을 통해서 다른 어떤 것이 정립되므로, [둘 사이에] 일치에 힘입은 어떤 결합을 만날 수 있는 것은 아니다. 이와 유사하게, 내가 이 똑같은 것을 원인으로 보지 않는다고 해도 결코 모순이 발생하지는 않는데, 어떤 것이 정립될 때 다른 어떤 것을 부정하는 것은 모순되지 않기 때문이다. 따라서 원인으로서 사물, 힘, 행동의 근본 개념은, 그 개념이 경험에서 도출되지 않는 한, 완전히 자의적이며, 증명될 수도 논박될 수도 없다. 나는 생각과 의지가 내 신체를 움직인다는 것을 잘 알지만, 하나의 단순한 경험인 이 현상을 결코 분해해서 다른 현상으로 바꿀 수는 없다. 따라서 나는 그 현상을 잘 인지하지만 이해하는 것은 아니다. 내 의지가 내 팔을 움직인다는 사실이 내 의지가 궤도상의 달도 멈추게 할 수 있을 것이라고 누군가 말했을 때보다 내게 더 잘 이해되는 것은 아니다. [둘의] 차이는 전자는 내가 경험하고 있지만 후자는 결코 내 감각 능력에 들어오지 않는다 A 122
는 것뿐이다. 나는 내 안에서 살아 있는 한 주체 안의 변화, 즉 생각, 자의 등을 인지한다. 이 규정들은 함께 모여 신체에 관한 나의 개념을 만드는 모든 것과는 다른 종류이기 때문에, 나는 정당하게 비물체적이고 영속적인 존재를 생각해낸다. 이런 존재가 신체와 결합하지 않고도 사유할 수 있을지에 대해서는 이 경험에서 알게 된 본성으로는 결코 결론지을 수 없다. 나는 나와 같은 종류의 존재와 물체의 법칙을 매개로 결합되어 있다. 그러나 이것 외에 내가 영적이라고 부르 II 371
려고 하는 다른 법칙에 따라서도 내가 물질의 매개 없이 [이런 존재와] 결합하고 있거나 결합할 수 있을지에 대해서, 나는 내게 주어진 것에서는 어떠한 방식으로도 결론지을 수 없다. 내 영혼이 신체를 움직이는 방식, 또는 내 영혼이 같은 종류의 다른 존재와 현재나 미래에 관계를 맺는 방식에 관한 판단과 같은 모든 판단은 결코 허구 이상의 것이 될 수 없으며, 사실 도저히 우리가 가설이라고 부르는 자 A 123

연과학에서의 허구와 같은 가치를 지닌다고 할 수 없다. 자연과학의 가설에서 우리는 어떤 근본적 힘을 꾸며내는 것이 아니라 경험으로 이미 알고 있는 것을 단지 현상에 적합한 방식으로 결합하기에, 그것[힘]의 가능성은 언제든 증명될 수 있어야 한다. 이에 반하여 첫째 경우에는 원인과 결과라는 새로운 근본적 관계조차 전제되어 있는데, 우리는 이 관계의 가능성에 관한 최소한의 개념도 가질 수 없기 때문에, 단지 창조적으로, 또는 기괴하게 — 우리가 그것을 어떻게 부르건 간에 — [그 가능성을] 꾸며낸다. 참되거나 추정된 여러 현상을 그와 같은 가정된 근본 관념을 통해 이해할 수 있다는 사실은 그 관념에 어떤 이익도 되지 않는다. 우리가 원하는 대로 활동성과 인과법칙을 꾸며낼 자격이 있다면, 우리는 쉽게 모든 것에 대하여 그 근거를 제시할 수 있기 때문이다. 따라서 우리는 아마도 미래 세계에서 새로운 경험과 개념을 통해, 우리에게 아직 감춰진 우리의 생각하는 자아 안의 힘에 관하여 배우게 될 때까지 기다려야 한다. 그리하여 후대의 관찰은 그 관찰[관찰 내용]이 수학을 이용해 분석된 후 물질이 지
A 124 닌 인력을 우리에게 드러냈다. (이 힘은 근본적인 힘으로 보이기 때문에) 이 힘의 가능성에 대해서 우리는 더 완전한 개념을 만들 수 없을 것이다. 경험을 통한 증명을 수중에 갖고 있지 않으면서 미리 이러한 특성을 꾸며내려는 자는 정당하게 바보로 조롱받을 만하다. 그와 같은 경우에 이성적 근거는 가능성이나 불가능성을 발견하거나 확증하는 데 조금도 중요하지 않기 때문에 우리는 경험에만 문제 결정의 권리를 허용할 수 있는데, 이는 다음의 경우와 똑같다. 경험이 마그넷 막대기가 살과 뼈에도 영향을 미친다는 관찰을 마그넷 막대기가 쇠와 철에 미치는 영향에 대해 우리가 이미 관찰한 것만큼 제시할 수 있다면, 마그넷의 찬양받는 치통 치유력에 대해 무엇인가 결말짓는 것을 나는 경험을 가져오는 시간에[시간과 함께 쌓이는 경험에] 역

시 맡긴다. 그러나 어떤 추정된 경험이 대부분의 사람에게 일치하는
감각의 법칙 아래 전혀 포섭될 수 없고, 그래서 이 추정된 경험이 (회 Ⅱ 372
자되는 영 이야기가 실제 그러하듯이) 감각 능력에 주어진 증거의 불 A 125
규칙성만 증명한다면, 단지 그 경험과 단절하라고 충고할 만하다. 왜
냐하면 그럴 경우 일치와 통일성의 결여는 역사적 지식에서 모든 증
명력을 빼앗아가며, 지성이 판단할 수 있는 경험에 대한 어떤 법칙의
기초로 역사적 지식이 사용되는 것을 부적합하게 만들기 때문이다.

한편으로는 조금 더 깊은 연구를 통해 우리가 논의하고 있는 것
의 경우에 설득력 있고 철학적인 통찰이 불가능함을 알게 되듯이, 우
리는 또한 다른 한편으로는 평온하고 편견 없는 마음 상태에서 그러
한 통찰은 쓸모없고 불필요함을 인정해야만 할 것이다. 학문의 허영
심은 중요하다는 핑계로 자신의 일을 기꺼이 변호하며, 사람들은 여
기에서 또한 영혼의 영적 본성에 대한 이성적 통찰은 죽음 후의 현존
에 대한 확신을 위해서 매우 필요하고 이 확신[죽음 후의 현존에 대
한 확신]은 덕스러운 삶을 사는 동기로서 매우 필요하다고 보통 둘
러댄다. 그러나 한가한 호기심은 떠나간[죽은] 영혼의 환영이 진짜
라는 사실이 이 모든 것에 대하여 심지어 경험을 통한 증명까지 제공 A 126
할 수 있으리라고 덧붙인다. 하지만 참된 지혜는 단순함의 동반자이
며, 단순함의 경우에 가슴이 지성에 지시를 내리기 때문에, 참된 지
혜는 일반적으로 배움을 위한 큰 준비를 불필요하게 만들며, 그 목표
[참된 지혜를 얻는 목표]는 결코 모든 사람이 행사한다고 할 수 없는
수단을 필요로 하지 않는다. 뭐라고?[어느 것이 참일까?] 덕스러운
것은 단지 다른 세상이 있기 때문에 좋은 것인가, 아니면 오히려 행
동 자체가 좋고 덕스럽기 때문에 그 행동이 언젠가 보상받는 것은 아
닌가? 인간의 마음은 직접적인 도덕적 명령을 포함하지 않으며, 인
간은 여기 지상에서 자신의 운명에 맞게 행동하기 위해서 전적으로

기계를 다른 세계에 갖다 대어야 할까? 미래의 처벌에 대한 공포가
아니라면 기꺼이 자신이 좋아하는 악한 행동에 빠지는 그런 사람이
정말 정직하고 덕스럽다고 불릴 수 있을까? 우리는 오히려 그가 악
의 실행을 피하기는 하지만 자신의 영혼 안에 악덕한 성향을 키우고
A 127 있으며, 덕을 닮은 행위의 이점을 사랑하기는 하지만 덕 자체는 싫어
한다고 말해야 하지 않을까? 그리고 사실 경험도 미래의 세계에 대
해 가르침을 받고 그에 대해 확신하는 너무나 많은 사람이, 그럼에도
II 373 악과 비열함에 빠지며, 단지 미래의 끔찍한 결과를 교활하게 피할 수
있는 수단만 궁리하고 있음을 가르쳐준다. 그러나 죽음과 함께 모든
것이 끝난다는 생각을 견딜 수 있는 의로운 영혼, 그리고 그의 고귀
한 심정이 미래[다음 세상]에 대한 희망으로 고양되지 않은 의로운
영혼이 살았던 적은 아마도 결코 없었을 것이다. 따라서 미래 세계에
대한 기대를 좋은 성품을 지닌 영혼의 감각에 기초 짓는 것이, 이와
반대로 훌륭한 품행을 다른 세계에 대한 희망에 기초 짓는 것보다 인
간의 본성과 도덕의 순수성에 더 적합한 것처럼 보인다. 도덕적 믿음
의 성질 또한 그러한데, 도덕적 믿음의 단순함은 이성의 많은 궤변에
서 벗어날 수 있다. 그리고 이 믿음이 인간을 직접 자신의 참된 목표
로 인도하기 때문에, 오직 이 믿음만이 어떤 상태의 인간에게도 적합
하다. 그러므로 그렇게 멀리 떨어져 있는 대상에 대한 모든 소란스러
운 이론을 한가한 사람들의 사변과 관심에 맡기자. 그 이론들은 사실
A 128 우리에게 중요하지 않으며, 순간적으로 나타난 찬성이나 반대의 이
유는 아마도 학자들의 갈채를 받을 수 있겠지만, 의로운 인간의 미래
운명에 관한 어떤 것도 결정하기 힘들다. 인간 지성은 또한 다음 세
계에 대한 비밀을 우리 눈에서 감추는 저 높은 구름을 헤쳐 나아가기
에 충분한 날개를 달고 있지 못하다. 이러한 것에 대하여 매우 절실
하게 묻는 호기심 강한 사람에게 우리는 다음과 같은 단순하지만 아

주 자연스러운 충고를 줄 수 있다. 그들이 거기에 도달하게 될 때까지 기꺼이 인내심을 갖고 기다릴 수 있다면, 아마도 그것이 가장 바람직할 것이다. 그러나 다음 세상에서 우리 운명은 아마도 이 세상에서 우리의 일과 관련하여 어떻게 행동했는지에 달려 있을 것이기 때문에, 나는 볼테르가 아주 많은 쓸모없는 학교[학자적] 논쟁 후에 그의 정직한 『캉디드』가 결론으로 말하게 한 것으로 끝맺고자 한다. "우리의 행복에 신경을 씁시다. 들판으로 나가서 일을 합시다!"[1)]

공간에서 방향의 제1 구분 근거

김상현 옮김

일러두기

1. 『공간에서 방향의 제1 구분 근거』(*Von dem ersten Grunde des Unterschiedes der Gegenden im Raume*) 번역은 1759년 발표된 원전을 대본으로 사용했고, 학술원판(*Vorkrtische Schriften II 1757-1777*, in *Kant's gesammelte Schriften*, Bd. II, pp.375-383, hrsg. von der Königlich Preußischen Akademie der Wissenschaften, Berlin, 1905)과 바이셰델판(*Vorkritische Schriften bis 1768*, in *Immanuel Kant. Werke in Zehn Bänden*, Bd. II, pp.991~1000, hrsg. von Wilhelm Weischedel, Darmstadt, 1983)을 참조했다.

공간에서 방향의 제1 구분 근거

저 유명한 라이프니츠는 많은 실질적 통찰을 가지고 있었으며, 이 로써 학문들을 풍부하게 만들었다. 그러나 그는 또한 더더욱 원대한 학문적 기획들을 가지고 있었으며, 세상은 그가 이것들을 실현하기를 고대했지만 헛된 일이었다. 그 이유는 다음과 같은 점에 있을지도 모른다. 하나는 라이프니츠도 자신의 시도들이 아직 너무나 불완전하다고 여겼을지도 모른다는 점이다. 이런 의구심은 공적이 많은 사람들에게서 흔히 볼 수 있는 것이며, 그들의 학식에서 수많은 가치 있는 편린을 부단히 빼앗아가는 것이기도 하다. 다른 하나는 부르하버[1]가 위대한 화학자들에 대해 추측하듯이, 그들은 자신들에게는 단지 숙달된 재능이 있다고만 설득하고 이 재능을 신뢰만 했기 때문에, 자신들이 특별한 재주라도 가지고 있는 양 착각하여 자신들이 일단 이 재능을 실행에 옮기기만 하면 자신들에게는 이것을 실현하면서 실패란 있을 수 없다고 여겼는데, 이러한 점은 라이프니츠에게도 마찬가지였을 수 있다는 점이다. 그런데 저 이유가 전자에 있었든 또는 후자에 있었든 간에, 이것에 대해 나는 여기서 결정하지 않으려 한다. 그러나 적어도 라이프니츠가 우선 위상분석[2]이라고 명명했던 수학적 원리는, 누구보다도 뷔퐁[3]이 배아 단계에서 본성이 겹치는 현 Ⅱ 377

상을 연구할 때 그것이 적용되지 않는 것을 애석해했다고 하더라도, 단지 비현실적 허구에 불과했던 것처럼 보인다. 나는 내가 여기에서 고찰하고자 하는 대상이 저 위대한 사람이 마음에 품었던 것과 어느 정도 유사한지 정확히 알지는 못한다. 다만 단어의 의미에 따라서만 판단한다면, 내가 여기에서 철학적으로 찾아내고자 하는 것은 라이프니츠가 그 크기를 수학적으로 규정해 보이고자 했던 대상을 가능하게 해주는 제일 근거다. 그 이유는 다음과 같다. 공간에서 부분들이 차지하는 위치는 그 상호관계에서 방향을 전제하며, 이 방향에 따라 부분들은 그러한 관계 속에 배열된다. 그리고 가장 추상적 의미에서 본다면 방향은 공간에서 한 사물이 다른 사물과 맺는 관계에서 성립하는 것이 아니라 — 이것이 본래의 위치 개념이다 — 이 위치들의 체계가 절대적인 우주공간과 맺는 관계에서 성립하기 때문이다. 모든 연장된 사물의 경우, 부분들 상호 간 위치는 그 사물 자체로 충분히 알려질 수 있다. 그러나 부분들의 이러한 질서가 향해 있는 방향
II 378 은 사물 외부에 있는 공간과 관련되어 있을 뿐 사물의 장소와 관련되어 있는 것이 아니다. 왜냐하면 사물이란 그것의 부분들이 외적 관계에서 차지하는 위치와 다름없기 때문이다. 따라서 방향은 오히려 하나의 통일체로서 보편적 공간과 관련되며, 모든 연장은 그러한 통일체의 한 부분으로 간주되어야만 한다. 무엇보다도 이 개념들을 앞으로 설명해야 하겠지만, 독자들이 이 개념들을 여전히 매우 모호한 것으로 여긴다 해도 그것은 결코 놀라운 일이 아니다. 그래서 나는 이 논문에서는 다음과 같은 내 목적 외에 더는 아무것도 보태지는 않을 것이다. 내 목적은 연장에 대한 직관적 판단에서 기하학이 포함하는 것과 같은 명증적 증명이 발견될 수 있는지를 시험해보려는 것이다. **여기서 증명하고자 하는 명제는 모든 물체의 현존으로부터 독립되어 있는 그리고 그 자체로 모든 물체의 병존을 가능하게 하는 제일 근거로서**

절대 공간은 고유한 실재성을 가지고 있다는 것이다. 형이상학의 가장 추상적인 판단들을 매개로 이 문제를 논란의 여지가 없도록 해결하고자 했던 철학자들의 노고가 얼마나 허망했는지는 누구나 알고 있다. 게다가 나는 1748년 베를린 왕립 과학아카데미의 역사에서 발견된 오일러 노년의 저명한 논문을 제외한다면 이것을 아포스테리오리하게 달성하려고 한 (말하자면 비록 형이상학의 영역 외부에 있기는 하지만 그럼에도 그것을 구체적으로 적용해 형이상학의 정당성에 대한 시금석을 제공할 수 있는 다른 부정할 수 없는 명제들을 매개로 한) 어떠한 시도도 알고 있지 않다. 물론 오일러의 이 논문도 그 목적을 충분히 달성하지는 못했다. 왜냐하면 만약 사람들이 현실적 사물들의 관계를 추상함으로써 획득할 수 있는 공간 개념 외에 다른 공간 개념을 상정하지 않는다면 이 논문은 가장 보편적인 운동법칙에 특정한 의미만을 부여했다는 난점을 보여줄 뿐이며, 더욱이 염두에 둔 그 법칙을 적용할 때에도 사람들이 절대공간이라는 개념에 따라 구체적으로 표상하고자 하는 경우 적지 않은 난점이 그대로 남게 되기 때문이다. 내가 여기에서 시도하는 증명은 오일러 경의 의도처럼 역학자들만이 아니라 심지어 기하학자들도 그들에게 익숙한 명증성을 들어 절대공간의 현실성을 주장할 수 있는 확실한 근거를 제시하는 것이다. 나는 이를 위해 다음과 같은 예비적 주의를 해두고자 한다.

물리적 공간은 3차원이기 때문에 이 공간에서는 모두 직각으로 교차하는 세 평면이 생각될 수 있다. 우리는 우리 외부에 존재하는 모든 것을, 그것들이 우리 자신과 관계하는 한에서만 감관으로 알게 되므로, 우리가 공간에서 방향이라는 개념을 형성하게 해주는 제일 근거를 이 교차면들이 우리 신체와 맺는 관계에서 도출한다는 것은 놀라운 일이 아니다. 우리 신체의 길이가 수직으로 딛고 서 있는 면은 II 379
우리와 관련하여 수평적이라고 불리며, 이 수평면은 우리가 위와 아래라는 말로 지시하는 방향들을 구분할 수 있는 실마리를 마련해준다. 이 면 위에 또 다른 두 면이 수직으로 서 있으면서 동시에 직각으로 교차할 수 있다. 그래서 인간의 신체 길이는 이 분할선에 따라 놓여 있는 것으로 생각될 수 있다. 이 두 수직면 중 하나는 신체를 외적으로 유사한 절반으로 분할하며 오른쪽과 왼쪽을 구별할 수 있는 근거를 제공하고, 이 면에 수직으로 서 있는 또 다른 수직면은 우리에게 앞면과 뒷면이라는 개념을 가질 수 있게 해준다. 예를 들어 글이 씌어 있는 종이의 경우, 우리는 먼저 글의 위쪽과 아래쪽을 구분하고 앞면과 뒷면을 구분한다. 그런 다음 우리는 글자 위치를 왼쪽에서 오른쪽으로 혹은 그 반대로 보게 된다. 여기에서 평면 위에 정돈된 부분들의 위치는 서로에 대해서나 모든 조각에서나 항상 동일한 방식을 유지한다. 사람들이 원한다면 이 종이를 돌릴 수도 있다. 그러나 방향 구분은 이 표상에 뚜렷이 각인되어 있고 가시적 대상이 만들어내는 인상과 정확히 결합되어 있기 때문에, 이전에 반대방향으로[왼쪽에서 오른쪽으로] 이루어졌던 모든 것이 오른쪽에서 왼쪽으로 향하게 되는 방식에서 본다면, 동일한 글도 식별하기 어렵게 된다.

게다가 방위에 관한 우리 판단은, 방향이 우리 신체의 측면들과 관련되어 규정되는 한, 우리가 방향 일반에 대해 가지고 있는 개념에 종속되어 이루어진다. 이 근본개념을 도외시할 경우 천상과 지상에서 우리가 관계에 대해 알 수 있는 것은 오직 대상들의 서로에 대한 위치일 뿐이다. 또한 설사 내가 수평 분할의 질서를 아무리 잘 알지라도, 나는 내가 어떤 손에 따라 이 질서가 지속되는지 아는 한에서만 이에 따라 방향을 규정할 수 있을 뿐이다. 그리고 가장 정밀한 천체지도마저도, 만약 별들의 서로에 대한 위치만 표시되어 있어서 내 손에 따른 개략적 배치에 따라서도 내가 상상하는 것처럼 그렇게 정확하게 방향을 결정할 수 없다면, 이미 알려진 어떤 한 방향, 예를 들

면 북쪽으로부터 내가 수평의 어느 방면에서 일출을 탐색해야 하는
지를 알 수 있게 해주지는 못할 것이다. 지리학적 지식이나 나아가
장소들의 위치에 대한 우리의 가장 공통적인 지식과 관련해서도 사
정은 같다. 이러한 지식도, 만약 우리가 그렇게 배치된 사물들과 서 Ⅱ 380
로에 대한 위치들의 전체 체계를 우리 신체의 측면들과 관계에 의거
하여 성립된 방향에 따라 제시할 수 없다면, 우리에게 아무런 도움
이 되지 않는다. 게다가 때로 종류를 구별하기 위한 실마리를 제공하
기도 하는 잘 알려진 자연 산물들의 특징도 그것들의 부분들의 질서
가 따르는 특정한 방향에서 성립한다. 그리고 설사 두 피조물이 크기
에 관해서나 부분들의 비율 그리고 부분들 상호 위치에 관해 완전히
일치할지라도, 이 방향에 따라 두 피조물은 구분될 수 있다. 모든 사
람의 정수리 머리카락은 왼쪽에서 오른쪽을 향한다. 모든 홉은 자신
의 줄기 주변을 왼쪽에서 오른쪽으로 휘감는다. 그러나 콩은 반대방
향을 향한다. 단 세 가지 종류만 제외한다면, 거의 모든 달팽이는 위
에서 아래로, 다시 말해 꼭대기에서 입구를 향해 관찰할 때 왼쪽에서
오른쪽으로 선회한다. 이러한 특정한 속성은, 그것들이 지구의 반구
위에 살고 있다는 일치된 관계가 없더라도 그리고 왼쪽에서 오른쪽
을 향하는—물론 우리와 정반대편에 있는 사람에게는 반대 방향이
겠지만—태양과 달의 일상적 운동 방향과 일치된 관계가 없더라도,
그러한 종류의 피조물들에는 변경 불가능하게 내재한다. 왜냐하면
상술한 자연물들의 경우 선회의 원인이 씨앗 자체에 놓여 있기 때문
이다. 그에 반해 마리오트가 초승달에서 보름달로 바뀌는 동안 왼쪽
에서 오른쪽으로 경로 이동을 하는 바람에서 그러한 법칙을 관찰하
길 원했던 것처럼 이 천체 경로에 모종의 선회를 부여할 수 있다면,
돈 울로아가 남쪽 바다에서도 스스로 관찰해 실제로 그것을 입증했
다고 생각한 것처럼, 이 원환운동은 다른 쪽 반구에서는 다른 경로로

맴돌 것이 틀림없다.

오른쪽과 왼쪽에 대한 상이한 느낌은 방향을 판단하려면 너무나 필수적이기 때문에, 자연은 그것을 동시에 인간 신체의 기계적 배치와 결합했고, 그 배치 덕분에 어느 한쪽, 말하자면 오른쪽은 기술을 발휘해야 할 경우나 또는 아마 강한 힘이 필요한 경우 의심할 여지없이 왼쪽보다 장점을 가지게 된다. 이 때문에 지구상의 모든 민족은 오른손잡이다(사팔눈과 같은 개별적 예외들을 제쳐놓는다면, 자연 질서에 따르는 규칙의 보편성은 뒤집힐 수 없다). 사람들은 말에 올라타거나 도랑을 넘어갈 때 오른쪽에서 왼쪽 방향으로, 그 반대쪽보다 훨씬 더 쉽게 신체를 움직일 수 있다. 거의 모든 곳에서 사람들은 오른
Ⅱ 381 손으로 글씨를 쓰고, 좀더 숙련된 기술이나 강함을 요하는 모든 일에 오른손을 사용한다. 그런데 오른쪽이 왼쪽에 비해 운동력에서 우월한 것처럼 보이더라도, 가령 보렐리와 보넷과 같은 몇몇 자연과학자의 말을 믿을 수 있다면, **감수성**에서는 왼쪽이 오른쪽보다 우월하다. 이들 중 보렐리는 왼쪽 눈에 대해, 보네는 왼쪽 귀에 대해 그것들의 감각이 각각 오른쪽 눈과 오른쪽 귀의 감각보다 더 민감하다고 주장한 바 있다. 그리고 이처럼 인간 신체의 양 측면은 외적으로 매우 유사한데도 명확한 감각을 통해 충분히 구별된다. 비록 심장근육이 수축 운동을 할 때마다 그 운동의 정점에서 비스듬히 움직이며 폐의 왼쪽에 부딪히는 동안 우리가 내부 기관의 상이한 위치와 심장의 뚜렷한 박동을 무시하게 된다고 하더라도 그렇다.

그러므로 우리는 다음과 같은 것을 증명하고자 한다. 즉, 물체적 형태의 완전한 규정근거는 단지 그 부분들의 상호관계와 위치에 의존하는 것만이 아니라 거기에 더해 보편적 절대 공간에 대한 관계에도 의존한다. 그럼에도 기하학자들이 공간을 생각하듯이 이러한 관계는 직접 지각될 수 없지만, 유일하게 그리고 오직 이 근거에 의존

해서만 물체의 차이는 지각될 수 있다. 만약 두 물체가 한 평면 위에 그려졌고 서로 같[은 형태를 가졌]고 닮은꼴[4]이라면, 그 물체들은 상호 합동일 것이다. 그렇지만 입체적 사물에 대해서는 또는 심지어 같은 평면에 있지 않는 선이나 면에서는 사정이 종종 완전히 달라진다. 그런 것들은 완전히 같[은 형태를 가졌]고 닮은꼴이지만 그럼에도 그 자체로 상이해서 하나의 한계가 동시에 다른 것의 한계가 될 수 없다. 왼쪽에서 오른쪽으로 골이 파여 있는 나사못은, 설사 나사의 두께와 나사골의 수가 같을지라도, 입구가 오른쪽에서 왼쪽으로 파여 있는 너트와는 결코 꼭 들어맞을 수 없다. 구면 위의 삼각형은 다른 삼각형과 완전히 같[은 형태를 가졌]고 닮은꼴일 수 있지만, 그 삼각형과 합동이 되지 않을 수 있다. 그럼에도 우리는 가장 일반적이고 명백한 사례를 수직면에 대해 대칭을 이루는 인간 신체의 사지에서 볼 수 있다. 오른손은 왼손과 닮은꼴이고 같[은 형태를 가졌]다. 그리고 만약 그중 한 손에 대해서만 그 부분들 상호 간의 비율과 위치 그리고 전체 크기를 관찰한다면, 한쪽 손의 완전한 서술은 모든 면에서 다른 한쪽 손에 대해서도 틀림없이 타당할 것이다.

나는 다른 것과 완전히 같[은 형태를 가졌]고 닮은꼴이지만 그럼 II 382
에도 이것과 동일한 한계에 포함되지 않은 물체를 **비합동 대응체**라고 명명한다. 이제 이런 물체의 가능성을 증명하기 위해 하나의 분할면에 대해 대칭적 질서를 이루는 두 개의 절반으로 구성되어 있지 않은 물체, 가령 인간의 손을 상정해보자. 손의 표면에 있는 모든 점으로부터 그 손 맞은편의 면을 지나도록 수직선을 긋고 손의 앞면에 놓인 점들이 손의 뒷면까지 이르도록 이 수직선을 연장한다면, 그렇게 연장된 선의 끝점들은 결합하여 입체적 형태의 평면을 형성하는데, 이것은 앞서 손 앞면에 있는 점들이 형성하는 평면의 비합동 대응체가 된다. 말하자면 주어진 손이 오른손이라면 그 대응체는 왼손이 될 것이다. 거울에 비친 물체의 반사상이 바로 이러한 원리에 따라 만들어진다. 왜냐하면 거울에 비친 물체는 항상 거울 앞면에 있는 것과 마찬가지로 거울 뒷면에 나타나기 때문이다. 그리고 그런 까닭에 거울에 비친 오른손의 반사상은 항상 왼손이다. 이 물체가 인간의 신체처럼 비합동 대응체 두 개로 이루어져 있고, 이 물체가 수직 분할에 따라 앞과 뒤로 구분된다면, 그 구분된 상은 그 물체와 합동이 될 것이다. 이에 대해서는 그 물체를 절반만 돌려보는 생각만 해봐도 쉽게 알 수 있다. 한 물체의 대응체의 대응체는 필연적으로 이 물체와 합동이 될 테니 말이다.

완전히 닮은꼴이고 같[은 형태를 가졌]지만 그럼에도 비합동인 공간들이 가능하다는 것을 이해하기 위해서는 아마도 이것으로 충분할 것이다. 이제는 이 개념들의 철학적 적용을 생각해보자. 한 물체의 형태는 또 다른 물체의 형태와 완전히 닮은꼴이고 그 연장의 크기도 완전히 같을 수 있지만, 그럼에도 내적 차이가 여전히 있을 수 있다는 것, 즉 한 물체를 포괄하는 표면이 다른 물체도 포괄하는 일이 불가능할 수도 있다는 것은 이미 언급한 두 손의 공통된 사례를 생각해보면 명백하다. 한 물체의 물리적 공간을 제한하는 이런 표면은 아무리 이리저리 돌려보아도 다른 물체를 제한하는 데 사용될 수 없기 때문에, 이런 상이성은 내적 근거에서 기인한 것이 틀림없다. 그러나 상이성에 대한 이 내적 근거는 물체 부분들이 상호 결합하는 상이한 방식에 달려 있는 것일 수는 없다. 왜냐하면 상술한 예에서 보았듯이, 그런 물체는 외관상 모든 점에서 완전히 일치할 수 있기 때문이다. 그럼에도 만약 최초의 피조물이 인간 손이라고 상상해본다면, 그
II 383 것은 필연적으로 오른손이거나 왼손일 것이다. 그리고 둘 중 하나를 산출하려면 그것을 산출하는 원인의 작용이 필요했을 텐데, 이 작용은 그것의 대응체를 만드는 작용과는 다른 작용이었을 것이다.

이제 공간은 단지 물체의 부분들이 상호 병존하는 외적 관계에서 성립한다는 요즘의 많은 철학자, 특히 독일 철학자들의 개념을 받아들일 경우, 상술한 사례에서 모든 현실 공간은 이 손이 차지하는 공간일 뿐이다. 그런데 손의 부분들 상호관계에서는 그것이 오른손이든 왼손이든 전혀 아무런 차이가 없기 때문에, 이 손은 그런 속성과 관련해서는 전적으로 아무런 차이도 규정할 수 없게 될 것이다. 다시 말해 그것은 인간 신체의 모든 측면에 적합하게 될 것이다. 하지만 이런 일은 불가능하다.

이로부터 다음과 같은 사실들이 명확해진다. [첫째] 공간 규정은 물체 부분들의 상호 위치에 따른 결과가 아니라, 오히려 물체 부분들의 위치가 공간 규정의 결과다. [둘째] 그러므로 차이는, 더욱이 순전히 절대적이고 근원적인 공간과 관련된 참된 차이는 물체의 구성에서 발견될 수 있다. 왜냐하면 물체적 사물들의 관계는 절대적 근원적 공간에 의해서만 가능하기 때문이다. 그리고 [셋째] 절대 공간은 외적 감각의 대상이 아니라 모든 이러한 감각을 비로소 가능하게 해주는 근본개념이기 때문에, 우리는 한 물체의 형태에서 순전히 순수 공간과 관련된 것을 [그 물체 부분들의 상호관계에서는 감지할 수 없고] 다른 물체와 대응시켜야만 감지할 수 있다.

그러므로 내감에 충분히 직관적인 저 [절대적 근원적] 공간의 실재성을 이성이념으로 파악하고자 할 때 이 공간 개념을 둘러싼 난점이 없는 것은 아니지만, 성찰적 독자라면 기하학자들이 공간을 생각한 것처럼 그리고 명민한 철학자들이 공간을 자연과학의 이론적 개념으로 상정해왔던 것처럼, 공간 개념을 그렇게 단순히 비현실적 허구로 간주하지는 않을 것이다. 하지만 공간 개념을 둘러싼 난점은 우리 인식의 최초 자료에 대해 철학적으로 고찰하고자 할 경우에는 언제나 나타난다. 그렇지만 이 난점은 [기하학자나 기존 철학자들에 의해] 상정된 [공간] 개념의 결과가 가장 명백한 경험과 모순을 일으킬 때 나타나는 것만큼 결정적인 것은 결코 아니다.

감성계와 지성계의 형식과 원리

김상봉 옮김

일러두기

1. 『감성계와 지성계의 형식과 원리』(*De mundi sensibilis atque intelligibilis forma et principiis*) 번역은 1770년에 출판된 원본을 대본으로 사용했고, 학술원판(*Vorkritische Schriften II 1757-1777*, in *Kants gesammelte Schriften*, Bd. II, pp.385-419, hrsg. von der Königlich Preußischen Akademie der Wissenschaften, Berlin, 1905)과 바이셰델판(*Vorkritische Schriften bis 1768*, in *Immanuel Kant. Werke in Zehn Bänden*, Bd. V, pp.7-107, hrsg. von Wilhelm Weischedel, Darmstadt, 1983)을 참조했다.

『감성계와 지성계의 형식과 원리[1)]』

관례에 따른 논리학 및 형이상학 정교수직을 위한 청구논문을

학칙의 규정에 따라

임마누엘 칸트가 공개적으로 방어함.

응답자의 역할을 맡은 자:

마르쿠스 헤르츠,

베를린, 유대계, 의학 및 철학 연구자

반대토론자:

게오르크 빌헬름 슈라이버,

쾨니히스베르크, 프로이센, 철학부 학생

요한네스 아우구스트 슈타인,

쾨니히스베르크, 프로이센, 양(兩) 법학 후보생

그리고

게오르크 다니엘 슈뢰터,

엘빙, 거룩한 신학후보생

장소: 대강당

시간: 오전 오후 관례적 시간 1770년 8월 20일

쾨니히스베르크

요한 야콥 칸터출판사

지극히 존엄하신 전하, II 385

전능하신 영주시요 주군이신

프리드리히 주군께 드림

프로이센인들의 왕,

브란덴부르크 변경백

신성로마제국 시종장 및

선제후 슐레지엔 대공

기타 등등, 기타 등등, 기타 등등.

조국의 지극히 자애로우신 아버지이시며,

지극히 자비로우신 왕이시며 주군이신 분께

자기에게 맡겨진 직책의 이 첫 번째 결실을 겸허한 마음으로

바치나이다.

지극히 충실한 종

임마누엘 칸트

A 1; Ⅱ 387

제1절
세계 개념 일반에 대하여

§1

실체적 합성물에서 분석이 전체가 아닌 부분, 곧 단순한 부분에 이르기 전에는 끝나지 않는 것처럼, 마찬가지로 종합 역시 부분이 아닌 전체 곧 세계에[2] 이르기 전까지는 끝나지 않는다.

추상적인 개념을 해명할 때, 나는 대상의 판명한 인식에 속하는 징표들 외에도 정신의 본성에서 비롯되는 인식의 *이중적 발생* 역시 어느 정도 고려했는데, 왜냐하면 이것이 형이상학적 방법을 보다 철저히 통찰하기 위해 하나의 실례로서 쓰일 수 있으므로, 내 입장에서는 대단히 권할 만한 일이라고 생각되기 때문이다. 왜냐하면 부분이 주어져 있을 때 추상적인 지성 개념을 통해 전체의 *합성*을 생각하는 것과, 이런 일반적 *개념을* — 일종의 이성의[3] 과제로서 — 감성적 인식 능력을 통해 *상술하는 것*,[4] 즉 동일한 개념을 판명한 직관 속에서 구체적으로 표상하는 것은 전혀 별개의 일이기 때문이다. 전자의 경우 [전체를 이루는] 여럿이 (서로서로에 대하여 상관적인 관계 속에서) 합성 개념 아래 포함되어 있으므로, *합성* 일반의 개념을 통해 일

어나며, 그런 만큼 지성의 보편적 관념을 통해 이루어진다. 후자는,
부분을 부분에 계속적으로 결합시킴으로써 합성체의 개념이 발생적
으로, 다시 말해 종합을 통해 가능해지는 것이므로, 시간의 *조건*에 의 A 2
존하며, 그러므로 *직관*의 법칙에 속하는 것이다. 마찬가지로 실체적
인 합성체가 주어져 있을 경우에도 우리는 *합성*이라는 지성적 관념
을 통틀어 제거함으로써 단순한 부분들의 관념에 쉽게 도달할 수 있
다. 왜냐하면 [합성체로부터] 모든 결합을 제거한 뒤에도 남아 있는
것은 *단순한 부분*들이기 때문이다. 그러나 이런 일은 직관적 인식의
법칙에 따라서는 일어날 수 없다. 다시 말해 주어진 전체가 *임의의*
*가능한 부분*들로 되돌아갈 수 없다면, 모든 합성이 제거될 수는 없
는 것이다. 그런데 이는 다시 시간의 조건에 의존하는 분석을* 통해 II 388
서만 가능한 일이다. 그런데 합성체를 위해서는 *다수*의 부분들이 요
구되지만, 전체를 위해서는 [부분들의] *전부*가 요구되므로, 분석이
든 종합이든 한정된 일정한 시간 안에 완결될 수 없다면, 양자 모두
결코 완성될 수 없을 것이다. 그리하여 분석을 통해서 *단순한 부분*의
개념이 출현하지도 않을 것이며 종합을 통해 *전체*의 개념이[6] 출현하
지도 않을 것이다.

그러나 어떤 *연속량*에서 전체로부터 주어질 수 있는 부분으로 돌

---

* 분석과 종합이라는 말은 일반적으로 이중적 의미를 지니고 있다. 즉 종합은 *질적인* 의미로는 *위계적* 관계에 있는 것들의 계열에서 근거로부터 피근거자로 나아감을 의미할 수도 있고, 아니면 *양적인* 의미에서는 병렬적 관계에 있는 것들의 계열에서 주어진 어떤 부분으로부터 다른 부분을 그것에 보충함으로써 전체를 향해 나아감을 의미할 수도 있기 때문이다. 마찬가지로 분석도 첫 번째 의미로 보면 *피근거자로부터 근거로* 돌아감을 뜻할 수 있고 나중의 의미로 보면 *전체로부터 그것의 가능한 부분* 또는 매개적 부분, 즉 부분의 부분으로의 돌아감을 뜻할 수도 있다. 이 경우 분석은 주어진 합성체의 [단순한] 분할이 아니라 *재분할*[5]일 것이다. 여기서 우리는 종합과 분석을 오직 나중의 의미로 사용한다.

*아감*에서든, 아니면 어떤 *무한자*에서 부분들로부터 주어진 전체로 *나아감에서*든 모두 *끝이 없으므로*, 한편에서는 분석이 다른 한편에서는 종합이 완결되는 것은 불가능할 것이다. 그리하여 앞의 경우에는 *합성*에 있어서 전체가 직관의 법칙에 따라 생각될 수 없을 것이며, 뒤의 경우에는 *총체성*에 관해 합성체가 온전히 생각될 수 없을 것이다. 그런데 일반적으로, *표상 불가능한 것*과 [그 자체로서] *불가능한 것*은 같은 것을 의미한다고 여겨지므로, *연속체*의 개념이나 *무한*의 개념이 대다수 사람들에 의해 배척되는 일이 일어나는 것도 얼마든지 이해할 수 있는 일이다. 왜냐하면 그 두 가지가 모두 *직관적 인식의 법칙에 따른다면* 전적으로 표상 불가능한 것이기 때문이다. 나는 물론 여기서 적잖은 학파들에 의해 배척된 이 개념들을 위해—특히 앞의 것이 그렇거니와—소송을 제기할 생각은 없지
A 3; II 389 만* 그럼에도 그렇게 도착된 논거를 사용하는 자들은 대단히 심각한

---

* 현실적인 수학적 무한을 부정하는 사람들이 특별히 힘든 수고를 하는 것
A 3 은 결코 아니다. 왜냐하면 그들은 무한의 정의 자체로부터 일종의 모순을 이끌어낼 수 있는 그런 방식으로 무한을 정의하는 법을 고안해내기 때문이다. 그들에 따르면 *무한*이란 *그것보다 더 큰 것이 불가능한 크기*를 의미한다. 그리고 수학적 무한이란 그보다 더 큰 것이 불가능한 (주어질 수 있는 단위의) 수량이다. 그러나 그들은 여기서 *무한을 가장 큰 것*이라고 상정하지만 가장 큰 수량이란 불가능한 것이므로 그들은 그들 스스로가 고안해낸 무한에 반대되는 결론을 손쉽게 이끌어내는 것이다. 또는 그들은 무한한 수량을 *무한한 수*라고 부른 뒤에 그런 수가 불합리하다고 가르치는데, 이것이야말로 너무도 지당한 말이기는 하지만 여기서 그들은 오직 정신의 그림자와 싸우고 있을 뿐이다. 하지만 그들이 수학적인 무한을, 어떤 단위로서의 척도에 관계하여 *모든 수보다 더 큰 수량*인 그런 크기라고 이해했더라면, 그리고 더 나아가 여기서 *측량 가능성*이란 단지 인간적 지성의 척도에 대한 관계만을 나타내는 것으로서, 이 척도를 통하여 우리가 하나에 다른 하나를 계속 더함으로써 *일정한 수량의 개념에* 이르게 되고 또한 이런 진행이 한정된 시간 속에서 종결됨으로써 우리가 *수*라고 부르는 *온전한 [개념]*에 도달할 수 있다는 것에 주목했더라면, 어떤 주체의 특정한 법

오류에 빠져들게 되리라는 것을 분명히 경고해두는 것은 매우 중요한 일이라 생각한다. 왜냐하면 무엇이든지 간에 이성과 지성의 법칙에 *모순되는* 것은 어떤 경우에도 불가능한 것이지만, 이에 반해 오로지 순수한 이성의 대상이기 때문에 직관적 인식의 법칙 *아래 있지 않은* 것은 앞의 경우와 똑같은 의미에서 [불가능한 것은] 아니기 때문이다. 왜냐하면 *감성적* [인식]능력과 *지성적* 인식능력 사이의 이런 불일치는 (이 둘의 특성에 대해서는 내가 곧 탐구할 것이거니와) 오로지, *정신이 지성으로부터 받아들여 지니고 있는 추상적인 관념들을 구체적으로 표시하거나 직관으로 전환시키는 것이 때로는 불가능하다*는 것만을 나타낼 뿐이기 때문이다. 그러나 매우 자주 일어나는 일이듯이, 이런 *주관적*인 대립이 어떤 *객관적* 대립으로 오인되면, 경솔한 사람들이 인간 정신을 둘러싸고 있는 한계를 사물의 본질 그 자체가 구속되어 있는 한계라고 쉽사리 간주하는 잘못을 범하게 되는 것이다.

그외에도, 감각의[7] 증거를 통해서든 아니면 다른 어떤 방식으로든 실체적인 합성체가 주어져 있다면, 단순한 것들 및 세계도 주어져 있으리라는 것은, 우리가 지성의 근거로부터 추론한다면, 너무도 명백한 일이다. 나는 우리의 정의에서 그런 이유가 또한 주체의 특성 속에[8] 포함되어 있음을 밝혔는데, 이는 세계의 개념이 단지 임의로 고안된 것이나, 수학자들에게서 흔히 보듯이 그로부터 귀결되는 것을 연역해내기 위해 날조된 개념으로 보이지 않도록 하기 위해서였다.[9]

칙과 일치하지 않는 것이라 해서 단지 그 때문에 모든 이해가능성을 초월하는 것은 아니라는 것을 깨달았을 것이다. 그런데 이처럼 척도를 계속적으로 덧붙이지 않고도 유일한 직관을 통해 어떤 수량을 판명하게 식별할 수 있는 지성이 있을 수는 있겠지만, 그것이 어떤 경우든 인간적 지성은 아닐 것이다.

A4 왜냐하면 우리의 마음은 분해를 통해서든 합성을 통해서든 합성체의 개념을 지향할 때, 앞쪽으로 [돌아감과] 뒤쪽으로[10] [나아감에서] 모두, 그 속에서 안식할 수 있는 종착점을 요구하고 또 상정하기 때문이다.

§2

세계의 정의에서 주의해야 할 점들은 다음과 같다.

Ⅰ. **질료**(선험적 의미에서), 즉 *부분*들은 여기서는 *실체*들이라고 간주된다. [실체의 개념에 관해서] 우리는 우리의 정의가 그 낱말의 일반적인 의미와 일치한다는 것에 대해 아무런 염려를 할 필요가 없었다. 왜냐하면 아래와 같은 질문은 오직 이성의 법칙에 따라 발생하는 어떤 문제에 대한 물음이기 때문이다. 즉, 어떻게 다수의 실체들이 연합하여 하나를 이룰 수 있는가? 그리고 이 하나가 다른 것의 부분이 아니기 위해서 어떤 조건들이 필요한가? 이에 반해 통상적으로 널리 사용되고 있는 용법에 따른다면 세계라는 낱말의 의미는 우리와 어긋나는 부분이 있다. 왜냐하면 누구도 *우유성*[11]을 [전체] *세계*에 어떤 *부분*들로서 귀속시키지 않으며, 도리어 *규정성*으로서 어떤 *상태*에 귀속시키기 때문이다. 따라서 이런 식으로 이해된 이른바 *유아론적* 세계,[12] 곧 자기의 속성들을 지닌 유일한 단순실체로 완결되는 세계는 상상의 세계라면 모를까 온전한 의미에서 세계라고 부를 수는 없을 것이다. 같은 이유에 따라 후속하는 것들의 (다시 말해, 상태들의) 계열을 마치 [세계의] 부분인 것처럼 세계 전체에 귀속시킬 수도 없다. 왜냐하면 양태들이란 기체의 *부분*들이 아니고 *피근거*일

뿐이기 때문이다. 마지막으로, 나는 세계를 이루고 있는 실체들의 본성이 *우연적*인지 아니면 필연적인지를 여기서 다루지 않았다. 또한 Ⅱ 390 그런 규정을 헛되이 정의 속에 숨겨둔 뒤에 흔히 그렇게 하듯이 얼마 지나지 않아 일종의 기만적 논증방식을 통해 동일한 것을 동일한 것으로부터 취하려 하지도 않았다. 그러나 나중에 나는 여기서 주어진 조건들로부터 우연성을 얼마든지 결론으로 이끌어낼 수 있음을 보이려 한다.

Ⅱ. 형식은 실체들의 *위계*[적 관계]가 아니라 *병렬*[적 관계]에 존립한다. 왜냐하면 *병렬된 것*들은 서로 간에 전체를 위한 보완물과 같은 관계에 있지만, *위계적* [관계에 있는] 것들은 생겨난 [결과]와 원인의 관계, 또는 통틀어 말해 근거와 피근거 사이의 관계에 있기 때문이다. 앞의 관계는 상호적이고 또 *동종적*이어서, 임의의 관계항이 다른 것에 대하여 규정하면서 동시에 규정되는 관계에 있지만, 뒤의 관계는 *이종적*이다. 왜냐하면 한쪽이 오직 의존성의 관계라면 다른 쪽은 오직 인과성의 관계에 있기 때문이다. 이 병렬은 *실재적*이고 객관적인 것으로 간주해야지, 관념적인 것이라거나 단지 주체가 임의 A 5 로 만들어낸 것이라 간주할 수 없다. 만약 후자의 경우라면, 사람들은 아무리 많은 수의 실체들이라도 원하는 대로 결합시켜 어떤 전체를 만들어낼 수 있을 것이다. 그런데 여럿을 한데 묶어 *표상의 전체*를 만들어내는 것은 전혀 어려운 일은 아니지만, 그렇다고 해서 이런 식으로 *전체의 표상*을 만들어낼 수는 없다. 그러므로 실체들이 어떤 식으로든 전체를 이루고 있다 하더라도 아무런 연결 관계를 통해서도 결합되어 있지 않다면, 아무리 정신이 실체들의 총괄을 통해 다수의 실체를 어떤 관념적인 하나로 모아들인다 할지라도, 이런 [관념적] 총괄이란 하나의 관념을 통해 총괄된 세계들의 다수성 이외의

다른 아무것도 의미할 수 없다. 하지만 그 연결 관계야말로 세계의 *본질적* 형식을 이루고 있는 것으로서, 세계를 이루고 있는 실체들 사이의 *가능한 영향관계*의 근거라고 여겨진다. 왜냐하면 현실적인 영향관계는 본질이 아니라 상태에 속하는데, 영향관계의 원인으로서 [외부로] 건너가는 힘 그 자체는, 여러 개의 사물들이 존립에 있어서는 서로 간에 독립적임에도 불구하고 상태에 있어서는 서로 간에 상호적으로 근거지어진 것으로 간주될 수 있도록 해주는 어떤 가능성의 근거를 전제하기 때문이다. 만약 사람들이 그런 근거를 인정하지 않는다면, 그들은 세계 내에서 건너가는 힘의 가능성도 인정할 수 없을 것이다. 또한 그런 까닭에, 세계에 본질적인 이 *형식*은 *불변적*이며, 일체의 변화로부터 벗어나 있으니, 그것은 첫째로는 *논리적 근거* 때문이다. 왜냐하면 무릇 변화는 규정들이 서로 이어질 때 그 [근저에 놓인] 기체[13)]의 동일성을 전제하기 때문이다. 그러므로 세계는 서로 뒤따르는 상태들 속에서도 동일한 세계로 머물러 있으며, 동일한 근본적 형식을 유지하는 것이다. 왜냐하면 전체의 동일성을 위해서는 *부분*들의 동일성만으로는 충분하지 않으며 특유한 *합성*의 동일성이 요구되기 때문이다. 하지만 같은 결론이 다른 무엇보다 *실재적 근거*로부터도 귀결된다. 왜냐하면 세계의 본성이란 세계의 상태에 속하는 임의의 변화 가능한 규정들의 으뜸가는 내적 근거인데, 그 본성이 자기 자신과 대립할 수는 없을 것이므로, 본성적으로 즉 그 자체로부터 불변적일 수밖에 없기 때문이다. 그러므로 어떤 세계든지 간에 그것의 본성에 속하는 일정한 형식이 항상적이고도 불변적인
II 391 것으로 주어져 있어서, 이것이 세계의 상태에 속하는 임의의 우연적이고 일시적인 형식의 영속적 근거가 되는 것이다. 이런 탐구가 불필요하다고 생각하는 사람들은 *공간*과 *시간*의 개념을 마치 그 자체로서 이미 주어져 있는 근원적 조건인 듯이 착각하고는 시간과 공간 덕

분에 다른 어떤 원리가 없다 하더라도 다수의 현실적 실체들이 [세계에] 공속하는 부분들로서 상호관계를 맺고 전체를 이루는 것이 가 A6
능할 뿐만 아니라 필연적이기도 하다고 생각한다. 하지만 내가 곧 설명하겠지만, 이 개념들은 전혀 *이성적* 개념이 아니며 어떤 [실재적] 연관성에 대한 객관적 *이념*도 아니고, 다만 *현상*일 뿐이다. 그리하여 그것은 보편적 연관성의 공통된 원리를 증거하기는 하지만 결코 그것을 해명해주지는 않는 것이다.

Ⅲ. **전일성**[14]은 공속적 부분들의 *절대적*인 전체이다. 어떤 합성체가 *주어져* 있다면 그것이 비록 여전히 다른 것의 부분이라 할지라도, 언제나 어떤 상대적 전체 곧 그 [합성체의] 크기 안에 속한 부분들의 전체를 이룰 것이다. 그런데 여기서 전체에 공속하는 — 그 전체가 무엇이든지 간에 — 부분들로서 서로서로 관계 맺고 있는 것들은 모두 서로 연결되어서 정립되어 있다고 생각된다. 이런 절대적 *전체성*은 비록 일상적이고도 쉽게 접근할 수 있는 개념의 외관을 띠고 있기는 하지만 보다 철저히 음미해보면, 특히 그것의 정의에서처럼 사람들이 그것을 부정적으로 표현할 경우에, 철학자를 십자가에 매다는 것처럼 보인다. 왜냐하면 우주의 상태들은 *영원히* 서로 이어져나가 *그 계열이 결코 완결될 수 없는데* 그것이 어떻게 모든 변화를 전적으로 총괄하여 *전체*를 이룰 수 있는지, 그것을 이해하기가 정말로 어렵기 때문이다. 왜냐하면 무한성 그 자체로부터 그것이 *끝*이 없다는 결론이 필연적으로 따라 나오는 것이므로, 후속하는 것들의 계열은 오직 다른 것의 부분으로서만 주어질 수 있으며, 같은 이유에 따라 철저한 [계열의] 완결자 또는 *절대적 전체성*이란[15] 단적으로 불가능한 것처럼 보이기 때문이다. 왜냐하면 설령 부분의 개념이 보편적으로 받아들여질 수 있고, 또 이 개념 아래 포함되는 것이 무엇이든지

간에 일단 그 부분들이 동일한 계열 속에 정립되어 있다고 간주되어
모두 하나[의 상대적 전체]를 이룬다 할지라도, [궁극적] *전체*의 개
념은 이런 모든 부분들이 *동시에 총괄될 것*을 요구하는 것처럼 보이
는데, 바로 이것이 우리에게 주어진 경우에는 불가능한 것이기 때문
이다. 왜냐하면 계열 전체에는 아무것도 후속하지 않겠지만, 후속하
는 것들의 계열이 일단 정립되었다면, [그 계열 가운데서] 아무것도
후속하지 않는 것은 오직 마지막[16)]밖에 없을 텐데, 영원성 속에 마지
막이 있다는 것은 불합리한 일이기 때문이다. 그런데 사람에 따라서
는 이처럼 후속적인 무한의 전체성을 억누르는 곤경이 *동시적 무한*
에는 없으리라고 생각할 수 있을지도 모르겠다. 왜냐하면 *동시성*이
란 *모든 것의 동시적* 총괄을 명백히 의미하는 것처럼 보이기 때문이
다. 그러나 만약 동시적 무한이 허용된다면 후속적 무한의 전체성 역
시 인정되어야 하며 뒤의 것이 부정되면, 앞의 것 역시 제거되는 것
이다. 왜냐하면 동시적 무한은 그것의 헤아릴 수 없이 많은 부분들을
A7 무한히 따라가더라도 결코 끝이 없을 만큼, 영원히 고갈되지 않을 질
료를 제공하지만, 그럼에도 불구하고 그 계열이 동시적 무한 속에서
II 392 낱낱의 모든 [경우의] 수에 이르기까지 [남김없이] 현실적으로 완결
되어 주어져 있다면, 이는 결과적으로 [부분들을] 순차적으로 보탬
으로써는 그 계열이 결코 완결되어 주어질 수는 없는 계열이 *전체로
서*는 주어질 수 있다는 말이기 때문이다. 이런 골치 아픈 물음으로부
터 벗어나기 위해서는, 여럿의 [실체]가 순차적으로 병렬되어 있든
동시적으로 병렬해 있든지 간에 (이것들은 모두 시간의 개념에 의존하
고 있기 때문에) 둘 다 전체의 *지성* 개념에 속하는 것이 아니고, 오로
지 *감성적 직관*의 조건에만 속한다는 것에 주목해야 한다. 그러니까
비록 우리가 [전체성을] 감성적으로 파악할 수는 없다 하더라도 단
지 그 때문에 그것이 지성적 개념이 아니라고 할 수는 없다. 도리어

이런 [지성적] 개념을 위해서는 병렬적인 것들이 어떤 식으로든 주어져 있고, 또한 그 모든 것이 하나에 귀속하는 것이라고 생각되기만 하면 충분하다.

제2절
감성적인 것과 지성적인 것 일반의 구별에 대하여

§ 3

*감성*은 주체의 *수용성*으로서, 이를 통해 주체의 표상적 상태가 임의의 객체의 현전에 의해 특정한 방식으로 촉발되는[=영향받는] 것이 가능하다. *지성*(이성능력)은 주체의 *능력*으로서, 우리는 주체의 감관의 성질로 말미암아 감관에는 들어올 수 없는 것들을 지성의 능력을 통해 표상할 수 있다. 감성의 대상은 감성적이다. 그러나 오직 지성을 통해서만 인식할 수 있는 것만을 포함하고 있는 것은 지성적이다. 앞의 것은 고대인들의 학파에서는 *현상*으로, 뒤의 것은 생각되는 *본체*[17]로 간주되었다. 인식이 감성의 법칙에 종속하면 *감성적*이고 지성의 법칙에 종속하면 *지성적* 또는 이성적이다.

§ 4

그러므로 무엇이든 감성적 인식에 속하는 것은 주체의 특수한 성질에 의존하며, 그런 한에서 대상들의 현전에 의해 이런저런 양태변

화를 겪게 되는데, 이런 양태는 주체들의 다양성 때문에 주체가 달라
짐에 따라 달라질 수 있다. 이에 반해 이런 주관적 조건에 구속받지
않는 인식은 오로지 대상에만 관계할 것이므로, 감성적으로 인식된 A 8
것은 사물을 *나타나는 대로* 표상하는 것이며, 지성적 인식 대상은 *있*
는 그대로 표상하는 것임이 분명하다. 그런데 감관의 표상 속에는 우
선 사람들이 질료라고 부르는 어떤 것, 즉 감각이 있지만, 이것 외에
도 우리가 *형식*이라고 부를 수 있는 것, 즉 감성적인 것들이 나타나
는 *모습*이 있으니, 이는 감관을 촉발하는 다양한 표상들이 마음의 어
떤 본성적인 법칙에 따라 병렬되기 때문이다. 더 나아가 감성적 표상 II 393
의 *질료*를 이루고 있는 감각은 무언가 감성적인 것의 현전을 나타내
기는 하지만, 그 감각의 성질은 이러한 대상에 의해 양태 변화를 겪
는 주체의 본성에 의존하는 것과 마찬가지로, 같은 표상의 *형식* 역시
감각들의 일정한 상관성이나 관계를 어떻게든 증거하고는 있지만,
그렇다고 해서 이것이 고유한 의미에서 대상의 윤곽이거나 무슨 도
식은 아니며, 오직 대상의 현전으로부터 발생하는 감각을 서로서로
병렬시키는, 정신의 천부적 법칙일 뿐이다. 왜냐하면 형식이나 모습
을 통해서는 대상들이 감관을 자극하지는 못하기 때문이다. 그리하
여 감관을 촉발하는 대상의 다양이 연합하여 표상의 일정한 전체를
이루기 위해서는, 어떤 항구적이고도 본유적인 법칙에 따라 그 다양
에 일정한 *모습*을 부여하는 정신의 내적 원리가 필요한 것이다.

§ 5

그러므로 감성적 인식에 속하는 것으로는 질료뿐만 아니라 형상도 있으니, 질료는 감각[18)]으로서 이것 때문에 그 인식들이 *감각적*이

라고 불린다. 또한 그것의 형식은 그 자체로서는 모든 감각으로부터 벗어나 있음에도 불구하고, 표상들은 그 형식[을 통해 주어지기] 때문에 *감성적[표상]*이라고 불린다. 다른 한편 지성적인 것들에 관해서 보면, 다른 무엇보다 먼저 우리가 온전히 주목해야 할 것은 지성의 사용 또는 정신의 상위능력의 사용이 이중적이라는 사실이다. 그 중 첫 번째를 통해서는 사물의 개념이든 관계의 개념이든 개념들 자체가 *주어지는데*, 이런 사용이 **실재적 사용**이다. 그러나 뒤의 것을 통해서, 개념들은 어디로부터 주어지든지 간에 단지 서로 *종속될* 뿐이어서, 하위 개념들이 상위 개념들(공통적 징표)에 종속되고, 모순의 원리에 따라 서로 비교되는데, 이런 사용을 가리켜 **논리적 사용**이라 부른다. 그런데 지성의 논리적 사용은 모든 학문에 공통된 것이지만, 실재적 사용은 그렇지 않다. 왜냐하면 인식이 어떻게 해서 주어지든지 간에 그것은 여럿에 공통된 징표 아래 포함되거나 아니면 이것에 대립한다고 간주될 것인데, 어떤 경우든 우리는 *판단*에서처럼 직접적이고도 즉각적인 방식으로 판명한 인식을 추구하거나, 아니면 *추*
A9 *론*에서처럼 간접적으로 합치하는 인식을 추구할 것이기 때문이다. 그러므로 감각을 통해 인식이 주어지면, 지성은 논리적 사용을 통해 그 감각적 인식을 공통적 개념으로서의 다른 감각적 인식에 종속시킬 것이며, 현상을 보다 일반적인 현상들의 법칙에 종속시킬 것이다. 여기서 다음의 사실을 명심하는 것이 대단히 중요한데, 그것은 저 인식에 관해 지성의 논리적 사용이 아무리 멀리 확장된다 할지라도, 그 인식은 여전히 감성적 인식이라고 간주되어야 한다는 사실이다. 왜냐하면 그것은 *그 발생 기원 때문에* 감성적이라고 불리는 것이지 동일성이나 대립에 관한 *비교* 때문에 그렇게 불리는 것은 아니기 때문이다. 그러므로 경험적 법칙들은 아무리 보편적이라고 할지라도 여전히 감성적 인식이며, 또한 기하학에서 발견되는 감성적 형식의 원

리들(즉 공간 중에서 규정되는 관계들)에 대해 지성이 — 이를테면 (순수한 직관을 통해) 감성적으로 주어진 것으로부터 논리적 규칙에 따른 추론을 통해 — 아무리 폭넓게 관여한다 하더라도, 그 원리들은 II 394 감성적인 인식의 종류를 넘어서지는 못한다. 그런데 감성적 인식 및 현상에서, 지성의 논리적 사용에 선행하는 것은 *나타난 것*[19]이라고 부르지만, 나타난 다양이 지성을 통해 비교되어 생겨난 반성적 인식은 *경험*이라고 불린다. 그러므로 만약 지성의 논리적 사용에 따른 반성을[20] 통해서가 아니라면 대상의 나타남으로부터 그것의 경험으로 나아가는 길은 없을 것이다. 경험에 대한 일반 개념은 *경험적* 개념이라 불리고 그 대상은 *현상*이라 불린다. 그러나 경험의 법칙들 그리고 통틀어 모든 감성적 인식의 법칙들은 현상의 법칙들이라 불린다. 그러므로 경험적 개념들을 보다 큰 보편성으로 환원시킨다 해서, 그것들이 *실재적 의미*에서 지성적 개념이 되는 것은 아니며 또한 감성적 인식의 종류를 초월하는 것도 아니다. 추상작용을 통해 아무리 높이 올라가더라도, 그것들은 어디까지나[21] 감성적 인식에 머무르는 것이다.

§ 6

그러나 지성적인 [개념들]을 엄격하게 그 자체로서 고찰한다면, 거기서 *지성의 사용*은 *실재적*이다. 그런 개념들은 대상에 관한 개념이든 관계에 관한 개념이든 지성의 본성 자체를 통해 주어지며, 우리가 어떤 감각들을 사용해서 추상하는 것도 아니고, 적어도 그 자체로서는 감성적 인식의 형식을 포함하고 있는 것도 아니다. 그런데 여기서 우리는 '*추상적*'이라는 용어가 대단히 모호하다는 것에 주목할

필요가 있는데, 나는 지성적인 것에 대한 우리의 탐구를 손상시키지
A10 않도록 그 모호함을 먼저 불식시키는 것이 좋으리라 생각한다. 왜냐하면 제대로 말하려면 *어떤 것들로부터 추상한다[=떠난다]*고 말해야지 *어떤 것을 추상해낸다*고[22] 말하면 안 되기 때문이다. 앞의 것은 어떤 개념이 있을 때 그것과 어떤 식으로든 관계 맺고 있는 모든 다른 것들을 도외시한다는 뜻이지만, 뒤의 것은 그 개념이 오직 구체적으로만 주어지고 또한 결합된 [다른] 개념들로부터 분리되어 주어진다는 뜻이기 때문이다. 그러므로 지성적 개념은 일체의 감성적인 것으로부터 *추상하는[=떠난]* 것이지, 감성적인 것들로부터 *추상되는* 것이 *아니다.* 그리하여 어쩌면 *추상된* 개념이라고 하기보다는 *추상하는* 개념이라고 부르는 것이 더 정확할 것이다. 그러므로 보다 깊이 숙고해보면, 지성적 개념은 *순수한 관념*이라 부르고 반대로 오직 경험적으로만 주어질 수 있는 개념은 *추상적* 개념이라고 불러야 할 것이다.

§7

이로부터 우리는 *모호하게* 인식된 것을 감성적인 것이라 하고 *판명한* 인식이 가능한 대상을 지성적인 것이라고 설명하는 것이[23] 잘못된 것임을 알 수 있다. 왜냐하면 이런 구별은 오직 논리적인 구별일 뿐이며, 모든 논리적인 비교의 대상이 되는 *소여*[24]와는 전혀 *무관하기* 때문이다. 그러나 감성적인 것도 얼마든지 판명할 수 있으며,
II 395 또한 지성적인 것도 지극히 모호할 수 있다. 앞의 경우를 우리는 감성적 인식의 원형인 *기하학*에서 볼 수 있고, 뒤의 경우를 모든 지성적인 인식들의 오르가논인 *형이상학*에서 볼 수 있는데, 이 학문이 공

통적 지성을 어둡게 하는 모호함의 안개를 걷어내기 위해 아무리 많은 노력을 기울인다 하더라도 기하학의 경우처럼 늘 그렇게 행복한 성공에 이르지 못한다는 것은 분명한 일이다. 그럼에도 불구하고 이런 [형이상학적] 인식들은 무엇이든 자신의 기원을 알리는 징표를 지니고 있을 것이니, 앞의 것이 아무리 판명하더라도 그 기원 때문에 감성적 인식이라 불린다면, 뒤의 것은 아무리 모호하다 할지라도 지성적 인식으로 남아 있을 것이다. 그리하여 이를테면 *도덕적* 개념은 경험을 통해서가 아니라 순수지성 그 자체를 통해 인식되는 것이다. 그러나 나는 저 유명한 볼프가 그에겐 한갓 논리적인 구별에 지나지 않는 감성적인 것과 지성적인 것 사이의 구별을 통해, — 철학을 위해서는 대단히 애석하게도 — *현상*과 *본체*의 *특성*을 탐구하려는 고대인들의 지극히 고상한 계획을 어쩌면 전적으로 파괴한 것은 아닌지, 그리고 우리의 관심사를 그런 탐구로부터 때때로 사소한 논리적 문제들로 바꾸어버린 것은 아닌지 염려스럽다.

§ 8

순수 지성 사용의 *제1원리*들을 포함하고 있는 철학이 형이상학이다.[25] 그런데 그 형이상학의 *예비적* 학문이[26] 있으니, 그것이 감성적 A 11
인식과 지성적 인식의 차이를 가르치는 학문이다. 그리고 우리는 이 논문에서 그 예비학을 위한 하나의 시범을 보이려 한다. 그런데 형이상학에서는 경험적 원리는 발견되지 않으므로, 그 속에서 우리가 만나는 개념들은 그 기원을 감각에서 찾을 것이 아니요, 도리어 순수한 지성의 본성 자체에서 찾아야만 한다. 하지만 그것은 본유적으로 *타고난* 개념들이 아니고, 정신의 내재적 법칙으로부터 (경험을 계기로

그것이 활동하는 것에 주목함으로써) 추상해낸 개념, 그러므로 *획득된* 개념들이다.[27] 이런 종류에 속하는 개념들은 가능성, 실존, 필연성, 실체, 원인 등이며 또한 이것들의 반대개념이나 상관개념들이다. 이런 개념들은 어떤 경우에도 부분으로서 감성적 표상으로 진입해 들어가지 않으므로, 또한 감성적 표상으로부터 어떤 방식으로도 추상해낼 수 없다.

§ 9

지성적 인식의 가장 중요한 목적은 이중적이다. 하나는 *비판적*[28]인 목적으로서, 감성적으로 파악된 것을 가상적 본체로부터 떼어놓을 때 지성적 인식은 소극적인 효용을 갖는다. 또한 그것이 비록 학문을 손톱넓이만큼도 진전시키지 못한다 하더라도, 학문이 오류에 빠지지 않도록 안전하게 지켜준다. 다른 목적은 *교의적*[29]인 것이다. 이것에 따라 순수 지성의 보편적 진리들이 — 존재론이나 이성적 심
II 396 리학이 제시하듯이 — 일정한 범형[30]으로서 출현하거니와, 이것은 오직 순수 지성을 통해서만 파악될 수 있으며 또한 실재성에 관해 다른 모든 것들의 공통된 척도가 되는 것으로서, 곧 **본체로서의 완전성**인 것이다. 그러나 이것은 이론적 의미에서* 완전하다고 이해될 수도 있고 실천적 의미에서 그렇다고 이해될 수도 있다. 앞의 의미로 그것은 최고 존재로서 신이며, 나중의 의미로는 **도덕적 완전성**이다. 그러

* 어떤 것을 이론적으로 고찰한다는 것은 우리가 오로지 어떤 존재자에게 귀속하는 것에만 주목하는 것인 데 반해, 자유를 통해 그 존재자에게 내재해야 할 어떤 것들을 탐구할 때 우리는 그것을 실천적으로 고찰하는 것이다.

므로 *도덕철학*은, 제1의 *판단원리*들을 제공해주는 한에서, 오직 순수 지성을 통해서만 인식되며, 그 자체로서 순수 철학에 속하는 것이다. 그러므로 그것의 판단 기준을 욕구나 반감(反感)의 감각으로 환원시킨 에피쿠로스가—어느 정도 거리를 두고서도 그를 따랐던 섀프츠베리와 그 추종자들 같은—몇몇 현대인들과 함께 비난받는 것은 지극히 정당한 일이다. 무릇 크기가 가변적인 것들의 유(類)에서는 *가장 큰 것*[31]이 공통적 척도이며 인식의 원리이다. *완전성에서 가장 큰 것*은 우리 시대에는 이상[32]이라고 불리지만, 플라톤에게서는 A 12
(이를테면 그가 말한 국가의 이데아처럼) 이념이라고 불렸는데, 오직 가장 큰 것을 제한함으로써만 보다 작은 정도가 규정될 수 있다고 생각되는 한에서, 이념은 특정한 완전성의 보편적 개념 아래 속해 있는 모든 것들의 원리이다. 그런데 신은 완전성의 이상으로서 인식의 원리이므로 실재적으로 실존하는 것으로서, 동시에 모든 전적인 완전성의 생성원리이다.

§ 10

(인간에게는) 지성적인 [대상]들에 대한 *직관*은 주어질 수 없으며, 오직 *상징적 인식*만이 가능하다.[33] 또한 우리의 지성 활동은 오로지 보편 개념을 통해 추상적으로만 가능할 뿐, 개별적 표상을 통해 구체적으로 일어날 수는 없다. 왜냐하면 우리의 모든 직관은 일정한 형식적 원리에 매여 있어서, 정신은 오직 그 형식 아래서 직관을 직접적으로나 *개별적* 표상으로 *식별할* 수 있을 뿐, 단지 보편개념을 통해 우회적으로만 직관을 파악할 수 있는 것이 아니기 때문이다. 그러나 우리의 직관의 이런 형식적 원리(공간과 시간)는 그것을 통해 어떤

것이 우리의 감관의 대상이 될 수 있는 조건인 까닭에, 감성적 인식의 조건일 뿐 지성적 직관을 위한 매개가 아니다. 그외에도, 우리의 인식의 모든 질료는 오직 감각을 통해서만 주어지며, 가상적(可想的) 본체 그 자체는 감각으로부터 취한 표상을 통해서는 파악될 수 없다. 그러므로 지성적 개념은 그 자체로서는 인간 직관의 모든 *소여로부*
II 397 *터* 분리되어 있다. 왜냐하면 우리의 정신의 *직관*은 언제나 *수동적*이므로, 오직 어떤 것이 우리의 감관을 촉발할 수 있는 한에서만 가능하기 때문이다. 그러나 신적인 직관은 대상들의 근거이지 피근거자가 아니기 때문에 — 이는 그것이 독립적인 것이기 때문이다 — [대상들의] 원형이며 또한 그런 까닭에 완전히 지성적인 것이다.

§ 11

그러나 현상은 본래 사물의 [나타난] 모습[34)]일 뿐 이데아[=원형]가 아니며, 또한 대상의 내적이고 절대적인 성질을 표현하지 않는다. 그럼에도 불구하고 현상에 대한 인식은 지극히 참된 것이다. 왜냐하면 첫째로 그것은 감성적 개념이나 포착[35)]인 한에서, 피원인자[36)]로서 — 관념론에 반대하여 — [자기의 원인인] 대상의 현전을 증거하기 때문이다. 그러나 감성적으로 인식된 것에 대한 판단이 문제라면,
A 13 판단의 진리는 술어와 주어진 주어의 일치에 존립하겠지만, 주어 개념은 그것이 현상인 한에서 오로지 감성적 인식능력에 대한 관계를 통해서만 주어지며, 또한 술어 역시 같은 관계에 따라 감성적으로 관찰 가능한 것으로서 주어질 것이므로, 주어와 술어의 표상들은 공통적 법칙에 따라 생겨나며, 따라서 지극히 참된 인식의 계기를 제공하는 것이 분명하다.

§ 12

우리의 감관에 대상으로서 관계하는 모든 것은 현상이다. 그런데
현상은 감각과 접촉하지 않을 경우 오로지 감성의 개별적 형식만을
포함하고 있으며, 순수 직관에 속하는 것이다.(즉, 감각 내용을 결여
하고 있다. 하지만 그렇다고 해서 지성적인 직관은 아니다.) 현상은 *먼*
저 자연학[37]에서는 외적 감각으로, *그다음으로* 경험적 심리학에서는
내적 감각으로 간주되고 해명된다. 그러나 (인간의) 순수한 직관은
그 아래에서 표상들이 사유되는 보편 개념 또는 논리적 개념이 아니
고, *그 속에서* 임의의 감성적인 것들이 생각되는 개별적 개념인 까
닭에, 공간과 시간의 개념을 포함하고 있다. 그런데 이 개념들은 감
성적인 표상들에 관해 *질*[38]에 대해서는 아무것도 규정하지 않으므
로, 오직 *양*[39]에 관해서만 학문적 대상일 수 있다. 그러므로 순수 수
학은 기하학에서는 *공간*을 고찰하며, 순수 역학에서는 *시간*을 고찰
한다. 이런 학문들에서도 당연히 그 자체로서는 지성적 개념들이 부
가되지만, 그런 개념의 구체적인 활용[40]은 (다양을 계속적으로 더하
거나, 병렬적으로 동시에 정립함에 있어서) 시간과 공간 개념의 도움
을 필요로 한다. 이것이 산수가 탐구하는 *수*의 개념이다. 그러므로
우리의 모든 감성적 인식의 형식을 해명하는 순수 수학은 직관적이 II 398
고도 판명한 모든 인식의 도구[41]이다.[42] 그리고 그것의 대상들은 그
자체로서 모든 직관의 형식적 원리일 뿐 아니라, 그 자체가 *근원적*
*직관*들이기도 하므로, 지극히 참된 인식을 줄 뿐만 아니라 다른 종
류의 인식에서도 최고의 명증성의 표본을 제공해준다. *그러므로 감*
성적인 것들에 대해서도 학문이 있는 것이다. 다만 감성적인 것들은
현상이므로, 그것에 대한 학문에서 지성의 사용은 실재적이 아니고,
오직 논리적이다. 이로부터, 엘레아학파를 추종했던 자들이 현상에

대한 학문을 부정한 것을 우리가 어떻게 평가해야 할지가 분명해진다.

제3절 감성적 세계의 형식적 근거들에 대하여 A 14

§ 13

우주의 형식적 원리는 보편적 연관성의 근거를 포함하고 있고, 또 그것을 통해 모든 실체들과 그것들의 상태가 동일한 전체에 귀속하게 되는데, 바로 이 전체를 가리켜 *세계*라 부른다. *감성적 세계*의 형식적 원리는, 만물의—이것이 *현상*인 한에서—*보편적 연관성*의 근거를 포함하고 있는 것이다. *지성적 세계*의 형식은 그것을 통해 실존하는 것들이 서로 간에 결속하게 되는 객관적 근거, 즉 어떤 원인을 의미한다. 그러나 세계가 현상으로 고찰되는 한에서는, 즉 인간 정신의 감성과의 관계 속에서 고찰되는 한에서는, 주관적인 형식적 원리, 다시 말해 영혼의 특정한 법칙 이외의 다른 형식적 원리를 알지 못한다. 이 법칙을 통하여 (감관들의 성질을 통해) 감관의 대상이 될 수 있는 모든 것들이 *필연적으로* 동일한 전체에 귀속한다고 간주되는 일이 틀림없이 일어나는 것이다. 그러므로 최종적으로 감성적 세계의 형식적 원리가 되는 것은 모두, 오직 *감각에 떨어질* 수 있다고 여겨지는 한에서의 *현실적* [대상들]만을 포괄하며, 따라서 비물질적인 실체들도—이것들은 그 자체로서 이미 정의에서부터 외적 감각으로부터 전적으로 배제되어 있다—, 그리고 세계의 원인도—이것은 그것을 통해 정신 자체가 현존하며 또 어떤 의미로든 존속하는 것이므로 감관들의 대상이 될 수는 없다—포괄하지 않는다. 나는 이제 곧, *현상으로서의 우주*의 절대적으로 으뜸가는 보편적 원리이면서, 또한 인간의 감성적 인식에서 도식 및 조건이 되는 형식적 원리들이 시간과 공간, 이 두 가지라는 것을 증명하려 한다.

§ 14
시간에 대하여

1. *시간의 표상은 감각으로부터 생겨나는 것이 아니고 도리어 감
각을 위해 전제되어 있다.* 왜냐하면 감각에 주어지는 것들은 동시적
II 399 인 것이든 아니면 서로 후속하는 것이든지 간에 시간의 표상을 통하
지 않고는 표상될 수 없기 때문이다. 이와 마찬가지로 후속[43]이 시간
의 관념을 낳는 것이 아니고, 도리어 시간에 근거하는 것이다. 그러
므로 시간의 개념이 마치 경험을 통해 획득되는 것인 양 서로 후속하
는 현실적 존재자들의 계열이라고 정의된다면, 그것은 최악의 정의
A15 가 될 것이다. 왜냐하면 만약 시간의 개념이 선행하지 않는다면, 나
는 *'다음에'*[44]라는 낱말이 무엇을 뜻하는지를 전혀 이해할 수 없을
것이기 때문이다. 왜냐하면 *상이한 시간에* 현존하는 것들이 서로서
로 *다음에* 있으며, 그와 마찬가지로 *동일한 시간에* 현존하는 것들이
동시에 있기 때문이다.

2. 시간의 표상은 *개별적* 표상이지, 일반적 표상[즉, 보편 개념]이 아니다. 왜냐하면 임의의 특정한 시간은 오직 하나의 동일한 광

대무변한 시간의 부분으로서만 생각될 수 있기 때문이다. 만약 사람들이 두 해[年]를 생각한다면, 그들은 오직 서로에 대해 규정된 위치[즉, 날짜]를 통해서만, 그것을 표상할 수 있으며, 또한 그 두 해가 직접 서로 뒤따라 [이어지지] 않는다면, 일정한 시간 간격을 매개로 하여 서로 결합된 것으로만 그것들을 표상할 수 있을 것이다. 왜냐하면 만약 사람들이 악순환에 빠지지 않으려면, 상이한 시간들 중에서 무엇이 더 먼저이고 무엇이 나중인가 하는 것은 지성이 파악할 수 있는 어떤 징표를 통해서도 결코 어떤 방식으로도 정의될 수 없으며, 정신은 그것을 오직 개별적인 직관을 통해서만 그것을 식별할 수 있기 때문이다. 그외에도 사람들은 모든 현실적인 것이 시간 속에 정립되어 있다고 생각할 수는 있어도, 어떤 공통적인 징표로서 시간의 일반 개념 아래 포섭되어 있다고 생각할 수는 없다.

3. 그러므로 *시간의 표상은 직관이다.* 또한 그것은 감성적인 대상들 속에서 우리가 만날 수 있는 관계들의 조건으로서 모든 감각 표상에 앞서서 파악되는 것이므로, 감성적 직관이 아니고, *순수 직관*이다.

4. *시간은 연속적인 양*이며, 또한 변화 속에서도 연속하는 우주의 법칙들의 근거이다. 왜냐하면 연속체란 단순한 [부분]들로 이루어져 있지 않은 양이기 때문이다. 그런데 시간을 통해서는 오직 관계만이 생각될 뿐, 서로서로 관계 맺고 있는 어떤 존재자도 주어지지 않으므로, 크기로서 시간 속에 있는 합성이란, 만약 모든 합성이 제거된다면 단적으로 아무것도 남지 않을 그런 합성이다. 그런데 모든 합성이 제거되어버리면 아무것도 전혀 남아 있지 않을 그런 합성체는 단순한 부분으로 이루어진 것일 수 없다. 그러므로 …… 기타 등등. 그러

므로 시간의 한 부분도 시간이며, 또한 시간 속에 있는 단순한 것들 곧 순간들은 시간의 부분이 아니고 도리어 시간의 경계들로서 [일정한 길이의] 시간이 그 경계들 사이에 있는 것이다. 왜냐하면 두 개의 순간이 주어져 있다 하더라도 오직 그 속에서 현실적인 것들이 서로 후속하는 한에서만 시간은 주어지는 것이기 때문이다. 따라서 주어진 순간 외에도 반드시 시간이 주어져야만 그 시간의 나중의 부분이 [앞의 순간과] 다른 순간이 될 수 있는 것이다.[45)]

A 16 그런데 형이상학적 *연속*의 법칙은 다음과 같다: *모든 변화는 연속적이다.* 또는 흐른다. 다시 말해, 서로 반대되는 상태들은 오직 그들 사이를 매개하는 상이한 상태들의 계열을 통해서만 서로 후속한다. 왜냐하면 서로 반대되는 두 상태는 상이한 순간 속에 있지만, 그 두 순간 사이에는 언제나 일정한 시간 간격이 있는데, 이 간격을 이
II 400 루는 순간들의 무한한 계열 속에서 어떤 실체는 주어진 상태들 가운데 한 상태에 있는 것도 아니고 다른 상태에 있는 것도 아니며, 그렇다고 해서 어떤 상태에도 있지 않은 것도 아니므로, 그 실체는 상이한 상태들 속에 있을 것이며, 이렇게 무한히 나아가게 될 것이기 때문이다.

유명한 캐스트너는 이러한 라이프니츠의 법칙을 검사하기 위해 그 법칙의 옹호자들에게, *하나의 점이 삼각형의 모든 변을 따라 연속적으로 움직이는 것은 불가능하다*는 것을—이는 연속의 법칙이 인정된다 하더라도 어떤 식으로든 증명되어야만 할 명제이다.—증명하라고 요구했다.* 그런데 그가 원한 증명이 여기 있다. a b c라는 문자들이 직선으로 된 삼각형의 세 꼭지점들을 표시한다고 하자. 만약 움직이는 어떤 것이 연속적 운동을 통해 선 ab, bc, ca를 거쳐, 다시 말

* Höhere Mechanick, S.354.

해 그 도형의 모든 둘레를 지나가려 한다면, 그것은 반드시 점 b에서 ab 방향으로 움직이면서, 동시에 동일한 점 b에서 bc의 방향으로도 움직여야만 할 것이다. 하지만 이 [두 다른 방향으로의] 운동들은 상이한 운동들이므로, 동시에 일어날 수 없을 것이다. 그러므로 움직이는 점이 ab의 방향으로 움직이면서 꼭지점 b에 위치하는 순간과 같은 점이 bc의 방향으로 움직이면서 동일한 꼭지점 b에 위치하는 순간은 다를 것이다. 그러나 두 순간 사이에는 시간 간격이 있을 것이므로, 따라서 그 움직이는 점은 동일한 꼭지점 b에서 일정한 시간 동안 현전할 것이다. 다시 말해 그것은 *멈추어 있을 것이다.* 그러므로 그것은 연속적 운동을 통해 전진하지 않을 것이니, 이는 전제와 모순된다.—이와 동일한 증명이 주어진 각을 포함하고 있는 일체의 직선 운동에도 타당하게 적용된다. 그러므로 라이프니츠의 견해에 따른다면 물체는 어떤 부분도 직선이 아닌 선, 곧 곡선에 따라서만 연속적인 운동을 하면서 방향을 바꾸는 것이다.

5. *시간은 객관적이고 실재적인 어떤 것이 아니다.* 즉 그것은 객관적인 실체도, 속성도, 관계도 아니며, 다만 일체의 감성적인 대상들을 확실한 법칙에 따라 병렬시키도록, 인간정신의 본성을 통해 필연적으로 [주어진] 주관적인 조건, 즉 *순수 직관*이다. 왜냐하면 우리는 실체들이나 속성들을 오직 시간의 개념을 통해서만 동시성에 따라서든 후속에 따라서든 모두 같이 병렬시킬 수 있기 때문이다. 그러므로 시간의 개념은 형식의 근거이니, [실체나 속성 같은] 앞서 말한 것 A 17
들의 개념보다 앞서는 것이다. 그런데 관계에 관해서 보면, 다시 말해 서로 동시적으로든 후속적으로든지 간에 감관에 주어질 수 있는 임의의 상관성에 관해서 보면, 그것들은 같은 시점에서든 아니면 다른 시점에서든, 시간 속에서 규정될 수 있는 위치만을 차지한다.

시간의 객관적 실재성을 주장하는 사람들 가운데 어떤 이들은 특히 영국의 철학자들처럼 시간이 그 속에 아무것도 존재하지 않는다 하더라도 [스스로 존립하는] 어떤 연속적 존재의 흐름이라고 (이것이야말로 가장 불합리한 발상이지만!) 생각하거나, 아니면 *라이프니츠*와 그 추종자들이 주장하듯이, 내적인 상태들의 후속으로부터 추상
II 401 된 어떤 실재적인 것이라고 생각한다. 그러나 이 나중의 견해가 틀렸다는 것은 시간의 정의에서 악순환에 빠진다는 것을 통해 너무도 명백하게 드러나지만, 그뿐만 아니라 [그런 이론은] 시간으로부터 뒤따라 나오는 가장 중요한 개념인 *동시성**을 전적으로 무시함으로써 모든 건전한 이성 사용을 교란시킨다. 왜냐하면 그 이론은 운동의 법칙들이 시간의 척도에 따라 규정되어야 하는 것이 아니고, 반대로 운동을 통해 관찰된 내용이나, 아니면 임의의 내적 변화의 계열을 통해 시간 그 자체가 그 본성에서 규정되어야 한다고 주장하기 때문이다. 그러나 이런 경우 모든 규칙의 확실성은 전적으로 파괴되고 말 것이다. 그러나 우리는 시간의 *양*[49]을 오직 구체적으로 즉 *운동*이나 *생각*

---

* 동시적인 것들은 그것들이 서로 후속하지 않기 때문에 동시적인 것이 아니다. 왜냐하면 후속이 제거되면, 당연히 시간 계열을 통해 존립했던 일정한 결합도 제거되기는 하겠지만, 그렇다고 해서 이로부터 *다*른 참된 관계가, 모든 것들이 동일한 순간에 결합되어 있는 바대로, 즉시 발생하는 것은 아니기 때문이다. 왜냐하면 후속하는 것들이 상이한 시점에서 결합되어 있는 것과 마찬가지로, 동시적인 것들은 시간의 동일한 순간에 결합되어 있기 때문이다. 그러므로 비록 시간이 오직 하나의 차원만을 가지고 있다 하더라도, (뉴턴식으로 표현하면)[46] 시간의 *편재성*[47]이 감성적으로 생각될 수 있는 모든 것으로 하여금 *어떤 때*[48]가 되게 해줌으로써, 마치 동일한 시점에 늘어뜨려 있는 것처럼 현실적인 것들의 *크기*에 다른 차원을 덧붙이는 것이다. 왜냐하면 만약 사람들이 시간을 무한히 뻗은 직선을 통해 표시하고, 동시적인 것을 특정한 시점에서 순서에 따라 [수직으로] 그어지는 선이라고 표시한다면, 이렇게 해서 생겨나는 표면이 실체에 관해서든 속성에 관해서든 *현상으로서의 세계*를 표상하게 될 것이기 때문이다.

의 계열 속에서만 측량할 수 있거니와, 그 까닭은 시간의 개념이 오
로지 정신의 내적 법칙에 의존하고 있기는 하지만, 어떤 타고난[50] 직
관은 아닌 까닭에, 자신의 감각 내용을 병렬시키는 저 정신의 활동
[=시간이라는 순수 직관의 활동]이 오직 감각을 통해서만 불러일으
켜지기 때문이다. 그러나 여태껏 누구도 시간의 개념을 이성을 통해
[순수 직관이 아닌] 다른 기원으로부터 연역하거나 해명하지 못했으 A 18
니, 도리어 모순의 원리가 시간을 전제하고 또 자기 자신의 조건으로
삼고 있는 것이다. 왜냐하면 *A*와 *non-A*는 오직 *같은 것*에 대해 *같이*
(즉 동일한 시간에) 생각될 경우에만 서로 모순되지만, 반면에 *후속적
으로는* (상이한 시간에서는) 같은 것에 얼마든지 *같이 속할 수 있기*
때문이다. 그러므로 오직 시간 속에서만 변화의 가능성은 생각될 수
있으며, 또한 시간이 변화를 통해 생각될 수 있는 것이 아니고 그 반
대가 참인 것이다.

6. 그러나 시간은 그 자체로서, 절대적으로 정립될 경우 상상적 존
재자[51]이지만, 그것이 감성적인 대상들 그 자체의 불변의 법칙에 속
하는 한에서, 지극히 참된 개념이며, 모든 가능한 감각의 대상에 걸
쳐 무한히 열려 있는 것으로서, 직관적 표상의 조건이다. 왜냐하면
동시적인 것들은 시간의 도움이 없다면, 그 자체로서는 결코 감각에
주어질 수 없고, 변화 역시 오직 시간을 통해서만 생각될 수 있으므
로, 이 개념이 현상의 보편적 형식을 포함하고 있으며, 또한 그러므
로 세계 내의 모든 관찰 가능한 사건, 모든 운동, 그리고 모든 내적 변
화가 시간으로부터 인식 가능한 공리들 및 부분적으로는 이미 우리 Ⅱ 402
가 해명한 공리들과 필연적으로 합치해야 한다는 것은 분명하기 때
문이다. 왜냐하면 *이러한 조건들 아래서가 아니라면 그것들은 감각
의 대상이 될 수도 없고 서로 병렬될 수도 없겠기* 때문이다. 그러므

로 순수 시간의 으뜸가는 요청들, 즉 예를 들어 연속성 등에 대항하여 이성을 무장시키려 하는 것은 불합리한 일이다. 왜냐하면 그 요청들은 아무것도 그것보다 더 앞설 수도 없고, 더 오래된 것일 수도 없다고 판명되는 법칙들을 따르고 있기 때문이며, 또한 이성 자신이 시간의 개념의 도움이 없이는 모순의 원리를 사용할 수 없기 때문이다. 그러므로 그것은 원초적이고도 근원적인 개념인 것이다.

7. 그러므로 시간은 *감성적 세계*의 절대적으로 으뜸가는 *형식적 원리*이다. 왜냐하면 동시적으로 정립되거나 서로 후속하는 것으로 정립되지 않는다면, 따라서 유일한 시간의 흐름 속에 포함되어 있으면서 또한 규정된 위치에 의해 서로 관계하고 있지 않다면 모든 것은 어떤 식으로도 감성적인 대상으로서 생각될 수 없기 때문이다. 그리하여 이런 시간의 개념을 통하여 모든 감성적인 으뜸가는 형식적 전체요, 다른 것의 부분이 아닌 그런 전체, 곧 *현상으로서의 세계*가 필연적으로 생겨나는 것이다.

§ 15
공간에 대하여

A. *공간의 개념은 외적 감각으로부터 추상된 것이 아니다.* 왜냐하
A19 면 나는 어떤 것을 오직 나 자신이 있는 곳과 다른 장소에 있는 것으로 표상함으로써만 나의 외부에 위치한 것으로 표상할 수 있으며, 또한 사물들을 공간 중의 상이한 장소에 같이 정위시킴으로써만 서로의 외부에 있는 것으로 생각할 수 있기 때문이다. 그러므로 외적 지각 그 자체의 가능성은 공간의 개념을 *전제하는* 것이지, 그것을 *산출*

*하*는 것이 아니다. 또한 마찬가지로 공간 중에 있는 것들이 감관을 촉발한다 해서, 공간 그 자체가 감각들로부터 생겨날 수 있는 것도 아니다.

B. *공간의 개념*은 모든 것을 *자기 속에* 품고 있는 *개별적 표상*으로서, 모든 것을 *자기 아래* 포함하고 있는 추상적 개념이나 일반 개념이 아니다. 왜냐하면 사람들이 *여러 공간*들이라고 부르는 것은 오직 동일한 광대무변한 공간의 부분들일 뿐이며, 이 부분들 [각자의] 특정한 위치에 따라 서로 관계 맺고 있는 것이기 때문이다. 그리하여 사람들은 어떤 1입방피트[의 공간]을 오직 그것을 둘러싸고 있는 공간에 의해 모든 방향에서 한정된 것으로서만 생각할 수 있다.

C. *그러므로 공간의 개념은 순수 직관이다*: 그것은 개별적 개념이므로 감각내용들로부터 합성된 것이 아니고 도리어 모든 외적 감각의 근본형식이다. 실제로, 우리는 이 순수한 직관을 기하학의 공리들 속에서 그리고 [기하학적] 요청의 정신적 구성 가운데서, 심지어 [기하학적] 문제를 정신적으로 구성하는 경우에도 얼마든지 확인할 수 있다. 왜냐하면 공간 중에는 셋보다 더 많은 차원이 없다거나, 두 점 사이에는 오직 하나의 직선밖에 없다거나, 어떤 평면의 주어진 한 점으로부터 직선을 그으면 원을 그릴 수 있다거나 하는 것 등등은 공간에 대한 어떤 보편 개념으로부터 이끌어낼 수 있는 결론이 아니고, 공간 그 자체 속에서만—공간이 마치 하나의 구체적 대상인 것처 II 403
럼—*식별할* 수 있을 뿐이기 때문이다. 주어진 공간 중에서 일정한 간격을 사이에 두고 서로 반대로 마주 보고 있는 것들이나 반대방향으로 향해 있는 것들[의 차이]는 아무리 정신을 집중한다 하더라도 서술적으로 묘사하거나 또는 지성적 개념으로 환원시킬 수 없다. 예를 들어 왼손과 오른손의 (연장만 놓고 보자면, 저 둘은 서로 합치한다) 경우나, 또는 마주 보고 있는 두 개의 반구(半球) 위의 구면 삼각형들의 경우처럼, 서로 완벽하게 유사하고 동등하지만 합동이지는 않은 입체들의 경우에, 그들이 언어적으로 이해 가능한 정신적 징표를 통해 표현할 수 있는 모든 면에서 서로 대체될 수 있다 하더라도 그 입체들의 외연의 테두리의 끝이 결코 서로 합치할 수는 없다는 점에서 그들은 여전히 서로 상이한 것으로 남아 있다. 여기서 우리는, 오직 어떤 순수한 직관을 통하지 않고는 그들의 상이성, 곧 합동이 아님을 결코 인지할 수 없다는 것을 명백히 알 수 있다.[52] 그러므로 기하학이 사용하는 원리들은 의심할 수 없고 추론적인 것일 뿐만 아니라 정
A 20 신의 직관에 속하는 것들이기도 하다. 또한 [기하학적] 증명의 *명증성*은 (이것은 감성적인 인식의 범위에서 허락될 수 있는 확실한 인식의 명석함인데) 그 자체로서 최고의 명증성일 뿐만 아니라, 순수한 학문에게만 주어질 수 있는 유일한 명증성이기도 하며, 또한 다른 학문에서의 모든 *명증성*의 *모범*이요 매개이기도 하다. 왜냐하면 기하학은 공간적 관계를 숙고하는 학문으로서, 공간의 개념은 모든 감성적 직관의 형식 자체를 자체 내에 포함하고 있으므로, [공간이라는] 동일한 직관 — 저 학문[=기하학]은 이 직관을 숙고하는 데 존립한다 — 의 매개가 없다면, 외적 감각을 통해 지각된 것들 가운데 명석하고 명료한 것이 아무것도 있을 수 없을 것이기 때문이다. 그 외에도, 기하학은 이성적 인식이 그렇게 하듯이 보편 개념을 통해 대상을 사유함으로써가 아니라, 감성적 인식에서 그렇듯이, 개별적 직관을 통해 대상을 눈앞에 그려봄으로써 자신의 보편적 명제들을 증명한다.*

---

* 공간이 반드시 연속적인 크기로 생각되어야 한다는 것은 쉽게 증명할 수 있는 일이므로 나는 여기서는 그 증명을 생략하려 한다. 그러나 이로부터 귀결되는 것이 있으니, 그것은 공간 중의 단순한 것이 공간의 부분이 아니

D. 공간은 *객관적이고* 실재적인 *어떤 것이 아니다.* 그것은 실체도 아니고 속성도 아니며 관계도 아니라 도리어 *주관적이고* 관념적인 무엇으로서 정신의 본성으로부터 확고한 법칙에 따라 출현하는 도식과도 같으니, 이는 외적으로 감각되는 것을 모두 남김없이 서로 병렬시키기 위한 것이다. 공간의 실재성을 옹호하는 사람들이라도 더러는 그것을 가능한 사물들을 담고 있는 절대적이고 광대무변한 *수용체*[54]라고 생각하기도 하고—이런 견해는 영국인들을 따라 대부분의 기하학자들에게 호응을 얻고 있다—아니면 더러는 *그것 자체*가 사물들이 제거되면 완전히 사라져버리며 오직 현실적인 것들 속 Ⅱ 404
에서만 생각될 수 있는 것으로서, 사물들 사이의 관계라고 주장하기도 하는데, 이는 라이프니츠를 따라 우리나라의 학자들 대부분이 취하는 입장이다.[55] 그런데 저 첫 번째 견해 곧 이성의 공허한 고안물에 대해서 보면, 그것은 서로 관계 맺는 어떤 존재자들도 없이 무한한 참된 관계들을 꾸며낸다는 점에서 동화적 세계에 속한다. 그러나 나중의 견해 속에서 헤매는 사람들은 저들보다 훨씬 더 심각한 오류에 빠져 있다. 왜냐하면 [뉴턴을 따르는] 저들은 오로지 특정한 이 A 21
성 개념들 또는 지성계에 속하는 개념들, 예를 들어 [인간의] 지성에는 최고로 은폐되어 있는 정신적 세계나 [신의] 무소부재 등의 문제에서 곤경에 빠지는 데 반해,[56] [라이프니츠를 따르는] 이들은 정작 현상계 그 자체에 대하여, 그리고 모든 현상적 대상들에 대한 가

라 한계라는 사실이다. 그런데 일반적으로 한계[53]란 연속적인 크기에서 제한의 근거를 포함하고 있는 것을 의미한다. 다른 것의 한계가 아닌 공간은 채워진 공간(고체)이다. 고체의 한계는 표면이며, 표면의 한계는 선이고, 선의 한계는 점이다. 그러므로 공간에는 세 종류의 한계가 있으니, 이는 세 차원이 있는 것과 같다. 이 한계들 가운데 둘은 (표면과 선) 그 자신의 공간들이다. [이런] 한계의 개념은 공간과 시간 이외의 다른 크기에는 상관하지 않는다.

장 믿음직한 해석자인 기하학에 대하여 명백한 모순에 빠지기 때문이다. 왜냐하면 여기서 그들이 공간을 정의하면서 필연적으로 얽혀들 수밖에 없는 명백한 순환논법을 굳이 내가 전면에 부각시키지 않는다 하더라도, 그들은 기하학을 최고의 확실성의 자리에서 추방하여, 경험적 원리에 기초하고 있는 학문들의 부류에 넣어버리기 때문이다. 만약 공간의 모든 성질들이 오로지 경험을 통해 외적인 관계로부터 빌려온 것이라면, 기하학적 공리들은 귀납을 통해 얻어지는 것과 같은 상대적 보편성 이외에는 다른 어떤 보편성도 갖지 못할 것이다. 그러나 이런 보편성이란 관찰되는 범위만큼만 타당한 것이어서, 이미 확립된 자연법칙에 준거한 필연성일 뿐이요, 임의로 날조된 엄밀성 이외의 다른 엄밀성이 아니다. 또한 이런 견해에 따르면 경험적 대상에서 흔히 일어나는 것처럼 언젠가는 공간이 [지금 우리가 알고 있는 것과는] 다른 원초적 성질들을 가지고 있음이 밝혀질 수도 있을 것이며, 우리가 어쩌면 두 직선으로 이루어진 도형을 발견할 수 있으리라는 희망도 가져볼 수도 있을 것이다.

E. 만약 객관적 사물과 실재적 존재자 또는 객관적 성질의 관점에서 보자면, *공간의 개념*은 상상적 [표상]에 지나지 않겠지만, 그럼에도 불구하고 *임의의 감성적 대상*과의 관계에서 보면 그것은 가장 참된 개념일 뿐만 아니라 외감을 통한 모든 진리의 토대이기도 하다. 왜냐하면 만약 자신의 본성에 뿌리박고 있는 안정된 법칙에 따라 모든 감각 내용들을 정돈하는[57] 정신적 힘의 매개가 없다면, 어떤 사물도 하나의 형태를 띠고 감각에 나타날 수 없기 때문이다. 그러므로 (기하학이 가르쳐주는) 공간의 원초적 공리들 및 그것의 귀결들과 합치하지 않는다면, 결코 어떤 대상도 감각에 주어질 수 없다. 비록 이것들의 원리가 오로지 주관적인 것일지라도, 대상은 그것들과 필연

적으로 합치할 것인데, 왜냐하면 그런 한에서만 대상이 자기 자신과 도 합치할 수 있기 때문이다. 그러므로 *자연이 감각에 주어지는 한에서*, 감성의 법칙은 자연의 법칙일 것이다. 그러므로 자연은 기하학에서 증명된 공간의 모든 성질에 관하여 기하학의 규칙들에 한 치의 오차도 없이 종속한다. 왜냐하면 그것들은 가설에 의해 날조된 것이 아니고 직관적으로 주어진 [표상]에[58] 따라 증명된 것이며, 또한 이 표상은 모든 현상들의 주관적인 조건과도 같아서, 자연은 오직 이 조건을 통해서만 감각에 열릴 수 있기 때문이다. 진실로, 만약 공간의 개념이 정신의 본성에 따라 근원적으로 주어진 것이 아니라면, (그런 의미에서 공간을 통해 교시되는 것과 다른 어떤 관계를 마음에 그려 A22
보려고 애쓰는 사람이 있다면, 그는 헛된 노력을 하는 것이니, 왜냐하면 II 405
그런 새로운 관계를 고안할 때 도움을 받기 위해서라도 그는 공간 개념 자체를 사용하지 않을 수 없기 때문이다) 기하학의 자연철학적 사용은 그다지 확실한 일이 아니게 될 것이다. 왜냐하면 이런 경우 공간의 개념은 경험으로부터 얻어진 것이므로 그 개념 자체가 자연과 충분하게 합치할 것인지를 의심할 수 있기 때문이다. 왜냐하면 우리가 그로부터 공간 개념을 추상해낸 [경험적] 규정들이 [다른 경험을 통해] 부정될 수도 있으므로, 어떤 사람들은 그 개념에 대해 마음에 의심을 품을 수도 있기 때문이다.[59] [그러나 이는 불합리하다.] 그러므로 *공간은 감성적 세계의* 절대적으로 으뜸가는 *형식적 원리*이다. 이는 단지 공간의 개념을 통해 우주라는 대상이 현상이 될 수 있기 때문만이 아니라, 다른 무엇보다도 공간이 그 본질상 모든 외적인 감성적 대상들을 포괄하는 유일무이한 것으로서, 따라서 전일성의 근거, 곧 다른 것의 부분이 될 수 없는 전체의 근거를 이루기 때문이기도 하다.

부가적 결론

그러므로 감성적 인식에는 두 가지 원리가 있으니, 이는 지성적 인식의 경우처럼 일반개념이 아니고, 개별적이면서도 순수한 직관들이다. 이런 직관 속에서는 이성의 법칙이 요구하듯이 부분들, 특히 단순한 부분들이 합성체의 가능성의 근거를 포함하고 있는 것이 아니고, 도리어 감성적 직관의 전범에 따라 무한한 [전체]가 생각 가능한 모든 부분들의 근거, 그리하여 결국에는 단순한 [부분]들의 근거 또는 더 정확히 말하자면 [공간의 내적] 한계[=구획]의 근거를 자기 속에 지니고 있는 것이다. 왜냐하면 만약 공간이든 시간이든 무한한 전체가 먼저 주어져 있지 않다면 [무한한 전체를] *제한함으로써* 임의의 한정된 시간이나 공간을 측량할 수 없겠기 때문이다. 또한 점도 순간도 그 자체로서는 사유될 수 없으며, 오직 공간과 시간이 이미 주어져 있는 경우에만 그것의 한계로서 생각될 수 있는 것이다. 그러므로 이 개념들의 모든 원초적 성질은 이성의 영역 밖에 있으므로, 지성적인 방식으로는 결코 해명될 수 없다. 하지만 그럼에도 불구하고 지성이 직관적으로 주어지는 최초의 소여들로부터 논리적 법칙에 따라 가능한 한 최고의 확실성으로 결론을 추론할 때, 그런 *지성의 근저*에 시간 공간 개념의 모든 원초적 성질들이 놓여 있다. 물론 이 개념들 가운데 *하나*는 고유하게 *대상*의 직관에 상관하고 다른 하나는 [인식 주체의] *상태*, 특히 *표상적* 상태에 상관한다. 그리하여 시
A23 간을 *선*으로 그리고 그것의 한계를 (순간을) 점으로 표상함으로써, 우리는 공간을 *시간* 자체의 개념을 위한 일종의 그림으로 쓰기도 한다. 그러나 시간은 공간 자체는 물론, 그외에도 마음속의 생각처럼 공간적인 관계 속에 포섭될 수 없는 우유성 등 모든 것을 전적으로 자기의 관계 속에 포괄함으로써 *보편적*이고도 *이성적인 개념*에 보다 *가까워진다*. 그런데 이외에도 시간은 비록 이성에게 법칙을 지시

하지는 않지만, 그럼에도 불구하고 *정신이 이성적 법칙에 따라 자신의 개념을 비교할 수 있게 해주*는 명료한 *조건을 확립한다.* 즉 동일한 주어에 관해 *동일한 시간에* A와 non-A라는 술어를 부가하지 않는다면, 나는 무엇이 불가능한가 하는 것을 판단할 수 없다. 그리고 특히 우리가 경험에 주목해본다면, 원인과 결과의 관계는 외적 대상의 경우에는 공간적 관계를 필요로 하지만, 그러나 외적 대상 및 내적 대상을 통틀어 모든 대상에서는 오직 시간적 관계의 도움을 통해서만 정신은 무엇이 먼저이고 무엇이 나중인지, 또는 무엇이 원인이고 무엇이 결과인지를 정확히 알 수 있는 것이다. 더 나아가 공간 그 자체의 *크기*조차 우리가 그것을 단위가 되는 척도에 관계시켜 숫자로 표시하지 않는다면, 인식가능하게 만들 수 없다. 그런데 만약 셈을 통해, 즉 주어진 시간 동안 계속해서 하나에 하나를 더함으로써 수량이 판명하게 인식되지 않는다면 수 자체도 있을 수 없을 것이다. II 406

마지막으로 누군가에겐 시나브로 저 두 *개념*이 *본유적*인지 아니면 *획득된* 것인지에 대한 물음이 일어날 수 있을 것이다. 뒤의 경우는 우리의 증명에 의해 이미 반박된 것으로 보이지만, 앞의 경우는 제1원인을 핑계 삼아 더 이상의 어떤 탐구도 부질없다고 선언하는 게으름뱅이들의 철학을 위해 길을 닦아주는 것이므로 함부로 허락되어서는 안 된다. 그러나 저 *두 개념*은 의심의 여지없이 *획득된 것*이지만, 그렇다고 해서 결코 대상들의 감각으로부터 추상된 것은 아니고 (왜냐하면 감각 작용은 질료를 제공할 뿐, 인간 인식의 형식을 제공하지는 않기 때문이다), 영속적 법칙에 따라 자기의 감각을 정돈하는 정신의 활동 자체로부터 획득된 것이다. 그것은 일종의 변치 않는 그림과도 같은 것이니, 따라서 직관적으로 인식되어야만 하는 것이다. 왜냐하면 감각들이 정신의 이 활동을 불러일으키지만, 직관을 불어넣지는 않으며, 또한 여기서 정신의 법칙 이외에 다른 어떤 것도 본유적이지 않지만, 정신은 대상의 현전으로부터 자기에게 주어진 감각을 바로 그 법칙에 따라 특정한 방식으로 결합시키는 것이기 때문이다.

제4절
지성적 세계의 형식적 근거에 관하여 A 24

§ 16

공간과 시간을 모든 가능한 실체들과 그 상태들을 마치 끈처럼 묶어주는 절대 필연적인 실재적인 어떤 것이라고 간주하는 사람들은, 여러 실체들이 존재할 때 그것들 사이에 영향관계를 가능하게 만드는 원초적 조건이 되고 또 우주의 본질적 형식의 근거가 될, 어떤 근원적인 관계가 어떻게 성립할 수 있는지 이해하기 위해 특별히 다른 연구가 필요하다고 생각하지 않는다.[60] 그들의 의견에 따르면 존재하는 것은 모두 필연적으로 어딘가에 있기 때문에, 그것들이 어떤 방식으로 서로에 대하여 있는지를 탐구하는 것은 쓸데없는 일처럼 보인다는 것이다. 왜냐하면 그것은 모든 것을 포괄하고 있는 공간의 전일성[61]에 의해 그 자체로 규정되어 있기 때문이라는 것이다. 그러나 II 407
우리가 이미 증명했듯이 이 [공간] 개념이 대상 자체의 조건이 아니라 단지 주체의 감성의 법칙들에 상관할 뿐이라는 사실은 차치하고라도, 사람들이 아무리 그 개념에 최고의 실재성을 부여한다 하더라도, 그 개념은 오직 직관적으로 주어진 보편적 병렬관계의 가능성만을 나타낼 뿐이므로, 다음의 물음은 여전히 다루어지지 않은 채 오직 지성만이 해결할 수 있는 물음으로 남아 있는 것이다: 즉, 모든 *실체들 사이의 이 관계 자체가 — 이것이 직관적으로 나타난 것을 우리는 공간이라 부르거니와 — 도대체 어떤 근거에 의존하고 있는가?* 여기서 지성적 세계의 형식의 근거에 대한 물음의 핵심은 다음의 문제를 명백히 해명하는 것이다. 즉, *다수의 실체들이 상호 교통 속에 있게 되고* 또 이를 통해 그것들이 모두 우리가 세계라도 부르는 동일한 전체에 속하게 되는 일이 어떻게 해서 가능한가? 그러나 여기서 우리는 세계를 그 질료에 관해 고찰하지 않는다. 다시 말해 세계를 이루고 있는 실체들의 본성이 물질적이냐, 아니면 비물질적이냐 하는 것이 아니라, 세계의 형식, 즉 어떻게 해서 여러 실체들 사이에 통틀어 연관관계가 성립하며, 모든 실체들 사이에 전체성이 성립할 수 있는가 하는 것이 우리가 고찰하려는 것이다.[62)]

§ 17

다수의 실체들이 주어져 있을 때, 그것들 사이의 가능한 *교통의 근거는 단지 그것들의 존재를 통해 확립되지는 않으며*, 그외에도 그것들 사이의 상호관계를 인식가능하게 만들어줄 어떤 다른 근거가 요
A25 구된다. 왜냐하면 실체들은 존속 그 자체를 위해서는 아마도 자기의 원인과 필연적인 관계를 맺기는 하겠지만, 이를 제외하고는 어떤 다른 것과도 필연적으로 관계를 맺을 필요는 없기 때문이다. 그런데 결과와 원인의 관계는 교통이 아니고 의존이다. 그러므로 만약 실체들과 다른 실체들 사이에 어떤 교통이 있다면, 그 교통을 엄밀하게 규정할 어떤 고유한 근거가 있어야 할 것이다.

그런데 바로 여기에 물리적 영향이론의 원천적 오류[63)]가 — 이 말

의 일반적 의미에서—있다. 왜냐하면 그것은 실체들 사이의 교통과 서로 전달되는 힘이 단지 그들의 존재만으로도 충분히 인식가능하다고 제멋대로 가정하기 때문이다.[64] 그리하여 그 이론은 어떤 체계라기보다는 도리어 모든 철학적 체계에 대한—그 이론에 따르면 그런 체계는 불필요하다—무시에 지나지 않는 것이다. 우리가 이 개념을 저 오류로부터 해방시킬 때, 비로소 우리는 유일하게 실재적이라고 부를 수 있는 그런 종류의 교통을 얻게 되거니와, 이로부터 세계의 전체 역시 관념적이거나 상상적인 것이 아니고 실재적인 것이라고 부를 수 있는 자격을 얻게 될 것이다.

§ 18

필연적인 실체들로 이루어진 전체는 불가능하다. 왜냐하면 그런 실체들 각각에게 존재가 완전히 확립되어 있어서 모든 타자적 의존을 초월해 있으므로—이런 의존은 필연적인 것과는 전혀 양립할 수 없다—실체들 사이의 교통이 (즉 상태들의 상호 의존성이) 그것들의 II 408
존재로부터 귀결되지 않을 뿐만 아니라, 필연적인 존재와 단적으로 양립할 수도 없기 때문이다.

§ 19

그러므로 실체들의 전체는 우연적인 것들의 전체이며, *세계는, 자신의 본질에 의해, 단지 우연적인 것들로 이루어져 있다.* 그외에도 어떤 필연적인 실체도 세계에 대하여 원인이 피원인자와 맺는 관계

이외의 어떤 연관성 속에도 있지 않다. 그러므로 그것은 세계의 한 부분으로서 [전체를 이루기 위해 자신을 보충해줄 다른] 보완물들과 함께 더불어 전체를 이루지는 않는다. (왜냐하면 공존하는 부분들 사이의 연관성은 상호 의존성이지만, 이는 필연적 존재자에게는 해당되지 않기 때문이다.) 그러므로 세계의 원인은 세계 외적 존재자이므로, 따라서 세계영혼이 아니며, 세계 내에서 그것의 현존은 장소적인 것이 아니고, 다만 실효적인[65] 것이다.[66]

§ 20

*세계 내적 실체*들은 *타자에 의한 존재자*들이지만, 여러 타자가 아니라 *모두 하나에 의해* 존재한다. 왜냐하면 그것들이 여러 개의 필연적인 존재자들을 원인으로 하여 생겨났다고 가정해보라. 그렇다면 결과들은 서로 교통 속에 있지 않을 것이며, 그것의 원인들 역시 모
A26 든 상호관계로부터 벗어나 있을 것이다. 따라서 *우주의 실체들의 연결 속의* **통일성**은 *모든 것이 하나에 의존하고 있는 결과이다.* 그러므로 우주의 형식은 질료의 원인을 증거하며, 오직 *만물의 유일한 원인이 전일성의 원인*이며, 또한 동시에 *창조주*가 아닌 단순한 세계 *건축가*도 있을 수 없는 것이다.

§ 21

만약 으뜸가는 필연적 원인들과 그 피원인자들이 여럿이라면, 그 원인들의 소산은 *세계*들이지 [유일한] *세계*가 아닐 것이다. 왜냐하

면 그 소산들은 어떤 방식으로도 동일한 전체로 통합되어 있지 않을 것이기 때문이다. 그와 반대로 만약 다수의 세계들이 서로의 외부에 현실적으로 있다면, 으뜸가는 필연적 원인들이 여럿 있겠지만, 하나의 세계와 다른 세계 사이에 어떤 교통도 없을 것이고, 나아가 하나의 세계를 산출한 원인과 다른 원인에 의해 생겨난 세계 사이에도 아무런 교통이 없을 것이다.

그러므로 서로 외타적(外他的)인 다수의 현실적 세계는 *그것의 개념 자체 때문에 불가능한 것이 아니고* (볼프는 총괄 또는 수량의 개념에 근거하여 이 개념이 전체 그 자체를 위해 충분하다고 생각하고서 잘못된 결론을 내렸지만[67]), 오로지 *만물의 필연적 원인이 오직 하나만 존재한다*는 조건 아래서만 그러하다. 그러나 만약 다수의 절대자가 허용된다면, 지극히 엄밀한 형이상학적 의미에서 *서로에 대해 외부적인 다수의 세계가 있을 것이다.*

§ 22 II 409

만약 우리가 주어진 세계로부터 그것의 모든 부분의 유일한 원인을 추론할 수 있는 것처럼, 거꾸로도 그렇게 비슷하게 모든 주어진 것에 공통된 주어진 원인으로부터 모든 것 상호 간에 연관성을 추론하는 것, 즉 세계의 형식을 추론하는 것이 가능하다면 (비록 이런 추론이 내가 보기엔 똑같은 정도로 투명해 보이지는 않는다는 것을 인정하더라도), 실체들의 원초적인 연관성은 우연적인 것이 아니고, 모든 것을 *공통된 근거가 떠받치고 있다*는 사태로부터 필연적으로 정립될 것이다. 그리하여 실체들을 지탱하는 지반 그 자체로부터 출현하며 공통의 원인 속에서 정초되는 조화가 공통적 규칙에 따라 나타나게 될 것이다. 그런데 이런 종류의 *조화*를 가리켜 나는 *보편적으로 확립된* 조화라고 부르는데, 이에 반해 어떤 실체의 임의의 개별적 상태가 다른 실체의 상태에 조응함으로써만 발생할 수 있는 그런 조화는 *개별적으로 확립된 조화*일 것이다. 앞의 조화로부터 생기는 교통은 실재적이고 *물리적인 것*이며, 뒤의 조화로부터 일어나는 교통은
A 27 관념적이고 *공감적인 것*[68]이다. 그러므로 우주 내의 실체들의 모든 교통은 (만물의 공통된 원인을 통해) *외적으로 확립된 것*이지만, 이는 다시 (개선된 의미에서) 물리적 영향을 통해 보편적으로 확립된 것이거나, 아니면 개별적으로 실체들의 상태에 따라 조율된 것일 것이다. 그런데 이 뒤의 경우는 다시 임의의 실체의 으뜸가는 구조에 따라 *근원적으로* 정초된 것일 수도 있고, 아니면 임의적 변화를 *기연으로* 하여 강제된[69] 것일 수도 있다. 이들 가운데 앞의 것은 *예정조화*를, 뒤의 것은 *기회원인론*을 뜻한다.[70] 그러므로 만약 모든 실체를 하나의 원인이 지탱함으로써 만물의 *필연적인 결합*이 성립하고 이를 통해 만물이 하나[의 전체]를 이루게 된다면, 실체들의 보편적 교통은 *물리적 영향*에 의해 성립할 것이며, 세계는 실재적 전체가 될 것이다. 만약 그렇지 않은 경우라면, 그 교통은 공감적(즉 참된 교통이 없는 조화)일 것이며 세계는 오로지 관념적으로만 전체일 것이다. 그러나 비록 증명된 것은 아니지만 내가 보기에 넘치도록 충분한 다른 근거들에 의해 앞의 경우가[=물리적 영향관계에 의한 실재적 전체로서의 세계의 존립] 승인할 만하다고 여겨진다.[71]

주해

만약 형이상학에 어울리는 필증적인 확실성의 한계를 넘어 조금이나마 앞으로 걸음을 옮기는 것이 허락된다면, 감성적 직관에 속하는 법칙들뿐만 아니라 오직 *지성*을 통해서만 인식할 수 있는 원인들

을 조금이나마 탐구하는 것이 노력할 만한 가치가 있는 일로 보인다. 왜냐하면 *인간 정신이 다른 모든 것들과 함께 유일자의 동일한 무한한 힘에 의해 지탱되지* 않는다면, 정신이 외적 대상으로부터 촉발되는 것도, 세계가 정신의 시야에 무한하게 열리는 것도, 모두 불가능한 일이겠기 때문이다. 그러므로 정신은 공통적인 지탱자인 동일한 원인의 현전을 통해서만 외적 대상을 지각한다. 따라서 우리는 만물의 더불어 있음[72]의 보편적이고도 필연적인 조건이 감성적으로 인식된 것이라 할 수 있는 공간을 **현상으로서의 편재**[73]라고 부를 수 있을 것이다. (왜냐하면 우주의 원인은 만물이 있는 장소에 있기 때문에 만물이나 낱낱의 개별자들에 현전하는 것이 아니고, 도리어 그 원인이 만물에 가장 내밀한 방식으로 현전하고 있기 때문에 만물의 장소 그 자체가, 다시 말해 실체들의 관계가 가능한 것이기 때문이다.) 더 나아가 모든 변화와 후속은, 감성적으로 인식될 수 있는 한에서, 그 가능성의 근거가 시간의 개념에 존립하며, 또한 상호 대립하는 상태들의 후속 가운데서도 [머무르는] 어떤 기체의 지속성을 전제한다. 그런데 그 기체가 다른 어떤 것에 의해 지탱되고 있지 않다면, 자신의 상태가 흐르고 있는 기체도 결코 머물러 있을 수 없을 것이다. 시간의 개념은 그 속에서 모든 것이 있고 또 지속하는 무한하고도 불변적인 유일자와도 같으니,* 그것은 *현상으로 나타난*, 보편적 *원인의 영원성*이다. *우리는 모든 것을 신 안에서 본다*는 말브랑슈의 견해는[74] 여기서 개진된 우리의 견해와 그다지 멀리 떨어져 있지 않다. 하지만 말브랑슈가 그랬던 것처럼 신비적 탐구의 한 바다로 나아가기보다는 우리

II 410

A 28

* 시간의 순간들은 서로 후속하는 것처럼 보이지 않는다. 왜냐하면 이런 경우 또 다른 시간이 순간들의 후속을 위해 전제되어야 할 것이기 때문이다. 도리어 감성적 직관을 통해 현실적인 것들이 마치 순간들의 지속적인 계열을 통해 흘러 내려오는 것처럼 보인다.

의 지성의 범속함이 우리에게 허락하는 대로 인식의 해변을 따라 항해하는 것이 더 분별 있는 일이라 생각된다.

제5절
형이상학에서 감성적인 것과 지성적인 것에 관계된 방법에 대하여

§ 23

감성적 직관(경험)을 통해서든, 감성적이기는 하지만 순수한 직관(공간, 시간 그리고 수의 개념)을 통해서든지 간에, 그 원리가 직관적으로 주어지는 모든 학문들, 즉 자연과학과 수학의 경우, *사용 [자체]가 방법을 준다.* 그리고 실험과 발견을 통해 학문이 그 범위나 조직에서 어느 정도 진전을 이룬 뒤에야 비로소, 어떤 길, 어떤 방식으로 나아가야 학문이 완성에 이를 수 있을지, 그리고 오류의 얼룩이든 혼란된 인식에서 생긴 얼룩이든지 간에 그것들을 세척하여 학문이 보다 순수하게 빛을 발할 수 있을지가 분명해지는 것이다. 이런 사정은 문법학이 다양한 어구들을 풍부하게 사용해본 뒤에야, 그리고 문체론이 시나 웅변의 우아한 모범을 연마한 뒤에야 비로소 규칙과 훈련의 지침을 제공할 수 있었던 것과 마찬가지다. 그런데 원초적 개념이나 공리들이 감성적 직관을 통해서 주어지는 학문들의 경우, *지성의 사용*은 오직 *논리적*이다. 즉 여기서는 인식들이 지성의 사용을 통해 모순의 원리에 입각하여 보편성에 관해 서로 종속적 관계 속에서 정돈될 뿐이다. 그리하여 어떤 현상은 보다 더 일반적인 현상 아래 II 411

종속되고, 순수 직관에서 귀결된 [명제들]은 직관적 공리들 아래 종속되는 것이다. 그러나 형이상학과도 같은 순수 철학의 경우에는 원
A29 리들에 관하여 *지성의 사용*이 *실재적*이다. 다시 말해 사물이나 관계에 관한 원초적 개념이나 공리 그 자체가 순수한 지성을 통해 원초적으로 주어지는 것이다. 그렇다고 해서 그것들이 직관은 아니므로 오류에서 면제되어 있는 것은 아니기 때문에, 여기서는 *방법이 모든 학문에 앞서며*, 또한 충분히 검토되고 확고하게 정립된 지침 없이 시도된 것은 무엇이든지 간에 되는대로 주워 모아 만들어낸 정신의 공허한 장난감에 지나지 않는 것이라고 배척되어야 할 것으로 보인다. 왜냐하면 여기서는 이성의 올바른 사용이 원리 그 자체를 구성하며, 대상뿐만 아니라 대상에 대하여 인식할 수 있는 공리들도 오로지 이성의 고유한 특성을 통해서만 처음으로 알려지는 까닭에, 순수한 이성의 법칙의 해명이 학문의 탄생 그 자체와 같으며, 그 법칙들을 사이비 법칙들과 구별하는 것이 또한 진리의 기준이기 때문이다. 그런데 이 학문의 방법은, 논리학이 다른 모든 학문을 위해 널리 일반적으로 지침을 제공하는 것과는 달리, 우리 시대에 환영받지 못하므로, 형이상학의 독보적인 특성에 적합한 그런 방법은 전적으로 무시되고 있을 뿐이다. 그런 까닭에 형이상학적 탐구에 열심히 매진하는 사람들이 자신의 시시프스의 돌을 영원히 굴리면서도 오늘에 이르기까지 거의 아무것도 이루지 못한 것처럼 보이는 것도 전혀 놀랄 일이 아니다. 여기서 나는 이토록 중요하고 또 지극히 포괄적인 주제에 대하여 더 상세하게 논의할 생각도 없고 또 그럴 수도 없겠지만, 그래도 이 방법의 무시할 수 없는 일부를 이루고 있는 것, 즉 *감성적 인식의 지성적 인식과의 혼합*에 대해서는, — 이것이 단순히 원리들을 적용할 때 부주의함 때문에 생기는 일이 아니고 사이비 원리들이 외관상으로 마치 공리인 것처럼 가장하는 한에서 — 간단히 그 윤곽을 그려

보이려 한다.

§ 24

감성적인 것과 지성적인 것에 관한 모든 형이상학적 방법은 다른 무엇보다도 다음의 지침으로 귀착된다: *감성적 인식에 고유한 원리들이 자신의 한계를 넘어가 지성적인 것에 관여하지 않도록 세심하게 주의해야 한다.* 왜냐하면 지성적인 방식으로 언표된 임의의 판단에서 술어는, 그것이 없이는 주어가 사유될 수 없다고 우리가 말하는 그런 *조건이므로*, 술어는 또한 인식의 원리일 것이기 때문이다. 그리하여 만약 술어 개념이 감성적 개념이라면, 그것은 오로지 감성적 인식의 가능 조건일 것이며, 그러므로 다른 무엇보다 감성적인 주어 개
념과 합치할 것이다. 반대로 만약 [그런 감성적 술어가] 지성적인 개 II 412
념에 적용된다면, [여기서 생기는] 그런 판단은 오직 주관적 법칙에
따라서만 타당할 것이며, 따라서 지성적 관념 그 자체에 대하여 술어 A 30
로서 부가되거나 객관적으로 진술될 수 없고, *다만 그것 없이는 주어진 개념에 대한 감성적 인식이 불가능한 그런 조건으로서만* 타당할 것이다.* 그런데 감성적 개념을 마치 지성적 징표인 것처럼 간주함으

* 우리는 단지 감성적 인식의 법칙만을 진술하는 원리들과, 대상 그 자체에 관하여 감성적인 것 이상의 무엇인가를 지시하는 원리들을 이 기준을 사용하여 구별하여 쉽고도 생산적으로 구별할 수 있다. 왜냐하면 만약 어떤 술어가 지성적 개념이라면, 판단의 주어가 아무리 감성적으로 사고된 것이라 할지라도 그 주어에 대한 관계는 언제나 대상 그 자체에 상응하는 징표를 나타내기 때문이다. 그에 반해 *만약 술어가 감성적 개념이라면,* 감성적 인식의 법칙들은 사물 그 자체의 가능성의 조건은 아니므로 *지성적으로 사유된*, 판단의 *주어*에는 효력이 없으며, 따라서 객관적으로 진술될 수는 없는 것이다. 그리하여 *"실존하는 것은 모두 [공간 중의] 어딘가에 있*

로써 생겨나는 지성의 신기루를 (이 말의 일반적으로 받아들여지는 의미와의 유비에 따라) *사취*[76]*의 오류*라고[77] 부를 수 있을 것이므로, 지성적인 것과 감성적인 것의 혼합은 *형이상학적인 사취의 오류*일 것이다. (이런 야만적 표현이 허락된다면, 그것은 *지성화된 현상*일 것이다.) 감성적인 것이 지성적 개념에 필연적으로 부착되어 있다고 강변하는 이런 *잡종의* 공리를 *사취의 공리*라고 불러야 마땅할 것으로 보인다. 이런 사이비 공리들로부터 지성을 기만하고 형이상학 전반에 걸쳐 지극히 악영향을 미친 원리들이 출현했던 것이다. 그러나 이런 판단들에 대하여 손쉽고도 명료하게 인식 가능한 구별 기준을 얻기 위해서는, 다시 말해 그것을 통해 사이비 원리들을 참된 것들로부터 가려낼 시금석을 얻기 위해서는, 그리고 더 나아가 동시에 그런 사이비 원리들이 경우에 따라 인간의 지성에 견고하게 달라붙어 있는 것처럼 보인다면, 무언가 어떤 시험의 기술을 찾아내어 그것의 도움으로 어디까지가 감성적인 것에 속하고 어디까지가 지성적인 것에 속하는지에 대해 공정한 평가가 이루어질 수 있도록 하기 위해서는, 내가 생각건대 이 물음을 좀더 깊이 파내려가야 할 것이다.

§ 25

그러므로 무엇이든 사취된 공리를 제자리로 돌려놓는 환원의 원리

다"는 저 통속적인 공리는, 술어가 감성적 인식의 조건을 포함하고 있으므로 임의의 *존재자*를 판단의 주어로 삼아 무차별하게[75] 진술될 수 없다. 그러므로 저 명제는 객관적인 지침으로 쓰인다면 허위다. 그러나 그 명제를 치환시켜 술어가 지성적 개념이 되게 한다면, 우리는 [다음과 같이] 지극히 참된 명제를 얻게 될 것이다: *어딘가에 있는 것은 모두 실존한다.*

는 다음과 같다: *만약 임의의 지성적 개념에 대하여* 공간과 시간의 *관*
계에 속하는 어떤 것이 무차별하게 술어로 부가된다면, 그것은 객관 A 31
적으로 진술될 수 없으며, 그것은 오직 그것이 없이는 주어진 개념이
감성적으로 인식가능한 것이 될 수 없는 그런 조건만을 표시하는 것 II 413
이다. 이런 종류의 공리는 사이비 공리이며, 틀린 것은 아니라 하더
라도 최소한 되는대로 구걸해서 얻어낸 진술에 지나지 않는다는 것
은 다음의 이유로부터 분명하다. 그 판단의 주어는 지성적으로 사유
된 것이어서 대상 [자체]에 속하지만, 그에 반해 술어는 공간과 시간
의 규정을 포함하고 있는 까닭에 오직 인간의 감성적 인식의 조건에
만 속하기 때문이다. 그 조건은 동일한 대상에 대한 모든 인식에 필
연적으로 부착되어 있는 것은 아니므로, 주어진 지성적 개념에 대하
여 보편적으로 진술될 수는 없다. 그럼에도 불구하고 지성이 이러한
사취의 오류에 그리도 쉽게 빠져드는 까닭은, 그것이 지극히 참된,
다른 어떤 규칙의 후견 아래서 기만당하기 때문이다. 왜냐하면 우리
는 매우 지당하게도, '*직관을 통해 전혀 인식될 수 없는 것은 절대로*
생각할 수도 없으며, 따라서 불가능한 것이다'라고 상정하기 때문이
다. 그런데 공간과 시간의 형식에 따라 일어나는 직관이 아닌 다른
직관에 다가가는 것은 정신이 아무리 애를 써도 상상할 수조차 없는
일이므로, 우리는 이러한 [감성적 직관의] 법칙에 얽매여 있지 않은
모든 직관을 전적으로 불가능한 것이라고 간주하게 되며 (즉, 플라톤
이 이데아라고 부른 신적인 직관처럼, 감각의 법칙에서 벗어나 있는 순
수한 지성적 직관을 도외시한 채), 그 결과 모든 가능한 것을 공간과
시간의 감성적인 공리들에 종속시키게 되는 것이다.

§ 26

그런데 감성적 인식이 지성적인 것의 형태를 띠고 나타나 이로부터 사취된 공리가 생겨나는 그런 모든 신기루는 세 가지 종류로 환원될 수 있는데, 그것을 일반적인 형식으로 정리하면 다음과 같다.

1. 대상의 가능한 *직관*을 위한 유일한 감성적 조건은 그 *대상* 자체의 *가능성*의 조건과 같다.

2. *주어진 표상들이 서로 비교되어 대상에 대한 지성적 개념을 형성할 수 있게 해주*는 유일한 감성적 조건은 또한 그 대상 자체의 가능성의 조건과 같다.

3. 어떤 주어진 *대상을 주어진 지성적 개념 아래 포섭하는 것*을 가능하게 해주는 유일한 감성적 조건은 그 대상 자체의 가능성의 조건과 같다.

A 32

§ 27

첫 번째 종류의 사취된 공리는 다음과 같다: *있는 모든 것은, 어디엔가 그리고 어느 때엔가 있다.*[*78)] 그러나 이 사이비 공리 때문에 모

---

* 공간과 시간은 그것들이 마치 감각에 어떤 방식으로든 주어질 수 있는 모든 것을 *자기 속에* 포괄하고 있는 것처럼 생각된다. 그리하여 인간 정신의
II 413 법칙에 따른다면, *공간과 시간 속에* 포함되어 있지 않은 존재자에 대해서는 직관이 주어질 수 없다. 그런데 이런 편견과 비교할 만한 다른 것도 있으니, 그것은 원래 사취된 공리는 아니지만 환상이 빚어낸 장난감이라 할 것으로서, 우리는 그것을 다음과 같은 일반적 공식으로 표현할 수 있을 것이다: 현존하는 모든 것 속에는 공간과 시간이 있다. 즉 모든 실체는 *연장되어* 있고 지속적으로 *변하고* 있다. 하지만 비록 생각이 무딘 사람들은 이런 상상적 법칙에 단단히 매여 있겠지만, 그들 자신도 이 법칙이 사물의 형

든 존재자들은, 설령 지성적인 방식으로 인식되어야 할 경우에도, 그 Ⅱ 414
현존이 공간 및 시간적 조건에 얽매이게 된다. 따라서 물체적 우주 내에서 비물실적 실체들의 (같은 이유로 말미암아 이런 실체들에 대해서는 어떠한 감성적 직관도 주어질 수 없고 또 그런 형식 아래 표상될 수도 없지만) 장소에 대해, 영혼의 자리에 대해 그리고 이런 종류의 다른 것들에 대해 그들은 공허한 질문들을 던지는데, 그리하여 마치 사각형과 원형을 뒤섞듯이 감성적인 것을 지성적인 것과 부당하게 뒤섞음으로써, 서로 논쟁을 벌이는 사람들 사이에서 한 사람이 숫염소에게서 젖을 짜면 다른 사람은 그 아래 체를 대는 것처럼 보이는 일들이 너무도 자주 일어나는 것이다. 그러나 물체적인 세계 내에서 비물질적인 것들의 현전은 실효적인 것이지 장소적인 것이 (비록 이렇게 부적합하게 불리고는 있지만) 아니다: 공간은 오직 물질에 대해서만 활동 변화의 가능 조건을 포함하고 있다. 그에 반해 비물질적인 실체들의 경우에 자기들 사이에서나 물체들과의 관계에서 힘들을 외적으로 주고받는 관계를 성립시키는 것이 도대체 무엇인지는 전적으로 인간의 지성능력을 벗어나는 문제로서, 이는 다른 현상에 관한 문제라면 위대한 탐구자요 증인이라 할 만한 지극히 명민한 오일러조차도 (독일의 어느 공주에게 보낸 편지에서) 명확하게 밝힌 것과 같다.[79)] 그럼에도 불구하고 철학자들은 초세계적 최고 존재자의 개념에까지 다가가 보지만, 이 경우 그들은 인간 지성에 드리워져 있는 어둠으로 말미암아 말로 표현할 수 없을 정도로 큰 기만에 빠져들게 된다. 그들은 신의 *현존*을 공간적으로 상상하고, 신을 마치 무한한 공간에 의해 동시에 둘러싸여 있는 것처럼 세계 내로 끌어들이고는,

---

태를 소묘하려는 환상의 충동에서 비롯된 것일 뿐, 현존 그 자체의 조건에 속하는 것이 아니라는 것을 쉽게 깨달을 수 있을 것이다.

신에게 [어울리지 않는] 이런 [공간적] 한계를 특별한 *탁월함* 속에서 파악된 공간성 곧 무한성을 통해 보상해주려 한다. 그런데 [어떤
A33 것이] 동시에 여러 장소에 있다는 것은 절대로 불가능한 일이다. 왜냐하면 상이한 장소들은 서로서로의 외부에 있으므로, 여러 장소들에 있는 것은 자기 자신의 외부에 있고, 자기 자신에 대하여 외적으로 현전하는 것이므로, 이는 모순이기 때문이다.[80] 그런데 시간에 관해서 보면, 그들은 그것을 단지 감성적 인식의 법칙들로부터 떼어낼 뿐만 아니라, 시간이 마치 초세계적인 존재자의 현존의 조건이기도 하다는 듯이 세계의 한계를 넘어 시간을 초세계적 존재자에까지 이끌어간 뒤에, 스스로 벗어날 수 없는 미로에 빠져들게 된다. 그리하여 이를테면 왜 신은 몇 세기 더 일찍 세계를 창조하지 않았는가 하는 식의 불합리한 질문으로 정신을 괴롭히는 것이다.[81] 게다가 그들은 신이 어떻게 현재의 일, 즉 그가 지금 있는 시간에서 현실적인 것들을 인식하는지는 쉽게 이해할 수 있다고 스스로 믿으면서도, 신이 미래의 일, 즉 아직 있지 않은 시간에서 현실적인 것들을 어떤 방식
II 415 으로 예견할 수 있는지를 인간의 지성이 이해하기는 어렵다고 생각한다. (마치 필연적인 존재자의 현존이 상상적 시간의 모든 순간들을 거쳐 계속 내려오고 있는데, 그의 지속의 일부는 이미 완료되었으나, 그가 아직 살아야 할 영원성을 그가 세계의 모든 동시적인 사건들과 함께 예견하기라도 해야 한다는 듯이 말이다.) 그러나 이런 모든 것은 사람들이 시간의 개념을 올바르게 통찰한다면 연기처럼 사라져버릴 것들이다.

§ 28

두 번째 종류의 편견은, 정신이 지성적인 개념에 다가가려 하는 특정한 경우에 얽매이게 되는 감성적 조건들을 통하여 지성을 기만하는데, 지금까지는 [첫 번째 것보다] 더 은폐되어 있었던 것이다. 이들 가운데 하나는 일반적으로 양[82]의 인식에 상관하며, 다른 것은 질[83]의 인식에 상관한다. 앞의 것은 다음과 같다: *모든 현실적인 분량*[84]*은 수를 통하여 주어질 수 있다*. 그러므로 모든 양은 유한하다. 뒤의 것은 다음과 같다: *불가능한 것은 모두 자기 자신과 모순된다*. 두 경우 모두 시간의 개념이 술어 개념 그 자체에 들어와 있지 않고 또 그것이 주어의 징표가 된다고도 생각되지 않음에도 불구하고 그것은 술어 개념을 형성하는 데 일종의 매개자로서 기여한다. 즉, 그것은 자신의 도움이 없이는 우리가 지성적 주어개념에 도달할 수 없는 한에서, 일종의 조건으로서 그런 주어에 대한 지성적 개념에 대해 영향을 미치는 것이다.

그러므로 *앞의 것*에 관해서 보면, 모든 양이나 임의의 계열은 계속적인 병렬을 통하지 않고서는 결코 분명하게 인식될 수 없으므로, 크기나 분량에 대한 지성적 개념은 오직 이런 시간 개념의 도움을 받아 A34
서만 생겨날 수 있으며, 또한 유한한 시간 내에 종합이 완수되지 않는다면 결코 완성에 도달할 수 없다. 그런데 *무한한* 병렬의 *계열*은 우리의 지성의 [주관적] 한계로 말미암아 분명하게 파악될 수 없는데, 사취의 오류에 의해, [무한한 계열이 그 자체로서] 불가능한 것처럼 보이는 일이 일어나게 된다. 왜냐하면 순수한 지성의 법칙에 따른다면, 피원인자들의 계열은 무엇이든 자신의 *근거*[85]를 가지고 있고 또 피원인자들의 계열에서 끝없는 소급은 불가능한 데 반해, 감성적 법칙에 따른다면 병렬되는 것들의 계열은 무엇이든 자신의 *시초*[86]를 제시할 수 있기 때문이다. 그런데 이 두 명제들 가운데 뒤의 것은 계열의 *측량 가능성*을 함의하고, 앞의 것은 전체계열의 *의존성*을 함의하는 것임에도 불구하고 그 둘이 잘못되게도 마치 동일한 것처럼 여겨지는 것이다. 같은 방식으로 *지성적 추론을 통해* 다음의 것이 증명되기도 하는데, 만약 실체적인 합성체가 주어져 있다면, 합성의 원리, 즉 단순한 것들도 주어져 있어야 한다는 것이다. 그런데 이 명제의 증명근거 역시 감성적 인식에 의해 *은밀히 도입된* 어떤 원리와 결합되어 있다. 왜냐하면 '그런 합성체에서 부분들의 합성에 관해 무한한 소급은 있을 수 없다, 즉 임의의 합성체에서 부분들의 숫자는 일정하게 정해져서 주어져야 한다'라는 명제는 그 의미가 분명히 앞의
II 416 원리와는 같지 않으므로, 그 원리와 임의로 대체된 것이기 때문이다. 그러므로 세계의 크기는 제한되어 있다(가장 큰 것이 아니다)거나, 세계는 자신의 근거를 인정한다거나, 물체들은 단순한 부분들로 이루어져 있다는 명제 등은 확실한 이성의 보증[87] 아래서 인식될 수 있겠지만, 우주가 그 질량에서 수학적으로 유한하다거나, 그것의 흘러온 시간이 측정가능하게 주어져 있다거나, 임의의 물체를 구성하고 있는 단순한 부분들의 숫자가 일정하게 규정되어 있다는 등의 명제는 그 출처가 감성적 인식의 본성에서 유래했음을 명백히 발설하고 있는 것으로서, 일반적으로는 얼마든지 참되다고 여겨질 수 있겠지만, 그럼에도 불구하고 의심할 수 없이 [명백한] 자신의 기원의 결함으로 말미암아 곤란을 겪는 것이다.

그런데 *나중의 사취된 공리*에 관해서 보자면, 그것은 모순율을 임의로 치환함으로써 발생한다. 하지만 이 원초적인 판단[즉, 모순율]에도 시간의 개념이 달라붙어 있는데, 왜냐하면 불가능성이란 *동일한 시간에* 모순적으로 대립하는 것들이 동일한 것에 관해 주어져야만 비로소 명백히 드러나기 때문이다. 그리고 그것은 다음과 같은 명

제로 언표된다: *동시에 이기도 하고 이지 않기도 한 것은 무엇이든 모두 불가능하다.* 그런데 여기서는 감성적 법칙을 통해 주어진 경우 A35
에 어떤 것이 지성에 의해 진술되고 있으므로, 그 판단은 지극히 참되고 명증적이다. 이와 반대로 만약 사람들이 동일한 공리를 치환하여, '*모든 불가능한 것은 …인 동시에 …이지 않다*', 또는 '모순을 수반한다'고 말한다면, 이 경우 사람들은 감성적 인식을 통해 무엇인가를 무차별하게 이성의 대상에 대해 술어로 부여하는 것이며, 따라서 가능 또는 불가능에 대한 지성적 개념을 감성적 인식의 조건, 곧 시간적 관계에 종속시키는 것이다. 하지만 이런 일은 인간의 지성을 구속하고 제한하는 법칙들에 관해서는 지극히 참된 것이지만, 결코 객관적이고 무차별하게 타당하다고 인정할 수 없는 일이다. 왜냐하면 우리의 지성은 동일한 것에 대해 대립적인 술어들이 동시적으로 언표되는 것을 인지하지 못할 경우에는, 다시 말해 모순이 발생하지 않는 경우에는 결코 *불가능성에 주목하지 않기* 때문이다. 그러므로 이런 조건이 일어나지 않는다면, 어떤 경우에도 인간의 지성은 불가능성에 대한 판단에 이를 수 없다. 하지만 그렇다고 해서 그것이 단적으로 어떤 지성에게도 불가능하다거나, 따라서 모순을 수반하지 않는 것은 무엇이든 바로 그 이유 때문에 가능하다고 결론짓는 것은, 판단의 주관적 조건을 객관적 조건으로 간주함으로써 일어나는 성급한 결론이다. 그리하여 건축술적 재능을 가진 정신으로부터 아니 이렇게 말해도 좋다면 키메라에 끌리는 정신으로부터 내가 그 정체를 알 수도 없는 온갖 힘들에 대한 허황된 공상이 제멋대로 만들어져서, 아무런 반박의 장애물에도 부딪히지 않고 떼를 지어 몰려나왔던 것이다. 왜냐하면 *힘*이란, 근거와 피근거자의 관계처럼 실체 A의 *어떤 다른 것* B(우유)에 대한 *관계*일 뿐이므로, 임의의 힘의 가능성은 원인과 피원인자 또는 실체와 우유성의 *동일성에 근거하는 것이 아*

니며, 따라서 힘의 불가능성 역시 사람들이 잘못 상상하는 것과 달리
II 417 *단지 모순에 의존하는 것만은 아니기* 때문이다. 그러므로 *경험을 통해 주어진 것*이 아니라면 우리는 어떤 *근원적인 힘*도 가능한 것이라고 상정할 수 없으며, 또한 어떤 지성의 통찰력도 그런 힘의 가능성을 아프리오리하게 파악할 수 없는 것이다.

§ 29

세 번째 종류의 사취된 공리는 주체에게 고유한 조건에서 생겨나 제멋대로 대상에게 전이된 것이기는 하지만, 그것이 생겨나는 까닭은 (두 번째 종류에 속한 것들의 경우에 그런 것처럼) 오로지 *감성적으로 주어진 것을 통해서만* 지성적 개념으로 이르는 길이 열리기 때문
A36 이 아니고, 단지 이 [감성적 소여의] 도움을 통해서만 지성적 개념을 경험적 사례에 적용하여, 어떤 것이 특정한 지성적 개념 아래 포함되는지 아닌지를 인식할 수 있기 때문이다. 이런 종류의 세 번째 공리는 어떤 학파들에서는 다음과 같이 표현한다: *우연적으로 있는 것은 모두 한때는 있지 않았던 것이다.* 이런 사취된 원리는 우연성이나 필연성의 징표를 대부분 *명목상으로만* 통찰할 뿐, 거의 *실재적으로는* 통찰하지 못하는 지성의 결함에서 생겨난다. 그리하여 지성은 어떤 실체의 반대가 가능한지 어떤지를 아프리오리하게 얻은 징표를 통해서 통찰하지 못하기 때문에, 오직 *그것이 언젠가 존재하지 않은 적이 있었다는 것을 확인하는 것* 말고는 다른 어떤 방식으로도 반대의 가능성을 인식할 수 없는 것이다. 그리하여 우연성이 변화를 증거한다기보다는 변화가 우연성의 증거가 되는데, 그 결과 만약 세계 내에 어떠한 흐름이나 이행 같은 것도 일어나지 않는다면, 우리에게는 우

연성에 대한 어떠한 관념도 생겨나지 않을 것이다. 그러므로 '*한때 있지 않은 적이 있었던 것은 모두 우연적이다*'라는 직접적인 명제는 지극히 참된 명제지만, 그것을 도치시킨 명제는 오로지, 어떤 것이 필연적으로 현존하는가 아니면 우연적으로 현존하는가 하는 것을 식별할 수 있게 해주는 조건을 표시할 뿐이다. 그러므로 (실제로 그렇듯이) 주관적인 법칙으로서 언표된다면, 그 명제는 다음과 같이 말해져야 할 것이다: *만약 어떤 것이 한때 존재하지 않았다는 것을 확증할 수 없다면, 보통의 지성 능력으로는 그것의 우연성에 대한 충분한 징표가 주어질 수는 없다.* 하지만 이 명제가 미구에 암묵적으로 객관적인 조건으로 이행하면, 이런 조건과의 결합이 없다면 우연성 자체가 성립하지 않을 것이라는 식으로 생각하기에 이르는데, 이렇게 되면, 날조되고 그릇된 공리가 생겨나는 것이다. 왜냐하면 이 세계는 아무리 우연적으로 현존하더라도, *영원한 것이며*, 다시 말해 모든 시간에 걸쳐 동시적인 것이므로, 세계가 존재하지 않았던 때가 있었다고 말하는 것은 잘못이기 때문이다.

§ 30

사취된 원리들에 이어 그와 대단히 유사한 다른 원리들이 출현하는데, 이들은 주어진 지성개념을 감성적 인식의 얼룩으로 오염시키지는 않지만, 그럼에도 불구하고 지성은 감성적 인식에 의해 속아서 그 원리들이 마치 대상으로부터 얻어진 증명근거라고 생각하게 된 II 418
다. 하지만 그 원리들은 자유롭고 확장된 지성의 사용을 위한 *유용성 때문에* 지성의 독특한 본성을 고려하여 권장되는 것일 뿐이다. 그러므로 위에서 우리가 열거했던 원리들과 마찬가지로 이 원리들도 주

관적인 근거들에 의존하고 있지만, 감성적 인식의 법칙이 아니라 지
A37 성적 인식의 법칙, 곧 그것을 통해 지성이 자신의 통찰력을 쉽고도 용이하게 사용할 수 있는 것처럼 보이는 그런 조건들에 의존한다. 내가 아는 한 아직 다른 어디서도 분명하게 해명된 적이 없는 이 원리들에 대하여, 여기 글을 매듭짓는 자리에서 내가 몇 마디 보태는 것도 무방하리라 생각된다. 그런데 내가 *편의성의 원리*[88]라고 부르는 저 판단력의 규칙에 대하여, 우리가 기꺼이 승복하고, 마치 공리들인 것처럼 그것을 굳게 지키는 까닭은 오직 한 가지 이유 때문이다. 즉, *만약 그 원리를 도외시한다면, 우리의 지성이 주어진 대상에 대하여 거의 아무것도 판단할 수 없을 것이다.* 이런 원리들에는 다음과 같은 것들이 속한다. 첫 번째, 이 원리를 통해 우리는 *우주 내에서 모든 일이 자연의 질서에 따라 일어난다*고 상정한다. 이것은 누구보다도 에피쿠로스가 아무런 제한 없이 인정했던 원리이지만, [다른] 모든 철학자들도 어쩔 수 없이 받아들여야만 하는 최고의 필연성이 없다면 결코 예외를 인정하지 않고 한 목소리로 승인하는 원리이다. 하지만 우리가 그 원리를 정립하는 까닭은 자연의 공통된 법칙에 따라 우리가 세계 내적 사건들에 대해 확장된 인식을 얻기 때문도 아니고, 또는 초자연적인 존재자들의 불가능성 또는 적어도 가설적인 불가능성을 우리가 명백하게 인식하고 있기 때문도 아니다. 그 까닭은 단지, 만약 우리가 자연의 질서를 벗어난다면, 어떤 지성의 사용도 불가능할 것이기 때문이다. 그런즉 [자연을 설명하기 위해] 초자연적 존재에게 경솔하게 의지하는 것은 게으른 지성의 안락의자인 것이다. 동일한 이유에서 *상대적인 기적*, 즉 정령들의 영향을 우리가 현상의 해명으로부터 조심스럽게 배제하는 까닭도, 그것들의 본성이 우리에게 인식되어 있지 않으므로, [만약 지성이 정령들을 고려하기 시작하면] 지성이 오직 경험을 통해서만 판단의 법칙을 마련하는 것

이 가능함에도 불구하고 경험의 빛을 멀리한 채 인식 불가능한 종류의 존재자들이나 원인의 어둠으로 향하게 될 것이며, 이는 지성에게는 커다란 손실이 아닐 수 없기 때문이다. *두 번째* 원리는 철학적 정신에 고유한 *단일성*에 대한 *애호*인데, 이로부터 다음과 같은 널리 유포된 규범이 흘러나왔다: *[반드시 그래야할] 최고의 필연성이 없다면 원리를 늘려서는 안 된다.* 우리가 이 원리에 찬동하는 까닭은 세계 내에서의 원인의 단일성을 이성을 통해서든 경험을 통해서든 통찰했기 때문이 아니고, 단지 우리가 지성의 충동에 이끌려 그것 자체를 추구하기 때문이다. 지성이란 자기가 동일한 원리에서 출발해서 가능한 한 많은 피근거자들을 설명해 내려올 수 있는 꼭 그 범위만큼만, 현상의 해명을 완수했다고 여기는 것이다. 그것의 *세 번째* 종류의 원리는 다음과 같다: *물질은 결코 아무것도 생겨나지도 않고 소멸하지도 않으며,* 세계의 모든 변화는 오직 형식에만 상관한다. 이 요청은 상식의 권유에 따라 모든 철학의 학파들에 널리 퍼져 있는 것이 A38
지만, 그 까닭은 그것이 경험을 통해서나, 아니면 아프리오리한 증명근거를 통해 증명되었다고 간주되기 때문이 아니고, 단지 우리가 물 II 419
질 그 자체가 유동적이고 무상한 것이라면, 보편적이고 항구적인 법칙에 따른 현상의 해명, 곧 지성의 사용을 보다 광범위하게 촉진할 안정적이고 항구적인 어떤 것이 아무것도 남아 있지 않을 것이기 때문이다.

방법에 대해서는 이 정도로 해둔다. 그것은 다른 무엇보다 감성적 인식과 지성적 인식의 구별에 관한 것이거니와, 그것이 보다 세심한 탐구를 통하여 엄밀하게 실행된다면, 학문의 예비학의 자리를 차지하게 될 것이며, 형이상학의 심오한 신비로 육박해 들어가려는 모든 이들에게 엄청나게 큰 도움이 될 것이다.

주석: 이 마지막 절에서는 방법에 대한 탐구가 지면을 가득 채우고 있으나, 감성적인 것들에 대하여 참된 논증의 형식을 지정해주는 규칙은 자기 고유의 빛을 통해 [명증적으로] 빛을 발해야지, 예시를 위해 끌어온 실례들로부터 그 빛을 빌려오면 안 될 것이므로, 나는 그것들[=규칙들?]에 대해서는 마치 지나가는 길에 그렇게 하듯이 다만 몇 마디만 언급해두었다. 그러므로 거기서 내가 말한 많은 것들이 대다수 사람들에게는 진리에 근거하고 있다기보다는 나의 용기에 근거한 것처럼 보인다 하더라도 놀랄 일은 아니다. 아무튼 그 주제들에 대해 언젠가 보다 상세하게 논의할 기회가 주어진다면, 그것에 대해 보다 강력한 증명근거를 제시할 필요가 있는 것도 사실이다. 예를 들어 § 27에서 내가 비물질적 실체들의 공간성에 관하여 제시했던 논의도 설명을 필요로 하거니와, 그것에 대해 사람들은, 원한다면, 오일러의 책 2권 1장 49-52쪽을 참고하면 좋을 것이다. 왜냐하면 영혼은 어떤 특정한 장소에 매여 있기 때문에 육체와 교통하고 있는 것이 아니고, 거꾸로 그것이 어떤 임의의 육체와 상호 교통 속에 있기 때문에 우주 내에서 영혼에게 규정된 장소가 [술어로서] 주어지는 것이기 때문이다. 그리하여 만약 이 교통이 끊어지면, 공간 내에서 영혼의 위치도 제거되는 것이다. 그러므로 영혼의 *공간성*이란 그것과 *파생적*이고도 우연적으로 결합되어 있는 것이요, 현존의 *원초적*이고도 필연적인 조건으로서 영혼에 부착되어 있는 것이 *아니다*. 왜냐하면 그 자체로서 인간에게 고유한 외적 감각의 대상일 수 없는 것들, 즉 *비물질적인 것들*은 *외감의 대상들의* 보편적 조건, 즉 공간으로부터 전적으로 벗어나 있기 때문이다. 그러므로 영혼의 공간성은 절대적이고 직접적인 것이라면 부정되지만, 가설적이고 매개적인 것으로서는 인정될 수 있을 것이다.

인간의 상이한 종

김상현 옮김

일러두기

1. 『인간의 상이한 종』(*Von den verschiedenen Racen der Menschen*) 번역은 1777년 발표된 재판을 대본으로 사용했고, 학술원판(*Vorkritische Schriften II 1757-1777*, in *Kants gesammelte Schriften*, Bd. II, pp.427-444, hrsg. von der Königlich Preußischen Akademie der Wissenschaften, Berlin, 1905)과 바이셰델판(*Schriften zur Anthropologie, Geschichtsphilosophie, Politik und Pädagogik*, in *Immanuel Kant. Werke in Zehn Bänden*, Bd. XI, pp.9-30, hrsg. von Wilhelm Weischedel, Darmstadt, 1983)을 참조했다.

인간의 상이한 종

1. 인종[1] 일반의 차이에 대하여 B 126; Ⅱ 429

내가 강연할 이 강좌의 내용은 고된 업무라기보다는 유익한 여흥이 될 것이다. 그래서 이 공고에 따라 수행되는 탐구는 물론 지성을 위한 것이기는 하지만, 그러나 그것은 심오한 탐구를 위한 것보다는 일종의 지성의 유희를 위한 것을 포함할 것이다.

동물계에서 유(類)과 종(種)[2]에 대한 자연적 구분은 번식의 일반법칙에 근거하며 유의 통일성은 동물의 다양성에 두루 타당한 생식력의 통일성일 뿐이다. 이런 이유로 생식력이 있는 2세를 생산하는 동물은 (그 외양이 아무리 다를지라도) 여전히 하나이자 동일한 자연적 유에 속한다는 **뷔퐁**[3]의 법칙은 동물 일반의 모든 강단적 유와 구 B 127
별하기 위해 자연류의 정의로만 간주해야 한다. 강단적 구분은 동물을 **유사성**에 따라 구분하는 **분류**[4]에 관심을 가지는 반면, 자연적 구분은 생식과 관련하여 **친족**에 따라 동물을 구분하는 **계통**[5]에 관심을 가진다. 전자는 학습을 위한 강단의 구분체계를 제공하며, 후자는 이해를 위한 자연적 체계를 제공한다. 전자는 오직 특정 항목에 피조물을 위치 지우는 것만을 목표로 하지만, 후자는 그것들을 법칙에 종속 시키는 것을 목표로 한다.

이 개념에 따르면, 지구상에 있는 모든 인류[6]는 하나이자 동일한 자연류에 속한다. 왜냐하면 인류는 그 생김새에서 아무리 큰 차이를 보일지라도 지속적인 상호 교섭으로 생식력을 지닌 후손을 얻기 때
II 430 문이다. 인류가 함께 공유하는 생식력이라고 하는 바로 이러한 자연류의 통일성에 대해서는 단 한 가지 자연적 이유만 제시될 수 있다. 즉 인류는 모두 유일한 계통에 속해 있고 생김새 차이와 상관없이 바로 이 유일한 계통에서 기원했거나 혹은 최소한 기원할 수 있었다는 것이 바로 그 이유다. 전자의 경우라면 인류는 단지 하나이자 동일한 유에 속할 뿐 아니라 또한 하나의 **가족**[7]이기도 하다. 후자의 경우라면 인류는 서로 닮았지만 친족관계는 아니다. 그런데 이것은 많은 국지적 생물을 가정해야만 한다. 다시 말해 이는 원인의 수를 불필요하게 늘리는 견해다. 공통 계통인 하나의 동물류는 상이한 **종**을 포함하
B 128 지 않는다(이것은 기원의 상이성을 의미하기 때문이다). 오히려 종의 상호 분화는 만약 그것들이 2세를 생산할 수 있다면 **아종**(亞種)으로 불리고, 계통 기원의 번식적 특징이 혈통과 일치한다면 **후종**(後種)이라 불리지만, 만약 아종이 더는 근원적 계통 형성을 성사시키지 못한다면, 그것은 **퇴종**(退種)이라고 불릴 수 있을 것이다.[8]

아종, 즉 단일한 계통에 속하는 동물의 번식적 차이를 보이는 것 가운데 세대를 걸친 이식(移植)(다른 지역으로 이동)에서도 지속적으로 생식을 유지하고 또한 동일한 계통의 다른 아종과 교접에서도 언제나 혼혈 2세를 생산하는 것은 **종족**이라 한다. 모든 이동 번식에서 아종의 특이성을 지속적으로 유지하고 따라서 세대를 재생산하지만 다른 아종과 교접에서는 혼혈을 필연적으로 얻지 못하는 것은 **아아**
B 129 **종**[9]이라 한다. 그러나 때때로 2세를 생산하기는 하지만 지속적이지

않은 것은 **변종**[10]이라 한다. 역으로 다른 아종과 교접해 혼혈을 생산
하지만 이식으로 점차 소멸된 아종은 특이형질[11]이라 한다.

이런 방식으로 구분해보면, **흑인**과 **백인**은 인류의 상이한 종은 아
니지만(이들은 아마도 하나의 계통에 속할 터이므로), 여전히 **상이한
두 종족**이다. 왜냐하면 이 둘 각각은 모든 지역에서 지속하며 둘은 상
호 교접하여 혼혈 2세 또는 **혼혈인**을 반드시 생산하기 때문이다. 그
에 반해 **금발인**과 **흑발인**은 백인의 상이한 종족이 아니다. 왜냐하면
금발 남성은 흑발 여성과 관계에서, 설사 이 각각의 아종이 모든 이
식에도 불구하고 오랜 세대를 걸쳐 유지될지라도, 오직 금발의 2세
만 얻을 수 있기 때문이다. 따라서 그것들은 백인의 **아아종**이다. 마지
막으로 풍토의 특성(습기나 건조)이나 영양분의 특성은 점차 동일한 B 130; II 431
계통과 종족의 동물 중 대물림의 차이나 **형질**[12]을 야기하는데, 이는
특히 사지의 크기나 비율(둔중하거나 날씬한)과 관련해서 또한 마찬
가지로 자연적 성향과 관련해서 그러하다. 물론 이 대물림의 차이나
형질은 다른 종의 동물과 교접해 잡종을 탄생시키기는 하지만, 다른
풍토와 다른 영양 상태에서는(심지어는 기후변화가 없어도) 몇 세대
못 가서 사라지고 만다. 동일한 국가에서도 지역에 따라 인간 형질
의 차이가 발견되는데(습기가 많은 토양에 거주하는 뵈오티아 사람들
이 건조한 토양에 살고 있는 아테네인들과 다른 것처럼), 이러한 상이
성의 원인들을 알아내는 일은 즐겁다. 이런 일은 물론 관찰력이 뛰어
난 눈을 가진 사람에게는 자주 인지되곤 하지만 다른 사람들에게는
조롱거리가 되기 십상이다. **변종**에만 속하고 따라서 자체로 대물림 B 131
할 수 있는 것(비록 그렇게 지속적이지는 않을지라도)은 그럼에도 언
제나 동일한 가족 내에서 이루어지는 짝짓기로 내가 **가족형질**이라고
명명하는 것을 점차 생산해낼 수 있으며, 이 과정에서 특성적인 어떤
것이 마침내는 생식력에 깊게 뿌리를 내려서 아아종에 가까워지거

나 아아종처럼 그 특성을 영속화하기도 한다. 이것은 고대 베네치아 귀족들, 특히 귀부인들에서 발견된다. 최소한 최근에 발견된 타히티 섬에 거주하는 상류층 여인들은 모두 평범한 여인보다 몸집이 크다. 모페르튀이 경의 견해는 조상에게서 대물림되어 심어진 것들 가운데 전승되지 않게 탄생했지만 주의 깊은 분리가 있었다면 마침내는 지속적인 가족형질이 될 가능성이 있다는 것에 기초를 둔다. 그는 특정 지역에서는 인간의 귀족적 형질이 자연적으로 등장한다고 했는데,
B 132 가령 지성, 탁월성 그리고 품위가 대물림된다고 했다. 내 생각에는 하나의 형질은 그 자체로는 실현 가능하지만 현명한 자연을 통해 곧잘 방해를 받는다고 본다. 왜냐하면 바로 선과 악의 혼합이야말로 인간성의 잠들어 있는 힘을 활동하게 하고 자신의 모든 능력을 발휘하도록 강제하여 주어진 사명의 완성에 이르도록 하는 위대한 원동력이기 때문이다. 만약 자연이 방해받지 않고(이식이나 이종과 교접 없이) 수많은 세대를 거쳐 작용할 수 있다면, 자연은 항상 궁극적으로 지속 가능한 형질을 산출할 것이다. 이 형질은 종족들을 영원히 특징짓는다. 그리고 만약 특성화된 것이 지나치게 무의미하지는 않으면서도 특별한 구분의 기초를 마련하기에는 너무 난점이 많아 규정할 수 없는 경우라면, 종족이라 부를 것이다.

B 133; Ⅱ 432 2. 인류의 상이한 인종 구분

나는 인류의 네 가지 종족을 가정할 필요가 있다고 믿는데, 이는 단번에 인지할 수 있는 지속적 차이들을 이 종족들에서 도출할 수 있기 때문이다. 그것들은 1) **백인종**, 2) **흑인종**, 3) **황인종**(몽골족이나 칼무크족), 4) 인도 또는 **힌두종**이다. 주로 유럽에 거주하는 첫째 인종에

나는 무어족(아프리카의 마우리족에서 온), 아랍인(니부어[13]를 따라),
터기-달단족 그리고 페르시아인을 포함시키며, 이와 마찬가지로 나
머지 분류에는 명백하게 속하지 않는, 아시아에서 온 모든 족속을 포
함시킨다. 북반구 흑인종은 아프리카에만 사는 반면, 남반구(아프리
카 이외 지역) 흑인종은 아마도 뉴기니(원주민인 경우)가 그 토착지이 B 134
지만, 몇몇 이웃 섬과 교접해서 태어난 경우도 있다. 칼무크족은 코
쇼티족[14]들 중 가장 순수한 종족으로 보이며, 토르괴스족[15]들 중 일
부 그리고 드징고리족[16]들 중에는 더 많은 인원이 달단족과 피가 섞
여 있는 것 같다. 또 칼무크족은 고대 시대에는 **훈족**이라는 이름을,
그 뒤에는 (넓은 의미의) **몽골족**이라는 이름을, 지금은 **욀로츠**[17]라는
이름을 지닌 바로 그 종족이다. 힌두족은 바로 그 이름을 가진 국가
에서 가장 순수하고 오래되었지만, 인도반도 반대편에 있는 사람들
과는 판이하다. 나는 이 네 인종에서 **혼혈종**이든 **개시종**이든 모든 나
머지 족속의 대물림되는 특성들이 도출될 수 있다고 믿는다. 그중 전
자는 상이한 인종의 교접에서 기원하는 종이며, 후자는 이 인종의 특
성을 완전히 개진할 수 있는 적절한 기후에서 아직 충분히 오래 거주
하지 않은 종이다. 따라서 달단족과 훈족의 교접은 칼라쿨팍스족, 나 B 135
자르족 그리고 그밖의 종족에서 **절반의 혼혈종**을 생산해왔다. 힌두혈
통은 고대 스키타인(티벳과 그 주변에 거주하는)의 혈통과 일부 훈족
의 혼혈인데, 그들은 하나의 혼혈종으로 추측건대 인도반도 다른 지
역의 거주민들, 통칭인들 그리고 중국인들을 생산했다. 아시아 북쪽
빙하해변의 거주민은 이미 지속적인 흑발, 수염 없는 턱, 평평한 얼
굴, 째지고 작은 눈을 보이므로, 훈족에서 유래한 개시종의 사례다.
이는 헝가리족의 한 계통인 라플란드족이 비록 온화한 지역에서 잘
지내온 사람들에서 유래했지만 몇 세기도 지나지 않아 이미 추운 지 II 433
역의 특수성에 매우 잘 적응한 것처럼, 온화한 지역에서 이 지역으로 B 136

이주해온 족속들에게 빙하지역이 미친 작용의 결과다. 마지막으로 아메리카인은 아직 완전히 적응하지는 못한 훈족인 것으로 보인다. 왜냐하면 아메리카 북서쪽 극단(세계의 이 부분에 살고 있는 사람들은 양쪽 동물들의 종류가 일치하는 것으로 보아, 아시아 북동쪽에서 발원해왔음이 틀림없다)에 위치한 허드슨만 북쪽 해안에서는 거주민들이 칼무크족과 매우 닮았기 때문이다. 그 훨씬 남쪽으로 내려가면 얼굴이 좀더 벌어져 있고 높지만 수염이 없는 턱, 일관된 검은 머리카락, 적갈색 피부를 보인다. 이는 추위와 자연에 대한 둔감함이 세계의 이
B 137 부분 북쪽 끝에서 쉬타텐섬[18]에 이르는 지역까지 퍼져 있고, 이것은 우리가 아래에서 보게 될 것과 마찬가지로 세계의 추운 지역에서 오랫동안 거주해온 흔적들이다. 아메리카인의 조상들이 북동아시아와 그에 이웃한 북서아메리카에 오랜 기간 거주한 결과 그들은 칼무크족의 형태를 완성했다. 그에 반해 그들 자손은 이 세계 남쪽 지역으로 급속히 확산되어 아메리카인의 형태를 완성했다. 더 이상의 인종이 아메리카에서 출현하지는 않았다. 태평양의 섬들에 거주하는 사람들은 몇몇 흑인을 제외한다면 수염이 있기 때문이다. 오히려 그들은 순다섬들에 거주하는 사람처럼, 말레이인에서 기원했음을 알려주는 몇 가지 흔적을 가지고 있다. 그리고 타히티섬에서 볼 수 있고 또한 말레이인의 통상적 국가체제이기도 한 봉건적 통치 형태는 이 추측을 확신하게 한다.

흑인과 백인을 기본 인종으로 가정하는 이유는 그 자체로 분명하
B 138 다. 힌두종과 칼무크족에 관한 한, 더운 국가에서 나타나는 진한 갈색이나 옅은 갈색에서 유래한 올리브-황색이 전자에서는 후자의 본래 얼굴과 달리 다른 어떤 이미 알려진 민족적 특성에서 생겨난 것이라고 보기 어렵다. 그리고 양자는 혼혈 짝짓기에서 거의 실패 없이 자신들을 재생산한다. 바로 이것은 칼무크족이 변형되어 나타난 그

리고 바로 그 이유로 칼무크족과 결부되어 있는 아메리카 인종에게
는 타당하다. 백인과 혼혈로 아메리카인이 **적색 메스티조인**을 생산한
것과 마찬가지로 동인도인은 **황색 메스티조인**을 생산했고, 흑인과 혼
혈로 백인종은 **물라토인**을, 아메리카인은 **카불인** 또는 검은 **캐리비아**
인을 생산했다. 이 모든 것은 언제나 알아볼 수 있는 표가 나는 혼혈 II 434
이고 그들이 진정한 인종에서 유래했음을 증명하는 것이다.

3. 상이한 인종들을 야기한 직접적 원인들에 관하여 B 139

유기체(식물이나 동물)의 본성에 놓여 있는 발육을 결정하는 근거
들은 만약 이 발육이 특정한 부분들과 관련되어 있다면 소인[19]이라
부르지만, 그것이 단지 크기나 부분들의 상호관계에만 관련되어 있
다면 나는 그것들을 **자연적 소질**이라고 부른다. 상이한 기후에서 서
식하는 동종 조류에는 새로운 층렬의 깃털로 발육될 소인이 있다. 이
러한 소인은 그 조류가 추운 기후에 서식한다면 발육되겠지만, 온화
한 기후에 서식한다면 발육되지 않을 것이다. 밀알은 추운 지역에서
는 건조하거나 따뜻한 기후에서보다 더 많이 냉습함을 견뎌야 하기
때문에 미리 마련되어 있는 능력이나 자연적 소질을 가지고 점차 더
두꺼운 껍질을 만들어낼 수 있게 된다. 모든 미래 환경에 대비한 내 B 140
적으로 감추어진 대비책으로 자신의 피조물을 준비시켜 그들이 자
신을 보존할 수 있으며 기후나 풍토의 상이함에도 적응할 수 있게 하
는 자연의 이러한 보살핌은 경탄할 만하다. 그리고 자연은 식물과 동
물을 이주시키거나 번식시킴으로써 외관상 새로운 종류를 만들어낸
다. 하지만 그것들은 여전히 동일한 유의 아종이거나 종족일 따름이
다. 그것들의 소인과 자연적 소질은 단지 오랜 기간 다양한 방식으로

우연하게 전개될 따름이다.*

B 141; Ⅱ 435 우연 또는 보편적인 기계적 법칙은 그와 같은 총괄을 산출할 수 없다. 그러므로 우리는 그와 같은 그때마다의 전개를 예비된 것으로 보아야만 한다. 아직 합목적적인 어떤 것이 나타나지 않았다 할지라도, 자신을 적응할 수 있는 특성을 전파하는 능력은 이를 위한 특별한 소인이나 자연적 소질이 유기체에 마련되어 있어야 한다는 것을 이미 충분히 증명했다. 왜냐하면 외적 사물은 그때마다 원인일 수는 있지만 필연적으로 전승되고 재생되는 것의 산출 원인일 수는 없기 때문
B 142 이다. 우연이나 자연-기계적 원인들은 유기체를 산출할 수 없다. 마찬가지로 이런 원인들은 생김새나 부분들의 관계에 관한 한, 유기체의 생식력에 어떤 것도 덧붙일 수 없다. 다시 말해 자신을 전승할 수 있는 어떤 것을 야기할 수 없다.** 공기, 태양 그리고 영양이 동물의 성장을 변화시킬 수는 있겠지만, 이런 변화를 동시에 이 원인이 없을 때에도 자기 자신을 산출할 능력이 있는 생식력으로 오인해서는 안 된다. 오히려 전승되는 것은 피조물이 성장할 수 있고 지속적으로 자

---

* 우리는 자연의 서술과 자연의 역사가 동일한 의미를 지칭한다고 간주한다. 물론 자연사물에 대해 그것들이 현재 어떻게 존재하는지를 알고자 할 때, 이것이 항상 그것들이 과거에 어떻게 존재했고 어떤 일련의 변화를 거쳐 저마다 장소에서 살아남아 현재 상태에 이르렀는지를 알고자 하는 욕망을 불러일으킨다는 것은 분명하다. 아직 우리가 거의 제대로 알고 있지는 않지만, 자연의 역사는 우리에게 지구 형태의 변화는 물론 자연적 이주로 일어난 지구 피조물의 변화나 그것에서 발생한 계통류들의 원형 아종들에 대해 가르쳐준다. 자연의 역사는 추측건대 동일한 유에 속하는 서로 다르게 보이는 수많은 종족을 추적할 수 있게 해줄 것이며, 오늘날 자연의 서술에 대한 널리 통용되는 강단적 체계를 지성을 위한 자연학적 체계로 변경시킬 것이다.

** 질병은 때때로 대물림된다. 그러나 이것은 유기체가 아니라 단지 감염을 통해 전파되는 해로운 체액의 곰팡이일 뿐이다. 게다가 그것은 필연적으로 전승되는 것도 아니다.

신을 유지할 수 있는 환경에 맞추어 그 상황에 따라 전개하도록 미리
결정되어 있는 것으로서 이미 생식력에 마련되어 있어야만 한다. 왜 B 143
냐하면 피조물을 점차 자신의 근원적이고 본질적인 규정에서 멀어
지게 하여 영구화된 진정한 퇴종을 산출할 수도 있는 동물에게 이질
적인 어떤 것도 생식력 안으로 침투할 수 없기 때문이다.

인류는 모든 기후와 모든 풍토에서도 살아남도록 되어 있다. 결과
적으로 인류에게는 전개되거나 억제되는 우연적 상황에 대비하기
위해 다양한 소인과 자연적 소질이 마련되어 있어야만 한다. 그럼으
로써 인류는 이 세계 속에서 자신의 장소에 적합하게 될 테고 세대를
거듭하여 그 장소에 적합하게 태어나 본래부터 그랬던 것처럼 보일
수 있게 되었다. 이런 개념을 가지고 지구 전 인류의 종류를 일별해
보자. 그리고 자연적 원인이 잘 인지되지 않는 경우에는 인류의 아종
이 생겨난 합목적적 원인을 제시하되 우리가 그 목적을 알지 못하는 B 144
경우에는 자연적 원인을 제시해보자. 여기에서 나는 다만 **공기**와 **태
양**이 생식력에 가장 깊은 영향을 주며 소인과 소질의 지속적 전개를 II 436
산출하는, 다시 말해 하나의 인종을 성립할 수 있는 원인으로 보인다
는 데에만 주목할 것이다. 반면에 특정한 영양은 인류에 어떤 형질을
산출할 수는 있겠지만, 그 형질 차이는 번식하는 동안 금방 사라지게
된다. 생식력에 고착되는 것은 **생명 유지**에 영향을 주는 것이 아니라
생명의 **원천**, 즉 생명의 동물적 조직과 운동의 근본 원리에 영향을 주
는 것이어야만 한다.

빙하지역으로 이주한 인류는 점차 더 작은 체격으로 퇴보할 수밖
에 없었다. 왜냐하면 심장의 힘이 동일하게 유지될 경우 작은 체격
덕분에 혈액순환이 더 짧은 주기를 가지게 되고 그럼으로써 맥박은
더 빨라져 혈액의 온도가 높아질 수 있기 때문이다. 실제로 **크란츠**는
그린랜드인이 유럽인의 체격보다 훨씬 작을 뿐만 아니라 눈에 띄는 B 145

탁월한 자연적 체온 유지력을 가지고 있다는 것을 발견했다. 북쪽 끝에 사는 사람들에게서 나타나는, 전체 신장 크기에 비해 다리가 짧은 불균형조차 그들 기후에는 적합하다. 왜냐하면 신체의 이 부분들은 심장에서 멀리 떨어져 있기 때문에 추위에 더 큰 위협을 겪기 때문이다. 그럼에도[이런 오래되어 보이는 적응에도] 불구하고, 핀족과 더불어 하나의 계통에서 발원한, 말하자면 헝가리족에서 발원한 라플랜더족은 (동아시아에서 온) 헝가리족이 이주한 이후 최근에만 거주했지만 이미 그 기후에 적합할 정도로 적응한 것처럼, 이제까지 알려진 대부분 빙하지역 거주자들은 그곳에 최근에 정착한 것처럼 보인다.

B 146 그러나 만약 북쪽에 사는 족속들이 빙하지역 추위를 오랜 기간 견뎌야만 했다면, 그 영향으로 더 큰 변화가 일어났을 것이 틀림없다. 이 건조지역에서는 신체로 하여금 자신의 체액을 낭비하게 만드는 모든 발육이 점차 억제될 수밖에 없다. 이런 이유로 머리카락 성장의 소인은 점차 억제되고 그럼으로써 머리를 가리는 데 필수적으로 요구되는 것만 남게 된다. 또 자연적 소질 덕분에 거의 가릴 수 없는 얼굴의 돌출 부위는 추위에 지속적으로 노출됨으로써 자연의 배려를 매개로 점점 더 평평해질 것이고, 그 결과 추위에 더 잘 견디게 될 것이다. 눈 아래 툭 튀어나온 광대뼈, 반쯤 감겨 있고 자주 깜박거리는 눈은 부분적으로는 건조하고 추운 공기로부터, 부분적으로는 눈에 반사된 빛으로부터 눈을 보호하기 위해(반사된 빛을 차단하기 위
B 147; Ⅱ 437 해 에스키모인은 고글을 사용한다) 마치 조정된 것처럼 보인다. 물론 이런 특징들은 더 작은 정도에 지나지 않을지라도 온화한 지역에서도 발견되는 기후로 인한 자연적 결과일 뿐이다. 따라서 점차로 수염 없는 턱, 평평한 코, 얇은 입술, 깜빡거리는 눈, 평평한 얼굴, 적갈색 피부가 검은 머리카락과 더불어 산출된다. 달리 말하면, 지속적으로

유지되는 인종이 될 때까지 같은 기후에서 오랜 기간 일련의 세대에 걸쳐 뿌리내린 칼무크족의 얼굴로 변형된다. 그리고 이런 변형은 그와 같은 족속이 나중에 온화한 지역에 새롭게 거주하게 될지라도 유지된다.

의심할 여지없이 사람들은 지금은 온화한 지역에서 가장 완전한 형태를 보이는 칼무크족의 얼굴형을 내가 북쪽 깊숙한 지역이나 북동쪽에서 유래했다고 추론하는 것에 어떠한 정당성이 있는지 의구 B 148
심을 가질 것이다. 이렇게 생각하는 이유는 헤로도토스 때문이다. 그는 당대에 이렇게 보고한 바 있다. 높은 산맥의 기슭, 즉 우랄산맥 지대로 간주할 수 있는 지대에 있는 나라의 주민인 아그리파인은 대머리에 코가 평평하고 자신들의 나무를 흰색 천(아마도 그는 펠트천으로 만든 천막을 의미했던 것 같다)으로 가렸다. 오늘날 이 형태는 정도 차이는 다소 있지만 북동아시아 그리고 특히 아메리카 북서쪽에서 발견된다. 그리고 최근 보고에 따르면, 우리는 이를 진정한 칼무크인처럼 보이는 사람들이 거주하는 허드슨만에서도 확인할 수 있다. 이제 아시아와 아프리카의 추운 지역에서 동일한 종류의 동물을 발견할 수 있으므로, 만약 가장 오래된 시기에 살았던 동물과 인류가 이 두 지역에서 상호 교류했음이 틀림없다는 점을 고려한다면, 그리고 나아가 이 인류의 변종이 우리의 연대기(드 귀그네스[20]에 따른) 이전 B 149
처음 약 1,000년 동안 아무르강 너머에 있는 중국인에게서도 나타나고 그들의 거주지역에서 점차로 달단족의 다른 족속들, 헝가리족 그리고 다른 계통으로 번졌다는 점을 고려한다면, 칼무크족이 세계의 추운 지역에서 유래했다는 것은 완전히 꾸며낸 얘기로만 볼 수는 없을 것이다.

그러나 가장 중요한 것은, 말하자면 아메리카인을 북쪽 극단 지역에 오랫동안 거주한 부족이지만 아직 완전하게 적응하지는 못한 변

종으로 추론하는 것은 머리를 제외한 몸의 나머지 모든 부분에서 털
이 거의 자라지 않는다는 사실과 이 세계의 더 추운 지역에서는 적갈
색을 그리고 더 뜨거운 지역에서는 더 짙은 구리빛깔을 낸다는 사실
에서 매우 잘 확증된다. 왜냐하면 (공기의 산성 작용으로 인한) 적갈
II 438 색은 추운 기후에 적합한 것처럼 보이고, 마찬가지로 (액체의 알칼리
성 체액 작용으로 인한) 올리브-브라운색은 더운 기후에 적합한 것처
B 150 럼 보이기 때문이다. 물론 이를 위해 세계 추운 지역의 가장 당연한
작용이라고 볼 수 있는, 절반쯤 약화된 생명력을 드러내는 아메리카
인의 자연적 형질을 굳이 언급할 필요는 없을 것이다.*

그에 반해 더운 기후에 가장 습하고 뜨거운 곳에서 그 풍토에 완전
하게 적응하기 위해 충분히 오랫동안 살아온 종족들 중에는 앞에서
논의한 것과는 완전히 반대되는 결과도 있어야만 할 것이다. 이 경우
칼무크족의 변형과 정확히 반대되는 사례가 등장할 것이다. 신체의
해면조직으로 된 부분의 발육은 뜨겁고 습한 기후에서는 비대해져
야만 했다. 그래서 두껍고 위로 향한 코(들창코)와 두툼한 입술이 등
B 151 장했다. 피부에는 유분이 많은데, 이는 지나치게 강한 증발을 완화할
뿐 아니라 공기 중에 있는 부패하기 쉬운 습기의 해로운 침투를 방지
하기 위해서다. 게다가 모든 인간의 피에서 발견되고 여기에 망상 조
직에 있는 인산의 증발로(그 때문에 모든 흑인은 악취를 풍긴다) 촉발
되는 풍부한 철분은 얇은 표피를 관통하여 검은색으로 보이도록 한
다. 그리고 혈액에 있는 무거운 철 성분은 모든 부분의 기력 상실을

* 한 가지 사례를 얘기하면, 수리남에 있는 피부가 붉은 노예(아메리카인)는 오직 가사노동만 할 수 있을 뿐이다. 그들은 들판 노동을 하기에는 너무나 약하기 때문이다. 들판 노동에는 흑인이 적합하다. 물론 이 경우 강제수단이 없는 것은 아니지만, 이 지역 토착민은 대체로 능력과 인내심이 부족하다.

예방하기 위해 필수적인 것처럼 보인다. 머리카락의 성장을 위해 필
요한 영양분을 약화하는 피부의 유분은 머리를 완전히 뒤덮는 털 생
산을 거의 허용하지 않는다. 그런데 고온다습은 일반적으로 동물의
활발한 성장에 유익하다. 그리고 간단히 말해 이것은 결과적으로 흑
인을 산출했다. 자신의 기후에 적응한 흑인은 말하자면 강하고 살집 B 152
이 있고 탄력 있지만, 그들 토착지의 풍부한 식량 때문에 게으르고
나태하며 시시덕거리기를 좋아한다.

힌두 원주민은 매우 오래된 인류의 인종 중 하나에서 기원한 것으
로 볼 수 있다. 북쪽 지역으로는 우뚝 솟은 산으로 둘러쳐져 있고 북
에서 남쪽으로 반도 끝까지 긴 산맥이 횡단하는 그들 지역은(그 산
들 중 북쪽에 있는 것을 나는 또한 **티베트**라 부르며, 아마도 이곳은 우리
지구의 마지막 거대한 변혁 이후 인류의 공통된 피난처이자 양육지였을
것이다) 물이 가장 완벽하게 나뉜(두 대양으로 갈라져 흘러들어가는) II 439
행운의 지역이며, 이런 행운을 가진 지역은 아시아 대륙의 어떤 곳에
도 없다. 따라서 그 지역은 고대 시기에는 건조하여 사람이 살 수 있
었을 것이다. 반면 인도반도 동부와 중국은(이 지역들에서는 강들이 B 153
갈라져 흐르기보다는 나란히 흘러가기 때문에) 홍수가 있었던 저 시기
에는 거주할 만하지 않았을 것이 틀림없다. 따라서 이 지역에서 오랜
시간이 경과하여 확고한 하나의 인종이 생겨났을 것이다. 인도인의
올리브-황색 피부, 동쪽에 있는 족속들의 다소 암갈색에 바탕을 둔
집시풍 색깔은 또한 흑인의 검은색과 마찬가지로, 여러 세대를 거친
특성으로 지속적이다. 그리고 인도인의 올리브-황색 피부는 나머지
변형이나 상이한 자연 조건과 더불어, 흑인의 검은 피부가 **고온다습**
의 결과인 것과 마찬가지로, **고온건조**의 결과인 것으로 보인다. 이베
경[21]에 따르면, 인도인의 공통적 질병은 담즙 분비가 원활하지 않은
것과 간부종이지만, 그들의 타고난 피부색은 거의 황달에 걸렸을 때

의 색에 가깝다. 이는 혈액으로 유입되는 담즙의 끊임없는 분비 때문
B 154 인 것으로 보이며, 이러한 분비는 사포닌을 함유함으로써 아마도 걸
쭉해진 체액을 용해하여 증발할 수 있도록 하고, 그럼으로써 최소한
체표 부위만이라도 혈액을 차갑도록 한다고 한다. 여기에서 귀결된
또는 이와 유사한 어떤 것에서 귀결된 자연의 조력, 다시 말해 혈액
순환을 자극하는 것을 모종의 유기화를 통해(이 유기화의 결과가 피
부에 나타난다) 지속적으로 제거하는 자연의 조력이 인도인의 손*이
B 155; II 440 차갑고 아마도 (비록 이것은 아직 관찰되지는 않았지만) 혈액 온도가
낮은 원인일 것이다. 이 덕분에 그들은 뜨거운 기후에서도 손상 없이
견딜 수 있다.

그런데 사람들은 이제 다른 억측과 균형을 이루기에 충분한 최소
한의 근거를 가진 억측을 한다. 그 억측이란 인간 종류의 상이성이
상호 너무나 불일치하기 때문에 오히려 많은 지역적 창조를 가정해
야 한다는 것이다. 랍랜드의 차가운 이끼를 먹이로 삼는 순록을 창조
B 156 했던 신이 또한 그곳에서 이 순록을 먹는 랍랜드족을 창조했다고 주
장하는 볼테르에 대해 말하면, 이것은 시인을 위해서는 나쁜 생각이

---

* 나는 이 인도인들이 매우 높은 온도에도 독특하게 차가운 손을 유지하며
이것은 그들의 냉정함과 온화함의 결실로 짐작된다는 것을 읽은 적이 있
다. 그런데 네덜란드의 영사와 바세인에 있는 네덜란드 영사관의 대표로
재직했던 매력적이고 통찰력이 깊은 여행가 이톤 경이 쾨니히스베르크를
경유해 여행하는 중 나와 매우 즐거운 대화를 나눈 적이 있었는데, 그때 그
는 나에게 다음과 같이 말했다. 그가 수라트에서 유럽 영사관들의 부인들
과 춤을 추었을 때, 그는 그녀들의 습하고 차가운 손 때문에 놀란 적이 있
B 155 었고(장갑을 끼는 관습은 아직 그곳에서는 정착되지 않았다), 그가 놀라움을
다른 사람에게 표현했을 때, 그는 그녀 어머니가 인도인이며 이 특성은 그
들에게 대물림된다는 답을 들었다고 했다. 그 신사는 또한 파시교도 아이
와 그곳의 인도인 아이를 함께 보게 되면, 전자의 흰색과 후자의 황갈색에
서 인종 차이가 직접적으로 눈에 띄며 인도인은 신체의 두드러진 차이를
보이는데, 가령 넓적다리가 우리보다 비율적으로 길다고 했다.

아니지만 철학자에게는 열악한 미봉책에 불과하다. 철학자는, 자연의 인과사슬이 명백하게 직접적 재난과 결부되어 있다는 것을 목격하는 경우가 아니라면, 그 인과사슬에서 떠나서는 안 된다.

오늘날 사람들은 식물이 다양한 색깔을 보이는 이유를 상이한 체액에 침강된 철 때문이라고 한다. 모든 동물의 혈액도 철을 포함하기 때문에, 이런 인간 인종의 상이한 피부색 역시 바로 동일한 이유 때문인 것은 매우 분명하다. 가령 피부의 비워진 부분을 채우는 염산이나 인산 또는 휘발성 알칼리는 이러한 방식으로 망상조직에 있는 철분을 붉거나 검게 또는 노랗게 침강시킨다. 그러나 백인종에서는 체액에 용해되어 있는 이 철분이 전혀 침강되지 않았을 테고, 이와 동 B 157
시에 이를 통해 백인종에서는 체액이 완전히 용해되어 있다는 것과, 이 인종의 형질이 나머지 인종의 형질보다 강하다는 것이 입증될 것이다. 그럼에도 이것은 이 영역에서 이루어지는 연구를 위한 단지 피상적 유인에 지나지 않는다. 왜냐하면 내가 보기에 이 영역은 어떤 확신을 가지고 추측을 감행하기에는 너무 낯설기 때문이다.

우리는 인류의 네 가지 인종을 열거했는데, 인류의 모든 다양성은 이 인종들을 기준으로 파악될 수 있을 것이다. 그러나 모든 아종에는 항상 **기원종**이 필요한데, 우리는 이 기원종이 이미 멸종되었다고 선언하거나 아니면 기원종과 가장 많이 비교할 수 있는 인종을 현존하는 인종들 가운데서 선택해야 한다. 물론 오늘날 이 세계 어딘가에서 변화하지 않은 인간의 본래 모습을 발견하리라고 희망할 수는 없다. 수많은 세대를 거쳐 각 지역의 풍토에 적응시키는 자연의 이러한 경향성 때문에 오늘날 인간의 모습은 어디서나 국지적 변양의 영향을 받았음이 틀림없다. 그러나 고대 세계에서 위도 31도에서 52도 사이 B 158
의 지역을(그 지역은 인구밀도와 관련해서도 고대 세계라는 명칭을 받아 마땅한 것으로 보인다) 그보다 추운 지역과 그보다 더운 지역의 영

II 441 향이 가장 좋은 방향으로 혼합된 지역으로 혹은 지구의 피조물이 가
장 풍부하게 발견되는 지역으로 간주하는 것은 너무나 당연하다. 또
적어도 이 지역에서 인류는 자신의 원형으로 분화되었음이 틀림없
다. 왜냐하면 이 지역에서부터 인류의 모든 이식을 위한 준비가 동등
하게 잘되었기 때문이다. 그러나 이곳에서 우리는 피부는 하얗지만
머리카락은 검은 거주민을 발견할 수 있는데, 우리는 그 모습이 기원
종의 모습과 가장 가까운 것이라고 인정하기를 원한다. 이 모습 중
부드러운 흰색 피부에 밝은 금발, 불그스름한 머리카락, 연푸른 눈이
북방 아종에 가장 가까운 것처럼 보인다. 이 종족은 로마시대에는 독
B 159 일 북부와 (다른 증거에 따르면) 동쪽으로는 알타이산맥에 이르는 지
역에서 거주했지만, 상당히 추운 지방 도처에 있는 광활한 삼림에서
거주했다. 그런데 체액에 괴혈병 경향을 야기하는 한랭다습한 공기의
영향은 마침내 인간에게서 특정한 형질을 산출해왔다. 만약 이 지역
에서 그렇게 자주 이질적 교접이 아종화 과정을 방해하지 않았다면,
이 형질은 항구적 인종에 이를 때까지 성장했을 것이다. 따라서 우리
는 이 종족을 최소한 실재하는 인종에 가장 근접한 것으로 생각할 수
있으며, 그 경우 실재하는 인종은 그 기원에 대한 자연적 원인을 고
려해볼 때 다음과 같이 요약하여 정리할 수 있다.

기원종
흑갈색 머리카락의 백인
첫 번째 인종 습하고 추운 지역의 밝은 금발(북유럽인)
B 160 두 번째 인종 건조하고 추운 지역의 구릿빛 붉은색(아메리카인)
세 번째 인종 습하고 뜨거운 지역의 검은색(세네잠비아인)
네 번째 인종 건조하고 뜨거운 지역의 올리브-황색(인도인들)

4. 상이한 인종을 야기하는 우연적 원인들에 관하여

이 세계에 있는 인종의 다양성과 관련한 가장 어려운 문제는, 그 어떤 설명 근거를 제시할지라도 환경이 비슷한 국가와 지역들이 그럼에도 동일한 인종을 가지고 있지 않다는 점이다. 가령 지구에서 기후가 가장 뜨거운 아메리카에서는 동인도인 모습이 나타나지 않으며, 더욱이 그 지역에서 생성된 흑인의 외양도 나타나지 않는다. 또 아라비아와 페르시아에는, 이 나라들이 기후나 공기의 성질 등과 관련하여 인도와 매우 일치함에도 올리브-황색의 토착 인도인이라고는 없다. 이런 난제들의 첫째 문제에 관해서라면, 그들이 이 지역에 B 161; Ⅱ 442
거주하게 된 방식으로 충분히 이해할 수 있다고 답할 수 있을 것이다. 왜냐하면 아메리카의 기원 족속이 북동아시아나 그에 이웃한 아메리카에 오랫동안 거주함으로써 현재와 같은 인종을 형성했다면, 이 인종이 기후의 어떤 영향으로도 다른 인종으로 변형될 수 없기 때문이다. 즉 기원의 형성만이 인종으로 분화할 수 있는데, 인종이 일단 뿌리를 내리고 나머지 소인을 억제해왔다면, 이 인종의 특성이 생식력에서 우세해지므로 모든 변형에 저항하기 때문이다.

그러나 자신의 나라에 갇혀 있는(혼혈종으로 변해버린 것처럼 보이는 동쪽 지역을 제외한다면) 인도 인종의 지역성과 마찬가지로, 아프리카에만* 고유한 (세네잠비아에서 가장 전형적인) 흑인종의 지역성 B 162
에 관해 말한다면, 나는 그 원인이 고대시대의 내륙해(內陸海) 때문이

---

* 세계의 남쪽 뜨거운 지역에는 또한 이웃하고 있는 섬들에 퍼져 있는 흑인 B 162
의 작은 부족이 있다. 그들에 대해 사람들은 인도 혼혈인과의 혼혈이라는 이유로 그곳의 흑인이 그 지역의 원주민이 아니라, 말레이 아르키펠라고와 아프리카가 연결되어 있었기 때문에 오래전에 점진적으로 이주해온 이주민이라고 믿어왔었다.

라고 믿는다. 내륙해는 아프리카와 마찬가지로 힌두스탄을, 그렇지
않았다면 가까웠을 다른 나라들에서 분리했다. 왜냐하면 다우리아
경계에서 몽골리아, 소북하라, 페르시아, 아라비아, 누비아, 사하라
를 거쳐 케이프 화이트에 이르기까지 거의 중단된 곳 없이 연속된 이
지역은 대부분 영역에서 고대 바다의 해저와 닮았기 때문이다. 이 영
B 163 역에 있는 지역들은 부아체[22]가 고원이라고 부른, 이른바 높고 대부
분 수평으로 펼쳐진 평야다. 이 지역 산들에서는 옆으로 펼쳐진 경사
면을 찾아보기 힘든데, 이 지역은 산자락이 수평으로 펼쳐진 모래에
묻혀 있기 때문이다. 이런 이유로 그곳에 단지 몇 개밖에 없는 강들
은 짧은 경로로 흐르다가 모래가 있는 지역에서 말라버린다. 이 부분
들은 고대의 해양분지와 닮았다. 이 부분들은 산들로 둘러싸여 있고,
전체적으로 보면 그 안쪽으로 물이 있으며, 따라서 강이 흘러 들어오
지도 나가지도 않는다. 게다가 대부분 모래, 즉 고대의 고요한 대양
Ⅱ 443 의 침전물로 덮여 있다. 여기에서 어떻게 인도 종족의 특성이 페르시
아나 아라비아에 뿌리내릴 수 없는지를 이해할 수 있게 된다. 왜냐하
면 페르시아와 아라비아는 추측건대 힌두스탄이 오랫동안 그 지역
B 164 에 거주했을 당시에도 여전히 대양의 분지였기 때문이다. 마찬가지
로 인도인처럼 흑인종이 어떻게 오랫동안 북쪽 지역 혈통과 섞이지
않고 자신을 유지할 수 있었는지가 설명될 수 있는데, 이는 흑인종
이 바로 이 대양으로 인해 북쪽 지역에서 분리되었기 때문이다. 자연
을 서술하는 것(현 시대에서는 자연의 조건)만으로는 인종이 다양해
진 이유를 드러내기에 너무나 불충분하다. 비록 사람들이 견해를 대
담하게 펼치는 것에 대해 적대적 태도를 취하고, 더욱이 그런 태도가
정당한 것이라 할지라도, 우리는 자연의 역사를 탐구해야만 한다. 자
연의 역사는 하나의 독립된 학문이며, 아마도 억측에서 점차 통찰로
전진해나갈 것이다.

* * *

내가 여기에서 공고한 자연지리학은 어떤 이념의 일부를 이루는데, 이 이념은 내가 세계지에서 예비학이라 할 수 있는 유익한 학문적 교육에서 만들어낸 것이다. 세계에 대한 이 지식은 모든 다른 방식으로 획득된 학문과 기술에 실용적인 것을 마련해준다. 그 실용적 요소 덕분에 자연지리학은 학교 교육을 위해서만 아니라 생활을 위해서도 유용해진다. 그리고 준비를 마친 학생들은 이로써 자신의 사명이 있는 무대로, 즉 세계로 인도될 것이다. 여기 그들 앞에는 두 영역이 놓여 있는데, 그들은 그것에 관해 예비적 개요를 획득해서 법칙에 따라 그 안에 모든 미래적 경험, 즉 자연과 인류를 질서 지을 수 있다. 그러나 이 양자는 우주적 질서를 가진 것으로, 즉 그 양자의 대상들이 포함하는(자연학과 경험심리학) 주목할 만한 가치가 있는 세부사항과 관련해서만이 아니라 그것들이 성립하고 모든 사람이 있어야 할 곳인 전체와의 관계에 우리가 주목할 수 있다는 점과 관련해서도 고찰되어야만 한다. 나는 첫째 교육과정을 자연지리학이라고 부르며 이를 여름강좌 과정으로 선택해왔다. 나는 둘째 교육과정을 인간학이라 부르는데, 그것을 겨울강좌를 위해 보류할 것이다. 이번 학기의 나머지 강좌는 이미 적절한 장소에 공개되어 있다.

박애학교에 관한 논문들

홍우람 옮김

일러두기

1. 『박애학교에 관한 논문들』(*Aufsätze, das Philanthropin betreffend*) 번역은 1776~77년에 발표된 원전을 대본으로 사용했고, 학술원판(*Vorkritische Schriften II 1757-1777*, in *Kant's gesammelte Schriften*, Bd. II, pp.445-452, hrsg. von der Königlich Preußlichen Akademie der Wissenschaften, Berlin, 1905)을 참고했다.

박애학교에 관한 논문들

1. 데사우 1776년[1]

청소년을 아끼는 사람들이 특히 학교 개선에 나선 인간성의 수호 Ⅱ 447
자들에게 그리고 자녀를 데사우 박애학교에 보내고자 하는 아버지들과 어머니들에게 전하는 『박애학교 문헌집』[2] 제1집.

칭찬받아 마땅한 조력자와 함께 인간의 안녕과 개선에 엄숙히 헌신해온 바제도우[3] 씨가 지금 일을 벌이고 있다. 아마도 인류에게 이 일보다 더 정당한 요구가 일어난 경우도 없을 것이고, 인류를 위해 이 일만큼 커다란 이득이 널리 사심 없이 제공된 경우도 없을 것이다. 수세기에 걸쳐 머리 좋은 사람과 머리 나쁜 사람을 품어온 곳, 그러나 사려 깊고 활기 넘치는 뛰어난 한 인물의 뜨겁고 확고한 열정이 없었다면 똑같은 수세기 동안 여전히 착한 소망을 간직한 채 머물러 있었을 곳, 즉 자연에도 부합하고 시민적 목적에도 부합하는 진정한 교육기관이 지금 의외로 신속한 성과를 내보이면서, 외부의 원조를 요청하고 있다. 이런 원조 요청은 단지 이 교육기관이 지금의 방식 그대로 확장되고 자기 씨를 다른 지역으로 퍼뜨려 그 종을 영속시키기 위한 것이다. 왜냐하면 인간성 내에 놓여 있는 자연적 소질의 발전에 불과한 것은 모두의 어머니인 자연과 동일한 성질, 즉 자기 씨가 마르도록 내버려두지 않고 자기를 스스로 복제해서 자신의 종을 보존하는 성질을 지니고 있기 때문이다. 모든 공동체 그리고 모든 개별적 세계시민이 인간사에 완전히 새로운 질서를 야기하는 공공기관에 대해 알게 되는 것은 대단히 중요하다(사람들은 이 『문헌집』
Ⅱ 448 과 바제도우의 저서 『세계시민이 읽어야 할 것』에서 바로 그런 것을 배울 수 있다). 이 공공기관은, 신속히 전파될 경우, 피상적인 관찰로는 쉽게 떠올리지 못할 정도로 원대한 개혁을 시민적 업무에서뿐만 아니라 사적인 삶에서도 이뤄낼 것이 틀림없다. 그러므로 아직 연약한 이 싹을 힘이 미치는 한에서 세심하게 돌보며 보호하는 것 혹은 적어도 선을 행하는 능력과 선한 의지가 합치되어 있는 사람들에게 이 싹을 보호해달라고 부단히 권하는 것은 모든 박애주의자[4]의 본래적 사명이기도 하다. 이 싹이 다행스럽게 움트기 시작하면서 기대되던 완전한 성장이 일단 이루어지기만 한다면, 그 결실은 곧 모든 지역으로 확산될 뿐만 아니라 한참 뒤의 후손에게까지 확산될 테니 말이다. 이런 점에서 5월 13일[5]은 중요한 날이다. 바로 이날 자기 일에 확신을 가진 사람이 인접한 도시와 대학에서 가장 박식하고 사려 깊은 사람들을 초대해서, 단순한 설명만으로는 좀처럼 믿지 못할 그런 것을 이 사람들에게 직접 보여주려고 한다. 선한 일은, 직접 목격될 경우, 거스를 수 없는 힘을 발휘한다. 인류를 대표할 만큼 인정받고 있는 위대한 인물들(우리는 이들 중 상당수가 이 회합에 참석하기를 바란다)이 목소리를 낸다면, 유럽은 자기와 밀접히 관련된 것에 대해 필연적으로 주목하고 그토록 공익적인 기관에 대해 적극적으로 참여하게 될 것이 틀림없다. (최근 신문에 보도되었듯이) 고귀한 손길에 의해 상당한 원조를 받아서[6] 박애학교가 지속될 수 있도록 보장받았다는 사실

은 모든 박애주의자들에게 현재 이미 크나큰 기쁨이 아니 될 수 없으며, 마찬가지로 이런 훌륭한 사례가 계속 이어지리라는 크나큰 희망이 아니 될 수 없다. 이런 상황이라면 온갖 지역 출신의 기숙학생들이 어쩌면 곧 자리가 부족해질지도 모르는 이 공공기관에서 자리를 확보하기 위해 서둘러야 할 것이라는 점도 의심할 여지가 없다. 그러나 선한 일의 신속한 확산을 간절히 바라는 사람들에게 가장 소중한 것은 다름 아니라 숙련된 지원자들을 데사우로 보내서 박애주의적 교육방식을 몸소 배우고 익히게 하는 것이다. 이것은 짧은 시간 내에 도처에 좋은 학교를 마련할 수 있는 유일한 수단으로서, 무엇보다도 부유한 후원자들의 즉각적인 주목과 관대한 도움이 필요해 보인다. 이 바람이 곧 실현되기를 기대하면서 공립학교와 사립학교에서 지도하는 모든 교사들에게 강력히 추천하는 것은, 자기 자신의 배움을 위해서 바제도우의 저서들과 그에 의해 편찬된 교과서들을 사용할 뿐만 아니라 자신이 맡은 청소년들의 훈련을 위해서도 그 교과서 II 449
들을 사용하고, 그럼으로써 할 수 있는 한 지금 당장 그들을 박애주의적으로 지도하라는 것이다. 이 문헌집은 칸터서점에서 15그로센으로 구할 수 있다.

2. 공동체에게[7]

유럽의 문명화된 나라들에 교육기관은 부족하지 않다. 그리고 이 교육기관에서 모두에게 봉사하고 있는 교사들의 호의적인 근면성도 부족하지 않다. 그럼에도 현재 분명히 입증된 사실이 있다. 이 교육기관이 애초부터 모두 잘못되었다는 사실 그리고 이 안의 모든 것은 자연과 반대로 작동하기 때문에 자연이 인간에게 선을 향한 소질을 부여했음에도 이 교육기관은 인간에게서 선을 이끌어내지 못한다는 사실, 그러나 동물적 피조물인 우리가 인간으로 형성되는 것은 오직 교육에 의한 것이므로, 낡은 관습과 미숙한 시대에서 맹종적으로 모방된 교육방법이 아니라 자연 그 자체에서 현명하게 도출된 교육방법이 보편적으로 보급된다면 머지않아 우리가 주위에서 전혀 다른 인간을 목격하게 되리라는 사실 말이다.

하지만 학교를 점진적으로 개선함으로써 인류를 이렇게 구원하기를 기대하는 것은 헛된 일이다. 유럽의 교육기관이 선한 것을 생성해야 마땅하다면, 이 교육기관은 탈바꿈해야 한다. 이 교육기관은 근원적 조직질서에 결함을 지니고 있으니 말이다. 심지어 이 교육기관의 교사들도 새로운 형태를 수용해야 한다. 이것을 실현할 수 있는 것은 더딘 개혁이 아니라 신속한 혁명이다. 이런 혁명을 위해 필요한 것은 오직 하나의 학교, 즉 진정한 방법에 따라 근본적으로 완전히 새롭게 정비되는 학교, 보상을 탐하지 않는 고결한 열정을 지닌 계몽된 사람에 의해 운영되는 학교 그리고 완전성을 향해 진보해나가는 동안 모든 나라 전문가들의 주목을 통해 관찰되고 평가되지만 완벽성에 다다를 때까지 모든 박애주의자의 통일된 협력에 의해 지지와 도움을 얻는 학교뿐이다.

이런 학교는 단지 이 학교에서 교육받는 사람들만을 위한 것이 아
니다. 이 학교에서 참된 교육방법에 따라 교사로 성장할 수 있는 기
II 450 회를 제공받는 사람들에게 이 학교는 훨씬 더 중요하다. 수가 점점
늘어나고 있는 이 사람들은 세심한 보살핌을 통해 머지않아 잘 훈련
된 많은 교사들로 양성될 수 있는 씨앗이며, 이렇게 양성된 교사들은
곧 훌륭한 학교와 더불어 나라 전체를 뒤덮을 것이다.

이 모범적 학교는 완전성을 위한 원천을 이미 스스로 보유하고 있다. 이제 모든 나라의 공동체가 무엇보다도 노력을 기울여야 할 일은

이 학교가 빨리 충분한 완전성을 갖추도록 온갖 방면에서 원조하는 일이다. 왜냐하면 다른 나라에서는 이 학교의 조직질서와 구상을 즉시 모방하려 하고 있는데도, 훌륭한 교육에 대한 최초의 완벽한 실례이자 산실이 되어야 할 이 학교 자체는 궁핍함과 곤란함에 처해서 완전한 진보를 이루지 못하고 있다는 것은, 말하자면 아직 여물지 않은 씨를 뿌린 뒤에 결국 잡초를 수확하게 되는 것과 마찬가지이기 때문이다.

그런 교육기관은 이제 더 이상 아름다운 이념에 불과한 것이 아니다. 그것은 오랫동안 바라왔던 것이 실현될 수 있음을 스스로 명백히 입증해 보이고 있다.[8] 확실히 그것은 우리 시대의 현상으로서, 보통 사람들의 눈에는 간과되지만 인류의 안녕에 관심을 쏟고 있는 모든 지적인 관찰자들에게는, 항상 변화하는 거대한 세계의 무대 위에서 덧없이 반짝이는 것보다 훨씬 더 중요한 것일 수밖에 없다. 이렇게 덧없이 반짝이는 것은 인류에게 최선인 것을 도로 무르지는 않겠지만, 머리카락 한 올만큼도 늘리지 못한다.

공적인 평판을 통해서 그리고 특히 다양한 나라의 성실하고 통찰력 있는 전문가들의 하나 된 목소리를 통해서 분명히 이 잡지의 독자들은 데사우 교육회(박애학교)가 탁월한 특징들을 지니고 있는 독보적인 교육기관임을 알게 될 것이다. 그 탁월한 특징들 중 중요한 한 가지는 애초부터 그리고 어쩌면 지금까지 이 교육회가 안고 있는 모든 결함들을 이 교육회는 스스로 자기 조직질서에 따라 자연적인 방식으로 극복해낼 것이 틀림없다는 점이다. 이 교육회에 대해 도처에서 일어나는 반대와 가끔 나타나는 비방문(올바름이라는 특유의 기품을 지닌 바제도우 씨가 최근에 이런 비방문 중 하나인 망겔스도르프[9]의 비방문에 대해 답변한 바 있다)은 흠을 잡아내려는 버릇에 따른 그리고 오물 위에 서 있는 자신을 옹호하려는 낡은 관습에 따른 상습적인 술수다. 따라서 선하고 고귀한 것으로 자신을 드러내는 모든 것에 대해 적의의 시선을 던지는 그런 부류의 인간들이 아무 말 없이 무관심하다면, 지금 일어나고 있는 이런 선한 일은 대수롭지 않은 일이라고 오히려 약간의 의혹을 품게 될 수밖에 없다.

II 451 자, 인간성을 위해 헌신하고 따라서 모든 세계시민이 함께하도록 애써온 이 교육기관에 약간의 도움(이 도움은 개별적으로는 작은 도움에 불과할지 모르지만 합치게 되면 중요해질 수 있다)을 제공할 수 있는 기회가 지금 주어졌다. 누군가가 자신의 창의력을 쏟아서 가장 가능성이 크고 가장 오래 지속하는 보편적 선의 증진에 작게나마 공헌할 수 있는 기회를 창출하게 된다면, 그 기회란 어쨌건 선 그 자체의 씨앗이 점차 확산되고 영속하도록 그 씨앗을 보호하고 육성할 수 있는 그런 기회여야 할 것이다.

이런 생각에 의거해서 그리고 우리 공동체 내 사려 깊은 사람들의 수에 대한 호의적 평가에 의거해서 우리는 이 『쾨니히스베르크 학술과 정치지』 제21집을 그 부록과 더불어 추천한다. 성직과 교직에 종사하는 모든 신사분들 그리고 자기 아이를 더 잘 양육하는 데 도움이 되는 것에 무관심할 수 없는 일반적인 부모님들, 심지어 자녀가 없더라도 아이들보다 앞서 교육받았고 이 때문에 인간의 증식을 위해서는 아니지만 적어도 인간의 육성을 위해 자신의 몫을 기부하는 것이 의무라고 인식할 분들도 많이 예약하기를 기대한다.

"교육학적 논의"라는 제목으로 데사우 교육회가 발간하는 이 월간지에 대한 예약 접수비는 지금 우리 돈으로 2라이히스탈러 10그로셴이다. 하지만 아직 이 월간지의 매수가 결정되지 않은 탓에 연말에 약간의 추가금이 청구될지도 모른다. 따라서 이 일을 촉진하기 위해서는 1두카텐을 선불 방식으로 지불하고 원하는 사람의 경우 당연히 모두 잔액을 정확히 환급받게 하는 것이 아마 가장 좋을 것이다(하

지만 이는 각자의 의향에 맡긴다). 왜냐하면 지금 이 교육회는 전 세계
에 있는 수많은 고결한 사람들이 이 기회를 기꺼이 붙잡을 것이고 이
를 계기 삼아 예약금에 자발적인 작은 선물을 기부금으로 덧붙여줄
것이라는 희망을 품고 있기 때문이다. 완전성에 다가서고 있기는 하
지만 기대한 만큼의 원조를 통해 적시에 도움을 얻지 못하고 있는 교
육기관을 지원하는 기부금으로 말이다. 최고종교관[10]인 뷔싱[11] 씨가
말한 것처럼(『주간소식』[12] 1776년 제16집) 현 정부에는 학교 개선을
위한 자금이 전혀 없어 보이므로, 결국 부유한 사적 개인에 의지해서 II 452
넉넉한 기부를 받아 이 중요한 공공업무를 촉진할 수밖에 없다. 그런
학교 개선이 실행되지 않은 채 방치되어서는 안 되니 말이다.

이 지역에서는 오전 10시부터 오후 약 1시까지 칸트 교수에게 혹은 언제든 칸터서점에 예약금을 선불하면 예약증을 받을 수 있다.

해제

차례

『부정량 개념을 철학에 도입하는 시도』 · 박진 ······ 381

『아름다움과 숭고의 감정에 관한 고찰』 · 김화성 ······ 395

『자연신학의 원칙과 도덕 원칙의 명확성에
관한 연구』 · 강병호 ······ 409

『1765~1766 겨울학기 강의 개설 공고』 · 강병호 ······ 419

『형이상학의 꿈으로 해명한 영을 보는 사람의 꿈』 · 임승필 ···· 425

『공간에서 방향의 제1 구분 근거』 · 김상현 ······ 441

『감성계와 지성계의 형식과 원리』 · 김상봉 ······ 445

『인간의 상이한 종』 · 김상현 ······ 461

『박애학교에 관한 논문들』 · 홍우람 ······ 465

일러두기

1. 해제와 옮긴이주에서 칸트 저술 인용은 '『저술의 한글 약칭』 학술원판의 권수(로마 숫자) 쪽수(아라비아 숫자)' — 예를 들어 '『정초』 IV 389' — 로 표시한다.
2. 『순수이성비판』 인용만은 관례에 따라 학술원판 권수 대신 초판(A) 또는 재판(B)을 표기해 '『순수이성비판』 A 104' 또는 '『순수이성비판』 B 275'와 같이 표시한다.
3. 『칸트전집』 한국어판(한국칸트학회기획, 한길사 편집·출간) 인용은 '『칸트전집』 한국어판의 권수 쪽수' — 예를들어 『칸트전집』 7 100 — 로 표시한다.

『부정량 개념을 철학에 도입하는 시도』

박진 동의대학교 · 철학

저술 배경

전비판기 칸트 저작들을 살펴보면 그의 관심이 상충하는 두 문제의식 주위를 계속 맴돌고 있음이 드러난다. 젊은 칸트의 사유를 추동한 문제의식은 간단히 말해 과학과 종교의 대립과 그 극복이었다. 더 구체적으로 말하면, 뉴턴으로 대변되는 수학적 자연과학의 실험적 방법을 모델로 한 새로운 방법으로 형이상학을 혁신함으로써 전통적인 도덕과 종교의 주제를 살려내고자 한 노력이었다고 보인다. 이렇듯 모든 영역에서 서로 대립하는 원리를 발견해내고 그것을 조화하고자 하는 사유실험의 방식은 1747년 대학 졸업논문 이래 일관된 칸트철학의 원동력이다. 이런 변증법적 대화의 특징은 이미 당대 자연과학과 형이상학의 논쟁적 주제를 조정하려 했던 『살아 있는 힘의 참된 측정에 관한 사상과 라이프니츠와 다른 역학자들이 이 논쟁에 사용한 증명에 관한 평가, 그리고 물체의 힘 일반에 관한 몇몇 선행하는 고찰』(1747)에서 드러나며, 그 뒤 1755년 발표된 논문들 역시 두 가지 관심을 조정하려는 노력으로 보인다. 즉 같은 해 발표한 저술들은 한편으로 자연과학적 성찰을 담은 『불에 관한 성찰의 간략한 서술』(1755)와 『일반 자연사와 천체이론 또는뉴턴의 원칙에 따라 다룬 우주 전체의 구조와 기계적 기원에 관한 시론』(1755), 다른 한편 기존 형이상학을 혁신하기 위한 성찰을 담은 『형이상학적 인식의 제1원리들에 관한 새로운 해명』(1755, 이하 『새로운 해명』)이다. 두 주제의 병행적 사유 패턴은 『부정량 개념을 철학에 도입하는 시도』(*Versuch den Begriff der negativen Größen in die Weltweisheit einzuführen*, 1763, 이하 『부정량』)를 발표한 해인 1763년 발표한 글들에서도 잘 나타난다. 즉 1763년 수학의 개념을 실마리로 세계관적 성찰을 다룬 『부정량』과 함께 같은 해에 기존 형이상학의 신존재 증명을 비판하고 극복하기 위한 새로운 증명방식, 즉 모든 가능성의 실재적 근거로서 신에 대한 성찰을 담은 『신의 현존을 입증하기 위한 유일하게 가능한 증명 근거』(1763, 이하 『신현존 증명』)가 발표된다. 이런 초기 사색에서 칸트는 도덕과 신앙으로 대변되는 전통 형이상학의 관심 주제를 적극 살리되, 방법적으로는 이성론자들이 의존했던 형식논리적 추론이나 수학의 증명방식이 아닌, 새로운 방식을 사유실험에 도입하고자 했다고 보인다.

1763년 칸트의 전비판기 저작 가운데 하나인 이 소논문 역시 당시 세계관적 갈등과 방법적 대립 속에서 철학의 새로운 길을 모색했던 칸트의 독창적 사색의 결실이라고 평가될 수 있다. 즉 이 글은 데카르트, 라이프니츠, 볼프로 이어지는 근대 이성론 전통의 형이상학적 세계관과 실험적 방법을 중시한 뉴턴으로 대변되는 근대 자연과학적 세계관 사이에서 후자를 방법적 모델로 삼아 형이상학을 새롭게 혁신하고자 했던 젊은 칸트의 사색의 한 단면을 잘 보여주며, 앞으로 체계적으로 펼쳐질 비판철학의 형성과정에 중요한 사상적 모티브를 드러냈다.

그런데 여기서 주목할 점은 당대 뉴턴으로 대변되는 수학적 자연과학과 데카르트, 스피노자, 라이프니츠로 이어지는 이성주의 형이상학이 공통적으로 수학을 중요시했다는 점이다. 그러나 수학의 학문적 성격이나 기초 개념에 대한 이해는 양자에게 큰 차이를 보인다. 칸트의 『부정량』에 관한 글은 1758년 출판된 케스트너(Abraham Gotthelf Kästner, 1719~1800)의 『산술의 기초』(1758)에 자극받아 쓰인 것으로 보인다. 그러나 이 글을 쓰게 된 숨겨진 진정한 동기는 라이프니츠-볼프 학파에 대한 비판에 초점이 맞춰진 듯이 보인다. 당시 부정량 개념이 통용되는 기준은 '부정량은 양의 부정과 같다'는 볼프의 정식이었다. 더구나 볼프의 논쟁적 비판자였던 크루지우스조차 부정량에 대한 이해에서는 볼프를 따랐다. 이 점에서 칸트는 이 저술에서 크루지우스를 강력히 비판했다. 또 케스트너가 볼프의 정식에 이의를 제기하고 부정량은 그 자체로 부정적인 것이 아니라 다른 양과의 뺄셈 관계에서만 부정적으로 관계하는 양이라는 주장에 칸트는 동의한다. 즉 칸트는 부정량이 그 자체로 부정적인 양이 아니라 단지 타자와 관계 속에서만 타자의 결과를 박탈하며, 자체로는 적극적인 긍정적인 양이라고 주장한다. 이런 부정량을 숙고함으로써 칸트는 세계관으로서 철학 안에 '실재적 대립' 원리를 도입한다.

즉 『부정량』에 관한 소논문에서 칸트는 수학의 기초개념인 부정량 개념의 이해에서 이성주의자들의 견해를 비판하고 케스트너와 뉴턴의 해석을 지지한다. 데카르트 이래 이성주의자들은 수학을 모순율에 기초한 형식논리와 마찬가지로 분석판단으로 이해했고 수학의 방법을 철학에도 적용하여 독단적인 형이상학의 체계를 건설했다. 그러나 칸트는 『순수이성비판』(1781)에서 수학을 분석판단이 아닌 종합판단의 성격으로 이해하고 데카르트나 라이프니츠와 견해를 달리했다. 이런 그의 비판적 관점은 이미 『부정량』에 관한 시론에서 발견할 수 있다. 이런 비판의 맹아가 비판기에 이르러 그의 주저인 『순수이성비판』으로 열매를 맺게 된다. 따라서 형식논리적 '부정성'(모순)과 구별되는 '실재적 대립'으로서 '부정성' 개념에 대한 해석은 1781년 『순수이성비판』 분석론의 부록인 '반성개념의 모호성에 관하여'(B 324-349)에서 엿보이는 사상의 이론적 토대가 되었다. 따라서 양자의 내용은 시간적으로 18년이라는 세월 차이에도 깊은 내면적 연관을 맺는다. 그뿐만 아니라 칸트 말년의 『이성의 오롯한 한계 안의 종교』(1793, 이하 『종교론』)에서 '선의지'와 대립한 '근본악' 사상이나, 『영구평화론』(1795)에서 '평화' 개념도 단지 전쟁이 없는 소극적 부정으로서 평화가 아니라 힘들의 상충과 '실재적 대립' 속에서 살아 있는 균형으로서 '평화'라는 점에서 '실재적 대립'과 균형은 칸트철학을 일관하는 원리다. 이런 변증법적 '부정성'에 대한 반성이 이후 독일 이상주의 전통 속에서 심화되어 광범위하게 전개된 사변적 체계 사유의 방법이자 철학사상의 중심으로 자리 잡게 된다.

'부정성'에 대한 깊은 천착은 고대 헤라클레이토스의 대립의 균형으로서 '로고스' 원리 이래 쿠자누스의 '반대의 일치'(coincidentia oppositorum) 사상은 물론 이후 현대 실존주의를 연 키르케고르의 역설변증법이나 비판이론의 부정변증법에 이르기까지 철학사를 일관하는 내면적 동력이다.

『부정량』에 관한 초기 칸트의 소논문에서 주제화되는 것은 표제가 시사하듯, 수학에서 사용하는 '부정량' 개념이다. 흔히 정수체계 속에서 '음수'(마이너스 기호를 붙인 수)로 이해되는 '부정량' 개념은 난해한 문제와 역설을 낳는다. 즉 양의 정수도 0도 아닌 0보다 작은 수가 자연에서 존재하는가? 우리는 세계 속에 존재하는 것들에 대해 적극적인 긍정의 양으로 계산하면서 살아간다. 수 체계 안에서 0은 비유하자면 자연세계에 존재하는 것들의 마지막 한계로 이해될 수 있다. 우리는 일상에서 함께 살던 사람의 죽음을 경험하며, 당혹스럽고 슬픈 현실임에도 0의 의미는 가늠이 된다. 그러나 음수, 즉 부정량은 그 개념을 이해하기가 쉽지 않다. 더군다나 사칙연산이나 비례식에서 음수는 기묘하고 불합리한 결과를 낳기도 한다. 이는 특히 18세기 후반 수학을 둘러싸고 유럽 지성인들 사이에서 싹튼 문제의식이다. 이후 수학에서 19세기까지 계속된 부정량 개념의 혼란 상황을 칸트도 자각했음을 이 글에서 보여준다.

> 수학에서는 부정량 개념이 오랫동안 사용되어왔고 바로 이곳에서 가장 두드러지게 중요시되어왔다. 그렇지만 부정량 개념에 대해 대다수가 고안하여 제시한 표상은 기묘하며 서로 모순적이다(『부정량』 II 170;『칸트전집』 3 22).

예컨대 수학에서 +와 -, 양수와 음수, 긍정성과 부정성의 의미를 어떻게 이해할 것인가? +와 -를 단지 1) 연산기호로만 인정할 것인가? 아니면 2) 그 자체가 서로 대립하는 긍정적인 수와 부정적인 수를 나타내는 기호로 이해할 것인가? 음수인 부정량은 단지 양수인 긍정량에 −기호를 붙인 것일 뿐이며 따라서 뺄셈 관계로 환원될 수 있을까? 아니면 음수는 그 자체가 0보다 작은 성질을 지닌 수로 인정해야 할까? 만일 음수를 0보다 작은 성질을 지닌, 그 자체를 작은 수로 인정한다면 다음 비례식이나 곱셈에서 역설이 생긴다.

1 : -3 = -1 : 3　큰 수 : 작은 수 = 작은 수 : 큰 수 ?
(-2) × (-3) = 6　작은 수 × 작은 수 = 큰 수 ?

수학의 부정량을 표제로 한 이 소논문의 도입부는 당시 부정량과 관련해 수학이 처한 어려움과 이를 둘러싼 논쟁에 참여하는 수학자나 형이상학자의 이성의 한계를 시사하며 칸트 역시 고민하고 있다는 흔적을 보여준다. 그러나 이 글의 참된 의의는 수학의 난제를 해결하려는 데 있는 것이 아니며, 종래 이성주의 형이상학자들의 시도처럼 수학의 방법을 철학에 차용하고자 시도하는 것도 아니다. 오히려 수학의 '부정량' 개념을 철학적 반성 속에서 다양한 영역의 사례에 적용하는 사유실험을 통해 천착함으로써 세계에 대한 참된 지혜를 제공하는 세계관을 형성하는 철학함으로 나아가기 위한 기초개념으로 해석하는 데 있다. 따라서 이 글에서 수행된 부정량 개념에 대한 비판은 순수이성비판을 예고하는 싹이기도 하다.

이 글은 짧은 시론적 성격의 글임에도 광범위한 영역, 거의 모든 학문 영역에 대한 칸트의 관심과 함께, 또한 다양한 영역의 사례들을 꿰뚫는 일관된 문제의식, 즉 '실재적 대립'으로 부정성을 해석하고자 하는 노력을 잘 보여준다. 이를 위해 수학, 자기, 전기, 열, 역학 등을 망라한 자연과학, 자산-부채, 수입-지출의 경제활동이나 명령-금지, 상-벌 규정의 법을 다루는 사회과학, 미와 추, 쾌와 불쾌, 욕구와 혐오, 사랑과 증오의 갈등을 다루는 심리학, 이기심과 양심의 원리를 다루는 도덕, 신의 본성과 세계의 관계를 다루는 신학, 세계에 대한 폭넓고 심오한 조망과 통찰을 제공하는 형이상학에 이르는 다양하고 구체적인 사례들이 풍부하게 인용되어 있다. 따라서 이런 풍부한 사례와 소재들이 18세기 당시 유럽의 문화와 생활상, 그 시대의 사상과 문제의식을 엿볼 수 있게 해줄 뿐만 아니라 철학적 반성에서 독자에게 난해함의 짐을 덜어주고 사유에 활력을 불어넣어 준다. 더 나아가 저자는 독자들에게 근본적 질문을 제기함으로써 독자들로 하여금 스스로 사색해나가도록 이끄는 유인동기를 제공한다. 따라서 이 글은 독자 대중에게 인간과 세계를 보는 시야를 넓혀주고 스스로 철학하도록 이끄는 철학 초대장이자 칸트철학사상으로 들어가는 관문 역할을 하는 이중의 의미에서 훌륭한 입문서다. 또 이 작은 시론은 이미 전비판기에 배태된 이성비판의 싹을 보여주는 글이자 수학, 자연과학, 사회, 심리, 예술, 도덕, 신학의 전 영역의 사유주제를 아우르는, 칸트 전 생애에 걸친 사유 전체로 전개될 자양분이 풍부하게 함유된 씨앗으로 평가할 수 있다.

저작의 의의와 영향사

칸트의 사상형성사적 의의

전비판기에 칸트가 저술한 '부정량'에 관한 이 소논문은 전체적으로 볼 때 근대 이성론으로 대변되는 전통 형이상학에 대한 비판적 반성의 싹을 보여준다. 사상형성사적 맥락에서 칸트가 '부정량'에 관한 1763년 저술 이전에 '부정성'에 대해 철학적으로 숙고한 시원적 실마리는 최초의 형이상학적 저술 『새로운 해명』이다. 특히 만물의 모든 가능성에 선행하는 '무제약적 필연적 근거'로서 신 존재 증명을 다룬 제2장 명제 7(Sectio Ⅱ, prop. Ⅶ)에 '상충'(Widerstreit)이라는 표현이 등장한다. 이후 문제의식의 연장선에서, 모든 가능성의 실재적 근거로서 신의 현존을 입증하는 1763년 『신현존 증명』 셋째 고찰, '절대적으로 필연적인 현존에 관하여'에서도 '상충' 개념이 사용되었다. 이렇듯 칸트의 사상형성사적 맥락에서 1755년 처음으로 형이상학적 저술을 한 이래 1763년 같은 해에 발표한 두 저작에서 드러나는 사실은 '부정성' 개념에 대한 천착이 단지 논리학이나 수학적 자연과학에 대한 관심에서 수행되는 것이 아니라는 점이다. 부정성에 대한 숙고는 신앙과 종교 내지 형이상학적 관심 속에서 깊이 자라난 문제의식과 내면적 연관이 있다. 즉 칸트의 부정성 개념은 한편으로는 논리학과 수학적 자연과학에 대한 관심, 다른 한편으로는 신학적 관심, 양자의 연관 속에서 배태되었다는 점이다. 여기서도 그의 사상전개에서 '실재적 대립'을 형성한 문제의식의 중심에는 과학과 종교의 갈등과 조화문제가 놓여 있다는 사태가 드러난다. 1763년 부정량 개념에 대한 성찰에서 보이는 '실재적 대립'과 균형에 대한 그의 깊은 천착은 형식논리적인 추상적 '부정성'(모순)에 기초한 라이프니츠-볼프 형이상학의 방법을 칸트가 체계적으로 비판하는 기초를 마련해주었다. 따라서 형식논리적 '부정성'(모순)과 구별되는 실재적 대립으로서 '부정성' 개념에 대한 해석은 1781년 『순수이성비판』 분석론의 부록인 '반성개념의 모호성에 관하여'(B 324-B 349)와 '무의 분류표'(A 292)에서 엿보이는 사상의 이론적 토대가 되었다. 양자의 내용은 시간적으로 18년이라는 세월 차이에도 깊은 내면적 연관을 맺는다. 칸트는 이 제목 아래 4쌍의 반성개념 쌍, 즉 '동일과 차이', '일치와 상충'(Widerstreit), '안과 밖', '질료와 형식'을 제시하고, 모든 철학의 근본 반성원리인 이들 개념쌍이 각기 다른 철학적 반성 속에서 어떻게 사용되는지 라이프니츠와 자기 사상을 비교하고 면밀히 성찰하면서 이성주의 철학을 비판했다.

1763년 수학에서의 부정량 개념에 대한 초기 칸트의 해석은 물리, 심리, 사회 현실과 같은 현상세계 영역에서는 물론 도덕과 신의 문제에 대한 반성에까지 적용된다. 이런 부정성은 '살아 있는 힘들'의 상충과 긴장으로 나타나는 '실재적 대립' 개념과 밀접히 연관된다. 이는 『순수이성비판』 분석론 부록에서 체계적으로 수행된 라이프니츠 형이상학, 더 나아가 전승된 모든 이론 형이상학 비판에 핵심 역할을 수행하는 개념이다. 따라서 칸트 비판철학의 형성과정에서 1763년 부정량 개념에 관한 이 소논문에서 출발한 사유 모티브가 비판기에 이르러 모순율에 기초한 이성주의 전통의 사변 형이상학에 대한 철저한 비판에 본질적 영향을 미쳤다고 보인다. 특히 이 소논문에서 보이는 '논리적 대립'과 '실재적 대립'의 구별은 비판기 사유에서도 중요한 것으로 다루어졌으며, 비판기 인식론에서 무척 중요한 구별의 하나인 '분석판단'과 '종합판단'의 구별이 수행되게 된 개념사적 원천과 유래를 보여주는 것이다. 또 전비판기 칸트가 수학의 부정량 개념에 대한 철학적 반성으로 명료화하고자 했던 논리적 대립과 실재적 대립의 구별은, 논리학에 대한 반성에서 엿보이는 개념의 '논리적 본질'과 사물의 '실재 본질'의 구별, 형이상학 강의에서 근거를 '논리적 근거'와 '실재적 근거'로 구별하는 것과도 내적으로 밀접히 연결되는 사상의 맹아다. 부정량에 관해 숙고한 다음 해에 저술된 『자연신학 원칙과 도덕 원칙의 명확성에 관한 연구』(1764)에서도 칸트는 근거에서 귀결을 동일률에 따라 끌어내는 형식논리적 추론 대신 경험에 주어진 결과에서 그것의 '실재적 근거'를 탐구하는 뉴턴역학의 실험적 방법을 형이상학에 도입할 것을 요구한다. 이는 모순율에 기초한 개념들의 무모순적 연관만 다루는 형식논리학이 형이상학의 참된 방법이 될 수 없다는 비판적 자각과도 접목되며, 비판기에 이르러 경험의 가능성의 조건(실재적 근거)에 대한 반성(사유실험)과 함께 대상관련적 내용을 미리 규정하는 선험(초월)논리학을 체계적으로 수행해나가는 데 근본 토대를 형성한 비판적 반성의 출발점이라고 평가될 수 있다. 나아가 비판기에는 드러나지 않았던 30년 후인 말년 『종교론』(1793)에서 보이는 선의지와 대립한 '근본악' 사상이나 단지 전쟁이 없는 소극적 부정이 아니라 힘들의 상충과 '실재적 대립' 속에서 균형으로 제시된 『영구평화론』(1795)의 사상형성에는 30여 년 전인 1763년 초기 사유 속 '실재적 대립'으로서 '부정성'에 대한 숙고가 일관된 원리로 작용하고 있다.

철학사적 의의

이런 칸트의 형식논리에 대한 비판은 독일 사유의 오랜 전통이자 중심축을 형성할 뿐만 아니라, 서구 철학의 본류를 형성하며 면면히 흐르는 '변증법논리'의 전개에서 중심적인 매개 역할을 수행한다고도 볼 수 있다. 서양철학의 역사 속에서 변증법적 사유는 매우 뿌리 깊은 오랜 전통을 지니고 있다. 고대 그리스철학, 중세 기독교철학, 근대의 시작인 르네상스부터 근대의 끝인 낭만주의, 현대의 실존주의, 비판이론에 이르는 전 역사 속에서 변증법적 사유의 실마리가 전개되어왔다. 즉 전비판기 저술 『부정량』에서부터 칸트에 의해 숙고된 '실재적 대립'(oppositio realis)과 균형의 사상은 이미 그리스 변증법의 시초인 자연철학자 헤라클레이토스가 우주의 원리로 사색한 '대립의 통일', 역동적 조화인 로고스(logos)와도 내면적 연관이 있다. 또한 '무지의 지'를 고백한 고전적 그리스 철학자 소크라테스의 '대화'(dialektike) 방식과 이를 발전시킨 플라톤의 대화편들이 서양철학사 속에서 고대적 변증법의 고전적 유산으로 계승되고 있다. 그뿐만 아니라 중세 신비주의 전통에서도 '긍정신학'(theologia affirmativa), '부정신학'(theologia negativa), 긍정과 부정의 대립을 넘어 '사랑'으로 합일하는 '최상급의 신학'(theologia superativa)으로 3단계 신학을 체계화한 위 디오니소스의 신학사상은 중세 변증법을 대변하는 기독교철학으로 이해될 수 있다.

또 근대에 이르러 르네상스 시대 독일 철학자이자 신학자 니콜라우스 쿠자누스(N. Cusanus)는 그리스의 논리적 철학 전통과 유대-기독교 사상이 종합된 '반대의 일치'(coincidentia oppositorum)로 잘 알려진 철학 원리를 제시했는데, 이는 독일 이상주의 변증법 전통의 본류로 작용하여 계승되고 있으며, 칸트의 '실재적 대립'과 조화 사상과도 그 핵심을 공유하고 있다. 그러나 칸트가 이들 사유전통과 구별되는 지점은 칸트에 이르기까지는 형식 논리와 변증법 논리의 구별과 대립, 갈등이 철저하게 반성되지 못했고 '실재적 대립'과 균형 원리가 자연, 사회, 심리, 도덕, 존재론 전 영역에 걸쳐 일관되게 체계적 철학함의 원리로 고양되지 못했다는 점이다. 전비판기 칸트의 반성, 특히 『부정량』 속에서 이미 시작된 형식논리적 사고에 대한 비판적 성찰은 이후 피히테에 의한 변증법적 자아철학의 확립, 셸링의 자연철학과 동일철학, 헤겔의 사변철학으로 이어지는 독일 이상주의의 변증법 철학 전통에서 방법론과 사상 내용 모두 깊은 영향을 미쳤다. 그뿐만 아니라 칸트는 대학시절 은사인 슐츠와 크누첸을 통해 기독교 경건주의 신앙 전통과 함께 뉴턴 물리학의 과학 전통을 계승한다. 따라서 칸트철학의 큰 주제는 종교와 과학, 경건주의와 계몽주의의 세계관적 대립과 조화 문제였다. 이것이 그의 철학함을 이끌고 그의 정신 속에 항상 살아 있던 '실재적 대립'이었다고 보인다. 따라서 경건한 계몽의 아들인 초기 칸트의 '부정량'에 관한 성찰은 지금까지 주목받아오지 못했음에도, 거시적으로 볼 때 독일철학뿐만 아니라 서구철학의 전 역사에서 징검다리 역할을 하는 대표적 저술로 자리매김될 수 있다. 사상사적으로 용광로 또는 저수지라고도 평가되는 칸트 사상은 그 싹에서부터 헬레니즘과 헤브라이즘, 고대 그리스 사상과 중세 기독교 사상 전통 모두가 문제사적으로 녹아들어 있고, 이런 오랜 전통이 근대 과학과 종교의 갈등과 대립에 대한 반성에서 출발하는 근대 변증법적 사유로 연결되는 매개 역할을 했다고 보이기 때문이다.

1763년 부정량 개념에 대한 성찰에서 보이는 '실재적 대립'과 균형, 다양성과 통일성에 대한 그의 깊은 천착은 형식논리적인 추상적 '부정성'(모순)에 기초한 라이프니츠-볼프 형이상학의 방법에 대한 칸트의 체계적 비판에 기초를 마련해주었다. 이런 비판적 반성내용은 나아가 낭만주의 정신 속에서 셸링이 자기, 전기, 화학, 생명 현상은 물론 정신 작용에 이르는 존재의 대연쇄 속에서 동일한 변증법적 원리를 발견하고자 했던 초기 자연철학과 성숙기의 동일철학적 반성에도 영향을 미쳤다. 또 칸트의 반성개념들은 헤겔의 '논리학' 본질론에서 다뤄지는 반성규정들에 대한 헤겔의 세밀하고 체계적인 해석과도 사상적 연속성이 있다. 전비판기에 '실재적 대립'으로 수학의 '부정량' 개념을 해석하는 데서 출발한 칸트의 '부정성'에 대한 반성은 비판기 분석론의 부록인 '반성개념'의 모호성에 대한 성찰을 거쳐 변증론의 우주론적 '이율배반'에 대한 고찰로 심화되고 있다. 여기서 칸트는 이율배반을 해결하는 데 정립과 반정립 주장 내용들의 부정성 관계를 외관상으로만 모순으로 해석한다. 그렇다면 이율배반적 주장들은 모순대당이 아닌 반대대당이나 소반대대당으로 해석하면 모순이 해소될 수 있다. 따라서 반대대당인 수학적 이율배반은 내용상 둘 다 거짓일 수 있지만, 소반대대당인 역학적 이율배반은 둘다 참일 수 있다. 칸트가 구별한 논리적 대립(모순), 실재적 대립(모순 없는 상반된 힘의 충돌), 변증적 대립(외관상 모순이지만 실재적으로는 무모순)으로 제시된 부정성의 변증법의 싹은 이후 부정성과 모순에 대한 독일이상주의자들의 심도 깊은 반성에 유인 동기를 제공했다. 칸트의 말년 『종교론』(1793)에서 선의지와 대립한 근본악 사상이나 『영구평화론』(1795)에서 평화 개념도 단지 전쟁이 없는 소극적 부정으로서 평화가 아니라 힘들의 상충과 실재적 대립 속에서 살아 있는 균형으로서 '평화'라는 점에서 '실재적 대립'과 조화는 칸트철학을 일관하는 원리다. 이런 변증법적 부정성에 대한 반성이 이후 광범위하게 전개된 사변적 체계 사유의 방법이자 철학사상의 중심으로 자리 잡게 된다. 따라서 독일철학 전통과 사상의 살아 있는 동맥과 본류를 깊이 이해하고자 하는 학자나 고대 그리스 사상, 중세

기독교 사상, 근대 르네상스와 낭만주의는 물론 의식에 대립한 무의식의 세계를 연 프로이트의 정신분석, 실존주의를 연 키르케고르의 역설변증법, 비판이론의 부정변증법을 관통하는 서양사상사의 맥락과 흐름, 핵심논리에 관심있는 일반 독자들에게도 이 저술의 의의는 자못 심대하다.

참고문헌

Cassirer, E., *Das Erkenntnisproblem in der Philosophie und Wissenschaft der neueren Zeit*, Bd. Ⅱ, Berlin, 1907(hrsg. von Birgit Recki, Darmstadt: Wissenschaftliche Buchgesellschaft, 2000).

Kaulbach, F., *Immanuel Kant*, Berlin: Walter de Gruyter, 1969.

Kroner, R., *Von Kant bis Hegel*, Tübingen: J.C.B. Mohr, 1977.

Ritzel, W., *Immanuel Kant*, Berlin: Walter de Gruyter, 1985.

Wolff, M., *Der Begriff des Widerspruchs: Eine Studie zur Dialektik Kants und Hegels*, in *Philosophie-Analyse und Grundlegung*, Bd. V, hrsg. von D. Henrich, Frankfurt University Press, 2010.

『아름다움과 숭고의 감정에 관한 고찰』

김화성 고려대학교 · 철학

1760년대 전후 속에서 『아름다움과 숭고의 감정에 관한 고찰』

『아름다움과 숭고의 감정에 관한 고찰』(*Beobachtungen über das Gefühl des Schönen und Erhabenen*, 1764, 이하 『미와 숭고』)이 세상의 빛을 본 것은 1764년 초다. 하지만 칸트가 『미와 숭고』를 완성한 시기는 1763년으로 거슬러 올라간다. 저서의 출판 준비를 이미 완료했던 칸트는 당시 출판법규에 따라 『미와 숭고』를 대학 학장에게 제출해서 사전검열을 받아야만 했고, 그 제출 시기가 1763년 10월경이기 때문이다.[1)] 이 검열을 통과한 『미와 숭고』는 1764년 쾨니히스베르크에 소재한 출판사 칸터(Kanter)에서 발행했다. 이는 칸트가 훨씬 이전부터 『미와 숭고』를 구상하고 준비해왔음을 시사한다.

1760년대 초반에 해당하는 『미와 숭고』의 출판 시점은 칸트의 철학 여정에 몇몇 중요한 변화가 일어났던 때다. 앞선 1750년대에 칸트가 발표한 주요 저서들—『일반 자연사와 천체이론 또는 뉴턴의 원칙에 따라 다룬 우주 전체의 구조와 기계적 기원에 관한 시론』

1) *Kant's gesammelte Schritfen* II 482.

(1755), 이른바 지진삼부작(1755),[2] 『기하학과 결부한 형이상학의 자연철학적 사용과 그 일례로서 물리적 단자론』(1756) 그리고 『자연과학의 제1근거에서 운동과 정지 그리고 그와 결부된 귀결들에 관한 새로운 이론』(1758) — 에서 볼 수 있듯이, 이 시기에 그의 주된 관심사는 우주발생사, 자연현상의 자연철학적 해명, 자연과학의 이론적 토대에 관한 철학적 해명 등에 집중되어 있었다. 1750년대를 지배했던 자연철학적 관심은 1760년대 초반에 들어서면서 좀더 원론적 측면, 그러니까 형이상학 전반에 걸친 원리 문제에 대한 관심과 작업으로 이어졌다.[3] 이런 흐름에서 인간 마음과 감정을 주제로 한 『미와 숭고』는 의외로 느껴질 수도 있다. 하지만 이는 당시 칸트의 관심과 활동을 피상적으로 볼 때에만 그러할 뿐, 그가 학위를 취득하고 시작한 강사 시절을 좀 더 자세히 들여다보면 『미와 숭고』을 집필하게 된 배경을 어렵지 않게 추적할 수 있다.

1755년 6월경 칸트는 『불에 관한 성찰의 간략한 서술』로 지금의 박사학위에 해당하는 석사학위를 취득하고 강사 생활을 시작했다. 그의 강의는 학생들에게 인기가 많았다고 전해지는데, 그즈음 그가 주로 강의한 과목은 논리학, 형이상학, 수학, 물리학, 도덕철학 그리

2) 1755년 11월 1일 리스본을 강타했던 대지진과 관련해 연속해서 발표한 칸트의 논문인 『지난해 말 유럽의 서방 국가들을 덮쳤던 비운을 계기로 살펴본 지진의 원인』, 『1755년 말 지구의 상당한 부분을 강타했던 가장 주목할 만한 사건들에 관한 역사와 자연기술』, 『최근 경험했던 지진에 관한 후속 고찰』을 지칭한다.

3) 1760년대 초반에 발표한 저서로는 『삼단논법에서 네 가지 격에서 나타난 잘못된 정교함』(1762), 『신의 현존을 입증하기 위한 유일하게 가능한 증명근거』(1763), 『부정량 개념을 철학에 도입하는 시도』(1763), 『자연신학 원칙과 도덕 원칙의 명확성에 관한 연구』(1764) 등이 있다. 특히 마지막 저술은 그 당시 칸트가 『미와 숭고』에서 인간의 아름다움과 존엄을 감정에서 관찰했던 기획과 밀접한 연관이 있다.

고 자신이 독자적으로 집필한 교재로 강의한 지리학 등이었다.[4] 하지만 칸트의 제자이자 그의 전기를 쓴 보로브스키는 칸트가 철학과 도덕 관련 강의에서 허치슨과 흄을 다루었을 뿐 아니라 학생들에게 이 두 철학자를 주의 깊게 탐구할 것을 추천했다고 전한다.[5] 이 두 철학자에게 보인 칸트의 특별한 관심은 우연이라기보다 당시 독일 철학의 중심지였던 베를린의 상황과 맞물려 있었다. 섀프츠베리의 『덕에 관한 연구』(*An Inquiry Concerning Virtue or Merit*, 1699), 흄의 『인간 지성에 관한 연구』(*An Enquiry Concerning Human Understanding*, 1748)와 허치슨의 『도덕철학 체계』(*A System of Moral Philosophy*, 1755)가 각각 1747년, 1755년과 1756년에 독일어로 번역될 정도로 멘델스존을 포함한 베를린의 철학계는 영국 경험주의와 도덕심리학(도덕감정론)에 지대한 관심을 보였다.[6] 이런 관심은 당시 독일 철학계를 지배했던 볼프 철학이 무엇보다 감성적 지각을 소홀히 다루었던 점에 대한 반성으로도 충분히 해석될 수 있다. 1764년의 『미와 숭고』는 바로 이런 학계 분위기와 맥을 같이하면서 칸트 특유의 왕성한 지적 호기심과 흡수력 그리고 깊은 통찰의 결과라 할 수 있다.

우리는 『미와 숭고』를 출간할 즈음 칸트가 했던 생각을 헤르더가 1762년 이후부터 칸트 강의를 들으면서 필기한 『도덕철학 강의』에서 잠시 엿볼 수 있다. 헤르더는 이렇게 정리했다. "도덕의 주요 원칙은 '너의 도덕적 본성에 따라 행동하라'다. 내 이성은 잘못을 저지를 수 있지만, 내가 습관을 자연스러운 감정으로 간주하면 내 도덕적 감정은 순수하다." 그 까닭은 인간의 자연스러운 감정이 "꾸민 감정보다 훨씬 낫기" 때문이다. 따라서 "우리는 인간의 자연스러운 감정을

---

4) Karl Vorländer, 1986^{4}, pp.41-42.

5) Ludwig Ernst Borwoski, 1804, p.94. Manfred Kuehn, 2007, p.131에서 재인용.

6) Manfred Kuehn, 2007, p.131.

반드시 연구해야 하며", "루소가 그런 감정을 찾아냈다."[7)]

마지막 인용이 암시하듯이 앞서 언급한 영국의 경험주의와 도덕심리학 이외에도 루소가 당시 칸트에게 미친 영향은 막대하다.[8)] 루소의 영향은 칸트가 친구 루프만이 보내준 루소의 초상화를 자기 서재에 걸어놓았다든지 1762년에 출간된 『에밀』에 빠져 그가 규칙적으로 하던 산보도 생략했다는 일화에서 잘 드러난다.[9)] 이보다 더 직접적이고 확실한 증언은 칸트 본인에게서 나온다. 『미와 숭고』 출간 직후부터 1766년 『형이상학의 꿈으로 해명한 영을 보는 사람의 꿈』 직전까지 저서 여백에 남긴 『'아름다움과 숭고함의 감정에 관한 고찰'에 대한 첨부』(*Bemerkungen zu den Beobachtungen über das Gefühl des Schönen und Erhabenen*, 이하 『첨부』)[10)]의 한 메모에서 그는 학자의 자부심을 느끼면서 인식에 목말라 하고 인식의 획득만이 인간성을 빛내는 것이라고 생각하여 아무것도 모르는 하층민을 경멸한 적이 있었는데, 루소가 이 눈 먼 우월을 그에게서 사라지게 하고 인간 존중을 배우게끔 그를 올바른 길로 이끌었다고 고백했다.[11)] 그러면서 칸트는 루소를 자연형상에 단순한 질서를 부여한 뉴턴과 비교하면서 인간의 다양한 모습에서 깊이 은폐된 인간의 본성[12)]과 숨겨진 법칙

---

7) 『도덕철학 강의(헤르더)』 XXVII 6.

8) Manfred Kuehn, 2007, p.161 참조할 것.

9) Vorländer에 따르면 칸트가 루소의 『에밀』을 규칙적인 산보에 들고 나가는 비정상적인 행동을 보였다고 한다. Karl Vorländer, 1986[4], p.68 참조할 것. 하지만 1764년에는 칸트가 아직 산보를 규칙적인 하루 일과 가운데 하나로 삼지 않았던 시기임을 고려할 때, 이 일화의 신빙성은 떨어진다. 사실이든 아니든 간에 이 일화는 당시 칸트가 얼마나 루소에 몰두해 있었는가를 잘 드러내주는 것만은 분명하다.

10) 『첨부』 XX 1-192. Marie Rischmüller, 1991 참조할 것.

11) 『첨부』 XX 44.

12) 본성을 뜻하는 독일어는 'Natur'이며, 이는 동시에 자연을 의미한다.

을 발견했다고 치켜세웠다. 여기서 본성이란 동시에 자연을 함축한다.[13] 따라서 루소가 인간의 본성을 발견했다는 것은 뉴턴이 발견한 자연처럼 어떤 변화에도 독립적인 것을 인간에게서 발견했다는 의미가 되겠다. 이런 의미에서 칸트가 루소에게서 깨닫게 된 점은 인간의 자유롭고 도덕적인 삶을 종교나 기존의 관습에 얽매이게 해서는 안 되며, 그런 삶을 위해선 근본적으로 새로운 토대가 정립될 필요가 있다는 점이라고 할 수 있다. 하지만 다른 한편으로 칸트가 '자연으로 돌아가라'는 루소의 이 주장에 전적으로 동의했던 것 같지는 않다. 마찬가지로 『첨부』의 한 메모에서 칸트는 루소의 기이하고 모순되는 생각들에 의아함을 표하기도 했다.[14]

정리해보면, 칸트는 『미와 숭고』를 갑작스러운 착상으로 집필하지 않았다. 오히려 이 저서는 1750년대 중반 이후부터 지속된 영국의 경험주의와 도덕심리학 그리고 루소 사상에 대한 철저한 연구와 반성 속에서 도덕의 새로운 기반을 찾고자 했던 노력의 결실이었다. 아울러 그는 이 새로운 기반을 찾기 위해선 인간의 본성, 그러니까 마음과 감정과 관련한 현상들을 "역사적 · 철학적으로 항상 먼저 고려"해야 한다고 생각했다.[15] 따라서 비록 일부 독자의 눈에는 이 저서의 상당 부분이 그리 객관적이지 못하고 칸트 개인의 선입견과 편견의 산물로[16] 보일지라도 칸트는 자기중심적 관점에서 벗어나서[17] 역사에 바탕을 둔 관찰자 시각에서 인간의 마음과 감정을 고찰하고자 노

---

13) 『첨부』 XX 58.
14) 『첨부』 XX 43.
15) 『1765-1766 겨울학기 강의개설 공고』 II 311; 『칸트전집』 3 183.
16) Robert Louden, 2007, p.3.
17) 이런 노력의 흔적은 저서에서도 엿볼 수 있다. 『미와 숭고』 II 236. 인간의 마음, 태도 그리고 감정에 관한 몽테뉴의 자기중심적 관점과 칸트의 서술관점의 비교에 대해서는 Marie Rischmüller, 1991, pp.XII-XIII 참조할 것.

력했음도 간과해서는 안 된다. 이런 의미에서 본다면 칸트의 관찰에 담긴 선입견과 편견은 개인적인 것이라기보다는 당시 시대와 결부되었다고 보는 것이 더 타당할 것이다.

저술의 구성과 내용

『미와 숭고』는 네 개의 절로 구성되어 있다. 이 저서에는 흔한 머리말이나 서론이 없지만, 제1절이 그 역할을 한다고 할 수 있다. 제1절에서 칸트는 먼저 같은 대상을 두고도 사람마다 다르게 느끼는 것은 그 느낌의 원인이 대상에 있지 않고 각자에게 고유한 감정의 차이에 있기 때문이라고 지적한다. 따라서 인간이 느끼는 행복감도 감정과 깊은 연관이 있다고 할 수 있다. 이처럼 인간의 감정이 중요함에도 지금까지 인간 감정에 관한 탐구는 충분하지 못하다. 그렇다고 칸트가 여기서 인간의 다양한 감정 전부를 다루고자 하는 것은 아니다. 그는 지속적이고 인간 영혼을 유덕하게끔 자극할 수 있는 훨씬 세련된 감정인 아름다움과 숭고함에 관한 감정만을 철학자의 눈이 아닌 관찰자의 눈으로 일별하고자 한다. 다음 논의로 넘어가기 전에 그는 인간에게 고유한 이 두 감정에서 오는 느낌의 차이를 여러 가지 예를 들어 서술한다. 그에 따르면 두 감정에서 오는 느낌은 모두 쾌적하지만, 숭고함은 전율을 동반하나 아름다움은 그렇지 않다는 것이 양자의 차이다.

제2절에서 칸트는 인간에게서 숭고함과 아름다움이 지닌 고유한 성질을 살핀다. 인간이 보이는 지성, 재치, 신중함, 정직함, 성실함, 이타적 봉사 등은 숭고하고 존경심을 자아내지만, 재치, 책략, 농담, 아첨, 세련됨, 정중함 등은 아름답고 사랑을 자아낸다. 나아가 칸트

는 분노나 복수도 경우에 따라서는 고상할 수 있고, 나쁜 일을 꾸미는 교활한 책략이나 아양에도 경우에 따라서는 아름다운 측면이 있을 수 있다고 지적한다.

숭고함과 아름다움의 대조적 특성에서 중요한 것은 두 감정이 조화를 이룰 때 인간의 유덕함이 지속적이고 강고해진다는 점이다. 그의 표현대로 말한다면 "두 감정을 자기 안에서 조화시킬 수 있는 사람들은 숭고함의 감동이 아름다움의 감동보다 더 강력하지만 전자가 후자와 교대하거나 그것을 동반하지 않고는 싫증나게 되고 그렇게 오래 향유될 수 없"다는(Ⅱ 211; 『칸트전집』 3 72) 점이다. 하지만 두 감정의 조화 대신에 각각이 한 극단으로 치우쳐 변질되는 모습도 역사 속에서 충분히 관찰할 수 있다(Ⅱ 214-215; 『칸트전집』 3 76-77 참조할 것).

두 감정의 조화에 관한 논의는 도덕적 특성의 맥락에서 계속된다. 도덕적 특성 가운데 오직 참된 덕, 곧 덕의 원칙에 따르는 유덕한 마음씨만이 숭고하다. 하지만 덕과는 우연하게 일치할 뿐 도덕 원칙과 충돌 가능성이 있는 아름답고 사랑스러운 도덕적 특성도 있는데, 이는 특히 동정(연민)의 감정, 호감의 감정 그리고 명예에 관한 감정과 밀접한 관련이 있다. 이들 감정은 원칙 없이도 인간을 아름다운 행위로 이끌 수 있으나 덕의 직접적인 근거가 될 수는 없다. 동정(연민)의 감정은 타인의 궁핍을 돕기 위해 더 상위의 책무를 희생하기 쉽고, 호감의 감정은 팔이 안으로 굽는 경우에 그 범주에 들지 않는 타인에게는 오히려 악덕을 초래할 수 있기 때문이다. 또 명예에 관한 감정은 수치심이라는 동기를 유발하나 그 자체로는 매우 피상적이어서 유덕함의 자극을 전혀 주지 않기 때문이다. 바로 이런 인간의 유약함을 보완하기 위해 자연의 섭리는 인간본성에 덕을 심어두었다. 이때 참된 덕은 원칙에 접목되어야 하는데, 원칙이란 "사변적 규칙이라기보다 감정에 대한 의식"으로서 "인간 본성에 대한 아름다움과 존엄의 감정"(Ⅱ 217; 『칸트전집』 3 80)을 일컫는다. 이 원칙의 지배를 받는 마음씨가 동정(연민)과 호감의 충동을 균형 있게 적용할 수 있다.

칸트는 이 세 감정 가운데 하나가 도덕적 특성을 규정할 뿐 아니라 인간 마음씨 또는 기질도 규정한다고 본다. 그는 이를 당시 널리 통용되던 4기질 — 흑담즙질, 다혈질, 담즙질, 점액질 — 에[18] 비추어 서술한다. 흑담즙질적 마음씨는 원칙에 따르는 참된 덕과 상통하는 데가 있으며, 그런 사람에게는 숭고함에 관한 감정과 더불어 아름다움에 관한 감정도 있다. 다혈질적 마음씨는 보편적인 원칙에 따르기보다는 상황 변화에 민감하여 아름다움을 좇는 경향성과 밀접하게 결부되어 있다. 따라서 다혈질적 사람에게는 아름다움에 관한 감정이 지배적이다. 담즙질적 마음씨는 명예에 관한 감정과 관계가 있는데, 담즙질적 사람에게는 화려함이라 부를 수 있는 숭고함의 감정이 있다. 끝으로 점액질적 사람에게서는 별다른 느낌을 관찰할 수 없으며, 따라서 숭고함과 아름다움의 그 어떤 요소도 관찰되지 않는다.

끝으로 칸트는 이처럼 숭고함과 아름다움이라는 두 감정이 서로 구별되지만 상호의존적이라는, 곧 유덕한 삶을 위해선 서로 결합되어야 한다는 사실에 상응해서 그 결합의 이상적인 모습을 설파하지는 않는다. 그 대신에 인간의 고상하면서도 유약한 측면의 혼재가 "도덕적인 본성 전체"의 "아름다움과 존엄 자체를 보여준다"(Ⅱ 227; 『칸트전집』 3 93)는 말로 제2절을 맺는다. 칸트의 이 발언에는 인간성

18) 4대 기질설은 히포크라테스(Hippocrates, 기원전 460~기원전 377)의 4체액설에서 유래한다. 히포크라테스에 따르면 사람 몸은 우주를 구성하는 물, 불, 흙, 공기의 기운에 상응하여 점액, 흑담즙, 담즙, 다혈이라는 4체액으로 구성되어 있다고 한다. 후에 갈레노스(Claudius Galenus, 129~199)가 재정리한 4체액설은 중세까지 의학계의 정설로 자리 잡았고, 점액질, 흑담즙질, 담즙질, 다혈질의 4기질설도 이에 기초를 두었다.

을 빛내는 것이 소수의 지적 능력이나 헌신이 아니라 모든 인간에게 있는 훨씬 세련된 감정으로 가능하다는 생각이 담겨 있다.[19)]

제3절에서 칸트는 숭고함과 아름다움이 여성과 남성의 대립관계 속에서 어떤 차이가 있는지를 관찰한다. 여성에게는 우아함, 농담, 유쾌함, 정결함, 정숙함, 동정심 등과 관련한 자연스러운 취향과 탁월한 감정을 관찰할 수 있고, 남성에게는 그와 대조되는 것들과 관련한 취향과 감정이 더 두드러진다. 다시 말해, 여성에게는 아름다움의 특성이 그리고 남성에게는 숭고함의 특성이 두드러지게 관찰된다. 하지만 이는 그야말로 각 성의 두드러진 특성일 뿐이며, 여성의 아름다움과 남성의 숭고함은 각기 다른 특성들과 결합할 때 더욱 빛날 수 있다.

가령 선량함, 자비, 예의 그리고 호의 등이 더 자연스러운 여성에게 희생, 의무, 관대함 등 — 이것들은 남성에게 더 어울린다 — 을 요구하지 않아야 한다. 그런 요구는 여성에게 자연스럽고 어울리는 취향을 전도시키는 꼴이 되기 때문이다. 오히려 여성이 자기에게 자연스럽고 어울리는 취향을 더 세련되게, 하지만 너무 과도하지 않게 신중히 가꾸어나갈 때 아름다움의 특성은 더 빛날 수 있다. 또 이는 여성에게 고유한 수치심이라는 특성이 제어하기 힘든 경향성에 경계를 설정해줄 때도 가능하다. 마찬가지로 여성에게 있는 겸손이라는 고상한 특성은 자비와 존경을 더 빛나게 해준다.

이어지는 여성의 태도와 생김새가 남성의 취향에 미치는 영향에 관한 논의에서 여성에게는 그에게 고유한 아름다움에 관한 탁월한 감정이 있지만, 남성에게 두드러진 고상함에 관한 탁월한 감정도 없지 않으며, 마찬가지로 남성에게는 그에게 고유한 고상함에 관한 탁

---

19) Susan M. Shell and Richard Velkley, 2012, p.4 참조할 것.

월한 감정이 있지만, 여성에게 고유한 아름다움에 관한 감정도 있다는 사실을 지적한다(Ⅱ 240; 『칸트전집』 3 110 참조할 것). 따라서 여성과 남성의 관계를 단순히 "아름다운 지성"과 "심오한 지성"(Ⅱ 229; 『칸트전집』 3 96) 또는 "아름다운 덕"과 "고상한 덕"(Ⅱ 231; 『칸트전집』 3 98)의 대립관계로만 이해해서는 안 된다. 오히려 자연의 목적은 여성과 남성의 대립관계에서 성립하는 성적 경향성과 같은 방식을 빌려 "남성을 한층 더 고상하게 만들고 여성을 더욱 아름답게 만드는"(Ⅱ 240; 『칸트전집』 3 110) 데에 있다. 달리 말해, 여성과 남성의 관계는 대립관계라기보다는 결합, 즉 결혼으로 "마땅히 남성의 지성과 여성의 취향이 활기를 주고 다스리는 비할 나위 없는 도덕적인 인간을 형성해내야 하는"(Ⅱ 242; 『칸트전집』 3 112), 상호보완하고 의존하는 관계로 이해되어야 한다.

마지막 절에서 칸트는 숭고함과 아름다움의 감정과 관련해서 세계 여러 민족의 특성을 관찰한다. 우선 이탈리아인과 프랑스인은 아름다움에 관한 감정이 두드러지고, 스페인인, 영국인 그리고 독일인은 숭고함에 관한 감정이 두드러진다.

좀더 자세히 말하면, 스페인인에게서 숭고함에 관한 감정은, 종교재판이나 투우 등에서 볼 수 있듯이, 섬뜩하며 기괴함으로 기울어져 있다. 이탈리아인에게 두드러진 아름다움에 관한 감정은 황홀감과 감동을 준다. 그런 면에서 이탈리아인에게는 스페인인보다는 아름다움에 관한 감정이, 프랑스인보다는 숭고함에 관한 감정이 더 많다. 이와 달리 프랑스인에게 두드러진 아름다움에 관한 감정은 경쾌하고 매력적이다. 이는 인간관계에서 점잖고 공손하며 호의적일 뿐 아니라 빠르게 친밀해지고 익살스러운 프랑스인의 태도로 나타난다. 이처럼 프랑스인은 대체로 숭고한 느낌마저 아름다움에 관한 감정에 종속시키기 때문에 진지한 통찰보다는 재치와 기발한 착상 그리고 사소한 것을 애호한다. 다음으로 영국인에게 두드러진 숭고함에 관한 감정은 고상하다. 인간관계에서 보이는 영국인의 태도는 프랑스인과 대조적이다. 영국인은 재치를 보이려고 하거나 점잖은 태도를 보이려고 애쓰는 대신 자신의 고유한 취향에 따른다. 하지만 한 번 관계가 성립되면 우정에 헌신하고, 아내에게 훨씬 많은 존경심을 보인다. 그래서 영국인은 프랑스인보다 덜 사랑받는 대신 존중받는다. 독일인에게 두드러진 숭고함에 관한 감정은 화려하다. 이는 영국인의 감정과 프랑스인의 감정을 혼합한 경우인데, 독일인은 영국인처럼 인간관계에서 겸손하고 호의적이며 지적이나, 프랑스인만큼 유쾌한 활력과 재치를 보여주지는 못한다. 이는 독일인이 프랑스인의 감정을 모방하기 때문이다. 따라서 독일인은 고상함과 아름다움의 결합에 애쓰지만 독창적이지 못하고 타인이 자기를 어떻게 판단할지에 더 신경을 쓴다. 끝으로 네덜란드인에게는 섬세한 취향이 거의 눈에 띄지 않으며 아름다움이나 숭고함에 관한 감정도 별로 없다.

또 칸트는 이런 각 유럽 민족의 특성을 명예에 비추어 관찰한다. 프랑스인에게 명예에 관한 감정은 겉으로는 정중하나 타인의 갈채를 얻고자 애쓰는 허영심으로 나타나고, 스페인인에게는 허구적 우월감에 가득 차서 타인의 갈채를 얻고자 애쓰지도 않으며 과장되게 거동하는 거만함으로 나타난다. 또 영국인에게는 자기의 고유한 가치에 대한 의식 때문에 다른 사람에 대해서는 무관심하고 냉정한 자부심으로 나타나며, 독일인에게는 허영심과 자부심이 모두 강한 교만함으로 나타난다. 끝으로 네덜란드인에게 명예에 관한 감정은 행실이 무례하고 타인을 경멸하는 오만함으로 나타난다.

이어서 칸트는 아름다움과 숭고함의 감정과 관련해 다른 대륙의 여러 민족의 특성을 관찰한다. 아라비아인이 근동의 스페인인이라면, 페르시아인은 아시아의 프랑스인이고, 일본인은 아시아의 영국인이라 할 수 있다. 괴상함으로 가득 차 있는 인도의 종교와 중국의 회화에서 볼 수 있듯이 인도인과 중국인은 괴상함에 관한 취향이 강하다. 이에 반해 아프리카의 흑인에게서는 어리석음 이외에 그 어떤 감정도 엿볼 수 없다. 다른 한편, 북아메리카의 미개인은 숭고한 마음을 그 자체로 보여주며 명예에 관한 감정도 갖추고 있다. 하지만 이들 미개인에게 모욕적인 처사를 관대하게 용서하는 일은 덕이 아니라 비겁함이라는 사실에서 볼 수 있듯이 도덕적 의미에서 아름다움에 관한 감정은 별로 없다.

이상의 관찰에서 칸트는 당시의 예술과 학문성과로 유럽인만이 도덕과 관련해서 아름다움과 숭고함에 관한 올바른 취향을 번성시키고 있다고 결론짓는다. 이제 중요한 것은 문명화와 교육의 증진으로 "모든 젊은 세계시민의 가슴속에서 도덕감정을 일찌감치 활동적 느낌으로 높이고, 모든 섬세함이 단지 순간적이고 한가한 즐거움이 되지 않게"(A 110; Ⅱ 256; 『칸트전집』 3 129) 하는 일이라고 말함으로써 '자연으로 돌아가라'는 루소의 교육론을 은연중에 반박한다.

저술의 의의

『미와 숭고』는 칸트의 관심이 자연철학에서 인간에게로 본격적으로 이행했음을 잘 보여준다. 또 1766년과 1771년에 무려 두 번이나 개정판이 나왔을 뿐 아니라 빈번한 서평의 대상이 되었다.[20] 이는 이

20) Marie Rischmüller에 따르면 1772년까지 무려 15차례의 서평이 있었다. Marie Rischmüller, 1991, p.XVI. 그 가운데에는 하만(Johann Georg Hamann, 1730~88)처럼 『미와 숭고』를 디드로가 『백과전서』에서 작성한 '아름다움'에 대한 항목에 비견하는 호평이 있는가 하면, 이 저서는 학자의 서재보다

저서의 주제와 내용이 당시의 철학계가 영국 경험주의와 도덕심리학에 보였던 관심에 맞닿아 있었던 까닭에 학계에서도 이를 지속적으로 주목했다는 것을 말해 준다.

이처럼 『미와 숭고』는 당시 학계에 적지 않은 반향을 불러일으킨 것 이외에 칸트 자신의 철학에도 적지 않은 의미가 있다. 일단 이 저서는 한참 뒤 출간된 『판단력비판』(1790)의 내용에 비추어 칸트의 미학에 상당히 중요하다고 할 수 있겠으나 여기서 이를 상세히 언급하는 일은 적절하지 않다. 다만 주목해야 할 것은 이 저술이, 앞서 언급했다시피, 영국의 도덕심리학과 루소의 영향 아래서 칸트 나름대로 도덕의 새로운 기반을 찾으려는 첫 시도가 담겨 있다는 점이다. 물론 비판철학에서 내세운 도덕철학에 비추어볼 때, 여기서 그가 인간의 아름다움과 존엄성을 이성이 아닌 감정에서 찾고자 했다는 점에는 확연한 차이가 있다. 그럼에도 도덕의 토대를 더는 소수의 사변적 역량이 아니라 모든 인간의 본성에 깃든 아름다움과 존엄성의 감정에서, 즉 인간 본성에서 찾기를 기대했다는 점을 간과해서는 안 될 것이다.[21)]

칸트는 『미와 숭고』의 이 논지를 논증적인 방식이 아닌 인간학적 관찰을 서술하는 방식으로 제시했다. 그의 높은 인간학적 관심은, 앞서도 언급했지만, 『미와 숭고』 출간 직후부터 몇 년간 책 여백에 메모형식으로 첨부한 것에서 잘 나타나며, 이는 칸트가 1772년의 인간학 강의에서 전개하기 시작한 실용적 관점의 실마리가 되었다고 하겠다. 그뿐만 아니라 루소와는 달리 문명 속에서 취향을 개선해서 아름다움과 존엄의 감정을 고양해야 한다는 자신의 주장에 따라 이후

는 화장대에나 어울린다는 혹평도 있었다.

21) Manfred Kuehn, 2007, pp.159-161 참조할 것.

교육방법과 제도에도 관심을 쏟게 된다.

참고문헌

Borwoski, Ludwig Ernst, *Darstellung des Lebens und Charakters Immanuel Kants*, Königsberg: Nicolovius, 1804,

Kuehn, Manfred, *Kant. Eine Biographie*, München: dtv, 2007.

Louden, Robert, "General Introduction", in Günter Zöller/Robert Lauden (eds.), *Anthropology, History, and Education in The Cambridge Edition of the Works of Immanuel Kant*, Cambridge University Press, 2007.

Rischmüller, Marie, *Bemerkungen* zu den *Beobachtungen über das Gefühl des Schönen und Erhabenen*, Hamburg: Felix Meiner Verlag, 1991.

Shell, Susan Meld and Velkley, Richard, "Introduction: Kant as youthful observer and legislator" in Susan Meld Shell and Richard Velkley (eds.), *Kant's Observations and Remarks: A Critical Guide*, Cambridge University Press, 2012.

Vorländer, Karl, *Kants Leben*, Hamburg: Felix Meiner Verlag, 1986[4].

『자연신학의 원칙과 도덕 원칙의 명확성에 관한 연구』

강병호 서울과학기술대학교 · 철학

배경

1754년 칸트는 가정교사 일을 그만두고 쾨니히스베르크로 돌아와 1755년부터 쾨니히스베르크대학에서 강사 생활을 시작한다. 상당히 활발했던 그의 저작활동은 강사 생활을 시작하면서부터 1762년까지 한동안 잠잠해진다. 1756년부터 1762년 사이 칸트가 발표한 철학적인 글은 세 개의 강의소개[1)]와 개인적 성격이 강한 논문[2)] 하나가 전부인데, 이것들도 본격적으로 학술적인 성격의 글은 아니다. 많은 강의 부담[3)]과 1758년 쾨니히스베르크가 러시아에 점령당한 정치적 상황의 변화[4)]가 칸트의 상당히 긴 침묵과 관련이 있으리라고 사람들은

1) 『자연지리학 강의공고』(*Entwurf und Ankündigung eines Collegii der physischen Geographie*, 1757), 『운동과 정지』(*Neuer Lehrbegriff der Bewegung und Ruhe*, 1758), 『낙관주의』(*Versuch einiger Betrachtungen über den Optimismus*, 1759).

2) 『풍크 애도사』(*Gedanken bei dem frühzeitigen Ableben des Herrn Johann Friedrich von Funk*, 1760).

3) 이 시기 칸트는 적어도 주당 16시간에서 많으면 24시간까지 강의를 한 것 같다. K. Vorländer, 1992, p.144; M. Kühn, 2004, p.132 참조할 것.

4) M. Kühn, 2004, pp.165-166 참조할 것.

추측한다. 어쨌건 1762년 러시아 철수와 더불어 칸트의 저술활동도 다시 활발해지는데 『자연신학 원칙과 도덕 원칙의 명확성에 관한 연구』(*Untersuchung über die Deutlichkeit der Grundsätze der natürlichen Theologie und der Moral*, 1764, 이하 『원칙의 명확성』)는 바로 이 시기에 집필된 글로서, 칸트철학 발전의 한 단계를 잘 보여준다.

이 논문은 베를린 왕립학술원이 주최한 논문 현상공모의 응모작으로 작성되었다. 1761년 6월 베를린 학술원은 다음과 같은 주제로 논문을 공모한다.

> 형이상학적 진리 일반, 특별히 자연신학과 도덕의 제일 원칙이 바로 기하학적 진리처럼 명확히 증명될 수 있는지, 만약 그렇게 증명될 수 없다면 그들의 확실성의 본성은 어떤 것인지, 그 확실성은 어느 정도에까지 이를 수 있는지, 그리고 그 정도 확실성이면 온전한 확신을 위해 충분한지, 우리는 이것을 알고 싶다.[5)]

이 공모 주제는 철학, 특히 형이상학에서 수학적 방법의 적용과 관련된, 볼프 학파와 그 반대자들의 오래된 논쟁을 배경으로 하는데, 칸트는 이 논문에서 철학, 특별히 형이상학에 수학적 방법을 무분별하게 도입·적용해서는 안 된다는 견해를 분명히 한다.[6)]

논문 응모 마감은 1763년 1월 1일이었다. 칸트는 1762년 가을이 되어서야 『원칙의 명확성』을 쓰기 시작한 것으로 보인다. 베를린 학술원 사무총장인 포마이(Formey) 교수가 칸트에게 원고접수를 확인해준 편지가 1762년 12월 31일 날짜인 것으로 보아 칸트 원고는 거

---

5) *Kant's gesammelte Schriften* II 493.

6) 『원칙의 명확성』 II 283; 『칸트전집』 3 147.

의 마감기한에 가깝게 도착한 것 같다.[7] 칸트 스스로도 기한에 맞추기 위해서 이 논문을 "서둘러 써서"[8] 섬세하게 다듬을 수 없었다고 말한다.

현상공모 결과는 1763년 6월 2일에 발표되었다. 최우수상은 멘델스존(Moses Mendelssohn)에게 돌아갔지만, 칸트의 논문도 "거의 같은" 수준으로 인정되었다.[9] 이 두 글은 1764년에 함께 출판된다.

내용

이 논문은 짧은 서론과 네 개의 고찰로 되어 있다. 서론에서 칸트는 먼저 이 공모주제가 매우 적절한 것임을 밝힌다. 철학이 끊임없는 의견의 부침을 겪는 대신에 지속적으로 발전하려면 자연과학에서 뉴턴의 방법에 비견할 만한 철학 고유의 방법이 필요하다. 이를 위해 칸트는 이 논문에서 형이상학적 인식과 수학적 인식을 비교 고찰해 형이상학에 적합한 방법을 찾아볼 것이다.

첫 두 고찰은 공모주제에 따라 철학 및 형이상학과 수학을 비교하며 이 두 학문의 방법과 대상의 차이를 밝힌다. 첫째 고찰에서는 "수학적 인식과 철학적 인식에서 확실성에 이르는 방식"을 비교한다.[10] 이 두 인식의 결정적 차이는 수학은 개념 정의를 통해 자신의 대상을 구성하지만, 철학은 대상이 되는 관념이 "이미 주어져 있다는" 사정

7) 『원칙의 명확성』 II 301; 『칸트전집』 3 171.
8) 『원칙의 명확성』 II 308; 『칸트전집』 3 179.
9) *Kant's gesammelte Schriften* II 495.
10) 『원칙의 명확성』 II 276; 『칸트전집』 3 137.

에서 유래한다.[11] 예를 들어 부등변사각형, 원뿔 같은 수학의 대상은 그 개념에 대한 "정의에 앞서서 주어지지 않고, 오히려 정의를 통해 비로소 생겨난다."[12] 이와 달리 철학의 대상은 어떠한가? 칸트는 시간 관념을 예로 든다. 시간에 대해서 분명한 개념적 정의를 내릴 수 있는 사람은 매우 드물다. 그러나 거의 모든 사람은 이미 시간 관념을 가지고 있다. 철학은 이런 불분명하고 "얽히고설켜" 있는 표상에서 출발한다.[13] 수학은 자신의 대상을 스스로 구성하지만, 철학에서는 그 대상이 미리 주어져 있다는 사정이 이 두 학문에 커다란 방법상의 차이를 만들어낸다. 수학자는 "개념의 자의적 결합을 통해서" 대상을 만들어가면서 작업한다. 다시 말해 수학의 방법은 종합적이다. 이에 반해 철학은 "이미 주어져 있는" 표상을 분석하는 방식으로 인식을 확장할 수밖에 없다. 수학은 종합적으로, 철학은 분석적으로 작업한다.[14]

대상이 주어지는 방식의 이런 차이는 두 학문 대상의 차이와 직접 관련되어 있다. "수학의 대상은 쉽고 단순하지만, 철학의 대상은 어렵고 복잡하다."[15] 수학의 대상은 수학자의 정의로 구성되고, 그 정의로부터 필연적으로 유래하는 특성과 성질을 갖는다. 그런 점에서 수학의 대상은 인식하기 "쉽고 단순하다." 그러나 철학의 대상에 대한 표상은 이미 주어져 있을 뿐 아니라 매우 "복잡하고" "얽히고설켜" 있다(시간 및 공간을 생각해보라). 그것을 분석하여 확실한 인식에 도달하는 것은 "어렵다." 나아가 수학은 정의를 통해 대상을 구성

11) 『원칙의 명확성』 II 276; 『칸트전집』 3 138.
12) 『원칙의 명확성』 II 276; 『칸트전집』 3 137.
13) 같은 곳.
14) 같은 곳.
15) 『원칙의 명확성』 II 282; 『칸트전집』 3 145.

하기 때문에 "수학에는 단지 적은 수의 분석불가능한 개념과 증명불가능한 명제가 있는 데 반해서", 철학의 대상은 주어지기 때문에 분석을 해나가도 더는 분석될 수 없는 "그런 개념과 명제가 셀 수 없이 많다."[16] 이에 더하여 수학은 추상적이고 일반적인 사태를 직관적으로 보여주는 기호로 표시하며 작업한다. 이는 확실한 인식의 획득을 수월하게 해준다. 그러나 철학이 사용하는 기호는 낱말이다. 이것은 사고 내용과 그것들의 관계를 직관적으로 보여주는 편리함을 제공하지 못하고,[17] 아주 주의하지 않으면 같은 낱말로 다른 개념을, 다른 낱말로 같은 개념을 지시하기 쉽다.

둘째 고찰에서 칸트는 철학과 수학의 이런 차이점에 입각해 "형이상학에서 최고 확실성에 도달하기 위한 유일한 방법"을 제시한다.[18] 첫째 고찰에서 제시한 대상과 방법의 중요한 차이를 고려해볼 때 "철학에 수학보다 더 해로운 것은 없었다. 다시 말해서 수학의 방법이 사용될 수 없는 곳에서 수학의 방법을 모방하려는 것보다 해로운 것은 없었다."[19] "형이상학은 우리 인식의 제일 원칙에 대한 철학"이다.[20] 따라서 철학과 수학의 차이는 형이상학과 수학의 관계에도 그대로 해당된다. 이로부터 우선 형이상학도 종합이 아니라 분석 방법을 사용해야 한다는 결론이 나온다. 칸트는 둘째 고찰에서 분석 방법을 효과적으로 사용하는 데 도움이 되는 지침을 제시한다. 분석 방법의 적용에서 무엇보다 중요한 것은 사태에 정확하게 부합하는 개념을 사용하여 추론하는 것이다.[21] 이를 위해 칸트는 두 가지 규칙을

16) 『원칙의 명확성』 II 279; 『칸트전집』 3 142.
17) 『원칙의 명확성』 II 279; 『칸트전집』 3 141.
18) 『원칙의 명확성』 II 283; 『칸트전집』 3 147.
19) 같은 곳.
20) 같은 곳.
21) 『원칙의 명확성』 II 284-285; 『칸트전집』 3 148-149.

제안한다. 첫째로 주어진 대상에서 "주의 깊게⋯⋯ 직접적으로 확실한 것을 찾아야" 한다.[22] 둘째로 그렇게 해서 얻어진 확실한 인식과 불확실한 인식을 정확하게 구별하여 그 둘이 "뒤섞이지 않아야 한다."[23] 이렇게 해서 확실한 인식으로부터만 조심스럽게 추론해나가면 형이상학도 확실한 인식을 산출할 수 있다.

학술원의 공모과제는 수학과 철학의 차이에 대한 설명을 넘어, 그런 차이가 있다 하더라도 형이상학적 인식이 확신을 위해 충분한 확실성을 제공하는지에 대한 설명을 요구한다. 뒤의 두 고찰은 이 질문에 대해 답하고자 한다. 셋째 고찰은 형이상학적 인식이 도달할 수 있는 "확실성의 본성"을 규명한다.[24] 우선 "어떤 인식이 틀리는 것이 불가능할" 때 "확실하다"고 할 수 있는데,[25] 이런 기준에서 보면 형이상학적 인식은 수학적 인식만큼 확실할 수는 없다.[26] 그렇다고 이것이 형이상학적 인식은 아무런 확실성도 줄 수 없다는 뜻은 아니다. 철학과 수학 모두 동일률과 모순율을 최고 원리로 삼으며, 여기에 더하여 증명불가능한 명제들을 활용한다. 그러나 첫째 고찰에서 설명한 철학과 수학의 차이 때문에 형이상학적 인식은 수학보다 "착각"에 빠질 가능성이 많다. 그럼에도 앞에서 제시한 규칙에 따라 추론하면 "확신에 [필요한] 충분한 확실성을 줄 수 있다."[27]

베를린 학술원은 공모과제에서 단지 "형이상학적 진리"의 확실성이 아니라 명시적으로 자연신학과 도덕이론의 확실성에 대해 묻고 있다. 앞에서 형이상학이 수학보다는 못하지만 그래도 충분한 확실

---

22) 『원칙의 명확성』 II 285; 『칸트전집』 3 150.
23) 『원칙의 명확성』 II 286; 『칸트전집』 3 150.
24) 『원칙의 명확성』 II 290; 『칸트전집』 3 157.
25) 같은 곳.
26) 같은 곳.
27) 『원칙의 명확성』 II 292; 『칸트전집』 3 159.

성을 줄 수 있다고 주장한 칸트는 마지막 고찰에서 자연신학이 도달할 수 있는 확실성과 현재의 도덕이론이 제시할 수 있는 확실성 사이의 차이를 언급한다. 자연신학은 다른 철학적 인식들보다 더 큰, "최대의 철학적 확실성에 이를 수" 있는데,[28] 이는 그 대상의 유일무이한 독특성 때문이다. 단적으로 필연적인 존재가 자연신학의 대상인데 이런 독특한 존재의 특성을 규정하는 것이 우연적이고 변화하는 대상의 특성들을 확인하는 것보다 수월하다.[29] 이와 달리 도덕형이상학은 현재 상태로는 자연신학만큼 확실한 인식을 줄 수 없다.[30] 무엇보다 이 분야의 기본 개념인 "구속성"(Verbindlichkeit)의 의미조차 아직 정확하게 파악하지 못했다. 특정 목적을 달성하기 위해 필요한 수단의 필연성과 어떤 것을 목적 자체로 추구해야 할 당위가 아직 분명하게 구별되지 못하고 있고, 도덕에서 핵심이 되는 것은 "행위를 어떤 목적을 위해서라는 조건 아래에서가 아니라 직접적이고 필연적으로 명령"하는 구속성이라는 것이 아직 널리 이해되지 못하고 있다.[31]

나아가 도덕철학의 근본원칙을 제공할 능력이 이성인지 감정인지 아직 분명하게 결정하지 못했다. 한편으로 칸트는 완전성의 원칙이 "모든 구속성의 형식적 제일 근거"라고 생각한다. 그러나 형식적 원칙이 "질료적 원칙과 결합하지 않는다면" 그로부터는 어떠한 구체적 의무도 도출될 수 없다.[32] 칸트는 이런 점에서 도덕감정이 "질료적 구속성의 원칙"을 제공해주지 않을까 하는 기대감을 갖고 있다.[33]

28) 『원칙의 명확성』 II 296; 『칸트전집』 3 165.
29) 『원칙의 명확성』 II 296-297; 『칸트전집』 3 165-167.
30) 『원칙의 명확성』 II 298; 『칸트전집』 3 167.
31) 『원칙의 명확성』 II 298; 『칸트전집』 3 168.
32) 『원칙의 명확성』 II 299; 『칸트전집』 3 169.
33) 『원칙의 명확성』 II 300; 『칸트전집』 3 169.

"참을 표상하는 능력은 인식이지만, 선을 느끼는 능력은 감정이란 것, 이 두 가지 능력을 서로 혼동하지 말아야 한다는 것을 사람들은 우리 시대에 와서야 비로소 이해하기 시작했다."[34] 이것은 허치슨을 비롯한 도덕감정학파의 큰 공이다. 그러나 도덕철학의 "제일 원칙을 결정하는 것이 단지 인식능력인지 혹은 감정인지[에]" 대해 칸트 스스로도 아직 확신이 없다. "이러한 점에서 실천철학은 사변철학보다 많이 부족하다."[35]

『원칙의 명확성』은 칸트철학이 비판철학으로 발전하는 과정의 중요한 단서들을 담고 있다. 이론철학적 측면에서 우리는 이 논문에서 종합적 인식으로서 수학에 대한 규정, 철학에 수학적 방법을 적용하는 것에 대한 비판, 형이상학은 구성적 학문이 아니라는 주장을 발견한다. 도덕철학적 측면에서는 가언명령과 정언명령 구분의 실마리, 완전성의 윤리와 도덕감정학파로부터 받은 영향의 흔적을 볼 수 있다.

참고문헌

Fonnesu, Luca, "Untersuchung über die Deutlichkeit der Grundsätze der natürlichen Theologie und der Moral", in *Kant-Lexikon*, hrsg. von Marcus Willaschek, Jürgen Stolzenberg, Georg Mohr, Stefano Bacin, Berlin: De Gruyter, 2015, pp.2415-2416.

34) 『원칙의 명확성』 II 299; 『칸트전집』 3 169.
35) 『원칙의 명확성』 II 300; 『칸트전집』 3 170.

Irrlitz, Gerd, *Kant. Handbuch*, Stuttgart · Weimar: J.B. Metzler, 2010(2. Auflage).

Kühn, Manfred, *Kant. Eine Biographie*, München: Verlag C.H. Beck, 2004.

Rocca La Claudio, "Lehrart", in *Kant-Lexikon*, hrsg. von Marcus Willaschek, Jürgen Stolzenberg, Georg Mohr, Stefano Bacin, Berlin: De Gruyter, 2015, pp.1385-1386.

Vorländer, Karl, *Immanuel Kant. Der Mann und das Werk*, Hamburg: Fexlix Meiner Verlag, 1992(3. erweiterte Ausgabe).

Walford, David, "Introduction to the translations", in *Theoretical Philosophy 1755-1770*, New York: Cambridge University Press, 2002, pp.lxii-lxiv.

Walford, David, "Factual Notes", in *Theoretical Philosophy 1755-1770*, New York: Cambridge University Press, 2002, pp.442-447.

『1765~1766년 겨울학기 강의 개설 공고』

강병호 서울과학기술대학교 · 철학

배경

1770년 쾨니히스베르크대학의 정식 교수가 되기까지 칸트는 1755년부터 이 대학에서 프리바트도첸트(Privatdozent)[1)]로 강의했다. 그 시절 프리바트도첸트는 대학에 강좌를 개설할 수는 있지만, 그에 대한 대가로 대학으로부터 보수를 받은 것이 아니고 참석하는 수강생들에게서 직접 수강료를 받았다. 1765~66년 겨울학기에 칸트는 형이상학, 논리학, 윤리학, 자연지리학 강좌를 개설했는데, 『1765~1766년 겨울학기 강의 개설 공고』(*Nachricht von der Einrichtung seiner Vorlesungen in dem Winterhalbenjahre von 1765-1766*, 이하 『강의 공고』)는 이 강좌들을 소개하기 위해 쓴 글이다. 이 글은 크게 두 부분으로 되어 있는데, 먼저 교육, 특히 철학교육 일반에 대한 자신의 견해를 밝힌 다음에, 개설된 강좌의 강의 교재와 강의 주제를 소개한다. 이 『강의 공고』는 칸트철학 발전 단계의 한 시기를 엿볼 수 있다는 사료적 가치 이외에도, 앞부분에서 표명된 철학과 교

1) '사강사'(私講師)로 새기기도 한다.

육에 대한 그의 생각이 오늘날에도 유효한 통찰을 담고 있어서 그 자체로 여전히 읽어볼 만한 가치가 있다.

일반적 철학 교육

칸트에 따르면 구체적 경험 판단에서 시작해서 지성을 통한 개념적 인식으로, 개별 개념적 인식들을 이성을 통해 체계화한 학문적 인식으로 나아가는 것이 "인간 인식의 자연스러운 발전"이다. 이런 차근차근한 공부 없이 거꾸로 먼저 추상적 개념과 사변을 어설프게 배우고 흉내 내게 되면 지적 능력은 성장하지 않으면서 "지혜를 얻었다는 망상"만 생겨나 지적 능력이 "더욱 망가진다."[2] 이것은 "자신에게서 성장한 것이 아니라 남에게서 빌린 학문을 그저 붙이고 다니는 꼴"이고, 우리가 배웠다고 자처하나 "지성이 부족한 사람을 드물지 않게 만나게 되는 원인"이다.[3] 따라서 칸트는 교육은 일반적으로 다음과 같은 원칙을 따르는 것이 좋겠다고 생각한다. "경험 판단을 통해 지성을 연습시키고, 감각 인상을 비교해 배울 수 있는 것에 주의를 기울임으로써 최우선적으로 지성을 성숙시키고 지성의 성장을 촉진"하는 것이다.[4] 이렇게 구체적 사례에 입각해서 주의 깊게 판단하고 사유하는 것을 반복함으로써 학생은 "생각이 아니라 생각하기를" 배우게 된다. 그리고 이런 교육 방법이 무엇보다 "철학의 고유한 특성"에도 잘 부합한다.[5]

2) 『강의 공고』 II 306; 『칸트전집』 3 176.
3) 같은 곳.
4) 같은곳.
5) 『강의 공고』 II 306; 『칸트전집』 3 177.

칸트가 생각하기에 철학은 "본래적 의미에서 배울 수 있는 학문"이 아니다.[6] "본래적 의미에서 배울 수 있는 학문"은 그 내용이 이미 상당히 표준화되어 있어서 학생들은 그것을 "그저 받아들이기만 하면 되는" 역사나 수학 같은 "완성된 분과 학문"이다.[7] 철학은 이미 완성되어 주어져 있는 기성품 같은 학문이 아니다. 그러므로 철학을 가르치는 방법도 이미 성립되어 있는 지식을 전달하는 식이어서는 안 되고, 그 자체로 "탐구적"이어야 한다.[8] 다시 말해서 각자 스스로 추론하고 판단하는 능력을 키워가는 것이어야 한다. 그래서 강의 교재로 사용되는 저명한 "철학책의 저자도 판단의 원형이 아니라 단지 판단의 계기로, 즉 그 저자에 대해서, 나아가 그 저자에 반대해서도 판단할 수 있는 계기로 여겨야 한다."[9] 철학을 배우는 것은 불가능한 일이다. 우리는 "철학하기를 배워야 한다."[10]

개설 강좌 소개

『강의 공고』 후반부에서 칸트는 자신이 개설한 강좌 주제를 간략하게 소개한다.

1) 형이상학. 출판은 1764년에 되었지만 1762년 가을에 쓰였을 것으로 짐작되는 『자연신학의 원칙과 도덕 원칙의 명확성에 관한 연구』[11]에서 칸트는 형이상학의 고유한 방법이 "수학에서처럼 종합적

6) 같은 곳.
7) 『강의 공고』 II 307; 『칸트전집』 3 177.
8) 『강의 공고』 II 307; 『칸트전집』 3 178.
9) 같은 곳.
10) 『강의 공고』 II 306; 『칸트전집』 3 177.
11) 『칸트전집』 3 131-171.

이지 않고 분석적"이라고 밝혔다.[12] 칸트는 바움가르텐의 『형이상학』(*Metaphysica*)을 기본 교재로 삼으면서도 이런 생각에 입각해 교재에 "약간 변경"을 가하면서 강의를 진행할 생각이다.[13] 그래서 강의는 "경험적 심리학"으로 시작해서 "우주론"을 지나 "존재론"으로 나아가고, "이성적 심리학"을 다루며 끝난다.

2) 논리학. 칸트는 논리학을 두 종류로 구분한다. 하나는 "건강한 지성에 대한 비판과 그 지성 사용에 대한 규정"으로서 논리학이고, 다른 하나는 "본래적 학문에 대한 비판과 규정"으로서 논리학이다. 전자의 논리학은 "모든 철학에 앞서 선행해야 하는 것으로…… 편견과 오류의 나라에서 계몽된 이성과 학문의 영역으로 건너가고자 하는 학생이 견뎌야만 하는 일종의 격리 기간이다." 후자의 논리학은 각 분과 학문의 "지식 생산 기관(機關)"으로서 개별 학문을 가르치면서만 가르칠 수 있다.[14] 이 강좌에서는 첫째 종류의 논리학을 강의한다.[15]

3) 윤리학. 이 시기 칸트는 섀프츠베리, 허치슨, 흄 등의 영향을 받아 도덕 문제의 판단에서는 인간의 감정이 중요한 역할을 한다고 생각했다. 도덕 판단에서 감정이 중요한 역할을 하기 때문에 윤리학은 학문성과 엄밀성을 갖추기 어려운 곤란한 상황에 처해 있다. 칸트는 바움가르텐의 『제일 실천 철학의 기본 원리』(*Initia philosophicae practicae primae*)를 기본 교재로 삼으면서도 "도덕성의 기본 원칙을 찾는 작업에서 가장 멀리까지 나아간" 도덕감정학파의 성과를 소개

12) 『강의 공고』 II 308; 『칸트전집』 3 179.
13) 같은 곳.
14) 『강의 공고』 II 310; 『칸트전집』 3 181.
15) 이 강의에 대한 설명에서 칸트는 출판된 글에서는 처음으로 "이성비판"(Kritik der Vernunft)이란 표현을 사용한다(『강의 공고』 II 311; 『칸트전집』 3 182).

하고, 또 그들의 불완전함과 결함을 보완할 수 있는 자신의 생각을 소개하며 강의를 진행할 계획이다.[16] 여기서는 사실적으로 "일어나는 것"과 규범적으로 "마땅히 일어나야 할 것"의 구분이 강조될 테고, 우연적 상황에 따라 변화·왜곡되는 것이 아니라 "항상 그대로인 인간의 본성"이 탐구될 것이다.[17] 이런 본성에 적합한, 우리가 추구해야 할 완전성이 무엇인지 알기 위해서다. 여기서 우리는 이 시기 칸트의 도덕철학적 사유가 도덕감정학파와 완전성 원칙에 기반을 둔 볼프의 영향을 받고 있음을 알 수 있다.

4) 자연지리학. 칸트는 학생들이 역사적·경험적 지식을 쌓을 기회가 부족함을 아쉽게 여겨 이 강좌를 구상했다. 이 강좌는 크게 세 부분으로 되어 있는데, 먼저 세계와 개별 국가의 자연 특성을 다루고("자연적 지리학"), 둘째로 각 나라의 관습적·도덕적 차이를 다루며("도덕적 지리학"), 마지막으로 이에 입각하여 각 국가와 민족의 상태를 살펴본다("정치적 지리학"). 이것은 한편으로 "실천 이성의 사용"에 도움이 되는 지식을 제공할 테고,[18] 다른 한편으로 사람들 간의 사교를 위한 교양거리로도 유익할 것이다.

---

16) 『강의 공고』 II 311; 『칸트전집』 3 183.
17) 같은 곳.
18) 『강의 공고』 II 312; 『칸트전집』 3 183.

『형이상학의 꿈으로 해명한 영을 보는 사람의 꿈』

임승필 가톨릭관동대학교 · 철학

저술 배경

『형이상학의 꿈으로 해명한 영을 보는 사람의 꿈』(*Träume eines Geistersehers, erläutert durch Träume der Metaphysik*, 이하 『영을 보는 사람의 꿈』)은 1766년에 익명으로 출간된 칸트의 초기 작품이다. 이 작품은 『순수이성비판』(*Kritik der reinen Vernunft*) 등 칸트의 다른 저술들에 비하여 잘 알려지지 않은 편이지만, 칸트의 여러 저술 중에서 가장 흥미로운 작품의 하나라고 할 수 있다. 이 작품이 흥미로운 이유는 형식과 주제 두 측면에서 설명할 수 있다. 칸트의 저술이 대부분 건조하고 딱딱한 문체로 쓰인 반면, 풍자(satire) 형식을 취한 『영을 보는 사람의 꿈』은 칸트의 저술들 중에서는 드물게 그의 문학적 재능을 엿볼 수 있는 작품이다. 그러나 이 책이 독자의 관심을 끄는 더 큰 이유는 이 책에서 칸트가 철학자들의 일반적 관심사라고 보기 힘든 주제, 즉 '영[1]을 보는 경험'이라는 주제를 다루었기 때문이다. '형

1) 이 해제에서 '영'(靈)과 '영혼'은 각각 독일어 'Geist'와 'Seele'의 번역이다. 이 둘의 구별에 대해서는 본 번역 '독단적인 제1편' 옮긴이주 1) 참조할 것.

이상학의 꿈으로 해명한 영을 보는 사람의 꿈'이라는 길고 생소한 이 책의 제목은 형이상학이라는 학문의 도움을 받아 영을 보는 경험을 해명한다는 의미를 담고 있다. 정확히 말한다면, 칸트가 서명에서 언급한 것은 '영을 보는 경험'이 아니고 '영을 보는 경험을 한 자'인데, 여기서 칸트가 염두에 둔 '영을 보는 경험을 한 자'는 칸트와 동시대인이었던 스웨덴의 신비주의자 스베덴보리(Emanuel Swedenborg, 1688~1772)다.

그렇다면 칸트가 자신의 책 주제로 삼은 스베덴보리는 도대체 누구일까? 한 저술의 독립된 탐구 대상이 될 정도로 그는 그렇게 중요한 인물일까? 오늘날 스베덴보리라는 이름을 기억하는 사람은 많지 않다. 하지만 사실 스베덴보리는 칸트 시대에 매우 널리 알려진 인물이다. 스베덴보리의 명성은 과학자로서 학문적 업적과 종교사상가로서 영향력 두 측면에서 이해할 수 있다.[2)] 오늘날 스베덴보리라는 이름이 언급될 때면 그 이름에는 거의 언제나 '신비주의자'라는 호칭이 따라다닌다. 그러나 18세기에 스베덴보리가 자기 이름을 처음 세상에 알린 것은 신비주의자로서가 아니라 물리학, 생리학, 심리학 등 자연과학 분야에서 주목할 만한 업적을 쌓았기 때문이다. 하지만 스베덴보리는 인생 후반기에 신비한 경험을 한 일을 계기로 종교 사상가로 변신하게 되고, 그 이후로는 일반 대중들에게도 자신의 이름을 널리 알리게 된다.

칸트가 스웨덴 출신의 한 신비주의자를 다루는 독립된 저술을 했다는 사실은 매우 흥미롭다. 그런데 칸트가 스베덴보리에 대한 책을 저술하게 된 특별한 계기가 있었을까? 이 질문과 관련된 중요한 문헌은 칸트가 크노블로흐(Charlotte von Knobloch)라는 여인에게 보낸

---

2) 스베덴보리의 이 두 측면에 대해서는 Signe Toksvig, 1948 참조할 것.

1763년[3] 8월 10일자 편지다. 당시 스베덴보리의 신비적 경험, 즉 그가 영과 교류한다는 소문은 스웨덴에서 독일에까지 전파되어 독일에서도 스베덴보리의 신비주의에 대한 대중적 관심이 일었는데, 크노블로흐도 그중 한 사람이었다. 크노블로흐는 평소 잘 알고 지내던 칸트에게 편지를 보내 스베덴보리 이야기의 진실 여부를 확인해달라고 요청한다.[4] 칸트가 크노블로흐에게 보낸 편지는 이 편지에 답신한 것인데, 여기에는 칸트가 스베덴보리 이야기를 처음 접하게 된 계기, 그 이야기의 진위를 조사한 방식 그리고 그 이야기에 대한 칸트 자신의 의견 등이 담겨 있다. 칸트는 스베덴보리의 신비적 능력 이야기[5]를 친구이자 자신의 학생이기도 했던 덴마크 관리에게서 처음 들었다.[6] 이 이야기는 곧 칸트의 호기심을 자극하였고, 그는 이야기의 진위를 확인하려고 스베덴보리에게 직접 편지를 보내는 한편, 다른 친구에게 스웨덴의 스톡홀름을 방문하여 스베덴보리의 신비적 능력에 관한 소문의 진위를 자세히 조사해달라고 요청한다. 칸트의 친구는 스베덴보리의 신비적 능력을 직접 목격한 마을 사람들의 증언과 스베덴보리의 집을 직접 방문하여 그와 나눈 대화를 토대로 스베덴보리에 관한 소문이 신뢰할 만하다고 칸트에게 보고했다.[7] 조사 결과를 보고 받은 칸트도 "이러한 이야기의 진실성에 대하여 어떤 반론을 제기할 수 있겠는가?"[8]라는 말로써 스베덴보리에 관한 소문

3) 이 편지가 작성된 정확한 연도는 다소 불확실하지만 여기서는 일반적 견해를 따랐다.
4) 이 편지는 현재 존재하지 않지만 1762년이나 이보다 약간 이른 시기에 쓰인 것으로 보인다.
5) 칸트가 이 편지에서 언급하고 있는 스베덴보리의 신비적 능력에 관한 일화들은 『영을 보는 사람의 꿈』 제1편 제1장에 반복되어 소개되어 있다.
6) 『서한집』 X 44 참조할 것.
7) 『서한집』 X 45 참조할 것.
8) 『서한집』 X 47.

을 의심하기 힘듦을 인정했다. 스베덴보리에게 보낸 편지에 대한 답신을 받지는 못했지만, 칸트는 자신의 문의에 대한 자세한 답변이 곧 출간될 스베덴보리 책에 포함될 것이라는 얘기를 친구에게서 전해 듣고, 그 책의 출간을 고대한다.[9)]

이처럼 크노블로흐를 비롯한 스베덴보리 이야기의 진위를 확인하고 싶어 했던 그 당시 사람들의 요청이 칸트가 『영을 보는 사람의 꿈』을 저술한 직접적 계기가 되었다고 볼 수 있다.[10)] 하지만 이 작품의 저술 배경을 이해하기 위해서 우리는 또한 칸트가 이 책을 저술한 1766년 당시 그의 철학적 사유의 특징이 어떠했는지를 살펴볼 필요가 있다.[11)] 칸트철학 연구가들은 보통 칸트철학의 발전 단계를 전비판기와 비판기로 나누는데, 이 구분의 기준이 되는 시점은 칸트가 교수취임논문인 『감성계와 지성계의 형식과 원리』(*De mundi sensibilis atque intelligibilis forma et principiis*)를 발표한 1770년이다.[12)] 전비판기는 다시 합리론적 시기(1755~62)와 경험론적 시기(1762/3~69)로 나누어볼 수 있는데,[13)] 이 두 시기 칸트철학의 경향은 서로 다르다.

『형이상학적 인식의 제1원리들에 관한 새로운 해명』(*Principiorum primorum cognitionis metaphysicae nova dilucidatio*, 1755)으로 대표되는 1750년대의 저술들을 보면, 칸트가 합리론적 철학의 영향 아래 형이상학의 확고한 토대를 발견하는 것을 자신의 철학의 가장 큰 목표로

---

9) 『서한집』 X 48 참조할 것.

10) 『영을 보는 사람의 꿈』에서도 칸트는 이 책의 저술 배경으로 주위 사람들의 요청이 있었음을 언급하고 있다. Ⅱ 318; 『칸트전집』 3 192 참조할 것.

11) 이 해제에서 칸트철학의 전개과정에 대한 이해는 참고문헌의 파울젠과 바이저의 글에서 큰 도움을 받았다.

12) Friedrich Paulsen, 1902, p.75 참조할 것.

13) Manfred Kuehn, 2001, p.176 참조할 것.

삼았음을 알 수 있다.[14] 하지만 1760년대에 들어서면, 칸트는 형이상학의 가능성(즉 신의 존재, 영혼의 불멸성 등 경험을 넘어선 대상에 대한 지식의 가능성)에 대해 점점 더 회의주의적으로 되어간다.[15] 예를 들어 1763년에 발간된 『신의 현존을 입증하기 위한 유일하게 가능한 증명 근거』(*Der einzig mögliche Beweisgrund zu einer Demonstration des Daseins Gottes*)를 보면, 당초 이 책에서 칸트의 목적은 자연신학의 기초를 제공하는 것이었지만, 이 과정에서 전통적으로 자연신학에서 이루어진 여러 신 존재 증명, 즉 존재론적·목적론적·우주론적 신 존재 증명 등을 비판하게 됨으로써, 칸트는 "형이상학에 대한 자신의 확신 부족이 점점 더 증대되고 있음을 드러낸다."[16] 그리고 1764년에 발간된 『자연신학 원칙과 도덕 원칙의 명확성에 관한 연구』(*Untersuchung über die Deutlichkeit der Grundsätze der natürlichen Theologie und der Moral*)에서는 형이상학의 가능성에 대한 칸트의 회의주의적 태도가 그가 이 책에서 시도한 수학적 방법과 형이상학적 방법의 구별로 드러난다. 수학적 진리는 개념에 대한 엄밀한 정의와 연역으로 주어지는데, 칸트에 따르면, 형이상학의 개념들은 수학의 개념들과 달리 엄밀하게 정의된 것이 아니기 때문에 형이상학은 수학에서와 같은 확실한 지식을 제공할 수 없다. 초기 칸트철학의 발전과정, 특히 1760년대 칸트철학의 경향에 관한 이러한 설명 방식을

14) Frederick Beiser, 1992, p.30 참조할 것.

15) 형이상학의 가능성에 대한 칸트의 이러한 태도 변화는 그가 인식론적으로 합리론적 입장에서 경험론적 입장으로 옮겨간 것과 밀접한 관련이 있다. 퀸에 따르면, 1760년대 초반부터 칸트의 마음은 경험론으로 기울고 있었으며, 시간이 지남에 따라 이러한 경향은 더욱 강화되어 1766년이 되면 그는 "완전한 경험론자"(a full-fledged empiricist)가 되어 있었다(Manfred Kuehn, 2001, p.177 참조할 것).

16) Frederick Beiser, 1992, p.38.

따른다면, 『영을 보는 사람의 꿈』은 칸트가 형이상학의 가능성에 회의주의적 태도를 취했던 시기의 작품으로 분류할 수 있을 뿐 아니라 회의주의 절정기의 작품이라고 할 수 있다.[17] 앞에서 언급했듯이 형이상학의 확고한 토대를 발견하는 것이 1750년대 이래로 칸트의 가장 큰 철학적 관심사였다면, 『영을 보는 사람의 꿈』에서 칸트는 "이제 나는 형이상학의 방대한 부분인 영의 전체 문제를 처리하고 완결된 것으로 치워놓는다. 그것[형이상학]은 미래에 나와 더는 전혀 상관이 없을 것"[18]이라고 단정짓고 있다.

주요 내용

『영을 보는 사람의 꿈』은 크게 제1편과 제2편으로 나뉘어 있고, 제1편과 제2편은 각각 3개와 4개의 장으로 구성되어 있다. 먼저 제1편에서 칸트는 영이나 영혼에 관한 여러 형이상학적 물음을 다루고, 제

---

17) 바이저는 칸트철학의 발전과정에서 『영을 보는 사람의 꿈』이 차지하는 위치를 다음과 같이 평가한다. "1760년대의 대미를 장식한(crowing) 작품은 1766년에 나온 『영을 보는 사람의 꿈』이었다. 이 작품은 형이상학에 대한 칸트의 점차 증가하고 있던 불만이 최고조에 달했음을 보여준다. 1760년대의 이전 작품들에서 고조되고 있던 모든 비판적 힘이 형이상학에 대한 완전한 회의주의에서 이제 그 정점에 도달한다"(Frederick Beiser, 1992, p.45). 퀸도 바이저와 마찬가지로 『영을 보는 사람의 꿈』을 칸트의 여러 작품 중에서 가장 회의주의적인 작품으로 이해한다(Manfred Kuehn, 2001, p.182 참조할 것).

18) 『영을 보는 사람의 꿈』 II 352; 『칸트전집』 3 237. 파울젠은 이 시기 칸트철학의 마지막 모습을 다음과 같이 묘사한다. "칸트는 현재의 형이상학 체계들이 제공하는 증명들에 대한 모든 믿음을 잃어버렸다. …… 형이상학의 가능성에 대한 그의 믿음조차도 …… 심하게 깨져버렸다"(Friedrich Paulsen, 1902, p.86).

2편에서 스베덴보리의 신비주의 사상의 기본 내용을 소개한다. 제1편 제1장의 제일 앞부분에서 칸트 자신이 지적하고 있듯이, 일상생활에서 우리는 종종 '영'이라는 말을 사용하지만, 정작 '영'이 정확히 무엇을 의미하는지 누군가가 묻는다면 곧 당혹감에 빠지게 된다. 칸트는 '물질적 존재'와 비교하면서 '영'의 의미를 밝히려고 시도한다. 가령, 물질로 가득 차 있는 1제곱피트의 어떤 공간에 어떤 영이 자리를 찾기 위해 이미 이 공간을 차지한 것을 비워야 한다면, 이러한 것은 영이라고 불릴 수 없을 것이다. 칸트는 우리가 영으로 의미하는 바는 물질이 지닌 '불가입성'을 결하면서 이성적 능력이 있는 존재 이외에 다른 것이 아닐 것이라고 추측한다.[19]

제1편 둘째 장에서 칸트는 영 개념에 대한 논의에서 영적 세계에 대한 논의로 이동한다. 칸트에 따르면, 생명의 근거를 포함하는 비물질적 존재들은 생명이 없는 물질적 존재들과 확연히 구별되므로, 비물질적 존재들은 그들 사이에 교류하기 위해서 물질적 존재의 매개를 필요로 하지 않는다. 칸트는 물질적 존재들의 전체인 물질적 세계 외에 비물질적 존재들의 결합체로서 '비물질적 세계'를 상정한다.[20] 만약 물질적 세계뿐만 아니라 비물질적 세계가 존재한다면, 이 두 세계 중 인간은 어디에 속하는가? 제2장에 제시된 설명에 따르면, 인간의 영혼은 신체와 결합되어 있는 한에서는 물질적 세계에 속하지만, 다른 한편으로, 인간의 영혼은 영적 세계의 일원으로서 다른 비물질적 존재들과 지속적으로 교류하는 상태에 있다.[21] 물론 인간의 영혼은 신체와 결합되어 있는 동안에는 물질적 세계에 대한 표상만을 명확히 지각할 수 있다. 그러나 미래에 인간 영혼이 물질적 세계와 결

---

19) 『영을 보는 사람의 꿈』 II 320; 『칸트전집』 3 196 참조할 것.
20) 『영을 보는 사람의 꿈』 II 329; 『칸트전집』 3 208 참조할 것.
21) 『영을 보는 사람의 꿈』 II 333; 『칸트전집』 3 212 참조할 것.

합하는 데서 자유롭게 된다면, 그때에 비로소 영적 공동체는 그 모습을 분명히 드러낼 것이라고 칸트는 추측한다.[22)]

제1편 제3장에서 칸트는 영적 세계에 대한 사람들의 믿음이 어떻게 발생하게 되는지 설명하려고 시도한다. 이 장에서 우리는 '형이상학의 꿈으로 해명한 영을 보는 사람의 꿈'이라는 서명에서 칸트가 '꿈'을 어떤 의미로 사용했는지 비로소 알 수 있다. 실제의 세계가 다른 사람과 공유할 수 있는 세계인 반면, 꿈에서 경험하는 세계는 나만의 사적인 세계다. 칸트에 따르면, 영적 세계의 존재를 믿는 자는 다른 사람(보통의 정상적인 사람)이 경험할 수 없는 자신만의 세계에 거주하는 자, 곧 일종의 몽상가다. 그렇다면 이러한 세계가 실제로 존재한다는 미혹, 영들과 교류하고 있다는 미혹은 어떻게 일어날까? 칸트는 그 원인을 상상이 만들어낸 이미지와 실제 외부 감각에 주어진 이미지의 혼동에서 찾는다. 보통 정상적인 사람은 이 양자를 혼동하지 않지만, 사고나 질병 등으로 정신적 장애를 겪는 사람은 자신의 상상이 만들어낸 이미지를 자기 외부에 위치시키고, 이를 외부 감각에 실제로 현전하는 대상으로 여기게 된다.

제1편 제4장에서 칸트는 다음 세상과 영의 존재에 대한 믿음이 허용될 수 있는지 검토한다. 칸트는 이 문제에 대한 자신의 견해를 '저울'의 비유를 들어 쉽게 설명한다. 어떤 상업적 거래에서 그 거래가 공정한 거래가 되려면 저울은 무게를 정확하게 측정해야 한다. 여기 어떤 저울이 있고, 그 저울의 한쪽 접시에는 '미래에 대한 희망'이라는 글자가 조각되어 있다고 하자. 칸트에 따르면, 이 저울은 공평하지 않은데, 다른 한쪽의 접시에 아무리 무거운 물건을 올려놓는다 하더라도 내려가는 것은 그쪽 접시가 아니라 '희망'이라는 글자가 새

---

22) 『영을 보는 사람의 꿈』 II 332; 『칸트전집』 3 211 참조할 것.

겨진 접시이기 때문이다. 칸트가 이 비유로 말하고 싶어 하는 것은 무엇일까? 인간은 영적 세계에 대하여 확실히 알 수 있는 능력을 갖고 있지 못하지만, 칸트에 따르면, 영적 세계에 대한 우리 관심은 따지고 보면 미래에 대한 희망, 즉 죽음 후에 인간이 어떤 식으로든 살아남을 수 있으리라는 희망에 뿌리를 박고 있다.

『영을 보는 사람의 꿈』 제2편 제1장에서 칸트는 스베덴보리의 신비적 능력에 관련된 몇 가지 일화를 소개한다. 예를 들면, 스베덴보리는 멀리 떨어진 곳에서 발생한 화재와 그 진화 과정을 직접 보지 않고도 주위 사람들에게 알려주었으며, 죽은 남편의 빚을 갚도록 부당한 요구를 받던 여인의 부탁을 받고, 그 남편의 죽은 영혼과 접촉하여 여인을 곤경에서 벗어나게 해주었다. 이어서 제2장에서 칸트는 스베덴보리의 대표작인 『천국의 비밀』(*Arcana Coelestia*)에 나타난 스베덴보리의 영적 경험, 즉 영적 세계와 교류한 것을 소개한다. 그는 원할 때면 언제든지 죽은 영혼들과 대화할 수 있었는데, 이것이 가능했던 이유는 비록 이 세상에 살고 있지만 스베덴보리의 영혼 또한 영적 세계에 속해 있었기 때문이다. 그런데 스베덴보리의 주장에 따르면 이는 스베덴보리 자신에게만 해당하는 이야기는 아니다. 사실 모든 인간 영혼은 이미 현재의 삶에서 영적 세계에 자리를 차지하고 있으며, 자신의 내적 상태에 적합한 어떤 공동체에 속해 있다.[23] 죽음이란 무엇인가? "사람이 죽으면 영혼은 자신의 위치를 바꾸는 것이 아니라 이미 현재 삶에서 영들과 관계에서 자신이 있었던 위치에 자신이 있음을 감각할 뿐이다."[24] 스베덴보리에게 보통 사람들과 다른 특별한 재능이 있었다면, 그것은 이미 현재의 삶에서 자신이 영적 세

23) 『영을 보는 사람의 꿈』 II 363; 『칸트전집』 3 251 참조할 것.
24) 같은 곳.

계에 속해 있다는 것을 의식하고 있었으며, 죽은 영혼들과 교류할 수 있었다는 점이다.

제2편의 마지막 장(제3장)에서 칸트는 이제 전체 작품의 실천적 결론을 제시한다. 인간에게, 특히 학문하는 사람에게 지적 호기심과 탐구욕은 권장되고 장려된다. 하지만 칸트는 여기서 모든 지식이 인간의 삶에 반드시 필요한지 의문을 제기한다. 특히 칸트는 이 책에서 다루었던 영혼의 본성과 죽음 후 상태 등에 관해 확실한 지식을 얻는 것이 도덕적 삶을 사는 데 과연 필수적인지 묻는다. 칸트에 따르면, 도덕성이란 다음 세계에 관한 지식에 기초를 두는 것이 아니다. 오히려 미래 세계에 대한 기대를 고귀한 성격을 지닌 영혼의 감정에 기초 짓는 것이 도덕적 신앙의 성격이다.

칸트철학에서 『영을 보는 사람의 꿈』의 중요성

『영을 보는 사람의 꿈』에 대한 이전 연구물들은 대부분 칸트가 이 작품을 저술한 동기를 밝히는 데 집중되어 있다. 그 이유를 짐작하기는 어렵지 않다. 칸트가 스웨덴 출신의 한 신비주의 사상가에 대한 작품을 썼다는 것은 그 자체로도 매우 흥미로운 일이지만, 사람들은 칸트가 어떤 동기로 이 작품을 저술했는지 알기를 원했다. 칸트와 스베덴보리의 관계라는 주제는 이미 많이 논의된 오래된 주제이지만,[25] 이 주제에 대해 여기에서 다시 생각해보는 것은 칸트철학에서 『영을 보는 사람의 꿈』의 중요성을 이해하는 데 도움이 많이 된다.

---

25) 이 문제를 둘러싼 독일 학계의 대표적 논쟁은 프랭크(Sewall Frank)의 논문 "Recent German Discussion of the Relation of Kant to Swedenborg"에 소개되어 있다(Emanuel Goerwitz, 1915, pp.1-33 참조할 것).

『영을 보는 사람의 꿈』을 둘러싼 지금까지의 논쟁의 역사를 정리해 보면, 이 작품에는 크게 두 가지 해석이 있다. 하나는 스베덴보리에 대한 칸트의 비판에 초점을 맞추는 해석이고, 다른 하나는 스베덴보리에 대한 칸트의 관심 또는 스베덴보리가 칸트에게 미친 영향에 초점을 맞추는 해석이다. 이 두 가지 해석 중 더 많은 학자가 택한 것은 첫째 해석이다.

위에서 우리는 『영을 보는 사람의 꿈』 제1편과 제2편의 대략적 내용을 살펴보았는데, 칸트가 이 책을 저술한 동기를 파악하려면 제1편과 제2편의 관계, 즉 칸트가 이 책에서 영혼에 관한 형이상학적 논의와 스베덴보리의 신비주의에 관한 논의를 병렬한 이유를 이해하는 것이 중요하다. 지금까지 많은 칸트 학자는 칸트가 이 둘을 병렬한 의도를 이해하기 위해서 먼저 제2편에 나타난 스베덴보리의 신비주의에 대한 칸트의 냉소적이고 비판적인 태도에 주목하고, 그다음 이를 기초로 하여 제1편에 나오는 형이상학적 논의의 성격을 밝히려고 시도하였다. 이러한 독법을 바탕으로 그들은 『영을 보는 사람의 꿈』에서 칸트의 궁극적 목적은 형이상학이라는 학문 비판에 있으며, 이 책에서 칸트는 스베덴보리의 신비주의를 형이상학 비판이라는 자신의 목적을 이루기 위해 이용했을 뿐이라고 이해했다.[26)]

『영을 보는 사람의 꿈』을 형이상학에 대한 칸트의 반감 측면에서

---

26) 예를 들면, 차미토(John Zammito)는 이 책의 서명에 대하여 다음과 같이 설명한다. "왜 칸트는 영에 관한 형이상학을 영을 보는 자의 역사 이전에 위치시킨 것일까? 여기서 우리는 『형이상학을 통해 해명한 영을 보는 사람의 꿈』이라는 이 작품 전체의 서명을 생각해보아야 한다. 영을 본다는 경험은 형이상학에 의해 해명되어야 한다. …… [하지만] 이 책의 제목은 정확하지 않다. 왜냐하면 영을 보는 사람의 꿈과 병렬시킴으로써 해명되어야 할 것은—다시 말해, 조롱받아야 할 것은—사상누각과 같은 형이상학 …… 자체이기 때문이다"(John Zammito, 2002, pp.196-197).

이해하려는 이러한 시도에는 사실 전혀 문제가 없다고 할 수 있다. 왜냐하면 칸트 학자들은 이 책의 구조와 이 책을 구성하는 두 주요 부분의 내용을 바탕으로 이러한 해석을 내놓았지만, 실제로 이 해석은 앞의 해제 제1장에서 언급한 1760년대 칸트철학의 회의주의적 경향과 잘 부합하기 때문이다. 앞서 살펴본 것처럼, 크노블로흐에게 보낸 편지에서 칸트는 스베덴보리 이야기에 대한 지인들의 조사 내용을 바탕으로 스베덴보리의 신비적 능력에 대한 소문은 신뢰할 만하다고 판단했다. 하지만 이 편지에 나타난 스베덴보리 이야기에 대한 칸트의 평가는 그가 『천국의 비밀』 등 스베덴보리의 저작을 직접 읽기 전에 한 것이기 때문에 이것이 스베덴보리 이야기에 대한 칸트의 최종적 결론이라고 보기는 힘들다. 스베덴보리의 책이 출판되어 막상 "그 책을 읽었을 때, 스베덴보리의 사변과 학계 형이상학자들의 사변 사이의 유사성에 칸트는 실망하고 웃지 않을 수 없었다."[27] 스베덴보리의 저서를 직접 읽기 전에는 미처 생각하지 못했지만, 이제 칸트는 형이상학의 오류를 지적하기 위해서 스베덴보리의 신비주의 사상을 이용할 생각을 하게 된다.[28] 카시러가 옳게 지적했듯이, "칸트에게 스베덴보리는 모든 초감성적 형이상학의 캐리커처다."[29]

『영을 보는 사람의 꿈』에 나타난 칸트의 형이상학 비판은 분명히 이후 『순수이성비판』 변증론에서 시도한 형이상학 비판을 예고한다고 볼 수 있지만, 형이상학 비판이 과연 이 책에서 칸트가 말하고자 하는 바의 전부인지는 조금 더 생각해볼 필요가 있다. 『영을 보는 사람의 꿈』에서 칸트가 스베덴보리의 신비주의에 대해 비판적 태도를 취했음은 분명하다. 그러나 이 책을 더 정확히 이해하기 위해서 우

27) Manfred Kuehn. 2001, p.171.
28) Alison Laywine, 1993, p.74 참조할 것.
29) Ernst Cassirer, 1981, p.80.

리는 칸트가 스베덴보리의 신비주의에 대해 반감뿐만 아니라 관심도 함께 지녔음을 간과해서는 안 된다. 칸트와 스베덴보리의 관계에 대한 이러한 해석에서 우리가 특히 주목해야 할 것은 『영을 보는 사람의 꿈』 제2편 결론부(제3장)에서 발견할 수 있는 칸트의 관심 전환, 즉 칸트가 형이상학적 사변에서 도덕적 삶의 추구로 방향을 전환한 것이다.[30] 만약 영의 존재와 같이 자신이 철학적으로 진지하게 탐구하던 대상에 관한 지식이 실제로 불가능함이 밝혀진다면, 연구자는 "내가 알 수 없는 것이 얼마나 많은가!"[31]라고 탄식할지 모른다. 그러나 칸트는 이러한 태도와는 대조적으로 과연 우리 삶에서 우리에게 필요한 지식이 그렇게 많은지, 혹시 때로 우리는 불필요한 지식을 추구하고 있는 것은 아닌지 의문을 제기한다.[32] 이러한 의문 제기와 함께 칸트는 이제 인간 삶의 새로운 이상, 즉 사변적 지식의 추구가 아닌 도덕적인 삶의 이상을 제시하려고 한다. "뭐라고? 덕스러운 것은 단지 다른 세상이 있기 때문에 좋은 것인가 아니면 오히려 행동 자체가 선하고 덕스럽기 때문에 그 행동이 언젠가 보상받는 것은 아닌가?"[33] 이 물음에서 칸트가 말하고 싶어 하는 것은 크게 두 가지다. 첫째로, 사람들은 도덕적인 삶을 살기 위해서 인간의 영적 본성과 다음 세상에 대한 확실한 지식이 필요하다고 생각할지 모르지만, 사실 인간의 도덕성은 이러한 지식과는 무관하다.[34] 둘째로, 칸트는 그럼

30) 칸트의 철학적 관심의 이러한 전환에는 루소의 영향이 컸다고 할 수 있는데 (Ernst Cassirer, 1981, pp.86-89; Frederick Beiser, 1992, pp.43-44 참조할 것), 이러한 방향 전환은 사실 1760년대의 저술 『아름다움과 숭고의 감정에 관한 관찰』(*Beobachtungen über das Gefühl des Schönen und Erhabenen*, 1764)에 이미 암시되어 있다.

31) 『영을 보는 사람의 꿈』 II 369; 『칸트전집』 3 259.

32) 같은 곳 참조할 것.

33) 『영을 보는 사람의 꿈』 II 372; 『칸트전집』 3 263.

34) 바로 앞의 인용은 윤리학의 기초를 형이상학에서 찾는 것이 정당한지를 묻

에도 도덕적으로 사는 인간이 다음 세상에 대한 기대와 믿음을 갖는 것은 지극히 자연스러운 일이라는 점을 강조한다. "죽음과 함께 모든 것이 끝난다는 생각을 견딜 수 있는 의로운 영혼, 그리고 그의 고귀한 심정이 미래[다음 세상]에 대한 희망으로 고양되지 않은 의로운 영혼이 살았던 적은 아마도 결코 없었을 것이다."[35)]

『영을 보는 사람의 꿈』 결론부에서 제시된 도덕성에 대한 칸트의 설명은 사실 그가 『실천이성비판』(*Kritik der praktischen Vernunft*) 마지막 부분에서 내린 결론과 일치한다. 『실천이성비판』에서 칸트는 만약 우리가 신의 존재와 영혼 불멸성을 확실히 알고 있다면 사람들이 도덕법칙을 위반하는 일은 없을 것이라고 추측한다.[36)] 하지만 이 경우에 내 행동은 인형극에서의 행동처럼 기계적인 것에 불과할 뿐 도덕성에 기초를 둔 행동이라고 보기는 힘들 것이다. 그런데 칸트에 따르면, 나의 도덕적 행동은 미래에 대한 지식에 기초를 둔 것이 아니라 도덕법칙에 대한 순수한 존경심에서 비롯되었지만, 이를 통해서 나는 희미하게나마 미래의 초감성적 영역(즉 신의 존재와 영혼 불멸성)을 엿볼 수 있게 된다.[37)] 이렇게 보면, 『영을 보는 사람의 꿈』 저술 배경을 설명하면서 언급하였던 1760년대 칸트의 회의주의는 그것으로 끝나는 것이 아니고 도덕적 신앙과 결합하는 것임을 알 수 있다. 따라서 우리는 『영을 보는 사람의 꿈』에서 칸트가 성숙기 자신의 철학이 나아갈 방향—즉 형이상학 비판과 도덕적 신앙의 옹호—을 이미 예고하고 있다고 말할 수 있다.

고 있다(Ernst Cassirer, 1981, p.80 참조할 것).

35) 『영을 보는 사람의 꿈』 II 373; 『칸트전집』 3 264.

36) 『실천이성비판』 V 147; 『칸트전집』 6 332 참조할 것.

37) 같은 곳 참조할 것.

참고문헌

김진, 「칸트의 『영을 보는 사람의 꿈』에 나타난 비판철학의 요소들」, 『칸트연구』, 한국칸트학회, 제32권, 2013, 93-136쪽.

임승필, 「칸트의 『형이상학자의 꿈에 비추어 본 영을 보는 사람의 꿈』 - 칸트철학에 미친 스웨덴보르그의 영향」, 『철학』, 한국철학회, 제98집, 2009, 109-136쪽.

Beiser, Frederick, "Kant's Intellectual Development: 1746-1781," in *Cambridge Companion to Kant*, ed. by Paul Guyer, New York: Cambridge University Press, 1992. pp.26-61.

Cassirer, Ernst, *Kant's Life and Thought*, trans. by James Haden, New Haven/London: Yale University, 1981.

Du Prel, Carl, *Vorlesungen über Psychologie. Mit einer Einleitung: Kant's mystische Weltanschauung*, Leipzig: Ernst Günthers Verlag, 1889.

Kuehn, Manfred, *Kant: A Biography*, New York: Cambridge University Press, 2001.

Laywine, Alison, *Kant's Early Metaphysics and the Origins of the Critical Philosophy*, Atascadero: Ridgeview Publishing Company, 1993.

Paulsen, Friedrich, *Immanuel Kant: His Life and Doctrine*, trans. by J.E.C. Reighton and Albert Lefevre, New York: Charles Scribner's Sons, 1902.

Sewall, Frank, "Recent German Discussion of the Relation of Kant to Swedenborg," in *Dreams of a Spirit-Seer Illustrated by Dreams of Metaphysics*, trans. by Emanuel F. Goerwitz, London: New Church Press, 1915, pp.1-33.

Toksvig, Signe, *Emanuel Swedenborg: Scientist and Mystic*, New Haven: Yale University Press, 1948.

Vaihinger, Hans, *Kommentar zu Kants Kritik der reinen Vernunft*, Vol. Ⅱ, 1892.

Zammito, John H., *Kant, Herder, and the Birth of Anthropology*, Chicago: The University of Chicago Press, 2002.

『공간에서 방향의 제1 구분 근거』

김상현 서울대학교 · 철학

칸트 공간론의 이해

1765년 말 탈고한 『형이상학의 꿈으로 해명한 영을 보는 사람의 꿈』(1766)과 1770년 9월 말 출간한 『감성계와 지성계의 형식과 원리』(1770, 이하 『교수취임논문』) 사이에는 약 5년간 공백이 있는데, 이 기간에는 1768년 초 『쾨니히스베르크 주간소식』 제6-8호에 등장한 단일한 짧은 논문인 『공간에서 방향의 제1 구분 근거』(*Von dem ersten Grunde des Unterschiedes der Gegenden im Raume*, 1768, 이하 『방향의 구분근거』)만 출간되었다. 이 논문은 1763년 발표된 『신의 현존을 입증하기 위하여 유일하게 가능한 증명 근거』와 그 이듬해 발표된 『아름다움과 숭고의 감정에 관한 고찰』에서도 다룬 바 있는 공간 문제에 대한 칸트 사유의 정립 과정과 관련하여 초기 견해를 잘 보여준다. 따라서 1760년대 그가 집중했던 주제 중 하나가 바로 라이프니츠의 공간이론에 반대하여 절대 공간을 옹호하는 것이었다고 할 수 있다.

『방향의 구분근거』는 바로 이런 사유의 연속적 과정의 하나로 등장했으며, 라이프니츠의 공간 이론에 반대하여 절대 공간을 증명하고자 한 것으로 간주할 수 있다. 왜냐하면 그는 글의 시작부터 라이프니츠의 많은 시도가 사실은 헛된 노력에 불과했다고 비판했으며, 나아가 "라이프니츠가 우선 위상분석이라고 명명했던 수학적 원리는…… 단지 비현실적 허구에 불과"[1]했다고 단언하면서, 이 글에서 그가 증명하고자 하는 명제는 "모든 물체의 현존으로부터 독립되어 있는 그리고 그 자체로 모든 물체의 병존을 가능하게 하는 제일근거로서 절대 공간은 고유한 실재성을 가지고 있다"[2]고 선언했기 때문이다.

따라서 이 논문에서 칸트가 공간에서 방향 구분근거에 대해 논하는 이유는 1차적으로는 라이프니츠가 제안한 위상분석에 대한 비판이자 상대 공간에 대해 절대 공간을 주장하려는 시도로 간주할 수 있다. 칸트는 "기하학자들도 그들에게 익숙한 명증성을 들어 절대 공간의 현실성을 주장할 수 있는 확실한 근거를 제시"[3]하고자 물리적 공간의 3차원성이 갖는 특성을 새삼 확인한다. 3차원 공간은 수직으로 교차하는 면이 3개인 공간을 말하며, 그 수직 교차면을 기준으로 6개 방향이 성립한다고 주장한다. 즉 우선 수평면을 기준으로 '위아래'라는 방향이 정립되고, 이 수평면과 수직으로 교차하는 두 수직면 중 하나를 기준으로 '좌우'가 그리고 다른 하나를 기준으로 '앞뒤'가 정립된다. 그리고 이러한 절대 공간에 근거를 두는 방향에 대한 구별이 없다면, "우리가 알 수 있는 것은 오직 대상들의 서로에 대한 위치"[4]뿐일 것이다.

방향 구분에 대한 또 다른 근거는 자연 사물의 특성들이다. 특히 인간의 방향은 인간의 생리적 구조와 결합되어, 예를 들어 오른손과

---

1) 『방향의 구분근거』 II 377; 『칸트전집』 3 269-270.
2) 『방향의 구분근거』 II 378; 『칸트전집』 3 270.
3) 『방향의 구분근거』 II 378; 『칸트전집』 3 271.
4) 『방향의 구분근거』 II 379; 『칸트전집』 3 272.

왼손의 특성 차이를 나타낸다고 한다. 이와 같이 "두 피조물이 크기에 관해서나 부분들의 비율 그리고 부분들 상호 위치에 관해 완전히 일치할지라도, 이 방향에 따라 두 피조물은 구분"[5]될 수 있는데, 바로 그 대표적 사례가 인간 신체의 대칭성이며, 칸트는 이와 같은 대상들을 비합동 대응체라고 한다. 라이프니츠의 위상분석이 헛된 노력이었다는 것은 바로 이 비합동 대응체에 대해 라이프니츠가 고려하지 않았기 때문이다. 즉, 라이프니츠처럼 공간이 단지 물체(의 부분)들의 외적 상호 관계로 정립되는 것에 불과하다면, 대표적 비합동 대응체인 오른손과 왼손은 손의 부분들과 관련하여 아무런 차이가 없어야 하지만, 이런 일은 불가능[6]하기 때문이다.

이것에서 칸트는 공간에 대해 몇 가지 중요한 결론, 즉 "공간의 규정은 물체 부분들의 상호 위치에 따른 결과가 아니라, 오히려 물체 부분들의 위치가 공간 규정의 결과"이며, 이런 절대적이고 근원적인 공간에 따라 사물들의 공간적 관계가 가능하다는 것, 다음으로 "절대 공간은 외적 감각의 대상이 아니라 모든 이러한 감각을 비로소 가능하게 해주는 근본 개념"이며, 마지막으로 '이 공간은 단순히 비현실적 허구로 간주할 수 없다'[7]는 결론을 도출한다.

이 결론은 칸트의 공간론을 이해하는 중요한 단서가 된다. 아직 이 논문에서는 본격적으로 논의되지도 않았고 또 칸트 자신도 여전히 불투명한 부분이 있다는 것을 인지한 것으로 보이기는 하지만, 확실히 이 논문에서 규정하는 공간은 절대 공간이고, 아프리오리한 공간이며, 경험적으로 실재하는 공간이라는 것이다. 이런 공간 개념은 『교수취임논문』에서 처음 정식화되어 비판기의 공간론으로 이어지

---

5) 『방향의 구분근거』 II 380; 『칸트전집』 3 273.
6) 『방향의 구분근거』 II 383; 『칸트전집』 3 277 참조할 것.
7) 같은 곳 참조할 것.

는 연속성을 가지고 있다. 시간과 공간의 '선험적 관념성과 경험적 실재성'이 비판철학을 이해하는 중요한 실마리임을 감안한다면, 『방향의 구분근거』는 짧은 분량임에도 비판철학의 출현을 예고하는 매우 중요한 논문이라고 할 수 있다.

『감성계와 지성계의 형식과 원리』

김상봉 전남대학교 · 철학

1. 저술의 배경

이 저서는 칸트가 1770년 쾨니히스베르크대학의 논리학과 형이상학 담당 정교수로 취임할 때, 발표하고 토론한 교수취임논문이다(이하 『교수취임논문』). 이 논문의 내용을 간단히 소개하기 전에 칸트가 쾨니히스베르크대학의 교수직에 임용되기까지의 과정을 소개하는 것도 나쁘지 않을 것이다. 칸트는 1755년부터 1년 동안 서둘러 세 편의 라틴어 논문을 발표하고 토론한 뒤에 1756년 처음으로 쾨니히스베르크대학의 원외교수직을 얻기 위해 지원했으나 이 일은 그 교수직의 충원 자체가 보류됨으로써 무위로 돌아가고 말았다. 당시 프로이센 정부는 오스트리아와의 이른바 7년 전쟁을 앞두고 있던 상황에서 국가 재정을 전쟁 수행을 위해 집중해야 했으므로[1] 크누첸(Martin Knutzen)의 사망으로 공석이 된 쾨니히스베르크대학의 논리학과 형이상학 교수의 자리를 충원하지 않기로 했기 때문이다. 7년 전쟁은 처음엔 슐레지엔 지방의 영유권을 둘러싼 프로이센과 오스트리아

1) M. Schönfeld, 2000, p.209 이하.

두 나라 사이의 갈등에서 시작되었으나 러시아와 프랑스가 오스트리아와 함께 싸우고 영국이 프로이센 편에서 싸운 국제전이었다. 또한 그것은 동쪽으로는 인도에서 서쪽으로는 캐나다까지 전투가 벌어진 세계적 규모의 전쟁이기도 했다.[2] 7년 동안 계속된 전쟁의 와중에서 쾨니히스베르크가 속한 동프로이센 지역이 러시아에 점령되어 1758년부터 62년까지 4년 동안 러시아 황제의 지배 아래 있게 되었는데, 대학 역시 1758년부터 62년까지 러시아의 관할 아래 있었다. 1758년 말, 퀴프케(Johann David Kypke, 1692~1758) 교수의 사망으로 쾨니히스베르크대학 철학부의 정교수 자리가 공석이 되었을 때, 그 자리를 충원하게 되어 칸트는 러시아 황제에게 다시 한번 교수직에 지원하는 청원서를 제출하였으나, 이미 15년 동안 쾨니히스베르크대학에서 원외교수로서 가르치고 있었던 부크(Friedrich Johann Buck, 1722~86)가 임명됨으로써 칸트는 1770년 정교수로 임명될 때까지 계속 사강사(Privatdozent)로 머무를 수밖에 없었다.[3]

하지만 그렇다고 해서 칸트가 무명의 사강사였다고 생각하는 것은 오해이다. 비록 조롱하기 위한 것이기는 했으나, 칸트는 그 첫 번째 저서에 대해 당대의 대시인인 레싱이 풍자시를 썼을 정도로 잘 알려진 인물이었으며, 비판기 이전에 그가 출판한 저서들은 그 당시 독일의 철학계에서 결코 하찮은 성과들은 아니었다. 그런 의미에서 비록 두 번의 지원이 무위로 돌아갔지만 거꾸로 대학 편에서 칸트를 초

---

2) 1756년에서 63년까지 계속된 이 전쟁은 프로이센이 유럽의 강대국으로 발돋움하는 데 결정적인 발판이 된 전쟁이었다. 마틴 키친, 유정희 옮김, 『케임브리지 독일사』, 167쪽 아래. 또한 영국의 입장에서 보자면 북아메리카와 인도에서 프랑스 세력을 축출함으로써 프랑스와의 식민지 경쟁에서 결정적인 승리를 거둔 전쟁이기도 하다. 나종일, 송규범 지음, 『영국의 역사, 하』, 521쪽 아래 참고.

3) K. Vorländer, 2004, p.81 이하.

빙하려 했던 시도가 있었던 것도 전혀 이상한 일이 아니다. 그 첫 번째는 1764년 쾨니히스베르크대학에서 칸트를 시학과 수사학 정교수로 임명하려 했던 경우이다.[4] 이것은 오늘날의 기준으로는 터무니없는 일로 보이지만 당시에는 전혀 이상할 것이 없는 일이었다. 포를랜더에 따르면 신학자가 수학은 물론 의학까지 아우르던 것이 그 시절 독일 대학의 상황이었기 때문이다.[5] 이런 사정은 멀리 갈 것 없이 칸트 자신의 강의 범위가 얼마나 넓었던지 생각해보아도 충분히 이해할 수 있는 일이다. 그러나 칸트는 이 초빙을 거절하고 순수하게 철학자의 길을 걸었다.

그 뒤 칸트는 시학과 수사학의 정교수 자리 대신에 1766년 2월에 쾨니히스베르크성(城)의 부속 도서관 사서직에 지원해서 6년 이상을 하급사서(Unterbibliothekar)로서 일을 하게 된다. 이 직책이 세속적인 기준에서 보자면 칸트에게 적합한 자리였다고 말하기는 어렵겠지만, 이 도서관이 쾨니히스베르크시 부설 도서관이나 대학 도서관보다 오히려 더 충실한 장서를 보유하고 있었으므로 학문적인 관점에서 보자면 결코 나쁜 선택이었다 할 수는 없다. 도리어 시학과 수사학의 정교수 자리를 거절하고 하급도서관 사서직을 자원해서 선택한 것이야말로 칸트의 특별한 성격을 증명하는 것이라 볼 수 있을 것이다. 여하튼 그 도서관에서 칸트는 다른 도서관에서는 볼 수 없는 데카르트와 스피노자에 관련된 저서들과 각국의 과학아카데미 정기간행물과 수많은 지리적 여행기 같은 것들을 마음대로 볼 수 있었다.[6]

그 뒤 한편에서는 도서관 사서로 연구하면서, 다른 한편에서는 사

4) 같은 책, p.175.
5) 같은 책, p.81.
6) 같은 책, pp.178-179.

강사로 강의를 하던 칸트를 대학 교수로 초빙하려 한 경우가 두 번 있었는데, 한 번은 1769년 에를랑엔(Erlangen)에서 칸트를 논리학 및 형이상학 정교수로 초빙하려고 했었고, 또 한 번은 1770년 초 예나(Jena)에서 칸트를 철학부의 교수로 초빙하려 했던 일이 있었다. 앞의 경우는 칸트가 잠정적으로 초빙에 응하겠다는 의사를 표시했으므로 아예 임명장(Ernennungspatent)까지 발급되었고, 뒤의 경우는 칸트가 거절하여 무산되었다.[7]

칸트가 두 번의 초빙을 거절한 것은 여러 가지 이유가 있겠으나 다른 무엇보다 쾨니히스베르크대학에서 다시 교수직이 공석이 될 것이 예상되었기 때문이라는 추측이 유력하다.[8] 그것은 수학과 신학의 정교수였던 랑한젠(Christoph Langhansen, 1691~1770)이 고령이면서 오랫동안 병석에 누워 사망을 앞두고 있었기 때문이다. 그는 결국 1770년 3월 15일에 세상을 떠났는데, 바로 그다음 날(3월 16일) 기민하게도 칸트는 자기가 먼저 프로이센의 총리대신(Großkanzler)이었던 폰 퓌르스트(Carl Josepf Maximillian von Fürst und Kupferberg) 앞으로 군주국가였던 프로이센의 일개 사강사로서는 당돌하다고밖에 볼 수 없을 정도로, 또한 지금 우리 시대의 기준으로서도 놀랄 만큼 대담한 편지를 보내었다.

이 편지에서 칸트는 랑한젠의 사망으로 공석이 된 교수직을 자기가 승계하고 싶지만, 고인이 담당했던 분야가 수학과 신학이므로 자기의 희망과 적성에 일치하지 않음을 밝히고 자기를 임용하기 위해 두 가지 가능성 가운데 하나를 선택해줄 것을 청원하고 있다. 그 두 가지 가능성 가운데 첫째는 랑한젠의 사위인 크리스티아니 교수가

---

7) 같은 책, p.186 이하.

8) 같은 책, p.187.

도덕철학을 담당하고 있으나 얼마든지 수학도 가르칠 수 있으므로 그로 하여금 랑한젠 교수의 후임으로 수학을 담당하게 하고 칸트 자신이 크리스티아니 교수가 맡고 있는 도덕철학 교수의 자리를 승계하게 하거나, 이것이 여의치 않다면, 1758년에 논리학과 형이상학 교수에 임명되었던 부크 교수를 랑한젠의 후임으로 임명하고 자신을 부크가 맡고 있는 논리학과 형이상학 교수에 임명해달라고 청원했던 것이다.[9)]

이런 청원의 편지를 보내고 나서 사흘이 지난 3월 19일에 칸트는 다시 같은 취지의 편지를 이번에는 직접 프리드리히 대왕 앞으로 보냈는데, 거기서 그는 공석이 된 자리를 "직접"(directe) 자기로 임명해주거나 아니면 "교수직의 적절한 교환을 통해"(vermittelst eines in irgend einer Profession zu treffenden Tausches), 즉 간접적으로 자기를 임명해달라고 청원했다.[10)] 이에 대해 프리드리히 대왕의 내각은 칸트의 제안 가운데 두 번째 제안을 받아들이기로 결정하고 3월 31일자로 칸트를 부크 교수의 후임으로 쾨니히스베르크대학의 논리학과 형이상학의 정교수로 임명하는 훈령을 발표했으며, 칸트의 제안대로 부크 교수를 랑한젠의 후임으로 임명했다.[11)] 이렇게 해서 자기가 원치 않는 시학과 수사학 교수직을 마다하고 스스로 하급사서 생활을 하면서 에를랑엔과 예나의 교수 초빙도 거절했던 칸트는 자기가 원하는 자리를 왕과 내각에 제안하여 스스로 그 자리에 앉게 되었던 것이다. 이것이 간단히 살펴본 칸트의 교수취임까지의 전말이다.

덧붙이자면 칸트는 이렇게 하여 정교수가 된 뒤에도 쾨니히스베르크성 도서관 사서의 일을 1772년까지 2년 더 수행했다. 6년 이상

---

9) 『서한집』 X 8 이하.
10) 같은 책, p.88 이하.
11) 같은 책, p.89 이하.

그 직책을 수행하는 동안 칸트가 사서 일을 맡기 이전이나 이후에 흔히 있었던 시민들의 불만 섞인 민원은 단 한 건도 보고되지 않았다고 한다.[12] 그렇게 성실하게 자신의 공적 의무를 다했던 칸트는 1772년 4월 14일 다시 프리드리히 대왕 앞으로 편지를 보내 대학의 정교수가 도서관 하급사서의 일을 동시에 맡는 것이 적절하지 않을 뿐만 아니라, 또 교수직과 사서직을 동시에 수행하는 것이 너무 어렵다는 지극히 당연한 이유를 들어 사서직의 면직을 청원했는데,[13] 이것이 받아들여짐으로써 최종적으로 순수한 대학교수의 길로 들어서게 된다.

2. 주요 내용

이른바 『교수취임논문』은 새로이 취임하는 교수는 하나의 라틴어 논문을 발표하고 토론해야 한다는 규정에 따라 쓴 글이다. 칸트를 교수로 임명한다는 내각의 결정이 내려진 날이 3월 31이었고 『교수취임논문』의 발표와 토론이 이루어진 날이 8월 20일이었으므로 이 글은 그 사이에 썼으리라 추측된다.[14] 이런 배경에 따라 4개월 정도의 짧은 기간에 서둘러 쓴 글인 까닭에 성긴 부분이 없지는 않지만, 이것이 이 저작의 가치를 훼손하는 것은 아니다. 왜냐하면 거의 모든 학자들이 인정하듯이 이 논문을 통해 칸트는 비판철학을 향한 첫걸음을 내디뎠기 때문이다.

이 논문은 모두 다섯 개의 절로 이루어져 있는데, 각 절의 제목은

---

12) K. Vorländer, 2004, p.197 이하.

13) 『서한집』 X 130.

14) Ⅱ 510(E. Adickes의 편집자주).

다음과 같다. 제1절 세계 개념 일반에 대하여, 제2절 감성적인 것과 지성적인 것 일반의 구별에 대하여, 제3절 감성적 세계의 형식적 근거들에 대하여, 제4절 지성적 세계의 형식적 근거에 관하여, 제5절 형이상학에서 감성적인 것과 지성적인 것에 관계된 방법에 대하여. 낱낱의 내용을 소개하기 전에 전체를 개관하기 위해서는 "감성계와 지성계의 형식과 원리"라는 논문 제목을 상기하는 것이 나쁘지 않을 것이다. 그것은 세 개의 개념(또는 개념 쌍)으로 구성되어 있는데, 첫 번째가 세계, 두 번째가 감성적-지성적 세계의 구별, 그리고 세 번째가 형식과 원리이다. 전체 제목과 다섯 개 절의 소제목을 비교해보면 우리는 논문이 제목에서 제시된 이 세 가지 주제를 체계적으로 해명하기 위해 일관된 논리적 순서에 따라 구성되어 있으리라 예상할 수 있다.

이제 순서에 따라 먼저 세계 개념을 살펴보자면, 이 개념에 대한 단정한 정의는 제1절이 아니라 제2절 § 13에서 찾아볼 수 있다. 그에 따르면

> "우주의 형식적 원리는 보편적 연관성의 근거를 포함하고 있고, 또 그것을 통해 모든 실체들과 그것들의 상태가 동일한 전체에 귀속하게 되는데, 바로 이 전체를 가리켜 세계라 부른다."(『교수취임논문』 II 398; 『칸트전집』 3 305)

세계는 존재자들이 보편적 연관성에 따라 하나의 전체를 이룬 것이다. 그런데 이렇게 실체들이 전체를 이루는 것은 자동적으로 일어나는 일이 아니고 보편적 연관관계를 가능하게 해주는 어떤 근거가 있어야만 한다. 그것이 세계를 이루는 형식적 원리이다. 칸트에 따르면 "어떤 세계든지 간에 그것의 본성에 속하는 일정한 형식이 항상적이고도 불변적인 것으로 주어져 있어서, 이것이 세계의 상태에 속

하는 임의의 우연적이고 일시적인 형식의 영속적 근거가 되는 것이다."(『교수취임논문』 Ⅱ 391; 『칸트전집』 3 290) 칸트가 이 논문에서 탐구하려는 것은 바로 그런 불변적인 형식적 근거이다.[15)]

칸트는 이렇게 제1절에서 기본적인 탐구주제를 제시한 뒤에 제2절에서 감성적 세계와 지성적 세계의 구분으로 나아간다. 그런데 여기서 중요한 것은 두 세계의 구별 그 자체가 아니라 구별하는 방식이다. 즉 칸트는 두 세계를 객관적 기준에 따라 구별하지 않고 주관적 인식방식의 차이에 따라 구별한다. 제2절에서 칸트는 감성적 세계와 지성적 세계를 구별하기 전에 감성적 인식과 지성적 인식을 구별한다. 그 구별에 따르면 감성은 사물을 나타나는 대로(uti apparent) 표상하며, 지성은 있는 그대(sicuti sunt)로 표상한다.(『교수취임논문』 Ⅱ 392; 『칸트전집』 3 295) 그런데 이 두 가지 표상방식은 이종적이어서 서로 넘나들 수가 없다. 그래서 하나의 세계, 하나의 실체를 두고서도 지성은 있는 그대로 생각할 수 있는 것을 감성은 표상할 수 없는 일이 일어나게 되는데, 그 결과로서 감성적 세계와 지성적 세계 사이의 분리가 일어나는 것이다.

이처럼 현상계와 지성계를 구별하는 것이 나중에 『순수이성비판』의 선험적 관념론의 출발이라는 것은 두말할 필요도 없다. 그러나 그것 외에도 제2절은 비판철학의 역사에서 결정적인 의미를 지닌 또 하나의 새로운 통찰을 포함하고 있는데, 그것은 우리의 지성이 "순수 관념"(idea pura)의 능력이라는 통찰이다. 칸트에 따르면 "그런 개념들은 대상에 관한 개념이든 관계에 관한 개념이든 지성의 본성 자

15) 여기서 원리란 오늘날 우리가 '상대성 원리'라고 말할 때처럼 어떤 일반 법칙을 가리키는 말이 아니고 설명했듯이 아리스토텔레스가 『형이상학』에서 말한 대로 "그것으로부터 어떤 것이 존재하고 생겨나고 인식되는 최초의 것"이란 의미에서의 제1근거를 의미한다. 옮긴이주 1) 참고.

체를 통해 주어지며, 우리가 어떤 감각들을 사용해서 추상하는 것도 아니고, 적어도 그 자체로서는 감성적 인식의 형식을 포함하고 있는 것도 아니다."(『교수취임논문』 II 394; 『칸트전집』 3 297) 그런데 그는 이런 개념을 "본유적으로 *타고난* 개념들이 아니고, 정신의 내재적 법칙으로부터 (경험을 계기로 그것이 활동하는 것에 주목함으로써) 추상해낸 개념, 그러므로 *획득된* 개념들"이라고(『교수취임논문』 II 395; 『칸트전집』 3 299-300) 설명함으로써 데카르트적인 본유 관념과는 다른 종류의 순수 개념을 정립하게 된다. 물론 이것이 대상을 있는 그대로 표상한다 할 때, 그 있는 그대로의 대상이 사물 자체를 의미하는 한에서 『교수취임논문』에서 말하는 순수 개념은 이른바 전비판기의 한계를 벗어나지 못하고 있다고 말할 수 있다. 그것을 제외한다면 여기서 말하는 '정신의 내재적 법칙으로부터 획득된 개념으로서의 순수 개념은 『순수이성비판』에서 말하는 아프리오리한 개념과 다르지 않다. 이런 점에서도 『교수취임논문』은 비판철학의 출발이라고 말할 수 있다.

제2절에서 칸트는 이처럼 감성적 인식방식과 지성적 인식방식을 구별한 뒤에 각각의 인식방식이 나름의 고유한 원리에 근거하고 있으며, 나름의 역할이 있음을 설명한다. 간단히 말해 감성적 인식은 기하학적 인식으로 대표되는 것으로서 현상으로서의 자연과학적 인식이 이 영역에 속한다면, 대상을 있는 그대로 표상하는 지성적 인식은 존재를 완전성 속에서 탐구하는 형이상학적 인식으로 실현된다.

그런데 이런 차이를 무시하고 상이한 인식능력들 사이의 주관적 차이를 객관적 차이로 오해하거나, 두 상이한 인식의 원리들을 임의로 뒤섞기 시작하면 우리는 오류에 빠지게 되는데, 그런 오류를 제거하는 것이 『교수취임논문』의 주요한 과제임을 칸트는 이미 § 1에서 다음과 같이 분명히 밝히고 있다.

"왜냐하면 *감성적* [인식]능력과 *지성적* 인식능력 사이의 이런 불일치는 (이 둘의 특성에 대해서는 내가 곧 탐구할 것이거니와) 오로지, *정신이 지성으로부터 받아들여 지니고 있는 추상적인 관념들을 구체적으로 표시하거나 직관으로 전환시키는 것이 때로는 불가능하다*는 것만을 나타낼 뿐이기 때문이다. 그러나 매우 자주 일어나는 일이듯이, 이런 *주관적*인 대립이 어떤 *객관적* 대립으로 오인되면, 경솔한 사람들이 인간 정신을 둘러싸고 있는 한계를 사물의 본질 그 자체가 구속되어 있는 한계라고 쉽사리 간주하는 잘못을 범하게 되는 것이다."(『교수취임논문』 II 389; 『칸트전집』 3 287)

이런 기본적인 문제의식에 입각해서 제2절에서 감성적 인식 및 세계와 지성적 인식 및 세계를 구별한 칸트는 제3절에서 감성적 세계의 형식적 근거를 해명하는데, 그 근거는 간단히 말해 시간과 공간이다. 이 절의 내용은 『순수이성비판』의 감성론에서 칸트가 공간 및 시간을 설명하는 것과 자구적으로 같은 구절까지 있을 만큼 유사한 내용인지라 아마도 『교수취임논문』에서 가장 잘 알려진 부분일 것이다. 여기서 칸트는 새로운 시간 공간의 관념과 함께 직관적 표상과 개념적 사유를 구별하는데, 이 역시 『순수이성비판』으로 직접 이어지는 새로운 통찰이라 말할 수 있다.

거슬러 올라가면 이런 새로운 통찰의 시원은 1768년에 쓴 『공간에서 방향의 제1 구분 근거』(Von dem ersten Grunde des Unterschiedes der Gegenden im Raume)이다. 거기서 칸트는 오른손과 왼손이 개념적으로는 완벽하게 대응함에도 불구하고, 다시 말해 개념적으로는 얼마든지 동일성 속에서 사유될 수 있음에도 불구하고 실제로는 합동이 아니라는 사실을 통해, 다르게 표현하자면 오른손과 왼손의 차이를 결코 개념적으로 표현할 수 없다는 사실을 통해 공간적 표상이 순수 지성 개념적 표상으로 환원될 수 없음을 밝혔다. 그런데 이때만 하더라도 칸트는 왼손-오른손 불일치를 뉴턴적 절대공간을 정당화하는 논거로만 사용했다.

그런데 『교수취임논문』에서 칸트는 여기서 한 걸음 더 나아가 시간과 공간을 인식 "주체의 특수한 성질"(specialis indoles subiecti)(『교수취임논문』 II 392; 『칸트전집』 3 294) 또는 "정신의 어떤 천부적 법칙"(lex quaedam menti insita)(『교수취임논문』 II 393; 『칸트전집』 3 295)이라고 규정함으로써 라이프니츠의 입장과 뉴턴의 입장을 모두 비판하면서 자기 고유의 새로운 이론을 제시한다. 그리고 이와 함께 직관과 개념을 비판철학적 의미에서 분명히 구분함으로써 순수이성비판으로의 길을 예비했던 것이다.(『교수취임논문』 II 387-389; 『칸트전집』 3 284-287, 『교수취임논문』 II 396; 『칸트전집』 3 301-302 등)

다음으로 제4절에서 칸트는 지성적 세계의 형식적 근거를 서술한다. 이 절의 주제는 "*다수의 실체들이 상호 교통 속에 있게 되고* 또 이를 통해 그것들이 모두 우리가 세계라고 부르는 동일한 전체에 속하게 되는 일이 어떻게 해서 가능한가?"(『교수취임논문』 II 407; 『칸트전집』 3 322) 하는 것이다. 이 물음에 대한 칸트의 답은 "*우주의 실체들의 연결 속의* 통일성*은 모든 것이 하나에 의존하고 있는 결과이다*"라는(『교수취임논문』 II 408; 『칸트전집』 3 324) 것이다. 그 "하나"가 바로 신이다. 그러면서 칸트는 비단 지성적 세계 자체의 가능성만이 아니라 그 세계에 대한 인식의 가능성 역시 신에게 있다고 주장한다. "왜냐하면 *인간 정신이 다른 모든 것들과 함께 유일자의 동일한 무한한 힘에 의해 지탱되지* 않는다면, 정신이 외적 대상으로부터 촉발되는 것도, 세계가 정신의 시야에 무한하게 열리는 것도, 모두 불가능한 일이겠기 때문이다."(『교수취임논문』 II 410; 『칸트전집』 3 327) 이런 의미에서 칸트는 "우리는 신 안에서 모든 사물을 본다"는 말브랑슈

(N. Malebranche)의 말에 조심스럽게 동의를 표시한다.(같은 곳)

마지막으로 제5절에서 칸트는 감성적 인식과 지성적 인식의 혼동이 초래하는 오류를 바로잡으려 한다. 그런 의미에서 칸트는 "*감성적 인식에 고유한 원리들이 자신의 한계를 넘어가 지성적인 것에 관여하지 않도록 세심하게 주의해야 한다*"(『교수취임논문』 II 411; 『칸트전집』 3 331)는 것을 강조한다. 만약 감성적 인식의 원리가 지성적 세계 인식에 개입하게 되면 사취된 형이상학적 원리를 낳는 신기루가 생겨난다.

> "1. 대상의 가능한 직관을 위한 유일한 감성적 조건은 그 *대상* 자체의 *가능성*의 조건과 같다.
>
> 2. *주어진 표상들이 서로 비교되어 대상에 대한 지성적 개념을 형성할 수 있게 해주*는 유일한 감성적 조건은 또한 그 대상 자체의 가능성의 조건과 같다.
>
> 3. 어떤 주어진 *대상을 주어진 지성적 개념 아래 포섭하는 것*을 가능하게 해주는 유일한 감성적 조건은 그 대상 자체의 가능성의 조건과 같다."(『교수취임논문』 II 413; 『칸트전집』 3 334)

§ 27 이하에서 칸트는 이런 신기루에서 생겨나는 사취된 원리를 하나하나 반박한 뒤에 마지막 § 30에서 일종의 판단력의 원리라고 말할 수 있는 편의성의 원리를 설명한 뒤에 마지막으로 학문의 예비학에 대한 희망을 말한 뒤에 간단한 주석을 덧붙이면서 글을 마치고 있다.

> "방법에 대해서는 이 정도로 해둔다. 그것은 다른 무엇보다 감성적 인식과 지성적 인식의 구별에 관한 것이거니와, 그것이 보다

세심한 탐구를 통하여 엄밀하게 실행된다면, 학문의 예비학의 자리를 차지하게 될 것이며, 형이상학의 심오한 신비로 육박해 들어가려는 모든 이들에게 엄청나게 큰 도움이 될 것이다."(『교수취임논문』 II 419; 『칸트전집』 3 343)

여기서 말하는 의미의 형이상학의 예비학(Propaedeutik)의 이념은 『순수이성비판』의 이념과 같다. 왜냐하면 11년 뒤에 칸트는 '순수이성비판'을 예비학이라고 불렀기 때문이다.[16] 그러나 첫 번째 예비학에서 두 번째 예비학에 이르는 그 길이 매끄러운 길만은 아니었다. 『교수취임논문』에서 칸트는 앞서 보았듯이 우리가 지성을 통해 사물을 있는 그대로(sicuti sunt) 인식할 수 있다고 생각했다. 칸트는 그 가능성의 근거로서 지성 능력의 "실재적 사용"(usus realis)을 제시한다. 칸트에 따르면 지성의 실재적 사용을 통해 "사물의 개념이든 관계의 개념이든 개념들 자체가 주어지는데,"(『교수취임논문』 II 393; 『칸트전집』 3 296) 여기서 말하는 사물이나 관계는 우리에게 주어지고 나타난 현상이 아니고 "있는 그대로" 파악된 것이라고 생각되었던 것이다. 그러면서도 칸트는 "그런 개념들은 대상에 관한 것이든 관계에 관한 것이든 지성의 본성 자체를 통해 주어지며, 어떤 감관들의 사용에 의해 추상되는 것도 아니고 감성적 인식의 형식을 적어도 그 자체로서는 포함하고 있는 것도 아니다"라고(『교수취임논문』 II 394; 『칸트전집』 3 297) 주장한다. 요컨대 지성의 실재적 사용을 통해 주어지는 사물이나 관계에 대한 개념은 그 원천에서 보자면 철저히 주관

16) 『순수이성비판』 B 25. "so können wir eine Wissenschaft der bloßen Beurteilung der reinen Vernunft, ihrer Quellen und Grenzen, als die Propädeutik zum System der reinen Vernunft ansehen. Eine solche würde nicht eine Doktrin, sondern nur Kritik der reinen Vernunft heißen müssen".

적인데, 그 타당성에서 보자면 객관적인 것이다.

시간과 공간이 감성적 인식의 형식이 됨으로써 시간과 공간 속에서 직관되는 물리적 세계 역시 주관화되었다. 그것은 그 자체로서 있는 사물 자체들의 세계가 아니고 다만 우리에게 주어지고 나타난 현상의 세계가 된 것이다. 그런데 만약 지성의 실재적 사용을 통해 주어지는 개념들이 "정신의 내재적 법칙으로부터 …… 획득된"(『교수취임논문』 II 395; 『칸트전집』 3 299-300) 것이라면, 그런 개념 역시 시간 및 공간과 마찬가지로 주관적 형식에 지나지 않을 것이다. 그렇다면 어떤 의미에서 그런 주관적 지성 개념이 파악하는 세계가 현상으로서의 세계가 아니고 있는 그대로의 실체들의 세계라고 말할 수 있겠는가?

칸트는 『교수취임논문』에서는 아직 이런 반성에 도달하지 않았다. 그리하여 그는 지성의 실재적 사용에 기대어 완전성의 개념을 거쳐 신의 개념에까지 나아갔다.(『교수취임논문』 II 395-396; 『칸트전집』 3 300-301) 앞서 본 대로, 시간과 공간이 감성적 세계의 형식인 것처럼 신은 지성적 세계의 원리인 것이다. 그러나 순수한 지성 개념이 그 주관적 원천에도 불구하고 어떻게 객관적인 타당성을 얻을 수 있느냐는 물음은 언제 제기되어도 제기될 수밖에 없는 물음이었으니, 칸트는 이를 1772년 2월 21일 제자이며, 논문 발표 때 응답자이기도 했던 마르쿠스 헤르츠에게 보낸 저 유명한 편지에서 아래와 같이 격정적으로 토로했다.

> 순수한 지성개념들은 따라서 감관의 감각들로부터 추상된 것이 아니어야 하며, 감관을 통한 표상들의 수용성을 표현하는 것도 아니어야 합니다. 오히려 그것은 영혼의 본성 속에 자신의 원천을 가지기는 하되, 그러면서도 객관으로부터 작용을 입는 것도 아니

고 객관 자체를 산출하는 것도 아닙니다. 나는 『교수취임논문』에서 지성적 표상들의 본성을 단지 소극적으로 표현하는 것으로 만족했습니다. 즉 그것들은 대상을 통해 생기는 영혼의 변양들이 아니라는 것이었지요. 그러나 하나의 표상이 어떤 대상으로부터 이런저런 방식으로 촉발되지 않으면서도 그 대상에 관계하는 것이 도대체 어떻게 가능한가 하는 문제를 나는 침묵 속에 지나쳐 버렸던 것입니다. 나는 감성적 표상들이 사물을 나타나는 대로 표상하는 반면, 지성적 표상들은 그것들을 있는 그대로 표상한다고 말했습니다. 그러나 사물들이 우리를 촉발하는 방식을 통해서가 아니라면, 도대체 무엇을 통해 그것들은 우리에게 주어지는 것입니까? 그리고 만약 그러한 지성적 표상들이 우리의 내적 활동성에 기초한다면, 그 표상들이 대상과의 관계에서 가져야 할 일치는 — 대상이 표상들을 통해 산출되는 것이 아닐진대 — 어디로부터 오는 것입니까?[17)]

『교수취임논문』으로부터 『순수이성비판』으로 이르는 오랜 사유의 길은 이 편지글에서 제시된 바로 그 물음과 함께 시작된 것이라고 말할 수 있다. 다소 단순화시켜 『순수이성비판』 본론의 내용을 선험적 감성론과 선험적 논리학 그리고 선험적 방법론으로 나눈다면, 선험적 감성론은 『교수취임논문』의 제3절에 대응하며, 선험적 논리학은 『교수취임논문』의 제2절과 제4절 그리고 선험적 방법론은 『교수취임논문』의 제5절에 대응한다고 말할 수 있다. 선험적 감성론은 『교수취임논문』에서 거의 완결된 형태로 완성되었다. 그러나 지성적 인식에 관한 분석은 여전히 합리론적 관성에서 벗어나지 못했던 것

---

17) 『서한집』 X 130 이하. 번역은 김상봉, 1998, p.75 참조.

이다. 이런 관점에서 보자면, 『교수취임논문』에서 『순수이성비판』에 이르는 과정은 단순하게 말해 『교수취임논문』에서 처음 제시된 선험적 관념론의 체계에 지성적 인식 또는 지성의 사용에 관한 낡은 이론을 조화시켜나가는 과정이었다고 볼 수 있을 것이다. 그리고 이를 통해 우리는 『교수취임논문』이 비판철학의 역사에서 차지하는 결정적인 의미를 비로소 명확하게 이해할 수 있게 되는 것이다.

참고문헌

김상봉, 『자기의식과 존재사유-칸트철학과 근대적 주체성의 존재론』, 제1장, 한길사, 1998.

이엽, 「오성 개념의 원천적 획득과 칸트 존재론의 출발점」, 『칸트연구』, 제1권, 1995.

칸트, 최소인 옮김, 『감성계와 지성계의 형식과 원리들』, 이제이북스, 2007.

Beck, L.W. et al., *Kant's Latin Writings-Translations, Commentaries, and Notes*, Peter Lang, 1992.

Fischer, K., *Geschichte der neueren Philosophie*, 4. Bd., Heidelberg, 1928.

Kim, Chang Won, *Der Begriff der Welt bei Wolff, Baumgarten, Crusius und Kant*, Peter Lang, 2004.

Schönfeld, M., *The Philosophy of Young Kant: The Precritical Project*, Oxford: Oxford Univ. Press, 2000.

Vorländer, K., *Immanuel Kant, Der Mann und das Werk*, Wiesbaden, 2004.

『인간의 상이한 종』

김상현 서울대학교 · 철학

칸트 세계지의 일부

쾨니히스베르크대학 강단에 두 번째 서게 된 1756년 여름학기를 시작하면서 칸트는 자연지리학을 정기적으로 강의했고, 강의 내용에 인종의 상이성에 관한 주제를 포함시켰다. 그는 이 강좌를 약 48회 진행했고, 1772~73년 겨울학기에 시작한 인류학을 정규강좌로 추가한 후 겨울학기에는 인류학 강의를 하고 여름학기에는 자연지리학을 강의함으로써 두 강좌를 선택하여 수강할 수 있도록 했다. 이렇게 두 강좌를 연속적으로 강의한 것은 수강생들에게 지식의 주요 두 영역인 인간과 자연에 관한 지식을 학술적 삶 외부에 직접 적용할 수 있게 만들려는 의도였다. 자연지리학에 대한 강의는 당시 프러시아대학에서 널리 요구되던 공식 교재에 의존하지 않는 일이 많았고, 해마다 그는 자신의 자료를 추가했다.

칸트는 매학기 자신의 강좌에 대한 안내글을 발표했는데, 1775년 여름학기를 위한 안내글은 「인류의 상이한 종에 관하여: 논리학과 형이상학 담당교수 I. 칸트의 1775년 여름학기 자연지리학 강의에 대한 안내」(“Von den verschiedenen Racen der Menschen zur Ankündigung der Vorlesungen der physischen Geographie im Sommerhalbenjahre 1775 von Immanuel Kant der Log. und Met. ordentl. prof.")라는 제목으로 발표되었다. 2년 후 이 글은 많은 추가 내용으로 보완되어 한 권으로 증보되어 출간되었는데, 『세계에 대한 철학자』(*Der Philosoph für die Welt*)라는 제목으로 베를린 계몽주의 운동의 일원이었던 엥겔이 출간(1741~1802)했다. 두 번째 편집판에서는 제목의 뒷부분과 마찬가지로 글의 첫 단락과 마지막 단락에서 자연지리학 강의에 대한 언급을 생략했다.[1)]

칸트는 『인간의 상이한 종』(이하 『상이한 종』)이 "심오한 탐구를 위한 것보다는 일종의 지성의 유희를 위한 것"[2)]이라고 밝혔다. 그리고 그에 상응하게 이 글은 인종을 구분하고 그 원인을 밝히는 내용으로 되어 있다. 칸트는 모든 인류가 단일한 기원을 갖는 동일한 종족이라고 말하는데, 이는 당시 몇몇 사람이 제기한 인간 창조의 국지성[3)]에 대한 하나의 답변이라고 할 수 있다. 현재 인류의 기원종을 그 모습 그대로 발견할 수는 없지만, 칸트는 인류의 기원종을 흑갈색 머리카락의 백인이라고 추정하며, 이 기원종에서 피부색(흰색, 붉은색, 검은색, 황색)이 다른 네 주요 인종이 유래했다고 보았다.

칸트는 인종이 나뉘게 된 원인이 종의 가능적 차이를 결정할 수 있는 소인 또는 자연적 소질과 환경의 영향 때문이라고 보았다. 하지만 인류는 모든 기후와 풍토에서 살아남을 수 있는 소인을 가지고 있으므로,[4)] 상이한 종이 등장한 원인은 사실상 환경 때문이라고 할 수 있

---

1) Günter Zöller& Robert B. Louden(ed.), "Editor's Introduction", *Anthropology, History, and Education*, The Cambridge Edition of the Works of Immanuel Kant, Cambridge University Press, 2011, pp. 82-83 참조.
2) 『상이한 종』 II 429; 『칸트전집』 3 347.
3) 『상이한 종』 II 440; 『칸트전집』 3 361 참조할 것.
4) 『상이한 종』 II 435; 『칸트전집』 3 355 참조할 것.

다. 환경적 요인은 미리 가지고 있던 소인과 자연적 소질을 그 환경에 알맞은 형태로 발현하게 만드는데, 모든 환경적 요인의 차이가 전부 인종의 상이성에 영향을 미치는 것은 아니다. 가장 중요한 요인은 기후조건이며, 인류가 다양한 방식으로 이에 오랫동안 적응함으로써 종이 구분되었다고 칸트는 말한다. 그래서 위에서 구분한 네 인종은 순서대로 저온다습, 저온건조, 고온다습, 고온건조라는 기후의 네 가지 형태에 인류의 기원종이 적응한 결과라고 칸트는 결론짓는다.

따라서 『상이한 종』은 내용 자체로만 본다면 분명 '지성의 유희'에 국한되어 있다고 할 수 있다. 하지만 좀더 거시적 관점에 본다면, 이 글은 그가 강의를 위해 공고하는 마지막 대목에서 볼 수 있듯이 하나의 거대한 이념의 일부를 이룬다. 그 이념을 칸트는 '세계지'(Kenntniß der Welt)라 부르고 이 이념에는 자연과 인류의 질서에 대한 실용적 탐구와 교육이 포함된다면서, 전자를 자연지리학이라 부르고 후자를 인간학이라고 부른다. 이런 맥락에서 『상이한 종』은 『인종에 관한 개념규정』(1785), 『철학에서 목적론적 원리의 사용』(1788)과 더불어 인류의 자연적 역사에 관한 칸트의 3부작 중 하나라고 할 수 있다.

참고문헌

Günter Zöller & Robert B. Louden (ed.), "Editor's Introduction", *Anthropology, History, and Education*, in *The Cambridge Edition of the Works of Immanuel Kant*, Cambridge University Press, 2011.

『박애학교에 관한 논문들』

홍우람 서강대학교 · 철학

칸트의 교육철학

박애학교에 관한 이 짧은 글 두 편(이하 『박애학교』)은 『쾨니히스베르크 학술과 정치지』(*Königsbergsche Gelehrte und Politische Zeitungen*)에 각각 1776년 3월 28일과 1777년 3월 27일 발표되었다. 칸트는 교육에 대해 깊은 관심을 가지고 있었을 뿐만 아니라 교육의 중요성을 높이 평가한 것으로 잘 알려져 있지만 교육을 주제로 쓴 글은 생각보다 많지 않다. 이 때문에 강의록인 『교육론』(*Immanuel Kant über Pädagogik*)과 『도덕형이상학』의 '방법론' 부분과 더불어 이 두 글은 비록 짧기는 하지만 칸트의 교육에 대한 견해를 검토할 때 중요한 자료이다. 더구나 이 두 글은 교육 일반에 대해 논하기 위해서가 아니라 특정 교육 이념을 채택한 교육 기관을 현실적으로 후원하기 위해, 즉 1774년 바제도우가 설립한 박애학교에 대한 실제적 관심을 촉구하기 위해 쓰인 글이라는 점에서 더욱 흥미롭다.

박애학교를 설립한 바제도우[1)]는 루소의 영향을 깊이 받은 계몽주

1) 『데사우 1776』(Dessau 1776)은 원래 익명으로 발표되었으나, 라이케에 의해

의적 교육 개혁가이자 철학 교사로 루소의 교육관에 적합한 교육 이론 및 방법을 탐구하는 한편 교육은 어떤 특정 종교의 교의를 주입하지 않고 모든 사회 계층에게 동등한 교육을 제공해야 한다는 세계시민적 교육관을 제시하였다. 다양한 저서를 펴내 명성을 얻은 바제도우는 1774년 레오폴드 공[2]의 초청 및 후원으로 데사우에 박애학교를 설립하여 자신의 교육 이론 및 방법을 실험하고 자신의 교육관을 실현하고자 하였다. 칸트는 1776년 교육학 강의를 위해 1770년 출판된 바제도우의 『가족과 민족의 아버지와 어머니를 위한 지침서』(*Das Methodenbüch für Väter und Mütter der Familien und Völker*)를 교재로 채택했을 만큼 바제도우의 교육관과 박애학교의 교육 방식에 공감했다. 실제로 이에 앞서 1775~76년 칸트는 『인간학 강의(프리들랜더)』(*Anthropologie Friedländer*)에서 "현재 바제도우의 학교는 완전한 교육 계획에 따라 생겨난 첫 번째 학교"이며 "인간성의 완전성을 개선하기 위해 금세기에 등장한 가장 위대한 현상"이라고 크게 감탄하였다.[3]

첫 번째 글 『데사우 1776』은 『박애학교 문헌집』(*Philanthrophn Archives*)의 창간호 발간을 계기로 작성되었다.[4] 이 글에서 칸트는 『문헌집』 창간호에 공고된 박애학교 학생 시험 및 공개 행사 일에 많은 사람이 참석해 줄 것을 호소하는 한편 박애학교 교재의 우수성을 광고한다. 두 번째 글에서 역시 칸트는 박애학교의 "탁월한 특징들"[5]을 광고하는 한편, 데사우 교육회에서 발행되는 월간지 『교육학

저자가 칸트로 밝혀진다(Rudolph Reicke, 1860, pp.70-72).

2) 바제도우(Johann Bernhard Basedow, 1723~90).

3) Leopold Ⅲ Frederick Franz(1740~1817). Anhalt-Dessau(현재의 'Sachsen-Anhalt')의 군주.

4) 『인간학 강의(프리들랜더)』 XXV 722-723.

5) 박애학교를 선전하기 위해 연속 간행물로 기획된 이 『문헌집』은 1776년에

적 논의』(*Pädagogische Unterhandlungen*)의 구독을 독려한다. 특히 두 번째 글에서 칸트는 박애학교에 대한 작은 도움이 "보편적 선의 증진"[6]을 위한 기회라고 주장한다. 왜냐하면 칸트가 보기에 박애학교의 교육방법은 "낡은 관습과 미숙한 시대에서 맹종적으로 모방된 교육방법이 아니라 자연 자체에서 현명하게 도출된" 것이며,[7] 그런 교육방법이 "보편적으로 보급된다면 머지않아 우리가 주위에서 전혀 다른 인간을 목격"하게 될 것이기 때문이다.[8]

그렇다면 칸트는 바제도우와 박애학교에 왜 이런 열렬한 지지를 보냈을까? 이 질문에 답하기 위해 우리는 칸트의 학창시절 경험을 참조할 수도 있다. 즉, 칸트는 프리드릭스 신학원(Collegium Fredericianum)에서 받은 경건주의적 교육방식에 대해 끔찍스러운 기억을 가지고 있었고, 바제도우의 교육철학과 박애학교에서 그런 끔찍한 교육방식에 대한 대안을 찾은 것이라고 대답할 수도 있다.[9] 그러나 이는 추측일 뿐이다. 이에 대한 칸트의 정확한 언급이 없기 때문이다. 바제도우 및 박애학교의 어떤 점이 칸트를 매료했고 나아가 칸트의 교육철학에 어떤 영향을 미쳤는지에 대해 한층 더 학술적인 연구가 필요하다.[10]

제1-3집이 발행된다.

6) 『데사우 1776』 Ⅱ 451; 『칸트전집』 3 374.

7) 『데사우 1776』 Ⅱ 449; 『칸트전집』 3 372.

8) 박애학교의 교육방법을 자연 그 자체에서 나온 것으로 칭찬하는 것은 루소의 영향으로 생각할 수 있다. Robert B. Louden, 2000, pp.36-38 참조할 것. 또한 바이스코프는 칸트의 교육관에서 확인되는 루소의 흔적이 루소의 영향을 깊이 받은 바제도우의 책을 교육학 강의 교재로 사용했기 때문이라고 주장하기도 한다(Traugott Weisskopf, 1970, pp.168-169; 295).

9) 『데사우 1776』 Ⅱ 448; 『칸트전집』 3 370-371.

10) Manfred Kuehn, 2001, p.45; 227; 229.

참고문헌

Johnston, James Scott, *Kant's Philosophy: A Study for Educations*, New York: Bloomsbury Academic, 2014.

Kuehn, Manfred, *Kant: A Biography*, Cambridge: Cambridge University Press, 2001.

Louden, Robert B., *Kant's Impure Ethics: From Rational Beings to Human Beings*, New York: Oxford University Press, 2000.

_______, "'Not a Slow Reform, but a Swift Revolution': Basedow on the Need to Transform Education", in *Kant and Education* (ed.) by Klas Roth and Chris W. Surprenant, New York: Routledge, 2012.

Reicke, Rudolph, *Kantiana: Beiträge zu Immanuel Kants Leben und Schriften*, Königsberg: Th. Thiele's Buchhandlung, 1860.

Weisskopf, Traugott, *Immanuel Kant und die Pädagogik: Beiträge zu einer Monographie*, Zürick: Editio Academica, 1970.

옮긴이주

부정량 개념을 철학에 도입하는 시도

1) '진위불명'(non liquet)은 '의심스럽거나 사태가 명확하지 않다'는 생각을 표현하는 법률상 정식화된 표현이다. 칸트는 논리학 강의에서 회의주의자 피론(Pyrron)이 소피스트의 독단론을 비판하면서 이 표현을 자주 사용했다고 인용한다(『논리학강의』 XXIV 36).
2) 칸트(Immanuel Kant, 1724~1804), 『물리적 단자론』 I 478-479; 『자연신학과 도덕의 명확성에 관한 연구』 II 287 참조할 것.
3) 오일러(Leonhard Euler, 1707~83)는 스위스의 수학자 · 물리학자다. 수학 · 천문학 · 물리학 분야에 국한되지 않고 의학 · 식물학 · 화학 등 많은 분야에 걸쳐 광범위하게 연구했다. 수학 분야에서 미적분학을 발전시키고 변분학을 창시했으며, 대수학 · 정수론 · 기하학 등 여러 방면에 걸쳐 큰 업적을 남겼다. 독일의 쾨니히스베르크(현재 칼리닌그라드)시 프레겔강(江)의 다리 7개를 건너는 '다리 건너기 문제'에서 힌트를 얻어 이른바 오일러의 정리를 발견했다. 베를린 시대에 프리드리히 대왕의 질녀에게 자연과학을 가르치기 위하여 쓴 『독일 왕녀에게 보내는 편지』는 당시 계몽서로 유명했으며 7개 국어로 번역 출판되었다. 본문에서 칸트가 인용한 오일러의 논문 제목은 「공간과 시간에 관한 성찰」이다(『과학과 문예에 관한 왕립학술원의 역사』(*Histoire de l'Acad. Royale des sc. et belles lettr. l'ann*. 1748), pp.324-333).
4) 크루지우스(Christian August Crusius, 1715~75)는 1740년대부터 50년대에 걸쳐 라이프치히를 중심으로 커다란 영향력을 미친 경건주의 철학자다. 볼프 철학을 가장 날카롭게 체계적으로 비판했다. 그의 볼프 비판은 실천적으로 자유의지론의 견지에서 행해진 비판과, 이론적으로 볼프가 유일한 철학원리로서 모순율을 정립하고 이로부터 충족이유율을 비롯해 모든 원리를 연역해낸 것에 대립하여 이것과는 논리적으로 독립된 두 원리(불가분리율, 불가결합률)를 모순율에 덧붙여 제시한 점으로 요약된다. 본문에서 칸

트가 언급한 『자연론』(*Naturlehre*)이라는 제목은 축약된 표현이며 크루지우스(Christian August Crusius)가 위의 명칭대로 책을 출판한 적은 없다. 크루지우스 저서의 원제목은 『자연의 사건을 질서정연하고 신중히 고찰하기 위한 지도서』(*Anleitung Über Natürliche Begebenheiten Ordentlich Und Vorsichtig Nachzudencken*, 1749)다.

5) '음수'는 '빚'을 표현하기 위해 인도인들이 처음 사용했다. 브라마굽타(Brahmagupta; ca. 628)가 음수를 처음 사용한 수학자다. 아랍인들이 인도인에게서 이 개념을 차용했다. 음수를 처음 사용한 유럽인은 독일 수학자 슈티펠(Michael Stifel; ca. 1487~1567)이며 그의 『수학저술』(*Arithmetica integra*) 속에서 사용된 '+'와 '-' 기호가 이후 대중화되었다. 슈티펠은 음수를 온전한 의미의 수로 간주하지 않았으며, '불합리한 수'(numeri absurdi)라고 불렀다. 이런 관점이 또한 파스칼, 카르다노, 뉴턴, 아르노, 라이프니츠의 견해이기도 하다. 음수는 어떤 의미에서 수인가 하는 문제가 16~17세기에 걸쳐 수학자들을 사로잡은 문제였다.

6) 원어 'positiv'와 상관된 개념인 'negativ'의 의미는 사태 내용상으로 '긍정적'과 '부정적'으로 번역될 수 있으나 능동과 수동과 같은 힘의 역학관계에서는 '적극적'과 '소극적'으로 번역하는 것이 문맥의 의미를 좀더 확실하게 나타낼 수 있다. 따라서 원어 'positiv'의 번역에서 '긍정적'과 '적극적'을 병기하거나 힘의 능동적 역학관계를 강조하는 의미에서 때로는 '긍정적'이라는 표현 대신 '적극적'이라는 표현으로 번역했다.

7) 케스트너(Abraham Gotthelf Kästner, 1719~1800)는 괴팅겐대학 교수로 시인이자 수학자다. 1731년 라이프치히에서 법률, 철학, 물리학, 수학을 공부했다. 1746년에 라이프치히대학 교수가 되었고 수학, 철학, 논리, 법률을 강의했다. 1751년 스웨덴 왕립학술원 회원으로 선출됐다. 1756년에는 괴팅겐대학 자연철학 및 기하학 분야 교수로 취임했다.

8) 칸트는 여기서 크루지우스의 『확실성으로 가는 길』(*Weg zur Gewwissheit*, 1747), §7의 내용을 언급한 것으로 보인다.

9) 『물리적단자론』 I 482-483; 『칸트전집』 2 138-140.

10) 모페르튀(Pierre Louis Morean de Maupertuis, 1698~1759)는 프랑스의 수학자, 물리학자다. 1728년 영국에서 뉴턴 역학을 공부하고 귀국한 뒤 데카르트 이론을 부정하고 뉴턴의 중력이론을 옹호하는 저술활동을 했다.

11) 원문(A)에서 "관계의 오류"(Beziehungsfehler)였던 것을 학술원판이 수정했다.

12) 원문(A)에서 "그것"(es)을 학술원판에서 "짐"(sie=Last)으로 수정했다.

13) 무셴브뢰크(Pieter van Musschenbroek, 1692~1761)는 네덜란드의 물리학자이자 라이덴대학 교수로 수학, 철학, 의학, 천문학을 가르쳤고 탄성에 관해 연구했다. 칸트는 여기서 무셴브뢰크의 『물리학 원론』(*Elementa physicæ*

conscripta in usus academicos, 1726), 제26장, '불에 관하여'를 언급한 것으로 보인다.

14) 여기서 A와 B로 표기한 내용은 원문에 없으나 내용의 오해를 피하고 좀더 명료히 이해하기 위해 번역자가 채택한 표현이다.

15) 칸트는 탄성적인 매체(medianis materia elastica)가 미시세계인 원자들 사이를 포함한 전 우주 공간을 채우고 있다고 주장한다. 이를 통해 열, 자기, 전기, 탄력적 성질의 현상을 설명한다(『불에 관하여』 I 371-4, 376-7; 『물리적 단자론』 I 486 참조할 것).

16) 에피우스(Franz Ulrich Theodor Apinus, 1724~1802)는 독일의 존경받는 개신교 신학자 가문에서 출생했다. 베를린에서 오일러와 친분을 맺었고 프로이센 학술원 회원, 페테르스부르크대학 물리학 교수이자 학술원 회원을 지냈다. 전기력과 자기력에 관한 연구가 유명하며, 양자는 동일 근원을 갖는다고 주장했다. 전기력과 자기력에 관한 그의 이론은 페테르스부르크에서 출판된 것이 다음 해에 『함부르크잡지』 제22권에 독일어로 번역 게재되었다고 한다(「전기력과 자기력 이론 시도」(Tentamen theoriae electricitatis et magnetismi)(*Versuch einer Theorie der Elektrizität und des Magnetismus*, 1759)).

17) 벨(Matthias Bell, 1684~1749)은 헝가리의 신학자, 역사학자다. 생의 대부분을 페테르스부르크에서 보냈다.

18) 뵈르하베(Herman Boerhaave, 1668~1738)는 네덜란드 라이덴대학의 의학, 식물학, 화학 교수다.

19) 야코비(Friedrich Heinrich Jacobi, 1743~1819)는 독일 계몽기의 철학자다. 경건주의의 영향 아래 성장했으며 철학자들의 체계적 사유 안의 모순을 발견하여 드러냄으로써 개념적 이론 체계를 건축한 모든 종류의 이성주의에 대한 예리한 비판가다. 스피노자주의 비판, 칸트 비판으로 유명하다. 낭만주의 진영의 셸링과 헤겔도 야코비와 대결을 피할 수 없었으며 독일 이상주의 철학의 전개에도 논쟁적인 중요한 영향력을 행사했다. 야코비는 개념적 체계를 추구하는 사유를 비판하고 감정과 신앙의 직접성을 통한 진리를 중시했다. 칸트가 언급한 내용은 『함부르크잡지』 21권에 수록된 내용으로 보인다.

20) 라이마루스(Hermann Samuel Reimarus, 1694~1768)는 독일 계몽기의 철학자, 이신론적 자연신학자다. 여기서 칸트는 흔히 『논리학』이라고도 하는 그의 『이성론』(*Die Vernunftlehre, als eine Anweisung zum richtigen Gebrauch der Vernunft in der Erkenntnis der Wahrheit*, 1756), 제35장을 언급한 것으로 보인다.

21) Quantitas motus, summando vires corporum in easdem partes et subtra hendo eas quae vergunt in contrarias, per mutuam illorum actionem(confictum, pressionem, attractionem) non mutatur.

22) 시모니데스(Simonides 기원전 556~기원전 468)는 그리스의 서정시인이다.

그의 조카 바킬리데스, 유명한 핀다로스와 함께 '3대 합창시인'이라 일컬어진다. 페르시아전쟁 때에는 애국적 노래로 실력을 떨치고 마라톤 전승가에서는 아이스킬로스를 꺾었다고 한다. 특히 페르시아전쟁에 쓰러진 무명용사를 조상하는 시 몇 편은 그의 이름을 빛나게 하고 있다. 그가 쓴 작품에는 찬가, 경기 승리자에게 바치는 축가, 애가가 있다. 그의 진수는 감상적인 데에 있었으며 사람들의 심금을 울리는 데 이 시인만큼 능력 있는 사람은 일찍이 없었다고 전한다.

23) 스타기라 사람(Stagirit)은 아리스토텔레스를 가리킨다. 그가 트라키아의 스타게이로스 출신 철학자이기 때문이다.

아름다움과 숭고의 감정에 관한 고찰

1) 도미티아누스(Domitianus, 51~96)는 로마제국의 열한 번째 황제로 81~96년 재위하는 동안에 군인급여를 파격적으로 인상하여 군부에게서 높은 인기를 얻었으나 자신을 우상화하고 철권통치를 일삼은 폭군으로 끝내는 살해당했다. 또 통치 초기에는 문을 닫고서 날카로운 펜촉으로 파리를 찔러 죽인 사례에서 엿볼 수 있듯이 하릴없는 기행을 행했다고 전해진다.

2) 여기서 초판 원문의 'sie'(여성 단수 지시대명사)는 학술원판의 수정에 따라 'es'(중성 단수 지시대명사)로 새겨 옮긴다. 문맥에서 Gefühl을 지칭하는 지시대명사로 'sie'는 문법적 오류이기 때문이다. 이처럼 초판에는 인쇄 과정에서 나온 오자나 문법적 오류가 상당히 많다. 이하에서는 이런 부분을 일일이 따로 명시하는 대신, 1771년에 출판된 3판의 수정(바이셰델판 참조)과 이를 보완한 학술원판의 수정을 참고하여 문맥에 맞게 옮겼음을 밝혀둔다.

3) 벨(Pierre Bayle, 1647~1706)은 프랑스 계몽주의자로 백과전서파의 선구자로 평가받는다. 케플러와 관련한 언급은 그의 저서인 『역사적 · 비평적 사전』(*Dictionnaire historique et critique*, 3e ed. revue, corr. et augm. par l'auteur. Rotterdam, Michel Bohm 1720, tome.2, p.1610 참조)에 등장한다.

4) 『브레멘잡지』의 원제는 *Bremisches Magazin zur Ausbreitung der Wissenschaften und Künste und Tugend. Von einigen Liebhabern derselben aus den englischen Monatsschriften gesammelt und herausgegeben*.

5) 골콘다(Golkonda)는 다이아몬드 광산으로 부를 누렸던 고대 도시로 인도의 하이데라바드주에 있다.

6) 타타르는 중세부터 20세기까지 북부아시아와 중앙아시아를 지칭했다. 이 지역은 카스피스해와 우랄산맥에서 태평양에 이르며 몽골 침입 이후에는 주로 투르크계 유목민족이 거주했다.

7) 샤모사막은 지금의 고비사막을 말한다.

8) 하셀퀴스트(Frederik Hasselquist, 1722~52)는 스웨덴의 여행가이자 박물학자다. 그의 저서로는 『팔레스타인 여행기 1749~52』(*Reise nach Palästina in den Jahren 1749-52*, 1762)가 있다.

9) 할러(Albrecht von Haller, 1708~77)는 스위스의 생리학자, 식물학자다. 그의 저서로는 『영원에 관하여』(*Über die Ewigkeit*, 1736)가 있다.

10) 영(Edward Young, 1683~1765)은 『밤의 상념』(*The Complaint, or Night Thoughts on Life, Death, and Immortality*, 1742~45)을 쓴 영국 시인이다.

11) 브뤼에르(Jean de La Bruyère, 1645~96)는 프랑스 작가다.

12) 베르길리우스(Publius Vergilius Maro, 기원전 70~기원전 19)는 '로마의 시성'이라 불리는 위대한 시인이다.

13) 핸웨이(Jonas Hanway, 1712~86)는 영국의 여행가이자 박애주의자다.

14) 나디르(Shach Nadir, 1688~1747)는 장군이었다가 페르시아 왕(1736~47)으로 군림하면서 아프샤르 왕조를 열었다.

15) 호가스(William Hogarth, 1697~1764)는 영국의 화가이자 판화가다.

16) 클롭스토크(Friedrich Gottlieb Klopstock, 1724~1803)는 독일 시인으로 1748년부터 1773년에 걸쳐 종교서사시 『구세주』(*Der Messias*)를 완성했다.

17) 오비디우스(Publius Ovidius Naso, 기원전 43~기원후 17)는 로마 시인으로 『변신 이야기』를 남겼다.

18) 아나크레온(Anacreon, 기원전 582~기원전 485)은 그리스의 서정시인이다.

19) 이 용어는 네 기질 중 한 기질을 일컫는다. 히포크라테스는 사람의 기질을 담즙질(Choleriker), 흑담즙질(Melancholiker), 다혈질(Sanguiker), 점액질(Phlegmatiker)로 나누었다.

20) 알세스트(Alcest)는 프랑스 성격희극의 창시자인 몰리에르(Moliére, 1622~1673)의 작품 『인간혐오자』(*Le Misanthrope*, 1666)에 등장하는 인물이다.

21) 아드라스트(Adrast)는 고대 로마의 희곡작가 테렌티우스(Publius Terentius Afer, 기원전 195 또는 184~기원전 159 또는 158)의 작품 『자기를 고문하는 자』(*Ludi Megalenses*)에 등장하는 인물이다.

22) 고대에서 중세에 걸쳐 지중해를 지배했던 범선으로 주로 노예들이 노를 저어 군함으로 이용했으며 돛을 보조로 쓰기도 했다.

23) 그랜디슨은 영국의 작가 리처드슨(Samuel Richardson, 1689~1761)이 쓴 소설 『찰스 그랜디슨 경의 이야기』(*The History of Sir Charles Grandison*, 1753)에 나오는 주인공이고, 로빈슨은 영국의 언론인이자 소설가인 디포(Daniel Defoe, 1660~1731)의 『요크의 로빈슨 크루소의 삶과 이상하고 놀라운 모험』(*The Life and Strange Surprising Adventures of Robinson Crusoe of York*, 1719~22)에 나오는 주인공이다.

24) 여기에서는 대(大)카토의 증손자인 소(小)카토(Marcus Porcius Cato Uticensis,

기원전 95~기원전 46)를 말한다. 스토아철학을 신봉한 그는 검소한 생활과 타협할 줄 모르는 완고한 태도로 유명하다.

25) 원문에는 같은 뜻의 라틴어 'esprit des bagatelles'를 병기했다.

26) 에픽테토스(Epictetus, 55?~135?) 노예 출신으로 고대 스토아학파의 대표 철학자 가운데 한 사람이다.

27) 칼 12세(Karl XⅡ, 1697~1718 재위)는 스웨덴 국왕으로 검술에 능했다.

28) 다시에(Anne Dacier, 1654~1720)는 『일리아드』와 『오디세이아』 등 고대 그리스와 로마의 고전문헌들을 프랑스어로 옮긴 고전번역가다.

29) 샤스틀레(Marquisin von Chastelet)는 샤틀레(Marquise du Châtelet, 1706~49)다. 뉴턴(Issac Newton)의 『수학의 원리』(*Principia Mathematica*)를 프랑스어로 번역한 프랑스 수학자이자 물리학자다.

30) 볼테르의 『캉디드』(*Candide ou l'Optimisme*, 1759)를 의미한다.

31) 퐁트넬(Bernard Le Bovier de Fontenelle, 1657~1757)은 『세계의 다양성에 관한 대화』(*Entretiens sur la pluralité des mondes*, 1686)에서 데카르트의 소용돌이이론을 대중화하려고 시도한 프랑스 물리학자다.

32) 데카르트가 중력을 역학적으로 설명한 소용돌이이론을 의미하는데, 당시 뉴턴의 중력이론과 경쟁했다.

33) 알가로티(Francesco Algarotti, 1712~64)는 베네치아 출신의 철학자, 시인, 미술비평가로 뉴턴 이론에 밝았다.

34) 바보를 뜻하는 Narr는 남성형이고, 이 단어의 여성형은 어미 -in을 붙인 Närrin이다.

35) 『관객』(*The Spectator*)이라는 잡지는 18세기 초 영국에서 애디슨(Joseph Addison)과 스틸(Richard Steele)이 공동으로 간행했던 부정기 문예지다.

36) 랑클로(Ninon de Lenclos, 1620~1705)는 유명한 사교계 여성으로 파리에서 당대 유명한 문인과 정치인들이 출입했던 살롱을 열었다.

37) 루크레티아는 로마 여인의 근면함과 정숙함의 상징으로 추앙받던 인물로서 남편이 출정 중인 틈에 섹스투스에게 겁탈을 당하자 더럽혀진 명예를 찾고자 복수를 호소하며 자결했다.

38) 모날데쉬(Marchese Monaldeschi)는 이탈리아 귀족 출신으로 스웨덴 크리스티나 여왕의 시종무관이었다. 그는 궁정의 경쟁자였던 산티넬리를 제거하려는 목적으로 위조편지를 작성했다. 그 편지는 크리스티나 여왕이 파리 체류 동안 유흥에 빠져 정결치 못한 행실을 했다고 적나라하게 담고 있었다. 크리스티나 여왕은 모날데쉬의 음모를 발각해 즉결처형을 명령하고 많은 이가 보는 앞에서 잔혹하게 처형했다.

39) 뷔퐁(Comte de Buffon, 1707~88)은 『박물지』(*Histoire naturelle*)를 간행한 프랑스의 자연과학자이자 수학자다.

40) 체르케스는 러시아 남부 캅카스산맥 서북부에 위치한 지역이며, 조지아는

예전의 그루지야 지역을 가리킨다.

41) 힌두스탄(Hindostan)은 지금의 인도를 지칭하는 지명이다.

42) 원문은 Amazone. 아마존은 그리스신화에 나오는 전설의 여성 부족으로서 전쟁의 신 아레스와 요정 하르모니아 사이의 자손들을 일컫는다.

43) 시모니데스(Simonides, 기원전 556~기원전 468?)는 고대 그리스의 서정시인이다.

44) 테살리아(Thessalia)는 그리스 북부 변방에 위치한 도시국가로 아테네인들이 야만의 도시로 여겼다.

45) 산 베니토(san benito)는 스페인의 종교재판소에서 회개한 이교도에게 입힌 붉은 십자가가 새겨진 노란 옷으로 회개복 혹은 죄수복이라고도 불렀다.

46) 「누가복음」 12:27에 나오는 구절이다.

47) 몽테스키외(Charles-Louis de Secondat Montesquieu, 1689~1755)는 계몽주의 시대 프랑스 정치사상가로서 『법의 정신』(*Esprit des Lois*, 1748)을 남겼다.

48) 달랑베르(Jean Le Rond d'Alemberet, 1717~83)는 프랑스 계몽사조를 대표하는 문인으로 수학, 철학, 물리학에 능통했으며 디드로와 함께 『백과전서』를 편찬했다.

49) 하누만(Hanuman)은 인도의 서사시 『라마야나』의 중심인물인 라마의 열렬한 숭배자다. 숲에 거주하는 원숭이 모습의 종족 바라나족(Vanaras)의 우두머리인 하누만은 라마가 악마들의 왕인 라바나(Ravana)와 싸울 때에 현현한 신의 화신 가운데 하나다.

50) 흄(David Hume, 1711~76)이 본문에서 언급한 흑인에 대한 견해는 1748년 발표한 논문 "Of National Character" in *Philosophical Works of David Hume*, Volume Ⅲ, Bristol: Thoemmes Press, 1996, p.228 주석 참조할 것.

51) 리쿠르고스(Lykurgus)는 스파르타 에우리드폰테드 왕조의 왕(기원전 219~기원전 210 재위)이자 스파르트의 입법자다.

52) 아르고호는 그리스신화에서 이올코스의 영웅 이아손과 그의 모험가들이 찬탈당한 왕위를 되찾기 위해 용이 지키고 있다고 전해지는 전설 속의 황금양털을 찾아 모험을 떠날 때 탔던 배 이름이다.

53) 이아손(Jason)은 그리스신화에 등장하는 영웅으로 황금양털을 찾아 출정에 나선 아르고호의 지도자다.

54) 아타카쿨라쿨라(Attakakullakulla)는 북아메리카 원주민의 한 종족인 체로키족의 족장이다.

55) 라바(Jean-Baptiste Labat, Père Labat, 1663~1738)는 프랑스 성직자로 선교 활동을 한 저술가다. 대표 저술로는 총 6권으로 된 『아메리카의 프랑스제도의 신여행기』(*Nouveau voyage aux iles de l'Amerique*, Paris, 1722)가 있다.

56) 프로테우스(Proteus)는 그리스신화에 등장하는 바다의 신 가운데 변신 능력을 지녔다.

자연신학의 원칙과 도덕 원칙의 명확성에 관한 연구

1) 이 논문은 칸트가 베를린 학술원의 논문 현상공모에 제출한 것으로, 이 현상공모의 마감이 1763년 1월 1일이었다. 해제 참조할 것.
2) 베를린 학술원은 논문을 공모하면서 응모자들에게 제출하는 논문에 저자 이름 대신 각자 자신의 모토를 써넣기를 요구했다. 응모자는 논문과 함께 봉함된 봉투를 보내야 했는데, 이 봉투 겉면에는 응모자의 모토를 쓰고 응모자 이름과 주소를 봉투 안에 넣는다. 익명성을 유지한 채 논문을 심사하고, 모토로 응모자 신원을 확인하고자 함이었다. 칸트가 선택한 모토의 출처는 다음과 같다. 루크레티우스(Lucretius), 『사물의 본성에 관하여』(*De rerum natura*).
3) 이 논문이 출판된 것은 1764년이나 칸트가 이 논문을 작성한 때는 1762년 가을쯤으로 짐작된다.

서론

1) 해제 참조할 것.
2) 형이상학을 의미한다.
3) 'Lehrart'. 칸트는 '교수법'을 연구 방법이나(『형이상학 서설』 IV 263, 276[『칸트전집』 5 32, 49]; 『논리학』 IX 149) 학설을 제시하는 방식이란 의미로 사용한다. 독자는 문맥에 따라 뜻을 새길 필요가 있다.

첫째 고찰 수학적 인식과 철학적 인식에서 확실성에 이르는 방식의 일반적 비교

1) 'Zergliederung'. 계속해서 '분석'으로 옮긴다.
2) 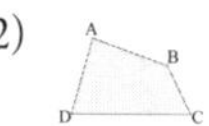

3) 'erkläre'. 이 논문 전반에 걸쳐 칸트는 'Erklärung'과 'Definition'을 동의어로 사용하고 있다. 이 두 단어를 모두 '정의'로 옮긴다. 칸트의 'Definition'에 대해서는 『순수이성비판』 A 729-730; B 757-778과 『논리학』 IX 140-145 참조할 것.
4) 'Weltweisheit'. 글자 그대로 하면 '세계(세상) 지혜'라고 옮길 수도 있겠지만, 앞으로도 계속해서 '철학'으로 옮긴다.
5) 'Begriff'. 개념은 대상과 관련된 지성의 표상이다. 감각은 대상과 직접 관계하지만, 지성은 대상의 특징을 매개로 간접적으로 관계한다.
6) 다음을 참조할 것. Baumgarten, 『형이상학』(*Metaphysica*, 1739), § 402; 볼프(Christian Wolff), 『신에 관한 이성적 사유』(*Vernünftige Gedanken von Gott*, 1719), § 896; 『형이상학의 꿈으로 해명한 영을 보는 사람의 꿈』, II 320.
7) 'dunkle Vorstellungen'. 『논리학』 IX 33-35와 IX 61-64 참조할 것.
8) 다음을 참조할 것. Leibniz, 『이성에 근거한 자연과 은총의 원리』(*Principes de la*

nature et de la grace)와 『모나드론』(*Monadologie*), §§ 20, 24; Baugarten, 『형이상학』(*Metaphysica*), § 401.

9) 볼프(Christian Wolff), 『일반 수학의 요소』(*Elementa matheseos universae*, 1717) 참조할 것.

10) 기하학자를 뜻한다.

11) 대수학을 말한다. 칸트는 여기서 대수학과 좁은 의미의 산술학을 구분하고 있다. 『순수이성비판』에서는 여기와는 다른 측면에서 대수학과 산술학을 구분한다(A 717; B 745).

12) 원문(A)에는 '측정불가능한'(unermesslich)으로 되어 있으나 '증명불가능한'(unerweislich)이라고 새긴다. 본문에서 칸트 자신도 같은 문맥에서 'unerweislich'라고 쓰기 때문이다. 학술원판도 그렇게 했다.

13) 'unermesslich'. 옮긴이주 12) 참조할 것.

14) 문법적으로만 보면 여기서 'er'는 바로 앞의 'Begriff'를 지시할 것이다. 그러나 그렇게 되면 이 문장은 뜻이 통하지 않는다. 내용을 고려하여 'er'가 'Grundurteile'를 가리키는 것으로 새긴다.

15) 원문의 'sogar'를 뒤에 나오는 'daß'를 고려하여 학술원판을 따라 'so gar'로 읽는다.

16) 칸트는 이 첫째 고찰의 주제를 『순수이성비판』의 「선험적 방법론」에서도 부분적 수정과 더불어 비슷하게 다루었다(B 740-760).

둘째 고찰 형이상학에서 최고의 확실성에 도달하는 유일한 방법

1) 'ersten'. 원래는 시간상 또는 순서상 처음에 온다는 의미지만 전이되어 '기본이 되는', '근본적인'을 뜻하기도 한다. 칸트의 다른 저술들과 통일성을 유지하는 것이 필요한 곳에서는 '제일'로, 꼭 그럴 필요가 없는 곳에서는 문맥에 맞춰 옮기겠다.

2) 워버튼(William Warburton, 1698~1779)은 영국의 성직자이며 신학자이자 문학비평가다. 신학자로서 계시 종교를 옹호했으며, 성직자로서 글로스터의 주교를 지냈다. 비평가로서는 셰익스피어 작품을 편집하기도 했다. 1750년 지진과 화산 폭발에 관한 논문을 발표했으며 이 글이 1755년 독일어로 번역되기도 했다(논문의 영어 제목: "Julian, or a Discourse concerning the Earthquake and Fiery Eruption which Defeated that Emperor's Attempt to Rebuild the Temple at Jerusalem, in which the Reality of a Divine Interposition is Shown," 독어 번역본의 제목: "Herrn Wilhelm Warburtons critische Abhandlung von dem Erdbeben und Feuerfalammen"). 칸트는 여기서 이 글의 서론을 염두에 두고 있다.

3) 'es'. 학술원판의 제안에 따라 'sie'로 고쳐서 새긴다.

4) 칸트는 여기서 아우구스티누스의 『고백록』 11권의 언급을 염두에 두고 있다.

5) 『논리학』 IX 143-144 참조할 것.

6) 『논리학』 IX 143-144 참조할 것.
7) 『논리학』 IX 143-144 참조할 것.
8) 'aufzeichnet'. 학술원판의 제안에 따라 'auszeichnet'로 고쳐서 새긴다.
9) 『명확성의 원칙』 II 279; 『칸트전집』 3 141.
10) 『물리적 단자론』 I 477; 『칸트전집』 2 129 참조할 것.
11) 『물리적 단자론』 I 478-479; 『칸트전집』 2 130-133 참조할 것.
12) 『물리적 단자론』 I 480; 『칸트전집』 2 134-135 참조할 것.
13) '공간 안에 있음'(im Raum sein)과 '공간을 차지함'(einen Raum einnehmen)에 대한 자세한 설명은 『물리적 단자론』 I 480 참조할 것. '공간 안에서 작용함'(Wirksamkeit im Raum)과 '공간을 채움'(Erfüllung des Raumes)에 대한 좀더 상세한 설명은 『영을 보는 사람의 꿈』 II 323-324 참조할 것. '차지하다'(einnehm)와 '채우다'(erfüllen)의 구분은 『자연과학의 기초원리』 IV 496-497, 497-498 참조할 것.
14) '저항'(Widerstand), '관통함'(Durchdringen), '불가입성'(Undurchdringlichkeit)에 대한 자세한 설명은 『물리적 단자론』 I 480, 482-483(『칸트전집』 2 138-140); 『자연과학의 기초원리』 IV 499, 501-502(『칸트전집』 5 239, 241-243) 참조할 것.
15) 『물리적 단자론』 I 482(『칸트전집』 2 138-140); 『부정량』 II 179-180(『칸트전집』 3 34-35) 참조할 것.
16) 『물리적 단자론』 I 480; 『칸트전집』 2 134-135 참조할 것.
17) 『물리적 단자론』 I 480-482; 『칸트전집』 2 134-138 참조할 것.
18) 『물리적 단자론』 I 483(『칸트전집』 2 141-142); 『자연과학의 기초원리』 IV 512-515(『칸트전집』 5 239, 258-263) 참조할 것.
19) 『논리학』 IX 94-95 참조할 것.
20) 소바지(François-Boissier de la Croix de Sauvages, 1706~67)는 프랑스의 의사이며 자연과학자로서 당대의 선구적 과학자들과 교류하며 많은 글을 발표했다. 특별히 병을 체계적으로 분류하는 데 크게 이바지했다.

셋째 고찰 형이상학적 확실성의 본성에 관하여

1) 『논리학』 IX 70-71 참조할 것.
2) 『순수이성비판』 B 759 참조할 것.
3) 『명확성의 원칙』 II 288; 『칸트전집』 3 153.
4) 『삼단논법의 오류』 II 52 참조할 것.
5) 칸트는 이 문제를 『영을 보는 사람의 꿈』에서 좀더 자세히 다루었다. II 319-328 참조할 것.
6) 크루지우스(Christian August Cruisus, 1712~75)는 독일 라이프치히대학의 철학 및 신학 교수를 지냈다. 1750년대와 1760년대에 독일학계의 주류를 이룬

라이프니츠-볼프 철학에 반대하여 존재론적 신증명을 거부하고 인간의 자유의지를 옹호하며 명성을 얻었다. 칸트는 크루지우스에게 적지 않은 영향을 받았는데, 여기서 칸트는 크루지우스의 『확실하고 신뢰할 만한 인식에 이르는 길』(*Wege zur Gewissheit und Zuverlässigkeit der menschlichen Erkenntnis*, 1747)을 염두에 두고 있다.

넷째 고찰 자연신학과 도덕의 제일 원칙이 도달할 수 있는 명확성과 확실성에 관하여

1) 원문의 'nach'를 'noch'로 고쳐 읽는다. 학술원판도 그렇게 했다.
2) 이 문단에서 이어지는 논의에서 칸트는 후에 자신이 행한 가언명령과 정언명령의 구분과 같은 사태를 염두에 두고 있다. '개연적 필연성'은 가언명령이, '법적 필연성'은 정언명령이 표현하는 구속성 혹은 당위다. 칸트는 『정초』에서 가언명령과 정언명령을 구분하고 전자를 다시 '개연적-실천적'(problematisch-praktisch) 원칙과 '실연적-실천적'(assertorisch-praktisch) 원칙으로 세분하고, 나아가 각각을 '숙련의 규칙'(Regeln der Geschicklichkeit)과 '영리함의 충고'(Ratschläge der Klugheit)라고 부른다. 이와 대조해서 정언명령은 '필연적-실천적'(apodiktisch-praktisch) 원칙, '도덕성의 계명 혹은 법'(Gebote (Gesetze) der Sittlichkeit)이라고 칭한다. 이에 대해서는 『정초』 IV 414-417, 나아가 『판단력비판 제일 서론』 XX 200의 각주 참조할 것.
3) 'material'. 실천철학적 맥락에서는 '실질적', '내용적'이라고 새길 수도 있겠다. 그러나 이 글에서는 전체의 통일성을 위해 도덕철학의 맥락에서도 계속 '질료적'이라고 옮긴다.
4) 허치슨(Francis Hutcheson, 1694~1746)은 섀프츠베리(Shaftesbury) 등과 함께 도덕감정학파에 속하는 도덕철학자다.

1765~1766년 겨울학기 강의 개설 공고

1) 『논리학』 IX 25-26과 『순수이성비판』 B 865 참조할 것.
2) 폴리비오스(Polybios, 기원전 200?~기원전 118?). 헤로도토스, 투키디데스와 더불어 그리스의 대표적 역사가다. 로마공화정의 성립을 다룬 『역사』(*Históría*)라는 유명한 책을 남겼다.
3) 원문에는 'sollten'이나 학술원판 편집자의 수정 제안을 따라 'selten'으로 새긴다.
4) 원문에 있는 'in'을 학술원판 편집자의 수정 제안을 따라 'ist'로 새긴다.
5) 'Privatvorlesungen'. 칸트가 대학에서 보수를 받는 정식 교수가 된 것은 1770년이며, 그전까지는 프리바트도첸트(Privatdozent)로 강의했다. 프리바트도첸

트는 대학으로부터 보수를 받지 않고 원하는 사람이 참석할 수 있는 강좌를 개설한 다음 수강생에게서 직접 수강료를 받았다. 이런 의미에서 칸트가 개설한 강좌는 '사설 강의'였다.

6) 『자연신학의 원칙과 도덕 원칙의 명확성에 관한 연구』를 의미한다.
7) 바움가르텐(Alexander Gottlieb Baumgarten, 1714~62)의 『형이상학』(*Metaphysica*, 1739).
8) 바움가르텐은 이런 제목의 책을 쓴 적이 없다. 칸트는 실제로는 『형이상학』을 의미하고 있다.
9) 마이어(Georg Friedrich Meier, 1718~77)의 『이성론 발췌』(*Auszug aus der Vernunftlehre*, 1752). 이 텍스트는 학술원판 칸트 전집 제XXVI권에 실려 있다. 마이어는 라이프니츠-볼프 학파에 속하는 독일 철학자로 할레(Halle)에서 바움가르텐의 지도로 신학과 철학을 공부했으며, 1740년에는 바움가르텐 후임으로 교수가 되었다.
10) 내용적으로 보면, '(도덕적) 물음에 대한 대답이'라는 뜻.
11) 바움가르텐의 『제일 실천철학의 기본 원리』(*Initia philosophiae practicae primae?*, 1760). 이 텍스트는 학술원판 칸트전집 제XXIX권에 실려 있다.
12) 학술원판 편집자의 제안에 따라 원문에서 'selbst Philosophen' 사이에 'von'을 첨가해서 읽는다.
13) 'Physische Geographie'. 칸트는 1756년부터 1796년까지 4년 동안 '자연지리학'을 강의했는데, 1802년 이를 보완해서 출판한 강의안은 학술원판 전집 제IX권, 151-436쪽에 실려 있다.
14) 출판된 『자연지리학』에서는 여기와는 다른 분류를 했다. 거기서는 수학적·도덕적·정치적·상업적·신학적 지리학으로 구분했다(IX 164-165).
15) 이소크라테스(Isokrates, 기원전 436~기원전 388)는 고대 그리스의 교육자이자 웅변가다. 프로타고라스, 고르기아스 같은 소피스트와 소크라테스에게 배웠으며, 기원전 390년경 아테네에서 변론술 학교를 열었다. 이 학교는 조금 뒤에 설립된 플라톤의 아카데메이아와 경쟁하는 유력한 학교였다.
16) 북아프리카에서 태어나 노예로 로마로 오게 된 고대 로마의 희극작가인 타렌티우스(Publius Terentius Afer, 기원전 190?~기원전 159?)가 쓴 희곡 『고행자』(*Heauton Timorumenos*)에서 가져온 경구다.

형이상학의 꿈으로 해명한 영을 보는 사람의 꿈

1) 국내 학계에서 칸트의 이 저술은 지금까지 보통 '시령자(視靈者)의 꿈'으로 지칭되어왔다. 본 번역에서는 다소 낯설고 이해하기 어려운 이 서명 대신 '영을 보는 사람의 꿈'이라는 서명을 사용했다.

2) 본문에는 라틴어 'Velut aegri somnia, vanae Finguntur species'로 표기되어 있다.
3) 호라티우스(Horatius, 기원전 65~기원전 8)는 고대 로마의 시인이다.

[과제] 수행을 거의 약속하지 못하는 것에 관한 머리말

1) 여기에서 '왕관'(Krone)은 '왕권'(주권)의 상징어다.
2) 본문에는 라틴어 'argumentum ab utili'로 표기되어 있다.
3) 스베덴보리의 대표 저서 『천국의 비밀』(*Arcana Coelestia*)을 가리킨다. 스베덴보리의 첫 신학적 저술이자 가장 방대한 저술인 이 책은 1749년 첫 권이 발간된 이후 1756년까지 총 8권이 발간되었다. 칸트는 이 책을 『영을 보는 사람의 꿈』 제2편 제2장에서 직접 언급했다.

제1편 독단적인 것

제1장 누구나 임의로 풀거나 잘라낼 수 있는 엉클어진 형이상학적 매듭

1) 여기에서 '영'(靈)은 독일어 'Geist'의 번역인데, 이 책에서 칸트는 'Geist'뿐만 아니라 이와 유사한 'Seele'라는 용어도 함께 사용했다(이 둘은 영어의 'spirit'과 'soul'에 각각 해당한다). 이 두 용어가 모두 우리말 '영혼'으로 번역될 수 있기 때문에, 만일 이 둘을 구별하여 번역하고자 할 경우에는 두 용어에 가장 적합한 두 다른 번역어를 찾아야 하는 어려움이 따른다. 'Geist'와 'Seele'의 구별은 이 책에서 칸트가 제기하는 심신관계에 관한 근본적 질문과 관련이 있다. 인간은 누구든지 경험으로 나 자신이 신체를 지닌 존재일 뿐만 아니라 사고와 감정 등 심리적 작용의 주체(즉 Seele)임도 알고 있다. 그렇다면 여기서 Seele는 공간에 존재하는 여타 사물과 마찬가지로 물질적인 것인가, 아니면 신체와는 근본적으로 구별되는 비물질적 실체, 즉 Geist인가?(A 13-4; Ⅱ 322 참조할 것) 이 책에서 'Geist'와 'Seele'의 구별은 분명히 심신의 관계 문제와 관련이 있지만, 다른 한편으로는 다음 세상에서의 삶(죽음 후 삶)이라는 종교적 문제와도 관련이 있다. 인간의 'Seele'가 'Geist'라는 것을 증명한다면, 'Seele'는 비물질적 실체로서 물질세계와는 구별되는 별도 세계(즉 Geist의 세계)에 속하기 때문에, 현재 삶이 끝난다 하더라도 또 다른 세계에서 우리 삶이 지속된다고 말할 수 있다(『영을 보는 사람의 꿈』 Ⅱ 363; 『칸트전집』 3 250-251 참조할 것). 실제로 칸트가 스베덴보리의 신비주의에 관심을 둔 이유는 스베덴보리 자신이 그러한 견해를 가지고 있었기 때문이다. 독일어 'Seele'는 통상 '영혼'으로 번역되고, 여기에서도 'Seele'를 '영혼'으로 번역했다. 독일어 'Geist'는 '정신'으로 번역되는 경우가 많으나 여기에서는 이 대신에 '영'으로 번역했다. 이 책에서 칸트는 'Geist'라는 용어를 영적(geistig) 속성을 지닌

인간 영혼(『영을 보는 사람의 꿈』 Ⅱ 325; 『칸트전집』 3 202 참조할 것)뿐만 아니라 영적 세계에 존재하는 혼령(Gespenst)을 가리키는 데도 사용했는데, 이 둘을 동시에 지칭하려면 '영'이라는 번역이 더 적합하다고 판단되기 때문이다. 칸트에 따르면, 우리가 의식하지 못하더라도 사실 영으로서의 인간은 이미 이 세계에서 영적 세계의 일원이다.

2) 『세계도해』(世界圖解, *orbis pictus*)는 보헤미아의 교육학자 코메니우스(Johann Amos Comenius, 1592~1670)가 아동의 신체 운동을 지도하기 위해 1658년 저술한 그림책이다.

3) 본문에는 라틴어 'ideas materiales'로 표기되어 있다.

제2장 영적 세계와의 교류를 여는 신비로운 철학의 단편

1) 본문에는 라틴어로 표기되어 있다. 'Ibant obscuri sola sub nocte per umbras, Perque domos Ditis vacuas et inania regna'.

2) 베르길리우스(Publius Virgilius Maro, 기원전 70~기원전 19)는 로마의 시인으로 국민 서사시 '아이네이스'(Aeneid)로 유명하다.

3) 본문에는 라틴어 'mundus intelligibilis'로 표기되어 있다.

4) 모페르튀이(Pierre Louis Moreau de Maupertuis, 1698~1759)는 프랑스 천문학자이자 수학자로 뉴턴의 중력이론을 프랑스에 소개했다.

5) 부르하버(Hermann Boerhaave, 1668~1738)는 네덜란드 의사이자 식물학자이며, 레이든(Leiden)대학 교수를 지냈다.

6) 슈탈(Georg Ernest Stahl, 1660~1734)은 독일의 화학자이자 의사로, 물활론을 굳게 신봉하였다.

7) 호프만(Frederic Hoffmann, 1660~1742)은 할레(Halle)대학 교수였다.

8) 독일어 원어는 'Erscheinungen'이다. 이 책에서 독일어 'Erscheinung'은 '현상'이나 '출현'의 의미로뿐만 아니라 '환상', '환영' 등의 의미로도 사용되었다.

9) 주노(Juno)는 고대 로마의 최고 여신으로 쥬피터(Jupiter)의 여동생이자 아내다.

10) 티레시아스(Tiresias)는 호메로스의 『오디세이아』(*Odyssey*)에 나오는 지하세계의 예언자다.

11) 브라헤(Tycho de Brahe, 1546~1601)는 덴마크 천문학자로, 그의 천체 관측 자료는 케플러가 행성의 궤도 법칙을 발견하는 데 많은 도움을 주었다.

제3장 안티카발라. 영적 세계와의 교류를 해체하는 상식적 철학의 단편

1) '카발라'(Cabbala)는 유대 랍비와 중세 기독교인들이 신봉한 신비주의 철학(occultism)을 의미한다.

2) 칸트는 이 말을 아리스토텔레스가 한 것으로 인용했으나 실제로는 고대 그리

스 철학자 헤라클레이토스(Heraclitus)의 말이다.

3) 볼프(Christian Wolff, 1679~1754)는 독일의 이성주의 철학자로, 독일 계몽주의의 대표 철학자 중의 한 사람이다. 할레(Halle)대학 교수를 지냈다.
4) 크루지우스(Christian August Crusius, 1715~75)는 독일의 철학자로, 라이프치히(Leipzig)대학 교수였다.
5) 본문에는 라틴어 'focus imaginarius'로 표기되어 있다. 칸트는 『순수이성비판』 변증론(A 644; B 672)에서도 신이나 영혼과 같은 이성의 선험적 이념이 우리에게 지식을 제공해주지는 못하고 단지 규제적으로 사용될 수 있음을 보이기 위해 'focus imaginarius'라는 용어를 사용했다.
6) 본문에는 라틴어 'ideas materiales'로 표기되어 있다.
7) 휴디브라스(Hudibras)는 영국 시인 버틀러(Samuel Butler, 1612~80)가 1663년에 쓴 시의 제목이자 이 시의 주인공이다.

제2편 역사적인 것

제1장 그 진실성이 독자의 자유로운 조사에 맡겨진 이야기

1) 본문에는 라틴어로 표기되어 있다. 'Sit mihi fas audita loqui'.
2) 퐁트넬(Bernhard le Bovier de Fontenelle, 1657~1757)은 프랑스의 작가 겸 사상가로, 계몽사상의 선구자였다.
3) 아르테미도로스(Artemidoros)는 기원후 2세기에 활동했던 그리스 예언가였다.
4) 필로스트라투스(Flavius Philostratus, 170~245)는 아테네인으로, 아폴로니우스(Apollonius von Tyana)의 삶에 관한 책을 저술했다.
5) 아폴로니우스는 1세기경에 살았던 그리스 철학자이자 신피타고라스주의자였다. 그는 인도를 포함한 아시아의 여러 지역을 여행한 것으로 알려져 있다.

제2장 열광주의자의 영적 세계를 관통하는 환상적 여행

1) 본문에는 라틴어로 표기되어 있다. 'Somnia, terrores magicos, miracula, sagas, Nocturnos lemures, portentaque Thessala'.
2) 여기서 칸트는 바로 윗부분에서 언급된 에피쿠로스의 원자의 일탈(벗어남) 이론을 암시했다. 에피쿠로스는 만물의 형성 과정을 원자의 일탈과 충돌로 설명했다.
3) 본문에는 라틴어로 표기되어 있다. 'et fugit ad salices et se cupit ante videri'.
4) 아리오스토(Ludovico Ariosto, 1474~1533)는 낭만적 서사시를 쓴 이탈리아 작가다.
5) 리스코(Chritian Ludwig Liscow, 1701~60)는 독일의 풍자 작가였다.

6) 『천국의 비밀』(*Arcana Coelestia*)에 대해서는 위 머리말 옮긴이주 3) 참조할 것.
7) 에르네스티(Johann Ernesti August, 1707~81)는 독일 고전학자이자 신학자다.
8) 본문에는 라틴어 'auita와 visa'로 표기되어 있다.
9) 본문에는 라틴어 'datum mihi est ex divina domini misericordia'로 표기되어 있다.
10) 본문에는 라틴어로 표기되어 있다. 'Ter frustra comprensa manus effugit imago, Par levibus ventis volucrique simillima somno'.
11) 독일어 원어는 'Grenze'이다. 이 단어는 국가 간의 경계와 형이상학의 한계를 나타내는 데 동시에 사용되었다.
12) 라에르티우스(Diogenes Laertios)는 기원후 3세기경 살았던 그리스 철학자이자 전기작가다. 라에르티우스가 쓴 『고대 철학자들의 생애와 사상』(*Lives and Opinions of Eminent Philosophers*)에는 그가 살았던 3세기 전반기까지의 철학자들에 대한 정보가 많이 담겨 있다.
13) 데모크리토스(Demokritus, 기원전 460~기원전 370)는 레우키포스(Leucippus)와 함께 고대 원자론을 창시했다.

제3장 전체 작품의 실천적 결론

1) 프랑스 계몽주의 철학자 볼테르(Voltaire, 1694~1778)가 1759년에 쓴 소설 『캉디드』(*Candide*)의 제일 마지막 부분이다.

공간에서 방향의 제1 구분 근거

1) 부르하버(Herman Boerhaave, 1668~1738)는 네덜란드 화학자이자 의사다. 라이덴대학 교수이자 할러의 스승이며, 대표 저서로 1724년 출간한 『화학 요소론』(*Elementa Chemiae*)이 있다.
2) 'analysin situs'.
3) 뷔퐁(Georges-Louis Leclerc, Comte de Buffon, 1707~88)은 프랑스의 수학자이자 자연사가다. 대표적 저서로 총 44부로 구성된 『보편적이고 특수한 자연사』(*Histoire naturelle, générale et particulière*)가 있다.
4) 'gleich und ähnlich'.

감성계와 지성계의 형식과 원리

1) 여기서 말하는 원리(principium)는 오늘날 일반적으로 통용되는 의미의 일반법칙이 아니라 근거에 더 가까운 말이다. 원래 principium은 그리스 철학자들

이 탐구했던 아르케(ἀρχή)의 번역어이다. 아르케는 아르케인(ἀρχεῖν)이란 동사의 명사형으로서 아르케인은 시작하다의 뜻과 지배하다의 뜻을 같이 가진 낱말이다. 그래서 아르케 역시 일상 언어에서 처음의 뜻과 지배 또는 권력의 뜻을 같이 가지고 있었다. 아낙시만드로스에 의해 이 낱말이 철학적으로 사용되기 시작한 이래 철학자들 역시 이 낱말의 원래의 의미에 합당하게 아르케를 모든 존재자들에 앞서가는 처음이면서 또한 그런 까닭에 뒤에 오는 모든 것들을 지배하는 근거라는 의미로 이해하고 사용했다. 아리스토텔레스는 『형이상학』에서 "어떤 것을 존재하고 생겨나며 인식되게 하는 첫 번째 것이 아르케"라고 정의함으로써 이 낱말에 영속적인 의미의 표준을 확립했다. 라틴어 프린키피움은 아르케의 번역어로서 다른 무엇보다 '제1근거'의 의미로 쓰였다는 것을 우리는 1613년 프랑크푸르트에서 출판된 고클레니우스(R. Goclenius)의 철학사전(*Lexicon philosophicum, quo tanquam clave philosophiae fores aperiuntur*)의 principium항목에서 확인할 수 있다. 그리고 칸트 역시 이 논문에서 프린키피움을 근거의 의미로 사용한다. 이를 고려하여 우리는 프린키피움을 제목에서는 원리라고 옮겼으나 본문에서는 특별히 필요한 경우가 아니면 대부분 근거로 옮겼다.

2) 이런 식으로 세계를 다른 것의 부분이 아닌 것으로 규정하는 것에 대해서는 무엇보다, A.G. Baumgarten, *Metaphysica*, § 354 참고하시오. "MUNDUS (universum, πᾶν) est series (multitudo, totum) actualium finitorum, quae non est pars alterius."(세계(우주, 전체)는 유한한 현실적 존재자들 계열(다수, 전체)로서 다른 것의 부분이 아닌 것이다.)

3) 이 글에서 칸트는 아직 『순수이성비판』에서처럼 지성(Verstand)과 이성(Vernunft)을 구별하지 않고, 둘에 해당하는 intellectus와 ratio를 섞어서 사용하고 있다.

4) 'exsequi'.

5) 'subdivisio'.

6) 이 단락에서 conceptus와 notio 그리고 idea라는 용어가 한꺼번에 사용되는데, conceptus가 개념인 것은 분명하며, notio 역시 대부분 개념과 같은 뜻으로 쓰인다. 그러나 idea는 더러는 지성적 개념으로 더러는 관념으로 더러는 이념으로 다양하게 쓰인다.

7) sensus는 감각기관을 의미하기도 하고 감각내용을 의미하기도 한다. 앞의 경우에는 감관으로 뒤의 경우에는 감각으로 옮겼다. 그러나 둘 사이의 경계가 모호할 경우에는 감각으로 옮겼다.

8) 'in subiecti indole'.

9) 여기서 칸트는 전체 세계와 그 세계의 부분이 될 단순한 실체가 객관적 실재성을 지닌 개념이라고 말하고 있다. 이로 미루어볼 때, 『순수이성비판』의 우주론적 이율배반은 『교수취임논문』을 쓸 무렵에는 아직 명확히 의식되지 않

고 있었던 것으로 보인다.

10) 앞쪽과 뒤쪽은 a priori (parte), a posteriori parte의 번역이다. 앞쪽은 근거의 편을 의미하고 뒤쪽은 피근거의 편을 의미한다. 그러나 이 단락 전체의 문맥에서 앞쪽의 종착점이 세계이고 뒤쪽의 종착점이 단순 실체인지 아니면 그 반대인지는 분명치 않다. 어느 쪽이든, 중요한 것은 무한소급은 불가능하므로 합성에서든 분할에서든 종착점이 있어야 한다는 것이다.

11) 'accidentia'.

12) Baumgarten, *Metaphysica*, § 392. "Omnis mundus aut est ens simplex, aut compositum, hic est ens compositum. Qui hunc mundum se putat ens simplex est EGOISTA."(모든 세계는 단순한 존재자이거나 합성된 존재자이다. 이것은 합성된 존재자이다. 자기 자신이 단순한 존재인 이 세계라고 생각하는 사람은 에고이스트이다.) 유아론적 세계는 이런 에고이스트가 상정하는 세계이다. 칸트는 이런 의미에서 유아론적 세계는 부분이 없고 오직 속성들만 (더 정확하게는, 표상들의 상태만) 있을 뿐이라고 말하는 것이다. 유아론적 세계(mundus egoisticus)라는 표현 자체는 같은 책 § 438에서 나타난다. (그러나 정의 자체는 아니다.) "Si vel duo tantum contingentia extra se posita sunt in mundo compossibilia, vel ut simultanea, vel ut successiva, quorum unius perfectio vel nihil, vel non tantum alterius perfectioni derogat, quantum perfectioni totius addat, MUNDUS EGOISTICUS, qualem egoista hunc ponit, non est perfectissimus."

13) 'subiectum'.

14) 'Universitas'.

15) 이 단락에서 선명하게 부각되어 있듯이, 『교수취임논문』에서 칸트는 세계를 단순히 공간적인 관점에서만이 아니라 시간적인 계열에서도 총괄된 전체로서 파악한다. 앞의 옮긴이주 1)에서 소개했듯이 바움가르텐 역시 세계를 계열(series)로 파악한다. 그러나 더 거슬러 올라가면 계열로서의 세계 개념은 볼프의 이른바 『독일어 형이상학』(*Deutsche Metaphysik*), § 544에서 발견된다. "die Welt eine Reihe veränderlicher Dinge sey, die neben einander sind, und auf einander folgen, insgesamt aber mit einander verknüpfft sind."(세계는 변화하는 사물들의 계열인바, 이 사물들은 서로 병렬적으로 존재하고, 서로 후속하며, 또한 전체로서 서로 결합되어 있다.) 병렬과 후속 그리고 상호 결합 가운데 있는 전체가 세계라는 것은 『교수취임논문』의 세계 개념에서도 반복된다. 이 정의는 『일반 우주론』(*Cosmologia generalis*)에서도 거의 그대로 반복된다. § 48을 보시오.

16) 'ultimum'.

17) 'Noumenon'.

18) 'sensatio'.

19) 'apparentia'.

20) 칸트의 『논리학』 IX 94에 따르면 반성은 다음과 같이 설명된다. "Reflexion, d.i. die Überlegung, wie verschiedene Vorstellungen in Einem Bewußtseyn begriffen sein können."(반성, 즉 어떻게 상이한 표상들이 하나의 의식 속에 파악될 수 있는지를 숙고하는 것.) 『순수이성비판』에서 칸트는 논리적 반성과 선험적 반성을 구별한다. 이에 대해서는 같은 책의 「반성개념의 모호성」 B 316 아래, 특히 B 318-319를 보시오.

21) 'in indefinitum'.

22) 칸트는 여기서 추상한다는 뜻의 라틴어 동사 abstrahere를 두 가지 다른 의미로 쓰고 있다. 하나는 도외시한다거나 분리시킨다는 의미이다. 다른 하나는 추출한다거나 이끌어낸다는 의미이다. 여기서 칸트는 순수 지성개념이 경험적 대상으로부터 추상된 개념이 아니고 경험적 대상으로부터 독립된 개념이라는 것을 말하기 위해 그것이 "어떤 것들[즉, 감성적인 것]로부터 추상되었다(ab aliquibus abstrahere)고 말해야 한다"고 주장한다. '추상'이라는 말을 보존하기 위해 어쩔 수 없이 같은 표현으로 번역하긴 하였으나, 여기서 어떤 것으로부터 추상되었다는 말은 어떤 것으로부터 이끌어내었다는 뜻이 아니고, 반대로 어떤 것과의 관계를 도외시한다는 뜻으로 쓰인 말이다. 칸트는 이 구절에서 지성적 개념의 순수성을 설명하기 위해 한 낱말을 두 가지 상이한 의미로 사용하고 있으나 나중에 『순수이성비판』에서 공간과 시간의 순수성을 설명하기 위해서 그것이 경험으로부터 독립해 있다는 의미에서 추상한다는 뜻으로 독일어 von etwas abstrahieren(어떤 것으로부터 독립해 있다, 어떤 것을 도외시한다: 이 말은 라틴어 ab aliquo abstahere에 대응한다)을 사용하는 반면 부정적인 의미에서 경험으로부터 추상된 것이 아니라는 것은 abziehen(도출)되지 않았다고 표현함으로써 여기서처럼 abstrahere라는 같은 낱말이 거의 정반대로 쓰임으로써 야기되는 혼동을 피하고 있다. (이 용어법은 『순수이성비판』에서는 공간과 시간의 경우만이 아니라 다른 유사한 경우에도 비슷하게 적용된다. 예를 들어 B 170, 318, 426f. 등을 보시오.)

23) 이 단락 아래에서 칸트가 직접 이름을 들고 있듯이, 이 구별은 볼프가 『경험적 심리학』(*Psychologia empirica*) §§ 54, 55에서 제시한 것이다. 거기서 볼프는 하위의 인식능력과 상위의 인식능력을 구별하면서 전자를 통해서는 우리가 모호하고 혼란된 관념이나 표상을 얻는 데 반해 후자를 통해서는 판명한 관념이나 표상을 얻는다고 주장했다. "§ 54. Facultatis cognoscendi pars inferior dicitur, qua ideas et notiones obscuras atque confusas nobis comparamus."(인식능력의 하위 부분은 그것을 통해 우리가 모호하고 혼란된 관념들이나 개념들을 얻는 능력이다.) "§ 55. Facultatis cognoscendi pars superior est, qua ideas et notiones distinctas acquerimus."(인식능력의 상위 부분은 그것을 통해 우리가 판명한 관념이나 개념을 얻는 능력이다.)

24) 'data'.
25) Baumgarten, *Metaphysica*, § 1 참고. "METAPHYSICA est scientia primorum in humana cognitione principiorum."(형이상학은 인간 인식의 제1원리들에 대한 학문이다.)
26) 예비학이란 일반적 의미로는 학문 체계 자체에 선행하는 준비 단계로 이해된다. (『순수이성비판』 B 869) 칸트는 『논리학』에서는 논리학이 학문 그 자체의 기관(Organon)을 위한 예비학이라고 말한다. 그런데 여기서처럼 형이상학의 예비학을 말하는 것은 『교수취임논문』이 처음이다. 나중에 칸트는 순수이성비판이 체계를 위한 예비학이라고 말하게 된다.(B 25) 이로부터 우리는 『교수취임논문』과 『순수이성비판』 사이의 긴밀한 내적 연관성을 유추할 수 있다.
27) 순수 개념을 데카르트처럼 본유관념(idea innata)이라 부르지 않고 여기서처럼 획득된 개념(conceptus acquisiti)이라고 부르는 것은 칸트철학의 발전 과정에서 하나의 새로운 도약을 의미한다. 아디케스(E. Adickes)에 따르면 1776~77년경에 썼다고 추측되는 단편, Refl. 4851에서 칸트는 자신의 새로운 생각을 보다 명확하게 부각시키기 위해 아프리오리하게 획득된 관념(ideae a priori acquisitae)과 아포스테리오리하게 획득된 관념을 구별한다. (앞의 것은 순수 개념이고 뒤의 것은 경험적 개념이다.) "Die Lehre von ideis connatis führt zur Schwärmerey. acqvisitae sind a priori oder a posteriori acqvisitae, jene sind nicht immer intellectuell. Also ist die Eintheilung der Erkentnis in sensitive und intellectuelle nicht die erste, sondern in die a priori oder a posteriori. Die erstere entweder sinnlich oder intellectuell."(타고난 관념의 이론은 우리를 [미신적] 열광으로 이끈다. 획득된 관념은 아프리오리하게 획득된 것이거나 아포스테리오리하게 획득된 것이지만, 앞의 것이 언제나 지성적인 관념은 아니다. 그러므로 인식을 감성적인 것과 지성적인 것으로 구별하는 것이 우선적인 것이 아니고 도리어 그것을 아프리오리한 인식과 아포스테리오리한 인식으로 구별하는 것이 먼저이다. 둘 중 앞의 것은 감성적이거나 지성적이거나이다.)
28) 'elenchticus'.
29) 'dogmaticus'.
30) 'exemplar'.
31) 'maximum'.
32) 'Ideale'.
33) 상징적 인식의 의미에 대해서는 칸트, 『판단력비판』 V 352 참고. "Alle Anschauungen, die man Begriffen a priori unterlegt, sind also entweder Schemate oder Symbole, wovon die erstern directe, die zweiten indirecte Darstellungen des Begriffs enthalten. Die erstern thun dieses demonstrativ,

die zweiten vermittelst einer Analogie (zu welcher man sich auch empirischer Anschauungen bedient), in welcher die Urtheilskraft ein doppeltes Geschäft verrichtet, erstlich den Begriff auf den Gegenstand einer sinnlichen Anschauung und dann zweitens die bloße Regel der Reflexion über jene Anschauung auf einen ganz andern Gegenstand, von dem der erstere nur das Symbol ist, anzuwenden."(우리가 선험론적 개념의 근저에 놓을 수 있는 모든 직관은 도식이거나 상징이다. 여기서 첫 번째 것은 개념의 직접적 현시이며, 두 번째 것은 간접적 현시이다. 첫 번째 것은 그 일을 지시적으로(demonstrativ) 수행하지만, 두 번째 것은 그 일을 비유를 사용하여 (비유를 위해서 우리는 경험적 직관을 사용하기도 한다) 수행한다. 이런 경우에 판단력은 이중적인 작업을 수행한다. 즉 그것은 첫째로 개념을 감성적 직관의 대상에 적용한 뒤에 둘째로 그 직관에 대한 반성의 순수한(bloß) 규칙을 전혀 다른 대상—이 대상에 대하여 첫 번째 대상은 상징일 뿐이다—에 적용한다.) 『교수취임논문』에서처럼 『판단력비판』에서도 칸트는 "그리하여 신에 대한 우리의 모든 인식은 한갓 상징적이다"(so ist alle unsere Erkenntniß von Gott bloß symbolisch, V 353)라고 말한다.

34) 'species'.
35) 'apprehensiones'.
36) 'causata'.
37) 'PHYSICA'.
38) 'qualitas'.
39) 'quantitas'.
40) 'actuatio'.
41) 'Organon'.
42) 원래 오르가논이란 도구를 뜻하는 그리스어로서, 아리스토텔레스의 저작을 편찬하는 과정에서 논리학에 속한 저술들을 한데 묶어 부르기 시작한 이래 중세 이후 논리학을 전체로서 부르던 말이었다. 이는 논리학이 모든 학문의 예비학으로서 실질적 인식을 얻기 위한 일종의 도구라고 생각되었음을 암시한다. 그러나 칸트는 『순수이성비판』에서 이런 전통적 용어법과는 달리 "순수한 일반 논리학은 지성과 이성의 규준(Kanon)이다"(B 77f.)라고 말하면서, 이에 반해 "순수 이성의 오르가논은 모든 아프리오리한 순수 인식을 얻게 해주고 또 현실적으로 성립시켜주는 그런 원리들의 총괄일 것이다"(B 24f.)라고 말한다. 여기 『교수취임논문』에서 순수 수학을 오르가논이라고 부르는 것은 앞의 두 경우와 또 다른 용어법이다. 칸트는 여기서 전통적으로 형식 논리학을 오르가논이라고 불렀던 것과 비슷한 의미에서 순수 수학이 다른 학문을 위한 보편적 도구라고 말하고 있다.
43) 'successio'.

44) 'post'.

45) 이 단락에서 칸트가 말하려는 요지는 시간이 마치 원자와도 같은 부분인 순간들로 이루어진 합성체가 아니며, 도리어 하나의 연속량으로서 지속하는 전체 시간이 그것의 부분인 개별적 순간들에 앞선다는 것이다. 그리하여 시간이 순간을 전제하는 것이 아니고, 순간이 시간의 지속을 전제한다는 것이다.

46) 뉴턴은 「자연철학의 수학적 원리」(philosophia naturalis principia mathematica)의 제2판(1712년), 책의 마지막에 덧붙인 Scholium Generale(일반적 주석)에서 신의 편재성을 논한다. 그 과정에서 그는 "Cum unaquaeque spatii particula sit semper, & unumquodque durationis indivisibile momentum ubique"(공간의 모든 입자가 언제나 있는 것처럼, [시간적] 지속의 모든 분할불가능한 순간 역시 어디에나 있다)라고 말하면서 공간적 위치를 시간적 지속과 결합시키고, 시간적 지속을 공간적 편재성과 결합시킨다. 칸트는 여기서 뉴턴의 그런 관념에 기대어, 시간이 비록 일차원적 지속이기는 하지만, 감성적 대상이 현전하는 곳이라면 어디에나 시간이 있다고 표상함으로써 시간적 지속을 공간적 지평과 결합시키고 있다.

47) 'ubiquitas'.

48) 'aliquando'.

49) 'quantitas'.

50) 'connatus'.

51) 'ens imagnarium'.

52) 이 단락에서 칸트가 오른손과 왼손의 차이가 오직 순수 직관을 통해서만 식별될 수 있다는 논변은 비판철학의 역사에서 결정적인 전환점이 된 통찰이다. 그것은 풀어 말하자면 오른손과 왼손의 차이를 말로 설명할 수 없고 오직 공간적 표상 속에서 직관적으로 비교할 때만 그 두 손이 겹치지 않는다는 것을 (즉 다르다는 것을) 인지할 수 있다는 통찰이다. 이것은 우리가 지성의 개념만을 매개로 해서는 전혀 파악할 수 없고 오직 직관적 표상을 통해서만 인지할 수 있는 어떤 사태가 있다는 것을 의미한다. 칸트는 이 통찰을 통해 이전의 합리론자들이 지성과 감성을 판명함과 모호함의 차이 곧 일종의 정도의 차이로 간주하여 상위의 인식능력과 하위의 인식능력으로 구별하던 견해를 버리고 직관과 사유를 종별적으로 상이한 인식방식이라고 구별하는 길로 들어섰다. 이를 통해 칸트는 『순수이성비판』을 향한 결정적 한 걸음을 내디딘 것이다. 오른손 왼손의 차이를 통한 직관적 인식의 고유성에 대한 통찰은 『교수취임논문』직전에 발표한 『공간에서 방향의 제1구분 근거』에서 처음으로 나타난다.(Ⅱ 381 이하) 하지만 여기서 칸트는 『교수취임논문』과는 달리 아직 오른손 왼손의 차이를 직관과 사유 또는 감성적 인식과 지성적 인식의 구별을 위한 근거로 사용하지 않고 단지 공간과 시간 개

념을 둘러싼 뉴턴과 라이프니츠 사이의 대립에서 뉴턴의 절대 시간 및 공간을 옹호하는 논거로만 사용하고 있다.

53) 'terminus'.

54) 'receptaculum'.

55) 시간과 공간에 대한 양쪽의 견해는 다음의 책을 참고하시오. Clarke, Samuel, *A collection of papers, which passed between the late learned Mr. Leibnitz and Dr. Clarke, in the years 1715 and 1716*, London: J. Knapton, 1717.

56) 'offendiculum ponant'.

57) 'coordinante'.

58) 이 문장은 다소 모호하여 번역자마다 제각기 번역할 수밖에 없다. '표상'으로 읽은 것은 힌스케의 번역을 따랐다.

59) 다른 사람을 거명할 필요 없이 칸트 자신이 최초의 저작인 『살아 있는 힘의 참된 측정에 관한 사상』(*Gedanken von der wahren Schätzung der lebendigen Kräften*) §10에서 다음과 같이 말하고 있다. "Es ist wahrscheinlich, daß die dreifache Abmessung des Raumes von dem Gesetze herrühre, nach welchem die Kräfte der Substanzen in einander wirken. ... Die dreifache Abmessung scheint daher zu rühren, weil die Substanzen in der existierenden Welt so in einander wirken, daß die Stärke der Wirkung sich wie das Quadrat der Weiten umgekehrt verhält."(공간의 삼차원성이 실체들의 힘이 서로 작용하는 법칙에 근거하고 있을 수 있다. …… 그러므로 그 삼차원성은 현존하는 세계 내에서 실체들이 상호작용할 때, 그 작용력이 거리의 세제곱에 반비례하기 때문인 것처럼 보인다.) 그러나 여기서 칸트는 이런 생각의 단초를 끝까지 전개시켜 『교수취임논문』에서 상정하듯이 기하학의 경험적 성격을 결론으로 이끌어내지는 않았다.

60) 공간과 시간을 절대적인 실체라고 생각하는 사람들은 뉴턴과 그 추종자들을 가리킨다. 뉴턴은 보편적 중력 이론을 물리학적으로 확립한 사람이지만, 천체들 사이의 상호작용, 곧 원격작용(actio in distans)의 가능 근거에 대한 탐구는 포기했다. 칸트의 비판은 이런 사정을 염두에 둔 것으로 보인다. 그러나 칸트가 이 문제를 평생 포기하지 못했다는 것은 그가 『유작』에서 이 문제를 집요하게 성찰하면서 원격작용을 해결하기 위해 그가 『불에 관하여』나 『물리적 단자론』 같은 초기 저작에서 언급했던 에테르를 다시 끌어들이는 것에서도 확인할 수 있다.

61) 'universitas'.

62) 실체들 사이의 상호 교통(mutuum commercium)의 문제는 아마도 칸트가 평생에 걸쳐 성찰했던 문제들 가운데 하나일 것이다. 이 문제는 전비판기에는 세계 내의 실체들의 상호작용의 가능성에 대한 물음으로 그리고 비판기에는 경험의 통일성의 가능근거에 대한 물음으로 그리고 『유작』에서는 원격

작용의 가능근거로서 에테르에 대한 물음으로 조금씩 형태를 달리해서 나타난다. 칸트가 이 문제를 처음으로 형이상학적 차원에서 논한 곳은 『새로운 해명』의 제3절이었다. 거기서 칸트는 실체들 사이의 공존과 후속의 원리의 이름 아래 상호작용의 가능근거를 묻고 있다. 학술원판 전집 1권, 410쪽 아래 참고. 그런데 이 문제는 단지 칸트만의 관심사가 아니라 당시 독일 강단철학의 주된 논쟁거리 가운데 하나였다. 바움가르텐 역시 형이상학에서 "세계내적 실체들의 상호교통"(substantiarum mundanarum commercium)을 우주론의 핵심 문제로 고찰하고 있다. 그러므로 『교수취임논문』에서 칸트가 전개하는 논변은 같은 문제에 대한 당시 독일 강단철학의 논의에 대한 일종의 대답으로 읽혀야 할 것이다. 당대 강단철학에서 이 문제에 대한 주된 논변은 예정조화론, 물리적 영향론 그리고 기회원인론인데 칸트 역시 이 세 가지 논변을 염두에 두고 논의를 전개한다.

63) 'πρῶτον ψεῦδος'.

64) 바움가르텐은 『형이상학』 § 451에서 다음과 같이 말하고 있다. "Influxionista universalis 1) negat ullam substantiam huius mundi, quando patitur ab alia substantia huius mundi, agere et passiones suas vi sua producere, 2) ponit realiter passiones unius substantiae huius mundi produci ab altera substantia huius mundi in eam influente. Hinc per systema influxus physici universalis nulla substantia, pars mundi, in ullis suis mutationibus harmonicis agit vi propria. ... et hinc in nullis suis mutationibus ulla substantia mundana agit, ex systemate influxus physici universalis, in omnibus realiter patiens ab aliis substantiis mundanis, quae tamen ob eandem rationem prorsus non agerent, hinc nec vires essent, q.c § 199."(보편적 영향론자는 1) 이 세계의 어떤 실체가 이 세계의 다른 실체에 의해 영향을 받을 때 [자기 편에서도] 작용한다거나, 자신이 당하는 일들을 자기 자신의 힘으로 산출한다는 것을 부정하고, 2) 이 세계 내의 하나의 실체가 실제로 당하는 일들이 그것에 영향을 주는 이 세계 내의 다른 실체에 의해 산출된다는 것을 인정한다. 그러므로 보편적인 물리적 영향의 체계에 따르면 세계의 부분이 되는 어떤 실체도 자기의 조화로운 변화를 자기 고유의 힘으로 일으키지 않는다. …… 또한 그러므로 보편적인 물리적 영향의 체계에 따르면, 하나의 실체는 자신의 어떠한 변화에 있어서도 능동적으로 작용하지 않으며, 모든 변화에서 다른 세계내적 실체로부터 실제로 수동적으로 영향을 받을 뿐이다. 그리고 이렇게 영향을 미치는 실체들 역시 똑같은 근거에 따라 스스로 작용하지 않는다. 그렇다면 이들 모두 힘이 아닐 것이다. 그러나 이는 § 199와 모순된다.) 이 설명에 따르면 물리적 영향론은 실체들의 모든 상태 변화를 다른 실체에 의한 실제적 영향으로 설명한다는 점에서 자연 내의 모든 운동과 변화를 외적 인과성에 따라 설명하는 기계적 결정론과 유사하다. 칸트가 여기서 물리적 영향론에 대해 "실체들 사이의 교통과 서로 전달되는

힘이 단지 그들의 존재만으로도 충분히 인식가능하다고 제멋대로 가정"한다고 말하는 것은, 물리적 영향론이 신의 작용을 도입하지 않고 오직 물리적 사물들 사이의 영향작용을 통해서만 실체들의 교통과 전일성을 설명하려고 했다는 점에서 "그들의 존재만으로" 설명하려 했다고 이해할 수 있을 것이다. 그러니까 그들의 존재만으로 설명한다는 말은 자연적으로 설명한다는 뜻일 것이다. 이와 달리 칸트는 『교수취임논문』에서 이 영향관계의 가능근거가 신이라고 주장하고 있다. 그러니까 그는 이것을 자연적으로가 아니고 초자연적 영향관계를 통해 설명하려 한 셈이다. 하지만 이렇게 끌어들인 신이 어떤 의미에서 deus ex machina가 아니라 참된 설명근거일 수 있는지 그것은 분명치 않다.

65) 'virtualis'.

66) 앞서 주 46)에서 언급했던 뉴턴의 프린키피아 Scholion Generalis 참고. 거기서 뉴턴은 신이 세계 영혼이 아니라 초세계적인 존재라고 주장하면서도 신의 공간적 편재성이 단지 실효적인 것이 아니라 동시에 실체적이라고 주장한다.

67) C. Wolff, *Cosmologia generalis*(1737), § 60 참고. "Mundus est ens unum. Sunt enim essentiae rerum sicut numeri integri rationales, seu vulgares(§ 345. *Ontol.*). Quare cum omnis numerus unus sit(§ 346. *Ontol.*), omnis quoque entis essentia, consequenter & mundi unum quid est. Quatenus itaque mundi essentia unum quid est, ipse quoque mundus ens unum est."(세계는 하나인 존재이다. 왜냐하면 사물들의 본질은 유리수인 정수 또는 통상적 의미의 수와 같기 때문이다(『존재론』, § 345). 모든 수가 하나의 수이므로(『존재론』, § 346), 모든 사물의 본질도 그리고 결과적으로 세계의 본질도 어떤 하나이다. 그러므로 세계의 본질이 하나의 어떤 것인 한에서 세계 자체도 하나의 존재자인 것이다.) 여기서 보듯이 볼프는 모든 수가 하나의 수, 하나의 본질 그리고 하나의 존재를 같은 것이라고 주장한다. 이런 점에서 칸트는 볼프가 수량의 개념에 근거하여 세계가 여럿이 아니라 하나라고 추론했다고 비판하는 것이다. 그러나 베크가 지적하듯이(L. W. Beck, *Kant's Latin Writings*, p.159) 볼프가 수의 개념으로부터 세계의 단일성을 결론으로 이끌어낸다는 칸트의 주장은 사실이 아니다. 왜냐하면 이른바 『독일어 형이상학』(*Deutsche Metaphysik*)에서 볼프는 세계가 왜 하나뿐이어야 하는가라는 문제를 다루면서 수의 개념은 언급하지 않고 모순율과 충분근거율만을 말할 뿐이기 때문이다. § 948. "Da nun aber ohne zureichenden Grund nichts seyn kann; so ist auch nicht möglich, daß GOtt zwey ähnliche Welten neben einander hervorgebracht. ... Ich sage aber nicht, es sey schlechterdings unmöglich, daß zwey ähnliche Welten könten hervorgebracht werden: denn dieses müßte aus dem Grunde des Widerspruches, nicht aber aus dem Grunde des zuruechenden Grundes

erwiesen werden."(그러나 충분한 근거가 없다면 아무것도 존재할 수 없기 때문에 신이 유사한 세계들을 이웃하여 두 개씩 만드는 것은 가능한 일이 아니다. …… 하지만 나는 두 개의 유사한 세계가 창조된다 해서 그것이 절대적으로 불가능하다고 말하려는 것은 아니다. 왜냐하면 이런 불가능성은 충분 근거의 원리가 아니라 모순율에 의해서 증명되어야 할 것이기 때문이다.) 볼프는 같은 책, § 1047에서 이 문제를 다시 거론하면서 세계는 신의 완전성의 거울이어야 할 것이므로 그 세계는 신이 완전하듯이 가능한 최선의 세계여야 할 것이므로 오직 하나일 수밖에 없다는 것을 세계가 하나뿐일 수밖에 없는 충분근거로서 제시한다.

68) 'sympatheticum'.

69) 'impressum'.

70) 우리는 이 세 이론에 대한 표준적 소개를 바움가르텐에게서 확인할 수 있는데, 그는 『형이상학』, § 448에서 우선, "세계 내적 실체들의 교통"(substantiarum mundanarum commercium)을 다음과 같이 정의한다. "Harmonia monadum mundi in se mutuo influentium est SUBSTANTIARUM MUNDANORUM COMMERCIUM."(세계 내에서 서로 간에 상호 영향을 미치는 모나드들의 조화가 세계내적 실체들의 교통이다.) 그리고 그는 이 영향관계를 다시 관념적인 것과 실재적인 것으로 구별한 뒤에 관념적인 영향관계를 보편적 예정조화라고 부르고(같은 곳) 반대로 실재적 영향관계를 물리적 영향이라고 부른다. Baumgarten, Metaphysica, § 450. "INFLUXUS realis substantiae mundi partis in aliam mundi partem est PHYSICUS. Hinc INFLUXUS PHYSICUS UNIVERSALIS est universalis substantiarum in mundo harmonia, qua una in alteram realiter influit."(세계의 한 부분인 어떤 실체가 세계의 다른 부분에 미치는 영향이 실재적일 때, 그것은 물리적이다. 그러므로 보편적인 물리적 영향관계는 세계 내에서 실체들의 보편적 조화로서 이를 통해 하나의 실체가 다른 실체에게 실제로 영향을 미치게 되는 것이다.) 그는 이에 반해 세계내적 실체들이 오직 물리적 타자가 아니라 초자연적 타자 곧 신에 의해서만 영향을 받고 이를 통해 보편적 조화를 얻게 된다고 간주하는 것이 기회원인론이라고 설명한다. § 452. "Qui ponit in omnes substantias huius mundi pati visas ab aliis huis mundi substantiis, et realiter quidem patientes, ex ipsius sententia, solam realiter influere substantiam infinitam, est OCCASIONALISTA (assistentianus) UNIVERSALIS, eiusque systema est SYSTEMA CAUSARUM OCCASIONALIUM UNIVERSALE (Cartesianum, s. Malebranchianum potius assistentiae), contradicens § 400, § 408, hinc falsum."(누군가, 이 세계 내의 실체들이 이 세계 내의 실체들에 의해 영향받는 것처럼 보이지만, 자신의 의견에 따르면 실제로는 영향을 받더라도 실제로는 오직 무한한 실체만이 [원인으로] 작용한다고 주장한다면, 그는 보편적 기회원인론자이며, 그의 체계는 보편적 기

회원인의 체계이다. 그러나 이것은 § 400 및 § 408과 모순되므로 틀린 이론이다.)

71) 바움가르텐은 물리적 영향론이 틀렸다고 주장했다. 옮긴이주 24)를 보시오.

72) 'compraesentia'.

73) 'OMNIPRAESENTIA PHAENOMENON'.

74) 여기서 칸트가 인용하는 "우리는 모든 사물들을 신 속에서 본다는 것"(Que nous voyons toutes choses en Dieu)이라는 말은 N. Malebranche의 *De la recherché de la vérité*(1675)의 제3권 제2부 제2장(Livre Ⅲ, Part. Ⅱ, Ch. Ⅵ.)의 제목이다. 여기저기서 자주 인용되는 말이므로 어떤 의미에서 말브랑슈가 그렇게 말했는지를 소개하기 위해 다소 길지만 핵심구절을 인용한다. "Pour la bien comprendre, il faut se souvenir de ce qu'on vient de dire dans le chapitre précédent, qu'il est absolument nécessaire que Dieu ait en lui-même les idées de tous les êtres qu'il a créés, puisqu'autrement il n'aurait pas pu les produire, et qu'ainsi il voit tous ces êtres en considérant les perfections qu'il renferme auxquelles ils ont rapport. Il faut de plus savoir que Dieu est très-étroitement uni à nos âmes par sa présence, de sorte qu'on peut dire qu'il est le lieu des esprits, de même que les espaces sont en un sens le lieu des corps. Ces deux choses étant supposées, il est certain que l'esprit peut voir ce qu'il y a dans Dieu qui représente les êtres créés, puisque cela est très-spirituel, très-intelligible et très-présent à l'esprit. Ainsi, l'esprit peut voir en Dieu les ouvrages de Dieu, supposé que Dieu veuille bien lui découvrir ce qu'il y a dans lui qui les représente."(이 말을 온전히 이해하기 위해서는 우리가 앞 장에서 방금 말했던 것을 기억할 필요가 있다. 즉, 신이 그가 창조한 모든 존재자들에 대한 관념들을 자기 자신 속에 가지고 있었으리라는 것은 절대적으로 필연적인 일이라는 것이다. 왜냐하면 만약 그렇지 않았더라면 그는 그것들을 산출할 수 없었을 것이기 때문이다. 또한 마찬가지로 신이 이 모든 존재자들이 지향하도록 그가 규정해둔 완전성을 고찰하면서 그것들을 보리라는 것도 절대적으로 필연적이다. 더 나아가 우리는 신이 그의 현전을 통해 우리의 영혼과 지극히 밀접하게 결합되어 있고, 그 결과 공간이 어떤 의미에서 육체가 거주하는 장소인 것과 마찬가지로 신이 정신의 장소라고 말할 수 있다는 것도 알아야 한다. 이 두 가지 사실이 전제된다면, 신 속에서 창조된 존재자들을 반영하고 있는 [관념들]을 정신이 볼 수 있다는 것은 확실하다. 왜냐하면 그 관념들은 지극히 정신적이고 지극히 지성적이며 정신에 지극히 [내밀하게] 현전하는 것이기 때문이다. 그래서 신이 자기 속에서 자신의 작품들을 표상하고 있는 것을 정신에 기꺼이 개방하기 원한다고 전제할 수 있다면, 정신은 신 속에서 신의 작품들을 볼 수 있을 것이다.)

75) 'generaliter'.

76) 'subreptio'.

77) subreptio의 사전적인 뜻은 어떤 것 아래로(sub) 기어들어간다(repere)는 뜻이다. (독일어로는 einschleichen으로 번역된다.) 최소인은 subreptio를 이런 의미에서 잠입이라고 번역했다. 그러나 같은 낱말을 자동사가 아니라 타동사로 이해한다면 그것은 몰래 끼워넣는다는 의미를 가지게 될 것이다. 칸트는 그런 의미에서 Subreption을 설명하면서 unterschieben(아래로 밀어넣다)이라는 동사를 사용하고 있다.(『순수이성비판』 B 819) 일반적으로 칸트는 subreptio를 독일어로 Ein-schleichung이 아니라 Er-schleichung이라고 번역한다.(『순수이성비판』 B 819-20) 앞은 몰래 잠입한다는 뜻이지만 뒤는 사취하거나 횡령한다는 뜻이다. 이런 의미에서 나는 subreptio를 여기서 '사취'로 번역하였다. 원래 subreptio는 법률적 용어로서 간계에 의한 부당 취득을 의미한다. 그런데 이것이 칸트에게서는 논리적 오류추리의 의미로 사용되었다. 간계에 의한 부당점유와 논리적 오류추리는 모두 효력 없는 증거를 몰래 끼워넣음으로써 부당한 권리 또는 결론을 얻는다는 점에서 유사하다고 말할 수 있을 것이다. (*Meyers Großes Konversations-Lexikon*, Band 6, Leipzig,1906, p.76 참고. 번역은 생략함. "Erschleichung, in der Rechtssprache die unerlaubte Handlung, wodurch man irgend etwas mittels List, Verstellung, Betrug erreicht, z. B. eine Erbschaft, ein Amt (Amtserschleichung, s. Ambitus), eine Verfügung einer Behörde. E. der Ehe, s. Ehebetrug. E. des Beischlafes, s. Sittlichkeitsverbrechen. – In der Logik ist E. ein Fehler, der darin besteht, daß man Urteile oder Behauptungen auf Beweise, die nicht geführt, oder auf Tatsachen, die nicht wirklich vorliegen, mithin auf falsche Schlüsse oder bloße Einbildungen gründet, oder auch unvermerkt zu wirklichen Wahrnehmungen etwas hinzufügt oder darin ändert, oder endlich bei einer Beweisführung in eine Schlußreihe als unbestrittene Wahrheiten solche Behauptungen einmischt, die selbst erst noch des Beweises bedürfen.")

78) 이런 공리는 C.A. Crusius, *Entwurf der nothwendigen Vernunft-Wahrheiten, wiefern sie den zufälligen entgegen gesetzet werden*. Leipzig 1745, § 46에서 볼 수 있다. 거기서 크루지우스는 현존하는 것이 한갓 관념적 존재와 구별되려면 반드시 어디에선가 그리고 언제인가에 있어야 한다고 주장한다.

79) L. Euler, *Lettres à une princesse d'Allemagne sur divers sujets de physique et de philosophie*.(1768~71) 이 서한집은 러시아의 상트페테르부르크에서 3권으로 출판되었다. 칸트가 『교수취임논문』을 쓴 1770년에는 제2권까지 출판되었다. 학술원판 편집자인 아디케스는 제2권에 수록된 92번째(1761년 1월 10일자)와 93번째 편지(1761년 1월 13일자)일 것이라고 주장하고, 영역자인 베크는 1760년 11월 18일자 편지일 것이라고 주장하고 있다. 그리고 이들에 의해 지목된 편지에서는 칸트의 말에 대응하는 정확한 구절이 보이지 않는다. 어떻든지 간에, 전문가들 사이의 이런 차이가 암시하듯이 여기서 칸트가

정확하게 어떤 편지를 가리키는지는 분명치 않다.

80) 이런 주장이 뉴턴에게 합당한 비판인지는 의문이다. 뉴턴은 신이 공간 중에 있다고 주장하지 않는다. 거꾸로 "신은 언제나 있고 어디서나 있음을 통해 시간과 공간을 구성한다"(existendo semper et ubique durartionem et spatium constituit)는 것이 뉴턴의 입장이었다.(*Principia mathematica*, L. Ⅲ. Scolium Generale, p.528) 물론 칸트의 입장에서는 여기서 뉴턴이 "언제나 어디서나"(semper & ubique)라는 말로 이미 시간과 공간을 전제한다고 주장할 수 있을 것이다. 그럼에도 불구하고 뉴턴에게 시간과 공간은 신의 영원성과 편재성의 결과이지 그에 선행하는 지평이나 조건이라고 볼 수는 없다. 또한 시간이나 공간이 절대적 실체라는 말 역시 물체와의 관계에서 절대적이라는 뜻이지 신에게 앞선다거나 신이 그 속에 존재한다는 것을 의미하지 않는다. 그럼에도 불구하고 칸트가 말하듯이 뉴턴은 시간적, 공간적 의미에서 신의 영원성과 무소부재를 말하는데, 이 경우 뉴턴은 신에게는 모든 것이 하나이기 때문에 모순을 일으키지 않는다고 생각했다. 같은 책, 529쪽. "Deum summum necessario existere in confesso est: Et eadem necessitate semper est & ubique. Unde etiam totus est sui similis, totus oculus, totus auris, totus cerebrum, totus brachium, totus vis sentiendi, intelligendi & agendi, sed more minime humano, more minime corporeo, more nobis prorsus incognito."(최고의 신은 필연적으로 존재한다고 인정된다. 그와 동일한 필연성에 따라 그는 언제나 어디서나 있다. 더 나아가 그는 전체로서 자기 자신과 같다. 그는 전체로서 눈이며, 전체로서 귀이고, 전체로서 뇌이며, 전체로서 팔이고, 전체로서 감각능력이며, 인식능력이고 행위능력이다. 그러나 이는 결코 인간적인 방식으로 또는 육체적인 방식으로 일어나지 않으며 우리로서는 더 이상 인식할 수 없는 방식으로 일어나는 것이다.)

81) 정확하게 말하자면 이것은 뉴턴 자신의 질문이라기보다는 그를 반박하는 입장에 있는 라이프니츠의 질문이었다. 라이프니츠는 클라크에게 보낸 세 번째 편지에서 그 질문을 던지고 있다. "6. The Case is the same with respect to Time. Supposing any one should ask, why God did not create every thing a Year sooner; and the same Person should infer from thence, that God has done something, concerning which 'tis not possible there should be a Reason, why he did it so, and not otherwise: The Answer is, That his Inference would be right, if Time was any thing distinct from Things existing in Time. For it would be impossible there should be any Reason, why Things should be applied to such particular Instants, rather than to others, their Succession continuing the same. But then the same Argument proves, that Instants, consider'd without the Things, are nothing at all; and that they consist only in the successive Order of Things: Which Order remaining the same, one of

the two States, viz. that of a supposed Anticipation, would not at all differ, nor could be discerned from, the other which Now is." (번역 생략)

82) 'quantitas'.
83) 'qualitas'.
84) 'magnitudo'.
85) 'principium'.
86) 'initium'.
87) 'signum'.
88) 'principia convenientiae'.

인간의 상이한 종

1) 'Race'는 '인종', '종족', '~족', '~종' 네 가지 용어로 번역했다. 우선 인간에 국한된 의미로 사용될 때는 지금처럼 '인종'이라고 번역했지만, 동물 전체에 해당하는 의미로 사용될 때 그리고 칸트가 말하는 네 가지 인종 중에 칼무크족, 몽골족 등을 지칭하면서 Race라는 표현을 사용할 때는 '종족'이라고 번역했다. 예를 들어 'kalmückische Race'와 같이 특정 종족을 지칭한 경우에는 통상적 언표 양식에 맞추어 '칼무크족'과 같은 형태로 번역했다. 마지막으로 vermischte Race와 같은 표현은 '혼혈인종'보다는 '혼혈종'이라는 표현이 더 적합하다고 보았다.
2) '유'는 'Gattung'을, '종'은 'Art'를 번역한 것이다. 오늘날 논란은 있지만 아직도 통용되는 린네(Carl von Linné, 1707~78)의 생물 분류체계는 '계(Reich), 문(Stamm), 강(Klasse), 목(Ordnung), 과(Familie), 속(Gattung), 종(Art)'이다. 이 분류와 명칭을 그대로 적용하면 저 두 개념은 '속과 종'으로 번역해야 한다. 하지만 본문에서 린네와 동시대인인 뷔퐁을 거론한 점, 강단적 구분과 자연적 구분을 구별한 점 그리고 무엇보다도 린네의 분류법을 그대로 적용하여 원전을 읽었을 때 의미가 안 맞는 부분이 존재한다는 점 등을 고려해볼 때, 칸트가 린네의 용어법을 준수했는지 의문시된다. 그런 이유로 문맥을 고려하여 아주 분명하게 위의 분류체계를 염두에 둔 용어라고 판단되는 곳에서만 분류체계에 따른 번역어를 선택하고, 그밖에는 일반 명사에 준하는 번역어를 선택했음을 밝혀둔다.
3) 뷔퐁(Georges-Louis Leclerc, Comte de Buffon, 1707~88)은 프랑스의 수학자이자 자연사가다. 대표적 저서로 총 44부로 구성된 『보편적이고 특수한 자연사』(*Histoire naturelle, générale et particulière*)가 있으며, 여기에서는 그중 제22권 279 이하를 염두에 두었다.
4) 'Klasse'.

5) ‘Stamm’.

6) Mensch는 ‘인류’로 번역했다. ‘인간’이라고 번역해도 무방하겠지만, 이 글에서는 사람을, 예를 들어 ‘이성적 존재자’라는 추상적 또는 형이상학적 의미 차원에서 다루는 것이 아니라 동물의 한 종류라는 차원에서 다루었기 때문에 ‘인간’(人間)보다는 ‘인류’(人類)라는 표현이 더 적합하다고 보았다.

7) 원문은 ‘Im erstern Falle gehören die Menschen nicht bloß zu einer und derselben Gattung, sondern auch zu einer Familie’이다. 여기에서 ‘Familie’는 오늘날 생물 분류에 따른다면 ‘과’로 번역해야 한다. 하지만 다음과 같은 이유로 여기에서는 ‘가족’이라고 번역했다. 첫째, 위의 옮긴이주 2)에서 린네의 분류체계에 ‘과’를 포함해 언급했지만, 이는 우리에게 익숙한 분류법이어서 그렇게 한 것일 뿐, 실제로 ‘과’는 린네의 분류법에서는 없었던 것을 오늘날 추가한 것이다. 따라서 칸트가 ‘과’라는 분류항을 염두에 두었다고 보기 어렵다. 둘째, 만약 칸트가 ‘과’라는 분류항을 염두에 두었다면, 이것은 ‘Gattung’보다 상위의 분류항이 된다. 그렇다면 동일한 ‘Gattung’이면 자동으로 동일한 ‘Familie’가 되므로, 위의 원문과 같은 표현이 성립하기 어렵다. 그리고 바로 다음 문장을 보건대, ‘Familie’는 친족관계나 혈연관계를 지칭하는 형용사 ‘verwandt’와 상응하는 의미로 판단된다. 마지막으로, 칸트가 ‘Familie’라고 했을 때, 이는 인간에 대한 생물 분류체계의 위치를 확정하려는 의도보다는 동일한 계통 또는 혈통이라는 것을 강조하고 확인하기 위한 것이었다고 보았다. 따라서 여기에서 ‘가족’(Familie)은 오늘날 생물학의 분류항 중 하나인 ‘과’라는 엄밀한 의미보다는 동일한 계통의 혈연관계를 지칭하는 좀더 느슨한 의미로 받아들여야 할 것이다.

8) 아종(亞種), 후종(後種), 퇴종(退種)은 각각 ‘Abartung’, ‘Nachartung’, ‘Ausartung’을 번역한 것이다. 모두 오늘날 생물학에서 공식적으로 사용되는 용어가 아니어서 칸트가 이 표현들을 가지고 의미하는 바를 한자를 사용하여 만든 용어들이다. 이 중에서 ‘아종’이라는 용어는 생물학의 공식 학술용어는 아니지만 거의 이에 준하는 용어이기는 하다. 오늘날 ‘아종’에 해당하는 독일어는 ‘Subspezies’ 또는 ‘Unterart’이고, ‘Abartung’이라는 단어는 사용되지 않는다. 그럼에도 ‘Abartung’을 ‘아종’이라고 번역한 것은 칸트가 ‘Abartung’이라는 단어로 오늘날 ‘아종’에 해당하는 것을 가리켰기 때문이다. 따라서 이 글에서 ‘아종’이라고 번역한 말은 현대에 사용하는 ‘아종’이라는 말과 의미상 거의 대동소이하지만, 꼭 일치하는 것은 아니다.

9) ‘Spielart’.

10) ‘Varietät’.

11) ‘besonderer Schlag’.

12) ‘대물림의’는 ‘eblich’를 번역한 것이다. 뒤이은 내용과 함께 ‘유전적 차이나 형질’로 번역하지 않고 ‘대물림’이라는 단어를 선택한 이유는 ‘유전적 차이

나 형질'이라는 표현이 지나치게 현대 과학적 뉘앙스를 주기 때문이다. 유전학의 본격적 시작이라고 할 수 있는 멘델의 유전법칙 발표가 칸트 사후 약 60년이 지난 1865년에 있었다는 점을 고려했다.

13) 니부어(Carsten Niebuhr or Karsten Niebuhr, 1733~1815)는 독일의 수학자, 지도제작자이자 탐험가로 1761년 덴마크의 아라비아 원정대에 참가한 바 있다.
14) 'Koschottisches'.
15) 'Torgöis'.
16) 'Dsingorisches'.
17) 'Ölots'.
18) 'Staaten-Eilande'.
19) 'Keim'.
20) 드 귀그네스(Joseph de Guignes, 1721~1800)는 프랑스의 동양학자로 여기에서 그가 1756년 출판한 『훈족의 일반 역사』(*Histoire générale des Huns*) 제1권 제2부의 내용을 염두에 둔 것이다.
21) 이베(Edward Ives, ?~1786)는 영국의 선의(船醫)이자 여행가다. 여기에서는 돔(Chr. W. Dohm)이 1774/5년에 번역 출판한 이베의 저서 『다른 항로를 통한 페르시아에서 영국으로의 여행』(*a journey from Persia to England by an unusual route*) 제2부 저자의 부록에 실린 내용을 염두에 둔 것이다.
22) 부아체(Philippe Buache, 1700~73)는 영국의 지도제작자로 해저 등심선을 이용한 방법을 사용하여 지도를 제작한 것으로 유명하다.

박애학교에 관한 논문들

1) 1776년 3월 28일 『쾨니히스베르크 학술과 정치지』(*Königsbergiche Gelehrte und Politische Zeitungen*).
2) 앞의 해제 참조할 것.
3) 바제도우(Johann Bernhard Basedow, 1723~90). 앞의 해제 참조할 것.
4) 'Menschenfreunde'. 글자 그대로 번역하면 '인류를 사랑하는 사람'이지만, 결국 '박애주의자' 혹은 '범애주의자'(Philanthrop)를 의미한다.
5) 『문헌집』 제1집에서 바제도우는 5월 13일에서 15일까지 박애학교 학생들의 시험 및 공개 행사가 있으며, 이에 많은 사람이 참석해줄 것을 호소하였다.
6) 1776년 3월 25일자 『쾨니히스베르크 신문』(*Königsbergiche Zeitungen*)에 따르면, 데사우 지역을 다스리던 레오폴드 공(Leopold Ⅲ Frederick Franz, 1740~1817)은 데사우 박애학교에 재정 지원을 약속하였다.
7) 1777년 3월 27일 『쾨니히스베르크 학술과 정치지』(*Königsbergiche Gelehrte und*

Politische Zeitungen).

8) 원문에는 "in thätigen und sichtbaren Beweisen"이라는 구절이 붙어 있다. 이는 교정상의 실수로 보인다.

9) 망겔스도르프(Karl Ehregott Mangelsdorf, 1748~1802)는 드레스덴 출신의 교육학자이자 역사학자다. 1777년까지 데사우 박애학교에서 교사로 일한 경험을 바탕으로 망겔스도르프는 바제도우와 박애학교에 대해 비판하는 내용의 책자를 출판하였고, 같은 해 바제도우는 이에 대해 반박하는 내용의 책자를 출판하였다.

10) 'O.C.R.'(=Oberconsistoralrath).

11) 뷔싱(Anton Friedrich Büsching, 1724~93)은 독일의 지리학자, 역사가, 교육자이자 신학자다.

12) 『지리, 통계, 역사 신간 도서 및 저술과 지도에 관한 주간소식』(*Wöchentliche Nachrichten von neuen Landcharten, geographischen, statistischen und historischen Büchern und Schriften*).

찾아보기

『부정량 개념을 철학에 도입하는 시도』

ㄱ

과실의 오류 38

ㄹ

라이마루스 48

ㅁ

마티아스 벨 42
모페르튀 37
무센브뢰크 41

ㅂ

뵈르하베 42

ㅅ

스타기라 사람 62
시모니데스 59

ㅇ

야코비 42
에피누스 42, 44
오일러 20
음수 22

ㅈ

적극적 22, 28-32, 35-42, 44, 46-49, 52-55, 57, 60
진위불명 19
짐 39

ㅋ

케스트너 22, 23
크루지우스 21, 22

ㅌ

탄성적인 유체 41

『아름다움과 숭고의 감정에 관한 고찰』

ㄱ

감정 67-69, 72-91, 95, 97, 98, 104-110, 113-117, 119-121, 123-126, 128, 129
세련된 ~ 68, 77, 90, 96, 99, 109, 122, 124, 129
광신 85, 112, 123
경건(함) 85
경신 122
거만함 120, 121
고상(함) 69, 71-78, 80-82, 87, 89, 90, 92, 94-96, 98, 102-104, 107-111, 114, 115, 118, 119, 121, 123, 124, 126, 128, 129
~한 성 94
고귀(함) 74, 84, 85, 91, 127
교만(함) 120, 121
기괴(함) 75-77, 85, 89, 114-116, 122-124, 126
괴상(함) 76, 77, 86, 89, 124, 125, 127-129

ㄴ

남성 76, 94-106, 110-112, 118, 128
네덜란드인 120

ㄷ

다혈질 83, 86, 88
단순(함) 70-72, 75, 88, 103, 107-109, 118, 121, 128, 129
담즙질 83, 87
덕 78-80, 82, 87, 88, 98, 101
고상한 ~ 98
아름다운 ~ 98
입양된 ~ 80, 81
진정한 ~ 80, 81, 82
참된 ~ 77, 79, 80
도덕 감정 80, 82, 86, 98, 129
도덕적 특성 77, 78, 101, 102
독일인 113, 114, 119-121
동정심 73, 81, 86, 88

ㅁ

명망 74, 75, 102, 125
명예(심) 77, 81, 83, 88, 89, 93, 116, 120, 121, 125, 126
무관심 85, 102, 118, 121, 122
미개인 125-127
미신 116, 122, 123

ㅂ

바보 76, 89, 100, 101, 127
백인 125, 127
불쾌(감) 67, 99, 102, 108, 128

ㅅ

사랑 68, 72, 73, 78-80, 84, 86, 88, 90, 92, 105, 109, 111, 112, 114, 118-

121
수치심 101, 102
숭고함 69, 72, 73, 74, 75, 76, 77, 83, 87, 89, 90, 95, 96, 100, 104, 105, 113, 114, 115, 116, 119, 123, 128
~의(=에 관/대한) 감정 68, 69, 73, 104, 114, 116, 119
고상한 ~ 69
화려한 ~ 69
섬뜩한 ~ 69, 75
스페인인 114-116, 120, 121

ㅇ

아라비아인 124
아름다움 69, 71-74, 80-84, 88-90, 93-96, 99, 100, 102, 104, 108-110, 113-116, 118, 127-129
~의 감정 68, 73, 76, 80, 102, 104, 113, 119
~에 관한 감정 69, 86, 116, 126

아름다운 성 94, 96, 97, 99-103, 109, 111, 118
어리석음 77, 87, 118, 125
여성 94-106, 109-112, 117-119, 127, 128
연민 79, 81, 86, 88, 95
영국인 113, 114, 118-121
오만(함) 89, 100, 105, 119-121, 123
우둔(함) 76, 77, 88, 111
우아(함) 90, 95, 104, 109, 111, 115
우정 69, 73, 85, 103, 126
우울(함) 69, 73, 77, 82, 83, 85
유럽인 106, 126
이성 68, 73, 85, 122
이탈리아인 113, 114, 116, 121
익살 72, 73, 76, 102, 104, 116, 118
인간 본성 67, 75, 80-82, 84, 85, 92, 95, 102
일본인 124

ㅈ

자비(로움) 74, 78, 79, 86, 103, 116
재치 67, 72, 77, 99, 115, 117-119
점액질 83, 89, 120, 122
정중(함) 72, 81, 102, 116, 118, 120, 124
존경 71-73, 75, 80, 84-88, 95, 103, 108, 111
존엄 80, 82, 85, 93, 110
중국인 124, 125
지성 68, 72, 76, 77, 86, 87, 90, 91, 115, 119, 122
남성의 ~ 112
아름다운 ~ 96, 104
심오한 ~ 96
진지함 85

ㅊ

취향 87, 88, 90, 98, 99, 103, 104, 106, 108, 112, 113-115, 119, 121-124, 126, 128, 129

기이한 ~ 123
기괴한 ~ 122
세련된 ~ 67, 91, 104, 106, 107, 114, 124, 128
전도된 ~ 97, 128
투박한 ~ 103, 105
남성의 ~ 105
여성의 ~ 98, 112

ㅋ

쾌(감) 67, 81

ㅍ

페르시아인 124
프랑스인 113, 114, 116-121

ㅎ

화려함 75, 87, 89, 114, 119, 128
허영심 89, 97, 100, 105, 110, 119, 120, 123, 125
호감 72, 79-82, 86, 99, 112, 116, 118, 119
흑담즙질 82, 83, 85
흑인 125, 127

『자연신학 원칙과 도덕 원칙의 명확성에 관한 연구』

ㄱ

감정 143, 148, 163, 169, 170
구속성 167-170
교수법 135

ㄴ

뉴턴 135, 150, 153

ㄷ

동일률 162, 163

ㄹ

라이프니츠 138

ㅁ

모순율 161-163
목적 167, 168

ㅂ

방법 135, 147, 149, 150, 155, 161
볼프 138
분석적 138, 139, 154

ㅅ

소바지 156
수단 167, 168

ㅇ

아우구스티누스 148

워버튼 147

ㅈ

종합적 138, 155-157

질료적 160, 162, 163, 169, 170

ㅋ

크루지우스 160-163

ㅍ

필연성 157, 167-169

수단의 ~ 167

목적의 ~ 167

법적 ~ 167

ㅎ

허치슨 170, 183

확실성 135, 141, 149, 151, 154, 157-159, 161, 163, 165, 167, 170

형식적 162, 163, 169, 170

『1765~1766 겨울학기 강의 개설 공고』

ㄱ

경험 175, 176, 177, 180, 181, 183

교수법 177, 179, 181

교의적 178

ㅂ

방법 176, 178, 180, 181, 183

강의~ 185

ㅅ

섀프츠베리 183

ㅇ

이성 175, 176, 180-184

ㅈ

지성 175-177, 181, 182

ㅊ

철학 177-183

ㅌ

탐구적 178

통일성 185

ㅎ

허치슨 183

흄 183

『형이상학의 꿈으로 해명한 영을 보는 사람의 꿈』

ㄱ

감각 201, 203, 211, 214, 215, 220, 221, 225-231, 237, 248, 250, 251, 253, 254, 257, 263, 264

~기관 228

~ 능력 199, 219-222, 225, 230, 231, 235, 236, 248, 253, 261, 263

~ 대상 228

~의 미혹 248

~적 사물 221

~적 인상 229

경험 198, 199, 219, 224, 231, 235, 237, 244-246, 248, 249, 257-264

~ 개념 198

고체성 199

공간 196-200, 202, 203, 205, 219, 231, 251, 255, 258

관념론적 231

관념연합 법칙 219

꿈 204, 224-226, 240, 243, 244

기계적 207, 210, 234

ㄴ

내감(내적 감각) 250, 251

내적 기억 249, 250

내적 인간 249, 254

뇌 201-203, 226, 228, 229, 232

~신경 201, 203

ㄷ

다른 세계 191, 216-219, 222, 232, 240, 241, 257, 264

덕 219, 264

데모크리토스 258

데카르트 228

디오게네스 258

도덕성 216, 217

도덕적 감정 215

도덕적 명령 263

도덕적 믿음 264

도덕적 충동 215

두 세계 211, 218

ㄹ

라이프니츠 204, 220

리스코 247

ㅁ

망상 195, 221, 222, 225, 226, 229-231, 233, 235, 238, 248, 255, 256, 258

모나드 220

모페르튀이 209

몽상가 191, 225, 226

감각의 ~ 225

이성의 ~ 225

물리적 207, 215, 216

물질 196, 198

~적 사물 199, 205, 218, 252, 253
~적 세계 208, 209, 211, 212, 253
~적 실체 200
~적 자연 204
물체 196, 198, 199, 201, 204-208, 211, 216, 219, 227, 230, 235, 250-252, 261
~ 세계 201, 212, 213, 216
물활론 209
미래에 대한 희망 234

ㅂ
배척력 198, 199
베르길리우스 207, 238, 246, 257
볼테르 265
볼프 224
부르하버 209, 210
불가입성(불가입적) 196, 197, 198, 205, 231
비물질적 198, 208, 210, 213, 217
~ 세계 208, 209, 211, 215, 216, 220
~ 실체 209
~ 자연 204, 211, 212, 235
~ 존재 197, 199, 200

ㅅ
상상 192, 196, 201, 209, 217, 220, 221, 225, 229-232, 240, 243, 246, 247, 251, 253-255
~의 미혹 220, 226
~적 초점 227-230
생명 194, 204, 207-209, 211, 237
성서 247, 253
소크라테스 259
슈탈 210
스베덴보리 239-241, 243, 246, 247, 249-253
신적 의지 217
신체 201-204, 210, 211, 220, 221, 226, 251, 252, 254, 261
~ 기관 220, 254
~적 삶 216, 219

ㅇ
아르테미도로스 243
아리스토텔레스 224
아리오스토 247
아포스테리오리 244, 245
아프리오리 244, 245
에르네스티 박사 247
에피쿠로스 245
연장(연장적) 196-200, 202, 207, 208, 213, 227-229, 251, 253
열광주의자 232, 254, 255
영
~의 언어 250
~의 현존 220
~ 이야기 230, 235, 236, 238, 243, 244, 263
~적 감각 220, 221
~적 개념 219
~적 공동체(영의 공동체) 232, 235,

249, 253
~적 법칙 215-217
~적 세계 211-213, 216-219, 221, 249-253
~적 속성 202
~적 실체 199, 200, 216
~적 영향 220-222, 254
~적 자연 199, 200-213, 215, 220, 237, 251
~적 존재 194, 195, 197, 205, 213, 231, 234, 237, 253
~적 표상 219
영을 보는 사람 221, 226, 230, 232
영혼 196, 198, 200-204, 206, 211-214, 216-221, 226, 228, 233, 234, 239, 241, 249-254, 261, 263, 264
~론 237
외감(외적 감각) 207, 209, 221, 226, 227, 229, 230
외부 의지 214
외적 기억 249, 250
외적 인간 249, 254
유기적 208-210
유물론 209
유비 219
~ 법칙 217
이성의 한계 257
인과법칙 262
인력 215, 262
일반의지 215

ㅈ
자기이익(이기주의) 213, 214
자발성 205
자유로운 의지 216
자의 204, 209, 261
주노 222
죽음 216, 235, 250, 255, 263, 264
중력 215
지성적 세계 208
지혜(지혜로움) 217, 237, 242, 258-260, 263

ㅊ
천국 191
『천국의 비밀』 247
충돌 법칙 196

ㅋ
『캉디드』 265
크루지우스 224

ㅌ
타이아나의 아폴로니우스 243
티레시아스 222
티코 브라헤 222

ㅍ
퐁트넬 242
필로스트라투스 243

ㅎ
형이상학 207, 222, 232, 237, 242, 245, 248, 257, 258, 260
호라티우스 244
호프만 210
환상 195, 220, 221, 224, 226, 229, 230, 240, 247, 249, 252, 254-256, 260
~가 221, 230, 231, 239
환영 191, 192, 221, 225, 230, 232, 234, 235, 238, 263
활동성 198, 199, 205, 252, 262
휴디브라스 232

『공간에서 방향의 제1 구분 근거』

ㅁ
물리적 공간 271, 276

ㅂ
방위 272
방향 270-274
비합동 대응체 275, 276

ㅇ
오일러 271
위치 270, 272-275, 277

ㅈ
절대공간 271

ㅎ
합동 275, 276

『감성계와 지성계의 형식과 원리』

ㄱ
가능성 290, 300, 311, 312, 318, 321, 327, 338-340
~의 조건 334
감각 287, 295-297, 299, 301-303, 305-307, 311-317, 319, 320, 333, 344
감각적 295
감성적 284, 287, 292, 294-300, 302, 303, 305-307, 309, 311, 312, 314, 316-318, 327, 329-344
개념 284-288, 290-293, 296-303,

306, 309-319, 321, 325, 327, 329-341
획득된 ~ 300
개별적 301, 303, 306, 307, 313, 314, 318, 326
경험 296, 297, 299, 303, 306, 316, 317, 319, 329, 340, 342, 343
공간 290, 297, 301, 303, 306, 312-319, 321, 322, 327, 329, 333, 335, 336, 344
교의적 300
교통 322-326, 344
관념 285, 287, 289, 302, 306, 315, 323, 326, 331, 341
순수한 ~ 298
근거 287, 289, 290, 302, 305-307, 309, 317, 318, 321, 322, 325-327, 337-339, 341-343, 344
논리적 ~ 290
실재적 ~ 290
기적 342
기하학 296, 298, 299, 303, 313-317
기회원인론 326

ㄴ

뉴턴 315
능력 284, 287, 294, 341

ㄷ

단일성 343
대상 284, 287, 294, 295, 297, 298, 301-303, 305-307, 309, 311-321, 327, 330, 333, 334, 339-342
감각의 ~ 294, 344
도덕철학 301
동시성 292, 309, 310
동종적 289

ㄹ

라이프니츠 308-310, 315

ㅁ

말브랑슈 327
명증성 303, 314
모순 287, 296, 309, 311, 312, 316, 329, 336-340
모습 295, 302
물질 305, 322, 335, 343
무한 286, 292, 308, 311, 315, 318, 327, 335, 337, 338
동시적 ~ 292

ㅂ

법칙 285, 286-288, 294-297, 299, 302, 305, 307, 308, 309, 311, 312, 315-319, 320, 321, 326, 330, 331, 333, 336, 337, 339, 341, 342
연속의 ~ 308
변화 290, 291, 295, 307, 308, 310, 311, 326, 327, 335, 340, 343
병렬 289, 292, 293, 295, 303, 309, 311, 337

본질 287, 290, 321, 323
본체 294, 299, 300, 302
볼프 299, 325
분량 337
분석 284-286
불가능성 338-340, 342
비판적 300

ㅅ
사용 286, 288, 296, 297, 299, 303, 310, 312, 314, 317, 329, 330, 341-343
논리적 ~ 297
실재적 ~ 296
사취 340, 341
~된 공리 332, 334, 338
~의 오류 332, 333
수용성 294
수학 303, 329, 338
세계 284, 287-290, 305, 306, 311, 312, 315, 322-327, 335, 336, 338, 340-343
감성적 ~ 305, 312, 317
지성적 ~ 305, 322
세계들 289, 324, 325
시간 285, 290, 292, 301, 303, 306-312, 318, 319, 321, 327, 329, 333, 335-338
신 300, 301, 314, 315, 327, 335, 336
~의 현존 335
실존 300, 301, 305
실체 284, 285, 287-292, 300, 305, 308, 309, 315, 321-327, 335, 338, 339, 340, 344
필연적인 ~ 321, 323
심리학 303

ㅇ
양 303, 306, 307, 310, 337
연속적인 ~ 307
역학 303
연속 307-310, 312
예정조화 326
완전성 301
도덕적 ~ 300
본체로서의 ~ 300
우연성 289, 340, 341
우주 291, 305, 306, 307, 317, 321, 324, 326, 327, 335, 338, 342, 344
원리 291, 295-297, 299, 301, 303, 306, 311, 312, 314, 316, 318, 329-332, 338, 340-343
형식적 ~ 305, 317
위계 289
의존성 289, 323, 324, 338
이성 284, 287, 288, 291, 294, 300, 310, 311, 312, 314, 315, 318, 319, 330, 338, 339, 343
이종적 289
인식 284-286, 294-296, 298, 299, 301, 303, 311, 314, 319, 322, 323, 326-333, 335, 337, 338, 340, 343

감성적 ~ 294-299, 302, 303, 306, 314, 318, 330, 331, 333, 334, 336, 338, 339, 341-343
상징적 ~ 301
지성적 ~ 295, 298-300, 330, 342, 343

ㅈ
자연학 303
전일성 291, 317, 324
공간의 ~ 321
전체 284-286, 288-292, 295, 305, 312, 317, 318, 322-326, 338
표상의 ~ 289
정신 284, 287, 289, 295, 296, 299, 301, 302, 305-307, 309, 311, 313-317, 319, 320, 327, 330, 333, 336, 337, 339
종합 284-286, 337
주체 287, 289, 294, 295, 318, 321, 340
지성 284, 285, 287, 292, 294, 296, 297, 299-301, 303, 307, 315, 318, 326, 328, 329-333, 335-337, 339-343
~의 사용 297, 303, 329, 330, 341-343
지성~ 285, 287, 292-303, 305, 313, 318, 322, 330-335, 337-340, 343
직관 284-287, 297, 301-303, 307, 309, 311, 313, 314, 317-319, 321, 322, 329, 330, 333, 334
감성적 ~ 292, 307, 318, 326, 329, 333, 335
근원적 ~ 303
질 303, 337
질료 288, 295, 302, 319, 322, 324

ㅊ
창조주 324
총괄 289, 291, 292, 325
총체성 286
추론 287, 297, 314, 318, 325, 338
추상 297, 298, 300, 310, 312, 317, 319
추상적 284, 297, 298, 301, 313

ㅋ
캐스트너 308

ㅌ
통일성 324

ㅍ
판단 296, 301, 302, 319, 331-333, 338, 339, 342
편의성의 원리 342
편재 310
현상으로서의 ~ 327
표상 284, 286, 289, 294-296, 300, 302, 303, 306, 307, 311, 312, 316-318, 334, 335

전체의 ~ 289
개별적 ~ 301, 306, 313

ㅎ

현상 291, 294, 296, 297, 299, 302, 303, 305, 306, 311, 312, 315, 317, 327, 329, 335, 343
지성화된 ~ 332
현존 306, 324, 335, 336, 341, 344
형식 289, 290, 295-297, 301, 303, 305, 306, 309, 311, 312, 314, 319, 321, 322, 324, 325, 333-335, 343, 344
~적 원리 301, 303, 305, 312, 317
형이상학 284, 298, 299, 308, 325, 326, 330-332, 343
후속 288, 291, 292, 306, 308, 309-312, 327

『인간의 상이한 종』

ㄱ

가족형질 349, 350
강단적 유 347
개시종 351
계통 347-349, 351, 356, 357
기원종 361

ㅂ

백인종 350, 353, 361
변종 349, 357
분류 347, 351

ㅅ

생식력 347-349, 354, 355
소인 353, 355, 356, 363

ㅇ

아아종 349, 350
아종 348-350, 353, 355, 361, 362

ㅈ

자연류 347, 348
자연적 소질 353-356
종족 348-351, 353, 358, 362, 364

ㅌ

퇴종 348, 355

ㅎ

형질 349, 350, 355, 358, 361, 362
혼혈(종) 348, 349, 351, 352, 353, 363
황인종 350
후종 348
흑인종 350, 351, 363, 364
힌두종 350, 352

『박애학교에 관한 논문들』

ㄱ

교사 371, 372

교육 372-374

~기관 369, 371-374

~방법 372

ㄷ

데사우 369, 371

~ 교육회 373, 374

ㅁ

망겔스도르프 373

목적 369

ㅂ

바제도우 369-371, 373

박애주의 371

~자 370-372

박애학교 369, 370, 373

뷔싱 375

ㅅ

선 370-372, 374

세계시민 370, 374

소질 370, 371

ㅇ

인간성 369, 370, 374

인류 369, 370, 372, 373

ㅈ

자연 369-373

~적 소질 370

ㅎ

학교 369, 371-373, 375

혁명 372

지은이

임마누엘 칸트

1724년 4월 22일 프로이센(Preußen) 쾨니히스베르크(Königsberg)에서 수공업자의 아들로 태어났다. 1730~32년까지 병원 부설 학교를, 1732~40년까지 오늘날 김나지움(Gymnasium)에 해당하는 콜레기움 프리데리키아눔(Collegium Fridericianum)을 다녔다. 1740년에 쾨니히스베르크대학교에 입학해 주로 철학, 수학, 자연과학을 공부했다. 1746년 대학 수업을 마친 후 10년 가까이 가정교사 생활을 했다.
1749년에 첫 저서 『살아 있는 힘의 참된 측정에 관한 사상』을 출판했다. 1755/56년도 겨울학기부터 사강사(Privatdozent)로 쾨니히스베르크대학교에서 강의를 시작했다. 『자연신학 원칙과 도덕 원칙의 명확성에 관한 연구』(1764)가 1763년 베를린 학술원 현상 공모에서 2등상을 받았다. 1766년 쾨니히스베르크 왕립 도서관의 부사서로 일하게 됨으로써 처음으로 고정 급여를 받는 직책을 얻었다. 1770년 쾨니히스베르크대학교의 논리학과 형이상학을 담당하는 정교수가 되었고, 교수취임 논문으로 『감성계와 지성계의 형식과 원리』를 발표했다.
그 뒤 『순수이성비판』(1781), 『도덕형이상학 정초』(1785), 『실천이성비판』(1788), 『판단력비판』(1790), 『도덕형이상학』(1797) 등을 출판했다.
1786년 여름학기와 1788년 여름학기에 대학 총장직을 맡았고, 1796년 여름학기까지 강의했다. 1804년 2월 12일 쾨니히스베르크에서 사망했고 2월 28일 대학 교회의 교수 묘지에 안장되었다.
칸트의 생애는 지극히 평범했다. 그의 생애에서 우리 관심을 끌 만한 사건을 굳이 들자면 『이성의 오롯한 한계 안의 종교』(1793) 때문에 검열 당국과 빚은 마찰을 언급할 수 있겠다. 더욱이 중년 이후 칸트는 일과표를 정확히 지키는 지극히 규칙적인 삶을 영위한다. 하지만 단조롭게 보이는 그의 삶은 의도적으로 노력한 결과였다. 그는 자기 삶에 방해가 되는 세인의 주목을 원하지 않았다. 세속적인 명예나 찬사는 그가 바라는 바가 아니었다.

옮긴이

박진

서울대학교 및 동 대학원에서 철학박사학위를 받았으며 독일 괴팅엔대학교에서 박사 후 과정을 수료하고 현재 동의대학교 교수로 재직 중이다. 저서로 『교육과 인식』, 『현대사회와 철학상담』, 『철학상담과 인문학적 치유』 등이 있으며 공저로 『철학의 향기와 역사이야기』, 『칸트와 현대 유럽 철학』, 『칸트와 문화철학』, 『칸트와 정치철학』, 『서양근대미학』, 『서양 근대 종교철학』, 『하이데거와 철학자들』, 『인간에 대한 철학적 성찰』 등이 있다.

김광명

서울대학교 및 동 대학원에서 미학을 전공하였으며, 독일 뷔르츠부르크대학교 철학부에서 철학, 사회학, 심리학을 연구한 후 철학박사학위를 취득했다. 주요 저술로는 『칸트 판단력비판 연구』, 『칸트미학의 이해』, 『칸트의 삶과 그의 미학』, 『칸트평전』, 『칸트 판단력 비판 읽기』 등이 있다. 한국 칸트학회 회장 및 고문, 숭실대학교 사회교육원장 및 인문대 학장을 역임하고, 미국 버지니아대학교 풀브라이트 교환교수를 지냈으며 제18회 서우학술상을 수상했고, 현재는 숭실대학교 철학과 명예교수로 있다.

김화성

독일 마르부르크대학교에서 박사논문 "Kants transzendentale Konzeption der Subjektivität und Beweis der Zweiten Analogie der Erfahrung in der Kritik der reinen Vernunft"으로 철학박사학위를 취득했다. 현재는 강원대, 고려대, 건국대, 동덕여대에서 시간강사로 재직 중이다.

강병호

독일 프랑크푸르트대학교에서 악셀 호네트와 마쿠스 빌라섹 교수의 지도를 받아 「존중의 윤리. 칸트 도덕이론에 대한 인본주의적-의무론적 해석」으로 철학박사학위를 받았다. 사회철학, 윤리학, 서양근대철학을 중심으로 연구하고 강의하고 있다. 쓴 논문 중 칸트와 관련해서는 「정언명령의 보편법 정식과 목적 그 자체 정식. 두 정식의 등가성에 관하여」, 「정언명령의 세 주요 정식들의 관계. 정언명령의 연역의 관점에서」(한국연구재단 선정 우수논문) 등이 있다.

임승필

서울대학교 철학과와 동 대학원 석사과정을 졸업하고 미국 인디애나대학교(블루밍턴)에서 칸트철학 연구로 박사학위를 받았다. 경희대학교 후마니타스칼리지 객원교수와 단국대학교 교양기초교육연구소 전임연구원으로 일했으며, 현재 가톨릭관동대학교에서 강의하고 있다. 주요 논문으로 「칸트의 『형이상학자의 꿈에 비추어 본 시령자의 꿈』: 칸트철학에 미친 스웨덴보르그의 영향」, 「영혼 불멸의 믿음에 대한 칸트의 견해: 『모든 것들의 끝』을 중심으로」, 「이성과 믿음의 관계에 대한 하만과 칸트의 견해: 흄의 딜레마에 대한 대응을 중심으로」 등이 있다.

김상현

서울대학교 철학과에서 「칸트의 미감적 합리성에 대한 연구」로 철학박사학위를 받았으며, 서울대학교 강의교수를 거쳐 현재 성균관대학교 학부대학 전임대우교수로 있다. 저서로는 『미술은 철학의 눈이다: 하이데거에서 랑시에르까지, 현대철학자들의 미술론』(공저), 옮긴 책으로는 『이성의 운명에 대한 고백: 순수 이성 비판』, 『임마누엘 칸트: 판단력 비판』이 있다.

김상봉

전남대학교 철학과 교수다. 독일 마인츠대학교에서 철학과 고전문헌학 그리고 신학을 공부하고 칸트의 『유작』(*Opus postumum*)에 대한 연구로 철학박사학위를 받았다. 저서로 『자기의식과 존재사유-칸트철학과 근대적 주체성의 존재론』, 『호모 에티쿠스-윤리적 인간의 탄생』, 『그리스 비극에 대한 편지』, 『나르시스의 꿈-서양정신의 극복을 위한 연습』, 『서로주체성의 이념-철학의 혁신을 위한 서론』, 『기업은 누구의 것인가-노동자 경영권을 위한 철학적 성찰』, 『만남의 철학-김상봉 고명섭 철학 대담』(공저), 『철학의 헌정-5 · 18을 생각함』, 『네가 나라다-세월호 세대를 위한 정치철학』 등이 있다.

홍우람

서강대학교를 졸업하고 벨기에 루벤대학교에서 칸트의 선험적 이념에 대한 연구로 박사학위를 받았다. 서강대학교 철학과 연구교수를 거쳐 현재 가톨릭대학교 인간학연구소 전임연구원으로 일하고 있다. 주요 논문으로 「『순수이성비판』에서 초월적 이념들의 초월적 연역에 대하여」, 「칸트의 비판철학과 선험적 대상」, 「멘델스존의 유대 계몽주의」 등이 있다.

Immanuel Kant

Vorkritische Schriften III (1763~1777)

Translated by Park Jin, Kwang-Myung Kim, Kim Hwa Sung, Kang, Byoungho,

Im Seung pil, Kim Sanghyun, Kim SangBong, Hong Wooram

Published by Hangilsa Publishing Co., Ltd., Korea, 2021

칸트전집 3

비판기 이전 저작Ⅲ (1763~1777)

지은이 임마누엘 칸트
옮긴이 박진 김광명 김화성 강병호 임승필 김상현 김상봉 홍우람
펴낸이 김언호

펴낸곳 (주)도서출판 한길사
등록 1976년 12월 24일 제74호
주소 10881 경기도 파주시 광인사길 37
홈페이지 www.hangilsa.co.kr
전자우편 hangilsa@hangilsa.co.kr
전화 031-955-2000~3 **팩스** 031-955-2005

부사장 박관순 **총괄이사** 김서영 **관리이사** 곽명호
영업이사 이경호 **경영이사** 김관영
편집 백은숙 노유연 김지연 김대일 김지수 김영길
관리 이주환 문주상 이희문 원선아 이진아 **마케팅** 서승아
디자인 창포 031-955-2097
CTP 출력·인쇄 예림 **제본** 영림

제1판 제1쇄 2021년 2월 25일

값 35,000원
ISBN 978-89-356-6787-1 94160
ISBN 978-89-356-6781-9 (세트)

• 잘못 만들어진 책은 구입하신 서점에서 바꿔드립니다.

• 이 도서의 국립중앙도서관 출판예정도서목록(CIP)은
서지정보유통지원시스템 홈페이지(http://seoji.nl.go.kr)와
국가자료공동목록시스템(http://www.nl.go.kr/kolisnet)에서 이용하실 수 있습니다.
(CIP제어번호: CIP2020054460)

• 이 『칸트전집』 번역사업은 2013년부터 2016년까지 정부(교육부)의 재원으로
한국연구재단의 지원을 받아 수행된 연구임.
(NRF-2013S1A5B4A01044377)